本书为国家社科基金项目“中古英国庄园制度与乡村社会研究”的最终成果

中古英国庄园制度与乡村社会研究

李云飞 著

A Study of the Manorial System and Rural Society in Medieval England

暨南大學出版社
JINAN UNIVERSITY PRESS

中国·广州

图书在版编目（CIP）数据

中古英国庄园制度与乡村社会研究/李云飞著. —广州：暨南大学出版社，2014.6
ISBN 978-7-5668-1115-8

Ⅰ.①中… Ⅱ.①李… Ⅲ.①庄园制度—研究—英国—中古②乡村—社会生活—研究—英国—中古 Ⅳ.①F356.19②D756.19

中国版本图书馆 CIP 数据核字（2014）第 188662 号

中古英国庄园制度与乡村社会研究
著　　者：李云飞

责任编辑：侯丽庆　黄少君
责任校对：牛　攀　林冬丽

地　　址：中国广州暨南大学
电　　话：总编室（8620）85221601
营销部（8620）85225284　85228291　85228292（邮购）
传　　真：（8620）85221583（办公室）　85223774（营销部）
邮　　编：510630
网　　址：http：//www.jnupress.com　http：//press.jnu.edu.cn
排　　版：广州市天河星辰文化发展部照排中心
印　　刷：湛江日报社印刷厂
开　　本：787mm×960mm　1/16
印　　张：24.5
字　　数：400 千
版　　次：2014 年 6 月第 1 版
印　　次：2014 年 6 月第 1 次
定　　价：49.80 元

序　言

李云飞的《中古英国庄园制度与乡村社会研究》一书即将出版，我很愿意为他的这一著作写一个序言。因为我感到，近年来国内中世纪学界，做经济史的人似乎有减少的趋势，起码是没有以前那样热门了。这当然是研究方向日益多元化的表现，不过也许和西方经济史研究难度越来越大有关。西方经济学理论不断花样翻新，使人目不暇接。相应的经济史模式和方法论也越来越复杂。在制度经济学和边际主义经济学等的影响下，西方中世纪经济史研究也充满了数学公式和各种几何曲线，难于理解。而李云飞不畏困难，多年来一直在经济史领域耕耘，尤其选择了已经被西方学者研究了数百年的庄园制度作为自己研究的方向，这必须花费非常多的时间和精力才能作出成绩。如今他的研究成果出版，表示他的努力取得了社会认可，所以我愿意为之说几句话，以示推荐和祝贺。

李云飞说他的这本研究庄园的书，采用的是“自上而下”的方法，即主要依靠当时的国家档案、各种调查材料、法庭记录、庄园的各种账簿等。这些书面文字材料已经经过西方学者的集中整理和反复研究，有关研究著作更是“汗牛充栋”，而且不断推陈出新。要在这样海量著作的基础上找出问题，进行研究，得出自己新的结论，可谓难上加难。李云飞的著作利用了大量的有关书面史料，对相关研究著作虽然不能说“竭泽而渔”，也可以说是“旁征博引”，把有关的权威意见广泛征引、细致分析，对相似和相反的各种说法都加以比较和鉴别，深入评论。同时他对于“自下而上”的各种说法，也进行了相应的比较研究，所以，他的这本书可说是有扎实的史料根据，广泛吸收前人的研究成果，有自己的理论和方法，得出自己结论的优秀著作。

李云飞的这本书选取的主要是13世纪全盛时期庄园的情况，对之作了全面的论述，包括对农奴制和庄园制形成原因的探索，封建主地产的经营管理和庄园的经营管理，庄园直接经营的规模和效益，庄园的商品化生产，庄园的劳动力构成，劳役折算及其对农民和封建主的影响，庄园收支账簿的建立、运算及审计，庄园的利润，庄园法庭，庄园和村社的关系等，其中很多不乏创新之见。现列举如下：

第一，李云飞对13世纪封建主放弃出租经营而转向自行经营进行了研究。过去对劳役制庄园的存在，主要是从封建经济是一种自然经济出发的，即封建主不可能通过购买取得必要的生活资料，必须自行生产自己、家人和随从一应的生活所需，所以才组织起这种劳役农奴制庄园。后来否定了封建经济是完全自然经济的说法，从人口、工资、物价的关系上寻求解释，李云飞详细研究了这几方面的关系，指出人口增长、工资变化等都不足以影响经营，而13世纪物价一度急剧上涨，使封建主感到直接经营有利可图，可以通过出卖庄园产品获取货币，购买自己需要而不能生产的商品，这对封建主转向直接经营影响较大。另外他还引进了政治因素，指出当时封建主大都债台高筑，国王更加紧勒索，迫使他们靠出卖自己的农畜产品来获取货币，既应对外部的需要，也满足自己购买奢侈消费品的需要。这样就多方面地说明了13世纪庄园生产兴盛的原因。

第二，研究英国中世纪庄园生产的商品化现在是一股潮流，有大量著作问世，理论上是说庄园已经为出卖而生产，生产已经商品化，实际上则对当时许多庄园的生产都进行了运算，算出了商品的比率，而且制作成了数据库，其中以布瑞内尔的计算最为著名。李云飞对13世纪英国领主自营地的商品生产进行了很细密的分析，指出庄园不同，领主不同，庄园生产结构不同，因而商品生产有许多差异。他还对几个典型庄园的各种农畜产品的商品率进行了计算，算出大约为产品的30%～40%。这是一个不小的数目，但是这是封建主自营地的商品。农民生产的产品，则大都是用来满足自己的消费需求，所以商品化程度很低，不能和封建主的生产相提并论。李云飞根据对封建生产商品化的研究，印证了有名的冯·杜能理论。冯·杜能主张，城市是封建社会发展的动力，城市引领乡村不断沿着商品化道路前进，离城市越近，则该乡村的商品化程度就越高。但是李云飞经过反复研究，发现许多相反的情况。离城市远的乡村，反而有比较高的商品化程度，而有些离城市近的乡村，其商品化程度反而很低。这是因为，封建主并不是资本家，他往往按照自己的消费需求安排生产，而不是按照盈利的目的安排生产。李云飞指出，机械地应用冯·杜能理论于封建社会，存在着时代错位。因为封建社会市场不发达，商品化程度比较低，封建主的生产大量使用农奴无偿劳动，不计入成本，不适合用资本主义的成本核算方法，而且生产者与消费者不能像资本主义那样明确区分，二者往往是合在一起的。

第三，过去我们往往把封建主定义为寄生性地主，靠剥削农民为生，当然也缺乏经济头脑，现在的研究则认为地主也有经济概念，知道如何组织生产、获取利润等。本书充分介绍了这些内容，并进一步进行研究。如指出封建主对庄园细致的组织管理手段，建立起详细的收支账簿，有货币收支账、谷物收支账、牲畜收支账等，进行核算，并对管家、庄头等的行为进行审计，防止他们营私舞弊、中饱私囊。在庄园的管理过程中，还发生过对劳役的折算，即把农奴应服劳役内容折合成货币交纳，既有利于对管家、庄头的监督，也有利于剥削农民。但是封建主对庄园的监督也产生问题，即如果过分强化监督，则监督的成本上升，盈利减少；如果弱化监督，则因为农民消极怠工，管家从中盘剥，会使收入减少。所以如何在这二者间找到平衡点，也是一种管理艺术。当然，13 世纪英国的封建主能如此细致地管理生产，是一个很大的进步，不过他们终究是封建主阶级，他们的利润许多是靠剥削农民的无偿劳动取得的，他们缺乏现代的成本概念，他们的行为仍然证明了波兰学者库拉指出的封建生产特性，即按照封建生产观念看，庄园生产永远是盈利的。所以他们一般也只是保持简单再生产，而不是进行扩大再生产，生产的投资率很低，只占收入的 5%。不能把封建生产和资本主义生产等同，用资本主义经济学的规律解释封建经济是不可行的。

第四，李云飞还对庄园与村社的关系进行了研究，如在结构上庄园和村社是否合一，庄头的身份与任务，庄园法庭的构成及其工作程序，以及国家、封建主、农民村社之间的关系，其中也有不少创新。如指出庄头在代表封建主和农民之间摇摆，但庄头是本地人，他更多的还是农民利益的代表者，难于异化为领主的爪牙。庄头一职，既可能成为谋取私利的肥缺，也可能成为难于应付的苦差，为了保护农民的一些利益，庄头往往还是不得不牺牲自己的利益来应付这一苦差。庄园法庭既可能是农民村社的公共集会，伸张农民的诉求，也可能是领主用法律手段镇压农民的机器。由于封建主掌握着国家机器，所以庄园法庭主要是封建主的工具，农民在那里很难讨得公道。李云飞还特别研究了乡村中的十户联保制，指出通过它英国中世纪国家政权渗透到乡村中，封建的西欧一向以国家机器不发达著称，而英国却通过十户联保制，以及百户区、郡等组织，建立了比较有效的国家管理制度，这是中世纪英国国家制度的一大特点。

最后，还想就李云飞在“余论”中提出的问题说几句话。自改革开放以来，我国的世界史研究取得了很大的进展，新一代学人已卓然成长，他们可以运用原始材料、先进的理论和方法，写出有独立见解的文章和著作，与外国学者进行交流和对话，可以说已经登堂入室，进入世界史研究的殿堂了。但是，如果从这个殿堂的整体情况看，则我们的世界史研究还相当弱小，既缺乏一流的著作，也缺乏一流的学者，如何努力提高我国的世界史研究水平，是摆在我们全体世界史工作者面前的迫切任务。

世界史是一门外国的学科，要提高首先必须向人家学习，目前我们的学习应该说还是认真努力的。但是学习的结果，我们往往会被人家的观点、理论、方法所影响，所控制，或者说会失去自己的话语权，只能在别人的建筑大厦上添砖加瓦，而无法筑成自己的大厦。这样我们的世界史就不能形成自己的独立学派，这与我国正在努力打造文化强国的国家战略对我们的要求很不相称，与我国已经成为世界大国的地位也很不相称。如何走出这样的困境，是我国全体世界史学人都要注意解决的。李云飞已经意识到这个问题的重要性，并且提出了自己的一些解决问题的想法。我想，对于研究世界史来说，我们应该有世界的眼光，应该综合全世界的优秀文化成果，特别应该从中国悠久的文化传统中吸收营养，从自己的立场、观点出发看问题，这样就会有不同于外国学者的观点，因为我们是局外人，所谓“当局者迷，旁观者清”。当然我们还要老老实实、认认真真，一桩一件地进行研究，积累了大量的具体的研究成果，然后才可以逐渐建立自己的学科理论和体系。李云飞提到的西方学者认为现在的中世纪研究必须从一个庄园具体入手，我们也可以有所说明。确实，现在西方的经济史研究一方面日益深入、具体，另一方面也日益细碎化。我们当然要在深入具体上和外国的研究相媲美，也能深入研究个别庄园。但是，如果我们把一个庄园研究得头头是道，微观倒是十分微观了，但不能从中提炼出宏观的理论思考，或者没有从自己的理论体系入手研究，就只能是西方学术体系中的一撮鸿毛，不会锻炼出自己独特的理论和方法，建立起我们自己的，可以和世界史坛上任何学派相颉颃的学派，这是我们在学习、研究世界史过程中应该一直注意的。

北京大学历史学系

2014 年 5 月

目 录

导 言

翻开英国大部头多卷本的《维多利亚郡志》，我们随处可以读到对某个庄园漫长历史的流水账式的详细描述。比如，在《埃塞克斯郡志》第四卷，谈到昂格尔（Ongar）百户区博宾沃斯（Bobbingworth）堂区的博宾沃斯庄园的时候，有如下内容①：

1066年博宾沃斯庄园由两名自由佃农保有，共1海德30英亩，值40先令。1086年它由理查德（Richard）从伊尔格（Ilger）的兄弟拉诺尔夫（Ranulf）那里领有，值60先令。13世纪初期，它由国王的直属封臣哈蒙·德·玛尔西（Hamon de Marcy）保有。哈蒙将其传给了他的继承人斯顿敦·玛赛（Stondon Massey）的领主塞尔罗·德·玛尔西（Serlo de Marcy），后者死于1244年。同年他的姐妹，也就是他的继承人——约翰·德·梅尔克（John de Merk）的妻子爱丽斯（Alice）和尼古拉斯·斯皮格尔内（Nicholas Spigurnel）的妻子阿涅斯（Agnes）分割了当时由哈蒙的遗孀德尼斯（Denise）和塞尔罗的遗孀阿涅斯以寡妇产（dower）形式保有的博宾沃斯和其他一些地产。后来，显然斯皮格尔内家族保有梅尔克一地的土地，因为1311—1312年拉尔夫·德·梅尔克（Ralph de Merk）的儿子和继承人威廉（William）将这些地产的领主权转让给了赫里福德和埃塞克斯伯爵洪福雷（Humphrey），后者在1312—1313年将其以指定继承（fee tail）的形式转让给了幼子威廉·德·博洪（William de Bohun），即后来的北安普敦伯爵。1328年博宾沃斯庄园被威廉以半个骑士役为条件承包出去。1360年他死后由儿子洪福雷，即后来的赫里福德和埃塞克斯伯爵所继承。1373年洪福雷死后，领主权经其女儿埃莉诺（Eleanor）转移到边疆伯爵埃德蒙（Edmund）的妻子安妮（Anne）手中。1425年和1432年埃德蒙和安妮先后去世，领主权转入安妮的兄弟，即白金汉公爵洪福雷之手（死于1460年）。1475年该庄园由洪福雷的遗孀安妮领有。1485年和1493年它先后被贝德福公爵雅思贝尔（Jasper，死于1495年）和他的妻子凯瑟琳（Katherine）保有，后者的前夫则是白金汉公爵亨利·斯塔福德（Henry Stafford，死于1483年）。

---

① W. R. Powell ed., *The Victoria History of the County of Essex*, *Vol. Ⅳ*, London: Oxford University Press, 1956, pp. 10 - 12.

……

在 1834 年，约翰·阿克尔·侯博伦（John Archer Houblon）将他在博宾沃斯的地产以及堂区牧师的任命权卖给该堂区另一庄园的领主，即黑厅庄园的领主卡佩尔·库里（Capel Cure）。

这个庄园的历史竟然接近 900 年，而且其中领主的变化从 1066 年开始就可以断断续续地从《末日审判书》（*Domesday Book*）、财政署的管筒卷宗（Pipe Rolls）、领主的庄园账簿、法庭卷宗等文献中被再现出来。只是笔者为了不令大家感到厌烦，才略去了中间的大部分内容。这种编年史式的描述很好地反映了英国庄园历史的连续性和稳定性，而且其文献的保存也足以让一贯对中国历史连续性和文献完整性感到骄傲的国人大为惊异。英国很多庄园的历史可以上溯到 1066 年或 1086 年，经过 13 世纪到 14 世纪初期庄园直接经营的兴盛，到 14 世纪中期的黑死病以后，它们慢慢被承包出去。16 世纪以后，很多庄园虽不再是一个包含领主自营地和佃农份地的生产组织，但它们却一直延续到 18 世纪末期，甚至更晚。这着实令人惊叹。历代庄园领主为何要刻意保留那些能够证明他们拥有领主权的契据文书呢？与我国古代每次改朝换代之后大规模的土地重分，以及和平时期频繁的毫无凭据的巧取豪夺相比，英国为何会有这样一种巩固得多的产权制度？

为了从源头上回答这些疑问，我们需要对中世纪英格兰的庄园制度和乡村社会进行更为深入的考察。而作为这种考察的第一步，我们需要总结一下国内外学界研究中世纪英国乡村史的主要出发点、现状、趋势和方法。

一、研究视角和出发点

学界对中古[①]英国乡村史的研究大致有两种不同但相互关联的学术取

① “中古”是相对于“上古”而言的，“中世纪”则是相对于“古代”和“近代”、“现代”而言的。本书书名和正文中的“中古”一词，沿用了国内学界的习惯用法，其所指的时间范围与“中世纪”相同。

向：一是追溯现代化的原动力，二是进行中西历史比较。

世界近代史以西方世界的崛起及其在全球范围内的扩张为标志，而英国又是第一个完成近代工业革命的国家。从理论上阐释西方世界的兴起，尤其是阐释英国率先完成工业革命的原因，自19世纪中后期以来就一直是中外学界研究的一个重要课题。围绕这一课题，经过20世纪50年代莫里斯·道布和保罗·斯威齐关于“由封建主义向资本主义过渡”问题的讨论，继而经过70年代著名的“布伦纳论争”，学界逐渐形成了不同的理论流派。从以亨利·皮雷纳为代表的“长途贸易说”到以波斯坦为代表的“人口根源说”；从罗德内·希尔顿（R. H. Hilton）和罗伯特·布伦纳（Robert Brenner）的“阶级斗争说”到沃伦斯坦（Wallenstein）的“世界体系说”；从道格拉斯·诺斯（Douglas C. North）的“产权革命说”到最近的原工业化理论。① 这些理论有的强调英国外部的宏观趋势，有的突出英国内部的独特动因，后者又可分为经济和政治两个层面。

在经济层面，学者们以农业革命为工业革命的前提条件，把以农村为中心的原工业化视为工业化的第一阶段，进而不断向上追溯，把英国现代化的基石从16世纪以后的圈地运动、产权革命、乡绅崛起、农民分化，提前到黑死病之前的公地制度、庄园习惯法下的地权分配。学者们甚至认为早在13世纪英格兰就发生了“管理革命”，从那时起英格兰就已经成为“一个商业化社会”。

在政治层面，学者们将君主立宪制度的确立视为经济起飞的政治前提，在追溯宪政的确立、议会的形成、地方的自治等问题时，同样不断上溯，将13世纪出现并奇迹般存活下来的《自由大宪章》视为宪政的圣经，将王室普通法与地方习惯法的互动阐释为强大王权与地方自治的结合，甚至不遗余力地论证中世纪村社、城市、行会等基层社会中的民主、平等和自由，认为英国的现代化就是盎格鲁－撒克逊人独特的“民族精神”所培育出来的花朵。

不论从经济层面还是政治层面，学界在阐释英国现代化时都呈现出一个共同趋势：那就是将现代化的原动力从16世纪这个“过渡时期”提前

---

① 这些理论的概述可以参见侯建新：《现代化第一基石：农民个人力量增长与中世纪晚期社会变迁》，天津：天津社会科学院出版社1991年版，第6—22页。

到中世纪，尤其提前至1086年诺曼征服到1348年黑死病暴发这个被称为“中世纪盛期”的历史时段。中世纪，至少是中世纪盛期，不但不再被学界视为“黑暗时代”，相反被描述成培育现代化的阳光明媚的温室。这样的探讨无疑促进了对中世纪英格兰经济社会史的研究，但对古史作过于现代化的阐释，过分强调中古乡村某种有利于现代化的因子，反而制约了立足中世纪本身的实证研究。

中西历史比较是另一种研究中古英国乡村史的学术取向。这原本是国内学界最常见的一条研究路径，但近来国外不少从事全球史或宏观历史比较的学者也对此表现出了浓厚的兴趣。在国内研究欧洲史的学者中，研究英国史者尤多，其研究也最为深入，因此中英历史比较在很大程度上影响着中西历史比较（虽然这极不恰当）。

概而言之，在中英历史比较方面，学界不外乎两大基本立场。一种观点认为，二者存在本质差异；即使有共同性，也是异大于同。另一种观点则认为，二者在本质上并无多大差异；即使有差异，也是同大于异，或者说只是发展程度和发展阶段的差异。

在中英经济史的比较领域，强调二者差异性的颇有影响的观点之一是：中国古代自秦汉以后便由领主制经济进入地主制经济，而西欧则长期处于领主制经济阶段。领主制经济与地主制经济存在诸多差异，主要体现在如下四个方面。

其一，地权形态方面，领主制经济下地权为严格的等级土地所有制，无法买卖；地主制经济下的地权分配变动不居，土地则可以自由买卖。

其二，人身依附关系方面，领主制经济下农民对领主有强烈的人身依附关系；而地主制经济下农民对地主的依附关系较弱，主要基于土地的租佃而非人身的隶属。

其三，地租形态方面，领主制经济下多为劳役地租，而地主制经济下则为更灵活的实物租（有分成和定额之分）和货币租。

其四，领主制经济具有强烈的自给自足的特征，而地主制经济则可容纳并依赖于较为发达的商品货币关系。①

这些特征决定了地主制经济优于、高于领主制经济，具有更强的灵活性和适应性，因此得以长期延续。以研究中国史为专长的学者在进行中西比较时往往持有这样的观点，其基本的出发点是阐释中国封建社会长期延续的原因。

与此不同，原本以研究外国史为专长的学者在进行中西比较时，往往不会简单地认为西欧领主制下土地不可自由买卖，不会认为西欧庄园是自给自足的，也不会认为领主制经济比地主制经济更僵化、更落后。相反，由于他们基本的出发点是思考西方为何能后来居上，自然多半强调西欧中世纪经济机制中所蕴含的优点。比如，畜牧业在农业中的较高比重为未来纺织业的突破创造了条件；习惯法下稳定的地权容易导致“产权革命”②或形成“财产权利体系”③；农民所受的剥削较轻，有积累、投资的能力，

---

① 胡如雷在论述唐代的田庄时说：“西欧的庄园是一个十分封闭和完整的自然经济大单位，领主不仅拥有农奴，还有很多农奴手工业者在其中从事多种生产。庄园中自产的产品相当繁杂；唐代的情况大不相同。唐代田庄的封闭性及自给自足的能力明显比较差，不能与西方的庄园制同日而语。”“欧洲庄园主有司法行政等超经济强制手段，唐代的田庄主没有此等权力。”胡如雷：《隋唐五代社会经济史论稿》，北京：中国社会科学出版社 1996 年版，第 87—88 页。傅衣凌也说：“封建社会的基础，是封建土地所有制，这种所有制有领主型的，也有地主型的。”“对于中国的封建土地所有制，我认为大体上可以分为两个阶段：一、战国时期采取的领主制形式；二、秦汉以后则是地主制为中心。”在“以地主制为主体的封建社会里，也不是唯一的形式，而掺杂有领主制的某些成分在内”。杨国桢则把租税分离或合一作为地主制和领主制的区别。方行认为：“领主制经济和地主制经济，不仅是封建生产方式的两种不同形式，而且是它的两个不同发展阶段。随着生产力和商品经济的发展，人类封建社会一般都有着从领主制经济向地主制经济递嬗的这样一个自然历史过程。由于历史条件的不同，在西欧地主制经济历时短暂，领主制经济成为充分发展的典型；在中国，领主制经济却历时相对短暂，而是地主制经济成为充分发展的典型。”中国史研究编辑部编：《中国封建社会经济结构研究》，北京：中国社会科学出版社 1985 年版，第 120、130、162 页。晚近对这种观点的系统总结可以参见：李文治、江太新：《中国地主制经济论——封建土地关系发展与变化》，北京：中国社会科学出版社 2005 年版，前言及正文第 1—3 页。

② ［美］道格拉斯·诺思、罗伯斯·托马斯著，厉以平、蔡磊译：《西方世界的兴起》（第二版），北京：华夏出版社 1999 年版。

③ 赵文洪：《私人财产权利体系的发展——西方市场经济和资本主义的起源问题研究》，北京：中国社会科学出版社 1998 年版。

最终在个人力量增强之后成长为近代的租地农场主或乡绅阶层,[①] 等等。

不论思考中国封建社会长期延续的原因，还是探索近代西方兴起的谜底，实际上都是一回事，即近代以来中西为何会出现“分岔”。这一问题本身就决定了学界为追溯“分岔”的原因而对双方的早期历史进行比较时，会强调双方的差异性。正因为如此，目前学者大多认为中西封建社会异大于同。不过，朱寰、马克垚等学者比较重视二者之间的相似性和普遍性。比如在朱寰主编的《亚欧封建经济形态比较研究》中，总体的观点还是强调“封建经济形态”的普遍概念可以概括中、英、日、俄四国的历史实际。[②] 马克垚随后所主编的《中西封建社会比较研究》一书中虽然兼容并包了各位参编学者的不同观点，但他个人仍倾向于强调中西历史的共同性。[③] 他认为，西欧的领主经济实际上也是一种地主经济；西欧封建社会中也存在大量土地买卖的现象；中、西方的地主经济都是一种兼有自然经济和商品经济的“二元经济”，都是以封建特权为基础的经济；这些共同特点仍然可以用“封建社会”这样一个普遍概念加以描述和概括。[④]

目前，这种中西（尤其是中英）历史比较存在的主要问题表现为如下四个方面。

其一，比较的对象之间是否具有可比性。比如在中英比较中，英国基本处于北纬 50°~60°，这大致相当于中国东北哈尔滨至漠河的纬度。虽然英格兰属于海洋性气候，冬季气温远高于中国东北，但英格兰在作物生长期、光照强度等方面远不能与中国古代的核心农业区（黄河流域和长江流域）相比。也就是说，我们在进行中英比较时必须考虑纬度、气候、自然禀赋等方面的差异。

其二，用以比较的个案或例证在本地区是否具有代表性。比如，英国

---

① 侯建新：《现代化第一基石：农民个人力量增长与中世纪晚期社会变迁》，天津：天津社会科学院出版社 1991 年版。

② 朱寰主编：《亚欧封建经济形态比较研究·前言》（第二版），长春：东北师范大学出版社 2002 年版。

③ 马克垚主编：《中西封建社会比较研究》，上海：学林出版社 1997 年版。

④ 马克垚：《西欧封建经济形态研究》（第二版），北京：人民出版社 2001 年版；《从小农经济说到封建社会发展的规律》，载于中国史研究编辑部编：《中国封建社会经济结构研究》，北京：中国社会科学出版社 1985 年版；《英国封建社会研究》，北京：北京大学出版社 1992 年版；尤其是《论地主经济》，《世界历史》2002 年第 1 期。

在很多方面与欧洲大陆不同，那么把中英比较的结论泛化为中西比较的结论就可能存在误差。再比如，彭慕兰将18世纪的英国与中国苏南地区进行比较，认为那时中国仍处于领先地位。这个结论就因苏南地区（属于中国农业最发达的区域之一）不能代表整个中国而大打折扣。[①]

其三，比较者能否同时对所比较的两个或几个对象具有较为深入的研究。如前所述，以中国史为专长的学者在进行比较研究时常常表现出对西方对象了解不足，而以欧洲史为专长的学者在进行比较研究时难免对中国的情况挂一漏万。除了接受过严格中国史学术训练而转攻世界史的少数前辈外，能兼通中西者为数不多，尤其是吾等晚辈后学在进行中西比较时自当慎之又慎。

其四，中西比较属于宏观研究，强调宏观的理论概括，对微观个案研究重视不够，可能出现宏观理论缺乏微观基础的情况。

如此看来，放弃追溯现代化的原动力，有助于避免对古代史作过于现代化的阐释；放弃中西比较的宏观理论构建，有助于避免宏观理论与微观事实的脱节。笔者就尝试选择从中世纪英格兰的史料出发进行微观的实证研究，努力理清庄园制度与乡村社会中的一些模糊不清，甚至分歧重重的问题。若能为其他学者追溯现代化的原动力或比较中西历史的异同提供一些较为扎实的素材，笔者就心满意足了。在国内学界对“封建”和“封建主义”的问题展开新一轮讨论的学术背景下，[②] 这一研究具有相当重要的理论意义和现实价值。

二、研究现状与趋势

经过19世纪后期以来近一个半世纪的研究，西方学者对中世纪英格兰庄园制度的论著已经相当丰富。有的学者以个别庄园为研究对象，比如达

---

① ［美］彭慕兰著，史建云译：《大分流：欧洲、中国及现代世界经济的发展》，南京：江苏人民出版社2003年版。黄宗智：《发展还是内卷？十八世纪英国与中国——评彭慕兰〈大分岔：欧洲、中国及现代世界经济的发展〉》，《历史研究》2002年第4期。

② 最近关于封建主义的讨论可参见《史学理论研究》2008年第1期的几篇讨论文章。

文波特（F. G. Davenport）对诺福克伯爵的芬塞特（Forncett）庄园的研究，保罗·哈维（P. D. A. Harvey）对牛津大学默顿学院的库克翰（Cuxham）庄园的研究，麦金托（M. K. McIntosh）对王室在埃塞克斯郡的哈福林（Havering）庄园的研究，德里克·斯特恩（D. V. Stern）对威斯敏斯特修道院在赫特福德郡的金波恩（Kinbourne）庄园的研究。① 有的学者以个别领主的地产为研究对象，比如弗朗西斯·佩吉（F. M. Page）对克罗兰修道院地产的研究，瑞夫茨（J. A. Raftis）对拉姆齐修道院地产的研究，巴巴拉·哈维（Barbara Harvey）对威斯敏斯特修道院地产的研究，克里斯托弗·戴尔（Christopher Dyer）对伍斯特主教地产的研究，凯瑟琳·比迪克（Kathleen Biddick）对彼得伯罗修道院的研究，② 还有布瑞内尔（R. H. Britnell）对小领主的专门研究。③ 有的学者以个别地区为研究对象，针对整个英格兰的综合性研究著作也不少，比如科斯敏斯基（Kosminsky）、波斯坦（M. M. Postan）、爱德华·米勒和约翰·哈切尔（E. Miller and J. Hatcher）、伯尔顿（J. L. Bolton）、罗德内·希尔顿、布鲁斯·坎贝尔

---

① F. G. Davenport, *The Economic Development of a Norfolk Manor, 1086 – 1565*, Cambridge: Cambridge University Press, 1906. P. D. A. Harvey, *A Medieval Oxfordshire Village: Cuxham, 1240 to 1400*, Oxford: Oxford University Press, *1965*. M. K. McIntosh, *Autonomy and Community: The Royal Manor of Havering, 1200 – 1500*, Cambridge: Cambridge University Press, 1986. D. V. Stern, *A Hertfordshire Demesne of Westminster Abbey: Profits, Productivity and Weather*, Hertfordshire: University of Hertfordshire Press, 1999. F. W. Maitland, The History of a Cambridgeshire Manor, *The English History Review*, Vol. 9, No. 35, 1894, pp. 417 – 439.

② F. M. Page, *Estates of Crowland Abbey: A Study in Manorial Organization*, Cambridge: Cambridge University Press, 1934. J. A. Raftis, *The Estates of Ramsey Abbey: A Study in Economic Growth and Organization*, Toronto: Pontifical Institute of Medieval Studies, 1957. Barbara Harvey, *Westminster Abbey and its Estates in the Middle Ages*, Oxford: Clarendon Press, 1977. Christopher Dyer, *Lords and Peasants in a Changing Society*, Cambridge: Cambridge University Press, 1980. Kathleen Biddick, *The Other Economy: Pastoral Husbandry on a Medieval Estate*, London: University of California Press, 1989.

③ R. H. Britnell, Production for the Market on a Small Fourteenth-Century Estate, *The Economic History Review*, New Series, Vol. 19, No. 2, 1966, pp. 380 – 387. R. H. Britnell, Minor Landlords in England and Medieval Agrarian Capitalism, *Past and Present*, No. 89, 1980, pp. 3 – 22.

(B. M. S. Campbell) 等人的研究。[①] 当然，最全面的莫过于大部头的《英格兰威尔士农业史》和更大部头的《维多利亚郡志》。[②]

学者们研究的论题也比较多，有的已经形成定论，有的仍然分歧甚大。归纳起来，有如下几个方面。

(一) 庄园的定义

庄园的历史很长，不同历史时期又多有变化，而且英格兰各地之间、不同领主的庄园，甚至同一地区同一领主的不同庄园也有所不同，这就造成庄园的多样性和复杂性，也使我们很难给庄园下一个普遍适用的定义。早先的学者从庄园与村社的关系来界定庄园，认为一个庄园应当恰是一个村庄，这种“典型庄园”已经被证明是非典型的。多数学者将庄园视为一个严整的经济组织，强调庄园内部的“二要素”，即领主自营地与佃农份地的区分。领主和农民分别以自营地和份地的产出来生活，但自营地的耕作依赖于农民提供的劳役。不过，由于不少庄园没有领主自营地，或者没有服劳役的农奴份地，因此还算不上完整的生产组织，最多只能算一个分配组织。也就是说，庄园仅仅是一块地产，而且未必是空间上连续的一块地产，可能只是领主从农民那里收取地租、杂费等收入的一个单独的核算单位。这是对庄园最宽泛的一种定义。还有的学者沿用16世纪以后才形成的普通法规则，即庄园的核心标志在于领主有举行庄园法庭的权益。其中的问题是，13、14世纪，很多庄园尽管是一个经济组织，却不举行庄园法庭；15、16世纪以后，直至19世纪初期的大规模议会圈地时代，尽管很

---

① E. A. Kosminsky, *Studies in the Agrarian History of England in the Thirteenth Century*, edited by R. H. Hilton, translated from the Russian by Ruth Kisch, Oxford: Basil Blackwell, 1956. M. M. Postan, *The Medieval Economy and Society*, Harmon & Sworth: Penguin Books, 1972. E. Miller and John Hatcher, *Medieval England Rural Society and Economic Change, 1086 – 1348*, London: Addison-Wesley Longman Limited, 1978. J. L. Bolton, *The Medieval English Economy, 1150 – 1500*, London: J. M. Dent, 1980. R. H. Hilton, *A Medieval Society: The West Midlands at the End of the Thirteenth Century*, the second edition, London: Cambridge University Press, 1983. B. M. S. Campbell, *English Seigniorial Agriculture, 1250 – 1450*, Cambridge: Cambridge University Press, 2000.

② H. E. Hallam, *The Agrarian History of England and Wales, Vol. II, 1042 – 1350*, Cambridge: Cambridge University Press, 1988. E. Miller ed., *The Agrarian History of England and Wales, Vol. III, 1348 – 1500*, Cambridge: Cambridge University Press, 1991.

多庄园早已不是一个完整的经济组织，但它仍然举行庄园法庭。在当时法学家的眼中，出席者只要有两位自由佃农和 12 位习惯佃农（以组成法庭陪审团），就可算作一个合法的庄园，这已经与早先的庄园有很大的差异。笔者所考察的主要是 13、14 世纪这个庄园制度最为兴盛的时期，因此采取了一个较为严格的庄园定义，即它既是一个分配组织（领主收租收费的单位），也是一个生产组织（领主自营地和佃农份地所构成的体系）；不仅是一个经济组织，也是一个社会管理和控制的组织（包含庄园法庭）。①

（二）庄园的起源和演变

对庄园概念的不同理解影响着学者们对庄园起源的解答。若以庄园法庭为庄园的本质特征，那么我们要到 12 世纪晚期和 13 世纪初期才能在一些法律条文中看到庄园法庭的存在，而庄园法庭卷宗的出现和普及则要到 13 世纪中期。显然，庄园的出现并没有这么晚。若将庄园理解为一块独立的地产（即一个单独核算的收租单位），那么庄园几乎可以说无时不在。显然，庄园的起源也并没有这么早。大多数学者认为庄园应当包括领主自营地和佃农份地两个要素，二者关联的纽带在于佃农需为占有份地而向领主提供劳役以耕种自营地。也就是说，寻找庄园的起源实际上就是寻找两类土地的划分以及佃农的服役义务。以此为标准，庄园起源和演变的历史大致可以分为四个阶段。

第一阶段，诺曼征服前的庄园。这个阶段主要有三个问题。首先是罗马帝国控制时期的维拉（villa）与中世纪的庄园有多少历史联系的问题。比如，西伯姆认为中世纪村庄或庄园（tun 或 ham）就起源于罗马时期的维拉。② 目前学界已基本不再采纳这种观点。主要理由是：与西班牙、高卢等地相比，不列颠的罗马化程度较低，欧洲大陆学界非常流行的罗马派

---

① 关于不同学者对庄园概念的不同理解，参见马克垚：《英国封建社会研究》（第二版），北京：北京大学出版社 2005 年版，第 143—146 页。

② 西伯姆的结论是，“在缺乏直接证据的情况下，最合理的假设看来应当是，庄园制度在不列颠的成长与在高卢和日耳曼的成长一样，都是蛮族制度与罗马制度先在罗马统治的鼎盛时期，后在日耳曼征服时期相互融合的结果”。Frederic Seebohm, *The English Village Community: Examined in its Relations to the Manorial and Tribal Systems and to the Common or Open Field System of Husbandry*, the fourth edition, London: Longmans, Green, and Co., 1890, p. 422.

在英国难以流行；罗马时期的维拉与中世纪的村庄和庄园之间有很大差异；即使二者之间有些相似性，也不能简单地根据时间的先后推论出它们之间具有历史连续性。

其次是盎格鲁－撒克逊时期庄园是否形成，发展程度如何的问题。目前大多数学者都认为，这个时期一些领主地产已经划分为领主自营地和佃农份地，农民也已负担劳役义务，庄园已经存在，只是当时的庄园尚不普遍。

最后是庄园产生的过程问题。目前最有影响的理论是由梅特兰和维诺格拉道夫提出，后被弗兰克·斯坦顿采纳的观点：村社先于庄园；庄园是外部力量将司法行政控制和经济盘剥强加于自由的村社和独立的农民的结果；这种过程从盎格鲁－撒克逊后期已经开始，在诺曼征服后最终完成。① 与这种观点有所不同的是，琼斯（G. R. J. Jones）、阿斯顿（T. H. Aston）和罗萨蒙德·费斯（Rosamond Faith）都认为，村社的发展与庄园的兴起是同一个过程；自由独立的村社只是历史的虚构；不少村庄的形成本身就是领主安置流民的结果，一些农民接受了领主提供的茅屋（或许还有农具等基本生活必需品）而被称为茅屋农（cortage）就是很好的证明；他们还提出了一种庄园由复合型大地产（multiple estate）裂变而来的理论。②

第二阶段，诺曼征服与庄园的推广和强化。多数学者认为，诺曼征服促进了庄园的发展：英格兰本地的领主被外来的征服者们置换，农民因为要额外供养一个新的领主阶层而负担加重，地位下降；诺曼征服后的“封建革命”造成了大规模的土地封授和庄园新建；诺曼征服及随后的高压统治将庄园制度输送到了更广的范围，比如英格兰的北部和威尔士边境地

① 对这些学者的观点，马克垚已经作过详细的分析和介绍。马克垚：《英国封建社会研究》（第二版），北京：北京大学出版社 2005 年版，第 26—41、143—152 页。

② G. R. J. Jones, Early Territorial Organization in England and Wales, *Geografiskar Annaler*, No. 43, 1961, pp. 174 – 181. Idem, Multiple Estates and Early Settlement, in P. H. Sawyer ed., *English Medieval Settlement*, London: Edward Arnold, 1979, pp. 11 – 40. T. H. Aston, The Origins of the Manor in England, *Transactions of the Royal Historical Society*, the fifth series, Vol. 8, 1958, pp. 59 – 83. Rosamond Faith, *The English Peasantry and the Growth of Lordship*, London and Washington: Leicester University Press, 1997, pp. 153 – 156. Dawn M. Hadley, Multiple Estates and the Origins of the Manorial Structure of the Northern Danelaw, *Journal of Historical Geography*, Vol. 22, No. 1, 1996, pp. 3 – 15.

区；伴随着土地的封授，庄园的司法行政权力也大为扩展。但也有少数学者质疑说，诺曼征服强化了庄园制度的观点主要以《末日审判书》为依据，而该文献中体现出来的庄园推广和农民地位下降，实际上不过是一种命名上的变化而非历史的事实，即以英格兰东南部常见的庄园、维兰等术语用于登记其他地区的地产和农民。①

第三阶段，12 世纪庄园出租经营的流行和 12、13 世纪之交直到 14 世纪中期庄园直接经营的兴盛。如果说诺曼征服这一意外事件使英格兰庄园被强化和推广的话，那么 12 世纪庄园的出租经营（或者将庄园的整体承包出去，或者出租庄园内的自营地）显示出与法国、意大利等地共同的发展趋势，即领主由庄园经营者向坐食地租者的转变和庄园的瓦解。然而，13 世纪英格兰却出现了庄园的加强和直接经营的兴盛。研究这个阶段英格兰的庄园，一个争议颇多的问题是，英格兰的庄园为何会体现出与欧洲大陆其他地区不同的历史独特性？波斯坦认为人口增长刺激了人们对物品的需求，提高了物价，同时降低了劳动力成本，而且政治安定，种种因素营造出了一种对直接经营非常有利的经济环境。爱德华·米勒则认为 13 世纪的经济环境未必对直接经营更加有利，领主经营政策转变是因为物价的变化使他们在观念上发生了一场变革。凯瑟琳·比迪克认为 12 世纪末期领主们同大商人之间的“结构性的债务关系”把领主拖入直接经营之中。还有的学者强调习惯的作用，认为人地比例的变化对收取固定地租的领主不利，但习惯又不允许他们提高地租，所以他们才转向直接经营。② 有的学者认为直接经营只是一股盲目的热潮。比如布雷德利说：“当出租转变为

---

① 比如威廉·卡佩勒认为，有自营地和劳役繁重的村庄并不是随意分布的，其分布自南向北，恰好同当年威廉征服的路线一致。William E. Kapelle, *The Norman Conquest of the North: The Region and its Transformation, 1000 – 1135*, Chapel Hill: The University of North Carolina Press, 1979, pp. 186 – 190.

② M. M. Postan, *The Medieval Economy and Society*, Harmon & Sworth: Penguin Books, 1972, pp. 105 – 121; E. Miller, Engand in the Twelfth and Thirteenth Centuries: An Economic Contrast? *The Economic History Review*, Vol. 24, No. 1, 1971, pp. 1 – 14. Kathleen Biddick, *The Other Economy: Pastoral Husbandry on a Medieval Estate*, London: University of California Press, 1989, p. 51. C. G. Reed and T. L. Anderson, An Economic Explanation of English Agricultural Organization in the Twelfth and Thirteenth Centuries, *The Economic History Review*, Vol. 26, No. 1, 1973, pp. 134 – 137.

直接经营的时候，庄园并不一定能够带来更多的收入，庄园仍然由庄头管理，只不过换了个不同的上司而已。”①

第四阶段，黑死病后庄园作为一种经济组织逐步瓦解，但它作为司法行政管理机制、作为乡村土地登记机关仍然存在了很久，甚至延续到19世纪初期。国外虽有一些学者以单个庄园或单个地区为研究对象，将庄园的历史一直研究到16、17世纪以后，但比之黑死病前“经营兴盛的时代”，国外学界对庄园晚期历史的研究相对较少，而国内学界则更少。

（三）庄园的商品化

早先国内学界认为，西欧中世纪的庄园主要是自给自足的自然经济组织。目前除了少数专攻中国史的学者外，大多数专攻世界史的学者已基本放弃这种简单化和绝对化的观点。在批判这种观点的基础上，学界很自然地发展出一种“二元经济”② 的概念，即庄园既有自给自足的成分，也渗透着商品货币关系。可是，如果庄园经济不是单纯的自然经济体，也不是完全的商品经济体，那么强调它是一种“二元经济”实际上并没有解决多大的问题。需要进一步思考的问题是，庄园的商品化程度究竟有多高？哪些因素影响着庄园的商品化？

西方学者中很少有人认为庄园是与市场隔绝的，但他们关于庄园商品化的程度却有很大的分歧。早先的学者还根据13世纪的一些农书，认为领主庄园自营地生产的目的首先是确保自己的谷物需求，若有剩余才出卖。近来学界对13世纪英格兰庄园商品化程度的评价越来越高。波斯坦称13世纪后期领主的大地产已经是“资本主义取向的，是为攫取货币而生产谷物的联合工厂”③。罗德内·希尔顿也认为13世纪领主自营地“主要不是被视为维持修道院或世俗领主府邸的工具，而是被视为能够带来货币收入

---

① A. R. Bridbury, The Farming out of Manors, *The Economic History Review*, Vol. 31, No. 4, 1978, pp. 503 – 520.

② “二元经济”这个概念是经济学家们首先提出来的，用以描述发展中国家在经济转型过程中出现的现代经济成分与传统经济成分并存的局面。这里所说的“二元经济”是指同时包含自然经济和商品经济两大特征的经济组织。

③ M. M. Postan, Revisions in Economic History: The Eleventh to the Fifteenth Centuries, *The Economic History Review*, Vol. 9, No. 2, 1939, p. 162.

的资产”[①]。约翰·克拉潘也认为，大领主本身就是土地资本家或农业资本家。[②] 这些学者的研究多基于对个别庄园账簿的统计研究，而最近坎贝尔则将分布范围较广的大量庄园账簿做成数据库，并把不同类型的农畜产品按照一定的比率折算成可以统一度量的货币，以此统计出了各种庄园的商品化程度。他认为影响庄园商品化程度的因素包括领主的类型、不同农畜产品的品种、庄园的空间区位（是否靠近城镇、交通是否便利等）、庄园在整个领主地产中的位置和功能（尤其是距离领主住所的远近）等因素。他和布瑞内尔甚至认为 13 世纪的英格兰已经是一个“商业化社会”[③]。这种评价是否过高，我们将从理论基础和历史事实两个方面加以辨析。

（四）庄园与村社的关系

在庄园与村社空间范围是否一致的问题上，早期的研究强调，“典型庄园”应当恰好就是一个村庄。但是经过科斯敏斯基等人的深入研究，目前学界已经形成共识，“典型庄园”其实是非典型的，大多数庄园不是包含几个村庄，就是仅为一个村庄内若干庄园之一。尽管如此，学界目前对单个庄园的微观研究仍然以与村社一致的庄园为主，对包含若干村社或与其他庄园共同构成一个村社的庄园的研究仍然相对薄弱。

学界对庄园与村社关系的论述可以概括为两种观点。一种观点认为，巩固而团结的村社是领主管理庄园和施行农奴制的障碍，是农民反抗领主的组织手段。将阶级力量对比视为经济发展决定性因素的罗伯特·布伦纳就是持这种观点的代表人物。他在一篇引发广泛争议的论文中分析了近代早期西欧农奴制瓦解而东欧农奴制强化的根本原因。他认为，无论是人口变动、商业兴衰还是城市强弱都不能很好地解释东、西欧的巨大反差；而真正的原因在于阶级力量的对比。在西欧，维护敞田放牧和休耕轮作规则的需要导致了强大村社的存在。领主领地分散各地，很多村庄被多个领主

---

① R. H. Hilton, *A Medieval Society: The West Midlands at the End of the Thirteenth Century*, the second edition, London: Cambridge University Press, 1983, p. 79.

② ［英］约翰·克拉潘著，范定九、王祖廉译：《简明不列颠经济史：从最早时期到一七五〇年》，上海：上海译文出版社 1980 年版，第 150—151 页。

③ B. M. S. Campbell, Measuring the Commercialisation of Seigneutial Agriculture, 1300, in R. H. Britnell and B. M. S. Campbell eds., *A Commercialising Economy: England 1086 to c. 1300*, Manchester: Manchester University Press, 1995.

分割占有，无法实施强力控制。村社维持了较高程度的自治，农民在村社中团结起来，推选村官，确保土地继承权，抵制领主的恣意索取。在东欧，不论农民的份地还是领主自营地都连为大块，使强大村社丧失存在基础；黑死病前领主在大拓殖运动中的主导地位阻碍了村社自治的兴起；村社规模小，人口少，而且又多属于单一领主。这些因素致使领主更容易压榨农民，而农民却无力抵抗。① 马克垚也曾指出，“公社是农民反抗封建主的现成组织手段”。侯建新和徐浩也多次强调，庄园、村社和教区等多股力量的相互牵制为中世纪西欧的农民留下了较为宽广的自主空间和积累余地。② 村社团结起来对抗领主的例子并不鲜见。

另一种观点则认为，庄园处于村社之中，庄园的管理离不开村社的配合和支持，村社是庄园制度的基础。比如，著名史家马克·布洛赫在谈到村社份地制度与庄园制度的时候就说，“庄园绝对没有扼杀村社”，“两种体制共生共存”，村社是庄园“赖以取得权力以及收入的一个非常重要的来源”。③ 甚至还有学者提出，村社形成规则的敞田制度就是领主推动的结果，而领主强化村社的内部组织正是为了使其有利于庄园的管理。

这两种观点分歧甚大，甚至可以说在逻辑上是相互矛盾的。学界消解这种矛盾的方法有三种。最常见也是最简单、最难以令人满意的一种解释是：有时如此，有时如彼；村社有时配合，有时抵制领主的庄园管理。与这种共时性的解释不同，另一种解释是历时性的：起初村社是独立的，但逐渐被领主附加了各种义务，乃至被改造成为领主庄园管理的工具。这种观点在英国乡村史的研究中最有影响，比如梅特兰、维诺格拉道夫等人都

---

① Robert Brenner, Agrarian Class Structure and Economic Development in Pre-Industrial Europe, in T. H. Aston and C. H. E. Philpin eds., *The Brenner Debate: Agrarian Class Structure and Economic Development in Pre-Industrial Europe*, Cambridge: Cambridge University Press, 1985, pp. 40–43.

② 马克垚：《西欧封建经济形态研究》（第二版），北京：人民出版社2001年版，第274页；侯建新：《中英封建晚期乡村组织比较》，《史学理论研究》2000年第3期，第110—120页；徐浩：《农民经济的历史变迁——中英乡村社会区域发展比较》，北京：社会科学文献出版社2002年版，第119页。

③ ［法］马克·布洛赫：《依附耕作的兴起和庄园制度》，载于［英］波斯坦主编，郎立华、黄云涛、常茂华等译：《剑桥欧洲经济史》第一卷《中世纪的农业生活》，北京：经济科学出版社2002年版，第243、249页。

认为，庄园是由外部力量强加给独立而自由的村社的。最后一种解释则将村社内部分为不同的阶层，强调领主是借村社内部矛盾而渗入其中的。领主一方面将村社上等户培植为庄园管理的骨干，充任其在庄园的代理人；另一方面也保护下等户，让他们免受上等户的恶意侵凌，鼓励下等户揭发上等户在担任庄官时各种中饱私囊、营私舞弊的行为。上等户对领主表现出更多的依赖和配合，而下等户则表现出更多的抵制和反抗。诸种观点多有分歧，这说明其中尚有深入研究的价值。

（五）领主与农民的关系

在领主与农民的关系问题上，学界有两种基本范式：剥削抗争与互惠和谐。剥削抗争范式下又有两种不同的倾向。由于相关史料多是领主在领地经营管理中留下的庄园地租册、惯例册、资产估价册、庄园收支账簿、庄园法庭卷宗等文献，而这些文献无疑更多反映了领主的权力和利益，因此早期的研究倾向于强调庄园的普遍、农奴制的严酷和农民的贫弱。比如剑桥人口学派的代表人物波斯坦就认为，领主从农民手中攫取了近乎一半的生产剩余，这造成了农民的贫弱，使其在疫病的打击下变得脆弱不堪。①以罗德内·希尔顿和克里斯托弗·戴尔为代表的伯明翰学派则倾向于采用马克思主义的生产方式和阶级斗争理论，强调黑死病之前领主对佃农的剥削和控制是农民经济陷入危机的根源，而此后农民的成功抗争则是农奴制瓦解和封建主义出现危机的根本原因，由此缓慢地向资本主义过渡。②

随着研究的深入，学界开始以村社和农民为中心自下而上地考察乡村社会，而不是以庄园和领主为中心自上而下地考察。这些研究多强调农民的团结、村社的强大、领主盘剥的有限性和农民独立发展的可能性。约翰·哈切尔在 1980 年就提出要重新评价农奴制，同时还指出维兰的经济地位与法律地位有很大的差距，负担劳役的维兰或者说习惯佃农尽管法律地

---

① M. M. Postan, *The Medieval Economy and Society*, Harmon & Sworth: Penguin Books, 1972.

② R. H. Hilton, *A Medieval Society: The West Midlands at the End of the Thirteenth Century*, the second edition, London: Cambridge University Press, 1983. R. H. Hilton, *The Decline of Serfdom in Medieval England*, the second edition, London: Macmillan, 1983. Christopher Dyer, *Lords and Peasants in a Changing Society*, Cambridge: Cambridge University Press, 1980.

位较低，但因其地租往往是固定的，且占地通常较多，因此经济地位并不低。相比之下，以自由民身份租佃领主土地的佃农，其地租受市场力量的推动上涨较大，而且其占地往往不多，实际经济地位未必比服劳役的维兰高。[①] 最近神坂顺一（Junichi Kanzaka）利用 1279 年百户区调查档案研究了不同佃农的地租水平，其结论是：维兰（农奴）所负担的地租只有市场土地租金的一半左右，低于许多占地较少的自由佃农。[②] 在此基础上，坎贝尔进一步提出，维兰是乡村中的“特权者”，他们以很低的“习惯地租”直接从领主手中得到土地，然后又以更高的“市场租金”将部分土地转租给其他佃农，或者雇工代役，成为领主与其他佃农之间的二地主；他们在村社和庄园管理中发挥着主导作用；领主置农奴（至少是其中的全份地农奴）于优惠地位，以换取其合作和忠诚。坎贝尔甚至提出，不是领主在盘剥维兰，而是“维兰在盘剥领主”。[③] 以瑞夫茨为首的多伦多学派则从社会关系的角度强调了这样一个结论：中世纪英格兰的农奴是村社管理中的骨干和头面人物。[④] 这些观点几乎要把我们对农奴制的传统看法完全颠倒过来。

无论强调领主的强大还是农民的巩固，这些观点均可归入领主与农民剥削抗争的理论范式。与此不同，霍曼斯较早时候就强调了庄园制度下温情脉脉的一面。领主会在节日到来时为农奴提供公餐，在农忙季节为服役农奴提供伙食；农民节日里向领主送鸡蛋、奶酪等小额礼物，农忙时为领

---

① John Hatcher, English Serfdom and Villeinage: Toward a Reassessment, *Past and Present*, No. 90, 1981, pp. 3 – 39.

② 参见：Junichi Kanzaka, Villein Rents in Thirteenth-Century England: An Analysis of the Hundred Rolls of 1279 – 1280, *The Economic History Review*, Vol. 55, No. 4, 2002, pp. 593 – 618.

③ B. M. S. Campbell, The Agrarian Problem of the Early Fourteenth Century, *Past and Present*, No. 188, 2005, pp. 3 – 70.

④ 这些观点主要总结自如下文献：J. A. Raftis, Social Structures in Five East Midland Villages: A Study of Possibilities in the Use of Court Roll Data, *The Economic History Review*, Vol. 18, No. 1, 1965, pp. 83 – 100. E. B. DeWindt, *Land and People in Holywell-cum-Needingworth: Structures of Tenure and Patterns of Social Organization in an East Midlands Village, 1252 – 1457*, Toronto: Pontifical Institute of Medieval Studies, 1972. Sherri Olson, Jurors of the Village Court: Local Leadership before and after the Plague in Ellington, Huntingdonshire, *Journal of British Studies*, Vol. 30, No. 3, 1991, pp. 237 – 256.

主提供帮工。在霍曼斯看来，领主为农奴分配土地和农奴向领主提供劳役是一种“经济交易”，双方保持着“相互的忠诚和理解”，这种“礼物的交换有助于消弭二者之间的对立情绪，象征性地表达了作为双方关系基础的互惠”。[①] 类似地，贝内特用“快乐的英格兰”来描述中古英国的庄园生活。[②] 这些突出乡村生活中温情和谐一面的研究可以归入互惠和谐的范式。

造成这些分歧的原因，除了剥削率的计量和统计过程中的方法差异外，选取不同阶层的农民为研究样本，结论自然也会大有出入。村社并非一个平等社会，农民在土地占有、担任公职、亲属势力、个人影响力等方面存在差异。若以农民中的上层为样本来考察，则会得出领主控制不力，农民大有余地的结论；若以农民中的下层为样本，则会得出领主盘剥严苛，农民贫弱无助的结论。因此，化解上述分歧并将研究推向深入的一条途径就是将农民分成不同的阶层分别加以探讨。

国内学者近十多年来在英格兰乡村社会史的研究方面取得了很大的进展。可以说，这是国内欧洲中世纪史学界最大的增长点，无论从论文发表和专著出版的数量，还是从青年学者的培养和研究队伍的壮大来看，都是如此。该领域的研究甚至比对文艺复兴的研究更热烈。这主要得益于北京大学、天津师范大学、中国人民大学、首都师范大学、东北师范大学、武汉大学等高校相关学者的个人学术研究和博、硕士研究生培养。总体来看，国内学界关注的问题主要有如下三个方面。

首先，侯建新教授在一系列论文和著作中，将农民的经济积累和力量壮大视为英国现代化的第一基石，形成了一套以中世纪晚期乡村社会的变化，如庄园的瓦解、农奴的解放、富农和乡绅的形成等因素来解释英国现代化起源的思路和理论，并在随后一步步通过研究普通法的形成和发展、农民土地权益的巩固等因素来分析农民积累与壮大的法制和社会环境，进

---

① G. C. Homans, *English Villagers of the Thirteenth Century*, Cambridge, Mass.: Harvard University Press, 1941, pp. 230, 269.

② ［英］亨利·斯坦利·贝内特著，龙秀清、孙立田、赵文君译：《英国庄园生活：1150—1400 年农民生活状况研究》，上海：上海人民出版社 2005 年版。

而提出并倡导经济—社会史研究。[①] 此后，授业于侯教授的一批中青年学者从不同的角度将这一理论不断拓展深化，形成了国内学界有关英国中世纪晚期经济社会史颇有影响的一种宏观理论和解释思路。今后这一理论的发展趋势可能在于，通过更多的史料解读和个案研究来检验宏观理论的解释力，并在宏观理论与微观经验存在脱节的一些地方尝试对宏观理论予以发展、修正或突破。

其次，刘景华、徐浩、谢丰斋等学者关注城市的兴起、市场的发展和商业化程度的提高，强调中世纪盛期，特别是12世纪晚期到14世纪中期英格兰的经济活力。比如刘景华将14、15世纪视为早期农业革命的准备阶段。[②] 他还与崔洪健一起研究了东盎格利亚从中世纪到近代的经济发展，提出这一地区较为薄弱的庄园制度和较为自由的农民有助于其经济的承续和改革。[③] 谢丰斋通过考察13世纪英格兰乡村市场的“超常”发展，强调了当时小领主的“私人权利”意识，并进而提出英国的资本主义在13世纪就“埋下了伏笔”。[④] 徐浩较早提出，中世纪盛期的英格兰已经形成包括土地市场在内的生产要素市场。[⑤] 他提出，中世纪英格兰经济的商业化是市场导向的，而不是像中国古代经济中那样为满足民众自给自足的需要而产生的商业化。[⑥] 他还考察了中世纪英格兰的城市化水平，提出14世纪上半叶英格兰城市人口的比重已经达到20%，即摆脱了国际公认的低水平状

---

① 侯建新：《中世纪英国农民个人力量的增长与自然经济的解体》，《历史研究》1987年第3期；《现代化第一基石：农民个人力量增长与中世纪晚期社会变迁》，天津：天津社会科学院出版社1991年版；《抵抗权：欧洲封建主义的历史遗产》，《世界历史》2013年第2期；《西欧法律传统与资本主义的兴起》，《历史研究》1999年第2期；《中世纪英格兰农民的土地产权》，《历史研究》2013年第4期。

② 刘景华：《近代欧洲早期农业革命考察》，《史学集刊》2006年第2期。

③ 刘景华、崔洪健：《东盎格利亚道路：英国传统农业区的曲折转型》，《历史研究》2012年第3期。

④ 谢丰斋：《13世纪英国庄园农业“商品化”刍论》，《世界历史》2008年第5期；《论中世纪盛期英国“村市”的超常发展》，《史学月刊》2010年第9期；《12—14世纪英国小城镇兴起初探》，《世界历史》2002年第4期。

⑤ 徐浩：《论中世纪晚期英国农村生产要素市场》，《历史研究》1994年第3期。

⑥ 徐浩：《前工业社会中的城市市场结构与市场导向的商业化》，《史学月刊》2005年第2期。

态。[1] 谷延方则在其著作和一系列论文中强调了中世纪盛期和晚期英格兰的城市化、商品化及其对农村劳动力向城市流动、农奴制瓦解、英国经济的转型和发展等方面所发挥的重要作用。[2] 可以说，中世纪英格兰的商业化、城市化问题是国内学界研究的热点之一，而其中的总体趋势是，学者们对这两个“化”的评价越来越高，越来越乐观。

最后，村庄、田制等问题在最近十年来引起了学界的重视。舒建军在其毕业论文和随后发表的相关论文中，比较详细地讨论了中世纪英格兰田制的多样性、不同类型田制的特征及其区域分布，田制对乡村经济社会关系的影响等问题。[3] 赵文洪考察了中世纪英格兰保留下来的不少村规民约，强调了这些规约制定、执行和意图中所体现出来的共同体特征，即农民的共同参与和共同裁决。由于这些规约多数旨在保障和落实公地制度的有序运作，因此赵文洪又进而强调了这种公地制度所蕴含的平等精神。[4] 向荣教授最近专门探讨了敞田制在英格兰的形成背景、发展过程以及它在均衡耕牧冲突、合理有序利用资源和促进农业发展方面的贡献。[5] 王玉亮则强调了中世纪英格兰村庄共同体的法律、经济等方面的“自治”和内部的平等互助关系。[6] 实际上，在最近十年内，庄园已不再是国内学界研究的重点，因为它被视为领主利益的体现，反映了领主对农民的剥削和约束；通过庄园来考察中世纪英格兰的乡村社会，往往是一种站在领主的立场上自上而下的考察。因此，学界开始重视研究中世纪英格兰的村庄或村庄共同体，因为它体现了一种自下而上的研究视角，更能体现农民的日常生活和

---

① 徐浩：《中世纪英国城市化水平研究》，《史学理论研究》2006 年第 4 期。

② 谷延方：《中古英国农村劳动力转移和城市化特点——兼与工业革命时期比较》，《世界历史》2008 年第 4 期；《英国农村劳动力转移与城市化——中世纪盛期及近代早期》，北京：中央编译出版社 2011 年版；《中世纪英国农村劳动力转移和城市化——基于农牧混合经济结构视角的一种考察》，《学习与探索》2012 年第 6 期。

③ 舒建军：《近代早期的发展模式：英国的公田与公共权利》，赵汀阳主编：《年度学术 2006：农村与城市》，北京：中国人民大学出版社 2006 年版。

④ 赵文洪：《中世纪欧洲村庄的自治》，《世界历史》2007 年第 3 期；《庄园法庭、村规民约与中世纪欧洲“公地共同体”》，《历史研究》2007 年第 4 期；《欧洲公地共同体管理中的法治因素》，《史学理论研究》2008 年第 3 期。

⑤ 向荣：《敞田制与英国的传统农业》，《中国社会科学》2014 年第 1 期。

⑥ 王玉亮：《英国中世纪晚期乡村共同体研究》，北京：人民出版社 2011 年版。

实际地位。这自然是大有裨益的。不过，这并不是一件容易的事情。有关中世纪乡村社会的各种资料，诸如庄园法庭卷宗、地产清册、庄园惯例册等，往往是领主在庄园经营管理中留下来的，往往体现了领主的利益和需要，许多有关农民之间相互关系的信息并没有被记录下来。如何剥离这层代表着领主利益的蒙版，透析出乡村社会的真实图景和农民之间的日常交往，对历史学家来说是一项相当有挑战性的任务。

总体来说，国内近十年来对中世纪英格兰经济社会史的研究呈现出两个比较明显的特点。其一，研究的问题日益细微，比如沈琦对中世纪英格兰农民运输劳役和领主自营地上庄仆的专门研究，就代表了研究向细化发展的趋势。此外，学者研究的空间区域日益缩小，时间段限日益缩短，比如前述刘景华和崔洪健对东盎格利亚的专门研究。其二，学者们在引用国外学者的统计结果和研究结论之外，开始日益重视对史料的收集和分析。

尽管国内外学界都存在一种由以领主和庄园为中心自上而下研究向以村社和农民为中心自下而上研究转变的趋势，但是笔者仍然选择传统的以领主和庄园为中心的考察。这主要是基于如下三方面的考虑。其一，国外学者强调以村社和农民为中心的研究，是因为他们在以领主和庄园为中心的研究方面已经有长期的积累和丰富的成果，而我们在庄园的研究方面仍然比较薄弱，很多重要的问题还不甚清楚，比如庄园的管理组织、庄园账簿的内容和结构、庄园法庭的运作等。其二，保留下来的史料多是以领主和庄园为中心的，如果我们打算在简单引用国外学者的统计数据和研究结论之外加强对史料的直接利用，研究领主经济和庄园制度就是一种更为切实可行的方案。其三，国外学者，比如以瑞夫茨为代表的多伦多学派在利用庄园资料研究农村社会时就采用了许多统计学和社会学的方法，然而笔者还远不能得心应手地使用这些方法。

与国内研究逐渐细化和深入的趋势相适宜，笔者的考察时间上限定在12世纪后期和14世纪初期这一“扩大的13世纪”，即中世纪英格兰庄园直接经营大为兴盛，庄园制度较为发达，庄园史料较为丰富，学界研究也较为成熟的时期。这意味着有关庄园起源的诸多问题，比如罗马时代不列颠维拉的遗产对后世的庄园有多大的影响，盎格鲁—撒克逊带来了自由的村社还是大地产（或复合地产），丹麦人的入侵对丹麦法区和英格兰其他地区庄园的发展和农民的地位分别产生了哪些影响，诺曼征服是迅速地从大陆“输入”了庄园制度还是仅仅延续并强化了盎格鲁－撒克逊晚期的庄园制度，庄园是后来被强加给已经存在的自由村社的还是二者同时产生互为条件的等等，都将被笔者暂时搁置。这也意味着，笔者对黑死病后庄园变化的考察较为简略，而16世纪后英格兰庄园的缓慢转变和长期延续也只能留待将来进一步研究了。在空间范围上，笔者将限定于英格兰，即不包括今天大不列颠及北爱尔兰联合王国疆土中的威尔士、苏格兰和北爱尔兰。

三、史料类型

史料是历史研究的基础。研究中世纪英格兰的庄园制度（尤其是庄园最兴盛的13、14世纪），主要有五种史料。

（一）国王的法律、法令及其地产调查资料

地方领主属于国王的封臣，应当履行骑士军役、参与郡法庭和百户法庭，因此国王有关这些问题的法律和法令都与庄园的管理和封授有关。国王赐给地方教俗领主地产和司法行政管辖权的特许状（charter）则具体规定了领主的权益。国王关于民兵役、维护王家大道、每个村庄组织巡夜、十户联保会、为集体打击盗贼和其他罪犯而呼救求援（hue and cry）的制度，以及协助验尸官调查非正常死亡事件的义务等，很多情况下都是通过庄园来落实的。这些法律法令是考察国王干预和规制地方社会（村社或庄园）的重要资料。比如，围绕庄园习惯法是自成体系还是受普通法影响而产生这一问题，最近学界就出现了论争。①

当然，英格兰很多庄园的历史从文献上都始于1086年的《末日审判书》，目前这一重要文献在国内已以多种形式收藏。其中北京大学所藏的

---

① 关于庄园习惯法性质的论争。参见：L. Bonfield, The Nature of Customary Law in the Manor Courts of Medieval England, *Comparative Studies in Society and History*, Vol. 31, No. 3, 1989, pp. 514－534. Paul R. Hyams, What Did Edwardian Villagers Understand by Law? in Zvi Razi & Richard Smith eds., *Medieval Society and the Manor Court*, Oxford: Clarendon Press, 1996, pp. 69－102. Lloyd Bonfield, What Did English Villagers Mean by Customary Law? in Zvi Razi and Richard Smith eds., *Medieval Society and the Manor Court*, Oxford: Clarendon Press, 1996, pp. 103－116.

《维多利亚郡志》，在每个郡的第一卷通常都编译有该郡的《末日审判书》全文。国外学者已对《末日审判书》进行了多种方式的统计研究，从达比系统的历史地理研究，① 到萨利·哈维对11世纪末期自营地和佃农份地犁队数量的统计研究，② 最近甚至出现了以该文献中对地产年收入的估计值为基础统计11世纪后期英格兰“国内生产总值”的研究著作。③ 整个文献也被制作成数据库，可以很方便地进行检索和统计。④ 我们在研究英格兰的庄园制度时，不打算进行类似的统计研究，只是在对某个庄园进行微观个案研究时，需要查阅《末日审判书》，以便了解它的早期状况。

13世纪以后对研究庄园制度最有价值的王室地产调查资料有两种。一是1279年的百户区调查卷档（Hundred Roll），它的独特性在于不是以庄园为单位，而是逐个百户区、逐个村庄地进行调查的，因此很好地补充了地方封建领主地产调查的不足。科斯敏斯基就是以此为基础，极有说服力地证明了13世纪即使是在庄园最为发达的英格兰中部诸郡，与村庄一致的庄园也是少数。⑤ 另一是“死后调查书”（Inquisitions Post Mortem）。在国王的直属封臣死后无嗣或继承人年幼的情况下，领地归国王暂管，其间的收入由监管人向财政署汇报。为了弄清这些领地的各种资产及收入，国王通常派专门的调查员前去召集民众调查，其结果便是“死后调查书”。科斯敏斯基对13世纪英格兰农史的研究和最近坎贝尔对领主经济的研究就大量使用了这些资料，尤其是后者还将“死后调查书”做成两个数据库来进行系统的统计研究。

---

① H. C. Darby, *Domesday England*, Cambridge: Cambridge University Press, 1977.

② S. P. J. Harvey, The Extent and Productivity of the Demesne Agriculture in England in the Later Eleventh Century, in T. H. Aston, P. R. Coss, C. Dyer, and J. Thirsk eds., *Social Relation and Ideas: Essays in Honor of R. H. Hilton*, Cambridge: Cambridge University Press, 1983.

③ J. McDonald and G. D. Snooks, *Domesday Economy: A New Approach to Anglo-Norman History*, Oxford: Clarendon Press, 1986.

④ 关于对该数据库制作的介绍和评价，参见：Robin Fleming and Andrew Lowerre, Domesday Book, *Past and Present*, No. 184, 2004, pp. 209 - 232.

⑤ E. A. Kosminsky, *Studies in the Agrarian History of England in the Thirteenth Century*, edited by R. H. Hilton, translated from the Russian by Ruth Kisch, Oxford: Basil Blackwell, 1956.

（二）法学家的著作、农书、领地管理小册子等

在 13 世纪英格兰的法学家伯拉克顿所写的《论英格兰的法律和习惯》一书中，将英格兰负担劳役的维兰作为农奴，用罗马法中有关奴隶的规定来界定农奴的法律地位。这虽然与农奴的实际地位未必一致，但并非毫无关系。普通法逐渐采用了这样的法律准则：维兰作为农奴处于庄园主的司法管辖之下，但关于某人是否属于农奴的诉讼，却由王室法庭来审理。伯拉克顿还讨论了十户联保会在王室司法行政活动中的作用，而很多十户联保会实际上落入地方领主的管理之中，且其事务往往一并在领主的庄园法庭上处理。关于地产权益的各种诉讼规则，也都与庄园主或其佃户的利益息息相关。这些内容对研究庄园制度，尤其是对研究庄园司法行政与整个王国司法体制的关系具有重要参考价值。

先由拉蒙德和坎宁安编著，[①] 后由欧钦斯基进一步校勘增补[②]的几份 13 世纪的农书是研究庄园管理和农事安排的基本资料。另一份称为 *Fleta* 的文件则专门指导领主的总管如何巡视庄园，主持庄园法庭，并提供了庄园法庭卷宗的范本。[③] 这些资料是研究庄园制度最基本最常见的史料。不过，它们只是向领主提出管理庄园的建议，只说明"应当怎样"，而不能说明"实际上怎样"。

（三）庄园的地产调查册、资产估价册、惯例册、地租册、地块册和置地文契

地产调查册（survey）是领主组织对庄园系统清查之后的记录，内容包括庄园上的各种资产，土地及其佃户、租金，佃农姓名，负担何种义务。资产估价册（extent）详细登记庄园上的各种资产及其年收入，旨在告诉领主每年可从庄园获得的收入总额。惯例册（custumals）主要是登记庄园上各种佃农所应负担的各项义务，兼及庄园的惯例和规则。地租册（rental）登记庄园上每个佃农的占地多寡及地租类型、数额、交付时间等

---

① ［英］伊·拉蒙德、W. 坎宁安编，高小斯译：《亨莱的田庄管理》，北京：商务印书馆 1995 年版。

② Dorothea Oschinsky, *Walter of Henley and Other Treatises on Estate Management and Accounting*, Oxford: Clarendon Press, 1971.

③ G. O. Sayles and D. Litt eds., *Fleta*, London: Bernard Quaritch, for Selden Society, 1955.

信息。地块册（terrier）则不仅登记每块土地被谁租佃，还说明其具体位置，与何人租的哪些地块为邻。置地文契（cartulary）则是抄录各种土地交易（受领、封赐、租赁、买卖等）的契约文书，作为日后出现纠纷时的凭证。这些资料的内容与1086年《末日审判书》的内容相似，可以视为地方领主对其领地内庄园的“末日审判”。12世纪末期前这类文献较少，但12、13世纪之交突然大量涌现，到13世纪不仅形式逐渐规范化，内容也日益详尽。比如关于佃农的劳役负担，已经不再局限于规定某位佃农承担几天劳役，还从质量和数量两个方面详细规定了干什么农活、应达到什么标准才能算一天劳役，甚至对节假日、阴雨天、佃农生病或有事等情况的处理也有详细规定。黑死病之后各种地产调查册不仅数量较少，而且内容也越来越简略。由于庄园出租经营的流行，地产调查册不再关注佃农的劳役，而是关注地块的位置、租佃者，以及租金数额和交付时间等信息。

这类史料的主要价值在于，它可反映出庄园内领主自营地和佃农份地的比重，不同阶层佃农的土地占有、地租负担等方面的经济条件，地租形态及其演变，甚至地块的空间分布。其缺陷在于，它只登记直接从领主租佃土地的佃农及其负担，对不从领主而是从领主的佃农那里转租土地的其他农民则并不关心；它只登记从领主租佃土地的佃户家庭的户主，对于佃户家庭内部的成员和结构并不关心，因此不能反映乡村社会的全貌。

（四）庄园收支账簿

庄园收支账簿出现于13世纪初期，到13世纪中期开始流行起来，其格式和内容逐渐规范化。它是对庄园年度各项收入支出的详细记录，目的在于明确庄园管理者（管家、庄头等）当年应当向领主交纳多少物资、钱款，通过账簿审计减少管理者营私舞弊的可能，是领主庄园直接经营政策的结果。它通常先登记庄园的各项收入（上年积欠、地租、法庭罚金、出卖自营地农畜产品、佃农劳役折算等），随后登记庄园的各项支出（向领主送交的物资、钱款，房屋、农具、种子等的修缮和购置，雇工工资、长工伙食、饲养牲畜的费用等），最后两项相减，算出庄头应当补交的款额，算作个人对领主的债务。

庄园账簿的史料价值在于如下几个方面。其一，庄园账簿详细登记了各种谷物和畜产品在不同年份的售价，登记了为不同季节和工种的长工和临时雇工支付的报酬，这为研究中世纪英格兰的物价和工资变动提供了难得的详尽史料。[①] 其二，13 世纪中期的不少庄园账簿在支出项目中登记了领主自营地播种不同谷物所用的种子量，在收入项目中则登记了这些谷物的收获量，甚至还直接在账簿边缘计算出收成是种子的多少倍，这为研究中世纪谷物的产量，甚至整个农业生产力的发展水平提供了宝贵的资料。蒂托对温彻斯特主教地产上谷物单产的研究就利用了该领主详细而连续的庄园账簿。[②] 其三，庄园账簿详细登记了各种农畜产品的收获量，庄园上长工、雇工、牲畜等直接消费的数量，送交领主的数量以及卖向市场的数量，这为研究中世纪英格兰农业的商品化提供了难得的资料。布瑞内尔和坎贝尔就是以此建立他们的商业化理论的。[③] 其四，庄园账簿登记了领主在庄园的收入、各项投入，希尔顿和波斯坦就以此为资料研究了领主的投资率。此外，庄园账簿对于研究领主的消费、领主庄园经营政策的变化等亦有帮助。

庄园账簿作为一种经济史料的缺陷在于，编制并留存下来的庄园账簿绝大多数都是大领主的，其中又以教会大领主的为主。这是因为，小领主拥有的庄园较少，多数集中在一个区域，且往往自己就住在庄园上，能够经常且方便地视察庄园并直接决定庄园事务，因此无须采用垂直分层的地产管理组织，无须费时费力地编制庄园账簿。加之教会大领主最有文化知识，也最善于保存文献，因此现今能看到的庄园账簿多是教会大领主的。庄园账簿的这种不均衡状况容易造成我们过多地以大领主（尤其是教会大领主）代表整个领主阶层的研究倾向。

---

① 法莫尔的一系列物价和工资史研究就是对大量庄园账簿的统计研究。D. L. Farmer, Some Price Fluctuations in the Angevin England, *The Economic History Review*, Vol. 9, No. 1, 1956, pp. 34 – 43. Idem, Some Grain Price Movements in Thirteenth-Century England, *The Economic History Review*, Vol. 10, No. 2, 1957, pp. 207 – 219. Idem, Prices and Wages, in H. E. Hallam ed., *The Agrarian History of England and Wales, Vol. II, 1042 – 1350*, Cambridge: Cambridge University Press, 1988, pp. 715 – 817.

② J. Z. Titow, *Winchester Yields: A Study in Medieval Agricultural Productivity*, Cambridge: Cambridge University Press, 1972.

③ R. H. Britnell, *The Commercialisation of English Society: 1000 – 1500*, the second edition, London: Manchester University Press, 1996. R. H. Britnell and B. M. S. Campbell eds., *A Commercialising Economy: England 1086 to c. 1300*, Manchester: Manchester University Press, 1995.

早先对这些庄园账簿的研究方法主要是对单个庄园或单个领主所有庄园的统计研究，尤其是对在较长时间内具有连续性的庄园账簿进行的研究。由此得出的结论主要是作为一种微观个案例证来使用的。但是，近年来以坎贝尔为主的研究团队将1250年到1449年之间870个庄园的1 900多份庄园账簿做成庞大的数据库，以此进行涵盖较大范围的统计研究，使庄园账簿的利用达到了一个新的高度。[①] 目前，我们在国内能够进行的只是利用单个庄园连续的账簿进行微观的个案研究。

（五）庄园法庭卷宗

庄园法庭是领主对一个庄园范围内的民众行使司法管辖权的主要形式。法庭卷宗产生于13世纪30年代，三十年后撰写法庭卷宗成为领主们的普遍做法。法庭通常由领主总管或管家主持，各种佃农承担不同的出席义务，由陪审团来检举和审理案件。其职能主要包括维护领主权益、处理公共事务、解决庄民纠纷、履行王国义务。如果庄园主同时拥有管理十户联保会的权力，那么他会每年举行两次庄园大会，一并处理十户联保会和庄园事务。与其他庄园史料不同，法庭卷宗的详细程度虽然在黑死病后有所下降，但它延续的时间特别长，很多庄园甚至在17、18世纪还继续举行庄园法庭并撰写卷宗。庄园法庭卷宗在13世纪中后期迅速普及的原因有三：一是整个社会管理文字化的提高；二是领主庄园直接经营的需要；三是王室司法行政革新的促进。关于庄园法庭的运作机制，我们将在第五章第三节中详细论述，这里仅讨论法庭卷宗的内容及其史料价值。

庄园法庭卷宗有多方面的史料价值。其一，庄园法庭关注庄园内部的日常运作，对于研究庄园内部的管理机制、领主与佃农以及庄园与村社之间的矛盾冲突，甚至村社内部不同户等之间的矛盾冲突具有无可取代的重要意义，因为只有法庭卷宗能深入到最底层民众的日常生活世界中。其二，庄园法庭卷宗中登记了佃农死亡之后的土地过户信息，这为研究人口史提供了难得的资料，很多学者就是以此为史料统计出黑死病所造成的人

---

① 坎贝尔由此写出了关于领主经济的一本颇有影响的专著。B. M. S. Campbell, *English Seigniorial Agriculture, 1250 - 1450*, Cambridge: Cambridge University Press, 2000.

口下降幅度的。[①] 其三，一些庄园法庭卷宗中（尤其是13世纪末期以后的卷宗中）登记了其所在或所包含的村庄的村规民约，这些规约对于研究敞田制度、乡村组织具有重要意义。比如奥尔特就通过艰辛的史料爬梳，辑录了这些村规民约，进而研究了中世纪敞田制度的维护和运作。[②] 最近理查德·斯密斯和茨维·拉齐所编的《中世纪社会与庄园法庭》一书收录了学者们运用庄园法庭卷宗进行的多种角度的研究成果。[③]

记录庄园法庭卷宗的那些书记员并不是为19、20世纪乃至今天历史学家撰写史料的。就像其他庄园资料一样，法庭卷宗也有其缺陷和不足。其一，它们最关心的仍然是庄园事务而非村社和堂区。其二，即使是庄园事务，它们也倾向于关注涉及领主权益的事务，其他事务只有在涉及领主的利益时才被记录下来（比如收取农民纠纷的罚金或登记佃户之间的土地交易）。其三，它们登记的主要是乡村生活中破坏性的异常事件，比如侵权、纠纷、死亡、旷工、打斗等，对于乡村社会中的团结、协作关注较少。其四，庄园法庭上登记的人大多是担任各种公职（庄头等庄官、陪审员、担保人、罚金评估员、村规民约监督员、看田人、护林员、啤酒和面包质量监督员等）的人，其他农民只有在受到侵害或施行侵害后才被法庭关注。而妇女只有在本人是直接的侵害者、受害者或孀居时才会进入法庭卷宗。这就使占半边天的女子在法庭卷宗中不能得到与男子同等的展现。

庄园法庭卷宗能够反映庄园内部和乡村社会的许多细节，但由于上诉缺陷，它所反映出来的乡村社会又是经过筛选的、存在偏差的。学界在庄园史料的运用方面展开了方法上的创新和论争。以瑞夫茨为首的多伦多学派收集、整理、出版了拉姆齐修道院下属各庄园的法庭卷宗，进而尝试通过姓名学和统计分析的方法，透过庄园再现隐身在其后的村社组织和农民分层。其基本方法是罗列法庭卷宗中的人名，通过其中包含着的绰号（比

---

① 比如茨维·拉齐对海尔索文（Halesowen）堂区的人口史研究。Zvi Razi，*Life，Marriage and Death in a Medieval Parish*，Cambridge：Cambridge University Press，1980.

② W. O. Ault，Open-Field Husbandry and the Village Community：A Study of Agrarian By-Laws in Medieval England，*Transactions of the American Philosophical Society*，New Series，Vol. 55，Part 7，Philadelphia：by the Society，1965.

③ Zvi Razi and Richard Smith eds.，*Medieval Society and the Manor Court*，Oxford：Clarendon Press，1996.

如懒汉某某)、职务（比如护林员某某、羊倌某某)、居住地（比如某某村的某某)、亲属关系（比如某某的儿子某某、某某的妻子某某）等信息，确定庄园内有多少农民，然后再结合地租册和惯例册考察不同阶层农户在村务和庄园管理中的参与度和影响力。① 随后茨维·拉齐对多伦多学派的研究方法提出了批评，认为仅靠姓名中包含的信息进行统计存在很大的误差。比如，一份庄园法庭卷宗中可能多处出现某个相同的姓名，多伦多学派径直将其登记为同一人，而事实上法庭卷宗的其他内容反映出他们根本不是同一人，有时是同时存在多个同名同姓的人，有时是一个人去世后又出现了另一个同名同姓的人，而更多情况下他们并不同名同姓，只是法庭书记员为了简略，仅记录了村民熟知的称呼而非全名。② 基于此，拉齐在他对海尔索文堂区的人口史研究中，就采取了一种更复杂但更准确的方法，即为庄园法庭卷宗中的每个人名制作一个人事卡片，将卷宗中有关他的事情全部摘抄下来，进而分析他是否为同一人，如若不是，还需弄清他到底是几个人。③ 显然茨维·拉齐的方法更为准确，我们也尝试采用这样的方法，对收集到的由莱伊·洛克（Ray Lock）所编的1303—1399年之间索福克郡瓦尔舍姆（Walsham）庄园两卷本的法庭卷宗进行微观的个案研究。

四、研究方法

学术界研究中世纪英格兰乡村史的方法主要有三种。

---

① J. A. Raftis, Social Structures in Five East Midland Villages: A Study of Possibilities in the Use of Court Roll Data, *The Economic History Review*, Vol. 18, No. 1, 1965, pp. 83 - 100. E. B. DeWindt, *Land and People in Holywell-cum-Needingworth: Structures of Tenure and Patterns of Social Organization, 1252 - 1457*, Toronto: Pontifical Institute of Medieval Studies, 1972. Sherri Olson, Jurors of the Village Court: Local Leadership before and after the Plague in Ellington, Huntingdonshire, *Journal of British Studies*, Vol. 30, No. 3, 1991, pp. 237 - 256.

② Zvi Razi, The Toronto School's Reconstitution of Medieval Peasant Society: A Critical View, *Past and Present*, No. 85, 1979, pp. 141 - 157.

③ Zvi Razi, *Life, Marriage and Death in a Medieval Parish*, Cambridge: Cambridge University Press, 1980.

首先，传统的文献分析法仍然是学界采用的基本方法，即收罗和援引村规民约、庄园惯例册、法庭卷宗等史料中的描述，对某一结论给出尽可能多的例证。比如霍曼斯和贝内托的研究就主要是这种类型。或者像茨维·拉齐在研究海尔索文地区时所用的方法，即根据法庭卷宗尽可能地收罗和再现每个人的亲属关系、社会交往、经济交易、违规行为、参与纠纷等情况，从而揭示乡村社会的网状图景和代际更替。这种方法的主要优点是，它能够为某一现象的存在提供文献佐证，能揭示乡村社会多种现象同时存在的复杂图景。但是，它的缺点在于，文献提供的图景纷繁复杂，往往互有差异，甚至相互冲突的现象同时存在，而其中哪种现象更为普遍，哪种趋势更占主流，往往缺乏定量的描述。因此，仅靠传统的文献分析方法，我们无法从繁杂的万花筒中形成较为明晰概括的图景。

其次，目前中世纪英格兰乡村经济社会史研究中最流行的方法是统计分析法。近年来国外学者最具代表性的论文和著作，几乎都是努力将研究结论建立在数据统计和定量分析的基础上。其实，这种方法已经有长久的历史。20 世纪上半期俄国学者科斯敏斯基通过对英格兰百户区卷档的研究，取得了各国学者公认的成就。近来大卫·斯通对不同庄园经验效益、不同劳力劳动效益的分析，坎贝尔对 14 世纪初期英格兰农业商品化水平的研究，以及日本学者神坂顺一对 13 世纪地租水平及其影响因素的研究，都是通过对庄园账簿或百户区卷档进行数据加工处理，然后采用各种统计方法做出来的。特别值得一提的是，坎贝尔组成了一个研究团队，将大量的庄园账簿做成了一个庞大的数据库，辅之以现代计算机高效准确的数据处理软件，取得了此前学者望尘莫及的研究成果，大大推动了学术的进步。中世纪英格兰的庄园账簿都是文字叙述式的，将数千个庄园的成万份账簿录入数据库本身就是一个庞大的工程。我们无法接触和利用这些数据，不可妄加评论。不过，笔者感觉这种方法也存在一个可能的缺陷。在庄园账簿中，很多收入支出项目是以实物计量登记的，很多佃农的地租是混合了劳役（包括周工、帮工、杂工等）、货币和实物三种形态的，无论是坎贝尔对商品化程度的研究还是神坂顺一对地租水平的研究，都必须将各种实物按照一定的单价折算成统一的货币，这样才能汇总比较。但是，采用何种价格来折算呢？各种农畜产品的价格不仅具有较大的季节差异，而且具有明显的地区差异，采用不同的单价（即使是法莫尔统计出来的那种平均价格）会存在很大的时空错乱的风险。比如，在一个交通不便、产品很难出售、物价较低的庄园，若按照伦敦附近地区的价格来为农畜产品折价，则会明显夸大相应农畜产品的收入和支出。如果按照农忙季节临时雇工的工资水平来为农闲季节的佃农进行劳役折价，则会夸大这些劳役在佃农实际负担中的比重。

最后，乡村考古学是近来颇受学界重视的另一种方法。第二次世界大战之后，随着经济的恢复，国外的考古学迎来了大发展的时期，考古发掘的对象从重大的政治、军事遗址向更多的日常生活遗址转变。随着社会史的博兴，考古学界开始越来越关注底层社会、乡村社会，对乡村，特别是对近代以来被遗弃的村落遗址的考古发掘越来越多。从事中世纪乡村史研究的学者开始越来越关注，甚至直接参与乡村考古，将文献分析与考古发掘所得遗物、遗址的分析结合起来，取得了很大的进展。比如，克里斯托弗·戴尔等学者在考察聚居村落、敞田制等的起源过程中，就利用了大量的考古报告。罗萨蒙德·费斯关于盎格鲁－撒克逊后期和诺曼征服后乡村发展与领主权形成的专著中，也使用了不少考古学的研究成果。这些成果为学界分析庄园的兴起、村庄的形成、田制的差异以及这些问题背后的影响因素提供了重要的线索。不过，无法实地考察，无法利用考古资料，是国内研究欧洲中世纪乡村史的一大障碍。

国内对欧洲中世纪经济社会史，特别是中世纪英格兰乡村史的研究，目前在很多重要问题上，主要还是依赖于援引和分析国外学者的统计数据和研究结论。若能在引用这些数据和结论时说明数据的来源、统计的方法和所引学者的主要观点和倾向，就已经颇为难得了。可喜的是，国内学界在传统的文献分析方面已有一定的进展。在研究中世纪英格兰的庄园制度时，长期以来国内学界很难收集和利用相关的庄园史料。目前这种史料状况已有较大改变。19 世纪后期到 20 世纪初期的很多书籍，不少已经数字化和电子化，可以便捷而免费地通过互联网获取，以 PDF 电子文档的方式阅读。其中既包括当时的研究论著，也包括当时编译出版的很多庄园史料。对 14 世纪以后出版的书籍，可以通过“英国早期作品在线”（EEBO，即 Early English Books Online）和“18 世纪作品在线”（ECCO，即 Eighteenth Century Collections Online）等数据库方便地获得。对于相关学术期刊上的文章，我们也可通过 JSTOR 等数据库获取。这使我们不仅能够对国外学者的学术论著有更全面的收集和分析，而且完全有可能在收集庄园史料的基础上进行一些较为扎实的研究。

五、主要内容

本书共分七章。

第一章综述学界从政治、经济、社会等多种角度阐释农奴制的各种观点，大致从人地比例、市场发育、技术条件、利润准则、剥削与互惠、上层政权结构、城市的经济和政治力量、村社集体力量等微观经济逻辑和宏观制度背景展开讨论，努力从分歧重重，甚至相互对立的观点中寻找造成分歧的原因，并尝试提出化解这些分歧的方法。其目的在于树立一个学术的参照，确定我们考察中世纪英格兰庄园制度时应该重点关注哪些问题。

第二章主要考察 11、12 世纪英格兰领主地产经营管理的方法以及 12、13 世纪之交经济环境的变化，特别是人口增长、土地匮乏、物价上涨、商品化日益推进等经济条件给领主地产经营管理所造成的困境。

第三章分析领主扩大自营地直接经营的原因、方法和具体表现。我们考察直接经营兴盛的原因，目的在于探讨在大致相同的经济条件下，英格兰领主为何没有像欧洲大陆的法国和意大利地区的领主那样转化为坐食地租者。在庄园自营地经济的规模和效益方面，重点考察它是否超越了农民的家庭经济。关于庄园自营地的商品化，我们重点关注商品化程度究竟有多高，哪些因素影响着商品化程度的高低，以便对近年来国外颇为流行的“商业化派”作出辨析。

第四章讨论庄园自营地的劳动力构成。重点关注四个问题：影响庄园自营地劳动力供需的因素有哪些？不同类型的劳力各有什么优缺点？领主如何据此对不同类型的劳力加以综合利用？劳役折算对领主和佃农有何不同意义？

第五章讨论庄园管理的组织和手段。这一章的重点在于三个问题。其一，在垂直分层的管理组织中，总管、管家、庄头、审计员各有哪些职责？怎样相互监督？其二，庄园收支账簿是如何出现并迅速流行起来的？它的内容和格式有何特点？从中能反映出领主什么样的利润观念？其三，从庄园法庭的主持者、参与者、运作程序、基本职能、裁决方式、执行手段等方面来看，庄园法庭具有何种性质？

第六章探讨领主在庄园的收入、消费和投资。收入方面，重点考察不同领主的收入结构有何差异，领主收入在不同时期的变化，以便评价13世纪领主直接经营庄园自营地的效果。消费方面，重点考察有哪些满足消费的基本方式，哪些因素影响着领主对消费方式的选择，领主的消费对自营地的生产安排有何影响。投资方面，重点考察领主们投资的去向和投资在总收入中所占的比重，以便讨论领主们的投资观念。

第七章探讨庄园与村社的关系。其中我们重点关注两个问题，即领主在庄园经营管理过程中对村社组织进行了哪些调整和利用？村社组织和庄园管理是如何融合在一起的？此外，我们还详细分析了中世纪英格兰十户联保制度的起源和发展，并进而探讨英格兰的王权是如何借此渗透到基层社会的。

在完成上述考察之后，我们将努力形成一些自己的看法和结论，明确今后研究的方向，并从方法论上对如何推进欧洲中世纪经济史的研究进行一些初步的、粗浅的思考。

第一章

农奴制的政治经济学解释

尽管农奴制存在农奴缺乏劳动积极性和监督管理困难的弊端，但它在某些地区的历史上却曾广泛存在，有时还比租佃制更流行。农奴制的经济合理性何在？它何以实现？其兴衰有何规律？在国内学界对此类马克思主义传统史学课题渐趋冷淡之时，国外经济史学界和历史学界却涌现出了各种阐述农奴制兴衰的理论观点。诸种观点各有异趣，分歧重重，甚至截然对立。对其不抱成见地公允评判，或许可以找到一条在新的学术基础上将农奴制研究重新推进的出路。

第一节　微观经济逻辑：人口、市场和技术

一、人　口

我们先从较为熟悉的马克思的论述开始。马克思以劳动价值论和剩余价值学说为基础建立了一套剥削理论。生产过程中只有劳动创造价值，非劳动阶层依靠土地、资本以及其他非经济手段攫取劳动产品都属于剥削。马克思将这种理论用于分析农奴制，其观点可以归结为三点：由于农民占有生产资料，因而具有经济独立性，故而领主只有借助暴力手段才能迫使农民交纳剩余产品；① 农奴制的本质特征在于超经济强制；农奴缺乏劳动积极性和监督管理困难的弊端决定了农奴制较之租佃制更为落后。

西方多数学者习惯于运用现代西方经济学理论来分析农奴制的兴衰。虽然方法不同，但部分学者的结论却与马克思不谋而合。1956 年，美国经济史学家多马系统地阐述了劳力匮乏导致强迫劳动制度的“多马假说”。该假说认为，当地广人稀时，生产中最稀缺的资源是劳力而非土地。空闲土地的大量存在和领主之间的劳力竞争对农民非常有利。对领主而言，控制农民比控制土地更重要。平等协商对领主非常不利：若采用租佃制，则

---

① 马克思所说的“农民的独立性”是指农民能够比较容易地获得维持生计所必需的最重要的生产资料——土地。参见：《马克思恩格斯全集》（第 25 卷），北京：人民出版社 1975 年版，第 890—891 页。

地租很低；若采用雇用制，则工资很高。领主只有依靠超经济强制，将农民束缚于土地，才能迫使农民接受严苛的盘剥。只有当人口增长导致土地匮乏时，控制土地的领主才能拥有廉价使用农民劳力的经济力量，农奴制才会逐渐被租佃制或雇用制取代。①“多马假说”强调了农奴的经济独立性和农奴制的暴力本质，这与前述马克思的观点可谓殊途同归。

最近有学者尝试用“寡头垄断”来取代农奴制的“超经济强制”。他们认为，在地广人稀、劳力匮乏时，领主会高度集中地占有土地，形成强大的市场垄断权力。只有他们是需要农民劳力的买主，只有他们是农民所需土地的卖主。劳役制度是领主对农民的垄断歧视。② 领主不断扩张自营地，千方百计限制农户通过购买和租佃获取土地，就是为了降低农民在家庭土地上的劳动边际产出，迫使农民到领主地产上以较低的工资劳动。土地不均衡分配的结果是，领主自营地生产中土地投入过多而劳力投入过少，农民份地生产中则土地投入过少而劳力投入过多。扭曲性的均衡状态和资源配置的无效率意味着领主是在牺牲社会整体利益的情况下获取了本阶层的私利。这种观点颇具启发性。解放农奴能够释放社会整体生产力，这很好地解释了东欧19世纪农奴制改革的动因。拉丁美洲与美国北部的不同发展道路也印证了土地最初分配格局的重要性：西班牙王室将大片土地以及其上的土著居民授予少数最初的殖民者，造成土地占有的高度不平等和大地产制；而美国北部相对平等的土地占有则造就了独立农民耕作的兴盛。

马克思所说的“农民的独立性”下的“超经济强制”、多马所说的地广人稀下的“暴力强制”以及其他学者所说的“土地不均衡分配下的垄断歧视”，论述虽有不同，但都强调了较低的人地比例与农奴制兴起之间存在着密切关系。这正是阐释农奴制最有影响的理论。不过，接受这种理论还需考虑到以下三点。

首先，劳力匮乏最多只是农奴制的必要条件，而非充分条件。在劳力充裕时较少流行农奴制（比如古代中国），但在劳力匮乏时领主虽然有心

---

① E. D. Domar, The Causes of Slavery or Serfdom: A Hypothesis, *The Journal of Economic History*, Vol. 30, No. 1, 1970, pp. 18 – 32.

② Jonathan Conning, Latifundia Economics, Hunter College Department of Economics Working Papers, File URL: http://urban.hunter.cuny.edu/RePEc/htr/papers/021_Conning.pdf.

采用农奴制，却可能心有余而力不足，因为劳力越匮乏，农奴制越难实施。著名经济史学家波斯坦就提出，13 世纪英格兰人口增长时，农奴制因容易实施而得以加强；黑死病后人口下降时，农奴制则因不易实施而趋于瓦解。[①]

其次，劳力匮乏只是相对的。有些技术变化要求更多的劳力投入，比如两田制向三田制的转变、休耕地的翻耕、苜蓿的种植等。这些技术的快速推广可能导致人口的增长无法满足劳力需求的增长，从而出现劳力的相对匮乏。市场需求的刺激亦具有类似作用。也就是说，其他因素的影响可能导致人口增长与农奴制加强同时并存的现象，13 世纪初期的英格兰就是典型例子。

最后，有些学者认为，人口增长会刺激需求，促使领主为谋利而加强农奴制。威廉·怀特就以此解释了波希米亚农奴制的兴起。[②] 东欧其他地区的农奴制也并非从黑死病导致人口下降后就马上兴起，而是要到 15 世纪晚期以后，那时人口亦在上升之中。

二、市　场

上述学者与马克思的共同之处还在于，他们都承认农奴制是落后于租佃制等其他形式的。但这一结论却不符合现代西方经济学的基本假设：一种经济制度的流行，一定是因为它具有经济合理性，即具有效率上的优势。道格拉斯·诺斯和托马斯就循此思路，比较了不同“契约安排”的“交易成本”高低，认为农奴制的优势在于其较低的谈判成本。其逻辑是：在市场和市场价格普遍缺乏时，领主与佃农很难就实物地租的种类、数量或不同类型实物的折算比率达成一致，因此各种租佃制的“谈判成本”很高；劳役制下领主投入土地，佃农投入劳力，这种“分担投入的契约”允许任何一方在其土地上自行安排，大大降低了“谈判成本”；尽管劳役制

① M. M. Postan, The Chronology of Lobour Service, in his *Essays on Medieval Agriculture and General Problems of the Medieval Economy*, Cambridge: Cambridge University Press, 1973, p. 102.

② William E. Wright, Neo-Serfdom in Bohemia, *Slavic Review*, Vol. 34, No. 2, 1975, pp. 243 - 244.

的"实施成本"是各类契约形式中最高的，但因为"谈判的低成本抵偿了实施的高成本"，所以"古典庄园的契约安排应当说是非常合理的"。[①]

其实，即使缺乏市场，也不能排除不同产品之间实物交换所形成的替代比率，因此不能推导出固定地租、雇工经营、分成出租等其他形式具有较高谈判成本。况且，相关谈判完全可以安排在农闲季节，从而降低谈判的机会成本。即使劳役制可以降低谈判成本，我们也无法确保这足以抵偿监督中的高成本。将主观论断随意装入交易成本的箩筐，无法给劳役制庄园提供更坚实的论证。

如果说道格拉斯·诺斯和托马斯是以产品市场的缺乏来论证农奴制较低的谈判成本的，那么密尔沃德近来则以要素市场的缺乏来论证"信息不对称"状态下农奴制的优势所在：它能为领主提供"最大可剥削量的信息"。他认为，领主与农民之间存在着信息的不对称，直接参与各个生产环节的农民对土地肥力、劳动勤勉程度、生产剩余等具有完备的信息，而不事生产的领主对此却一无所知。在劳力和土地均可自由流动和买卖的租佃制度下，地租水平是由领主之间的劳力竞争和佃农之间的土地竞争来确定的，它能反映土地肥力以及农民经营能力和勤恳程度的差异，为领主提供最大可剥削量的信息。当法律限制或禁止劳力的自由买卖和土地的自由流转时，竞争性地租不复存在，此时领主必须通过直接监督生产过程来获取最大可剥削量的信息。但是，由于农民天性厌恶监督，如果领主对劳动者在全部时间和全部土地上的生产进行监督（奴隶制），监督成本就必然很高，所以他们选择了自营部分土地，而将其余土地分配给农民自行耕种，从而既享受了自营地较高的产出，又避免了自营全部土地所带来的高额监督成本。密尔沃德的最终结论是："劳役制生产组织可以用农奴制下估算可剥削地租的独立途径的缺乏和与农民分散劳动相伴随的成本过高的监督管理来解释。"[②]

这样，密尔沃德就从要素市场的缺失中独立地推导出了农奴制。这种

---

① Douglass C. North and Robert Paul Thomas, The Rise and Fall of the Manorial System: A Theoretical Model, *The Journal of Economic History*, Vol. 31, No. 4, 1971, pp. 784 - 785, 790.

② Robert Millward, An Economic Analysis of the Organization of Serfdom in Eastern Europe, *The Journal of Economic History*, Vol. 42, No. 3, 1982, pp. 513 - 548.

论述同样没有解决任何问题。其一，通常认为对土地流转和劳力流动的限制正是领主为了实施农奴制而采取的政治法律措施，密尔沃德的理论犯了以结果论证原因的错误。其二，要素市场不同程度的缺失（比产品市场的缺失更为严重）是前资本主义社会的普遍特征，为何只有少数地区流行农奴制？其三，在农奴制下，领主虽然能够通过直接经营而知晓在自营地上的最大可剥削量，但他们无法知道如何确定自营地与农民份地的比例，以便将农民的份地经济压缩到最低，使其糊口之外无所剩余。也就是说，农奴劳役制并没有解决密尔沃德所设定的最大剥削量问题。如此脱离历史实证来构建纯粹经济学的理论模型同样意义不大。

其实，密尔沃德和道格拉斯·诺斯从根本上讲仍然是在我们最熟悉的观点上打转：农奴制是市场缺失的结果，或者用我们更熟悉但含义却不甚明了的概念来说，农奴制是与自然经济相伴随的。与其用“谈判成本”、“最大可剥削量的信息”这样的概念来兜圈子，还不如回到近乎常识的传统表述上：在商业不发达和市场缺乏的情况下，领主无法便利地从市场上购买消费物资，只好采用劳役地租的形式，在庄园上直接生产自己所需的物品。这原本就是西方学界颇为流行的农奴制阐释思路，又经苏联学界的影响而流行于国内学界。这种观点面临的一个诘难是：即使缺乏市场，领主为何不简单地采用实物租佃制，而要劳神费力去直接经营呢？

法国史学家乔治·杜比就尝试回答这个诘难。他认为，由于没有市场来供应多样化的消费物资，而生产又颇为落后，若采用租佃制，农民定会种植产量高而品质低的大麦、燕麦等作物以供糊口之需，故而领主只得保留自营地，用于直接生产自己偏爱却无法从佃农那里获得的小麦等高品质谷物。[①] 这种观点颇有一定道理，不过我们仍然可以继续诘难：既然领主能够强制农奴服劳役，为何不能强制他们种植并交纳小麦等特定品种的实物呢？

而更大的诘难还在于，农奴制并不总是与市场缺失相伴随。如果把农奴制视为市场缺失和商业不发达的产物，那么随着商业的发展，它应该逐渐瓦解，这是包括马克思在内的多数学者的推论。然而，商业发展刺激领

① Georges Duby, *Rural Economy and Country Life in the Medieval West*, translated by Cynthia Postan, Columbia: University of South Carolina Press, 1968, pp. 90 – 91.

主强化农奴制的反面例证也并不鲜见。13 世纪英格兰商品化程度大为提高，而劳役制庄园却日臻鼎盛。① 东欧农奴制的成长则是另外一个反例。这里的市场被区分为国内市场和国外市场，国内市场欠缺，而国外市场发达。由于国内城镇和手工业不发达，领主只能通过向国外出口谷物来获取资金，用于进口手工业品。西欧对东欧谷物的需求恰恰满足了东欧领主对西欧工业品的需求。工业品消费方面依靠进口反过来阻碍了国内市场的发展，使东欧农民不能像西欧农民那样在黑死病之后从手工业和商业中谋得另一条生路，无法阻挡农奴制的强化。正如马凯所说："1500 年后工业品价格上涨缓慢，而谷物价格上涨迅速，这种剪刀差刺激了东欧领主利用农奴制进行大规模谷物出口。"② 这在沃勒斯坦的《现代世界体系》中被称为"强制的商品性农作物劳动制度"③。拉丁美洲以劳役制为基础的大地产的兴盛可以部分地归因于蒸汽轮船的远洋航运和铁路运输的巨大变革所带来的外部需求刺激。④ 如此看来，虽然农奴制往往源于商业的不发达，但它作为一种生产组织却可适应于不同的经济环境，甚至受商业的刺激而被强化。

三、技　术

既然在市场缺失这个宏观背景下寻找农奴制的优势并未取得令人满意

---

① C. G. Reed and T. L. Anderson, An Economic Explanation of English Agricultural Organization in the Twelfth and Thirteenth Centuries, *The Economic History Review*, Vol. 26, No. 1, 1973, p. 136. M. M. Postan, *The Medieval Economy and Society*, Harmon & Sworth: Penguin Books, 1972, p. 111.

② Laszlo Makkai, Neo-Serfdom: Its Origin and Nature in East Central Europe, *Slavic Review*, Vol. 34, No. 2, 1975, p. 237.

③ ［美］沃勒斯坦著，尤来寅等译：《现代世界体系》（第一卷），北京：高等教育出版社 1998 年版，第 102 页。有些学者不赞成西欧市场对东欧农奴制有决定性作用的观点，认为德国诸邦、里窝那、波兰、捷克等地的农奴制早已独立发展，西欧谷物出口不过只是加速了已有的发展历程；而俄国农奴制在其发展的很长一段时间内并未受到西方市场的影响，与谷物出口关系不大。不过，将西欧谷物需求和东欧农奴制兴起联系起来仍然是大多数学者接受的观点。Arcadius Kahan, Notes on Serfdom in Western and Eastern Europe, *The Journal of Economic History*, Vol. 33, No. 1, 1973, pp. 86 – 99.

④ Arnold J. Bauer, Chilean Rural Labor in the Nineteenth Century, *The American Historical Review*, Vol. 76, No. 4, 1971, pp. 1059 – 1083.

的答案，那么还有哪些其他的影响因素呢？技术状况就是与农奴制关系密切的另一因素。对此，学界的流行观点是，农奴制与落后的生产力相伴随。这包括两层含义。其一，农奴缺乏劳动积极性，不宜用于需要使用贵重、精细、复杂工具的精耕细作。农奴制的存在总是同落后的技术、简陋的工具和粗放的耕作联系在一起。其二，农业生产力的总体水平越低，农业生产越不稳定，那么领主就越有必要直接控制生产过程，以确保自己获得充裕而稳定的消费物资，农民也就越脆弱，越渴望得到领主的庇护和救济。

我国的大河流域很早就形成了精耕细作的农业传统，所以除个别时期和个别地域（比如清代初期的旗地庄园、山东的孔府庄园）外，几乎没有广泛的、大规模的农奴制庄园。而欧洲在从中世纪到近代早期的大部分时期，相对而言耕作更为落后粗放，故而农奴制也就较为流行。在欧洲内部，东欧农业比西欧农业更为粗放和落后，因而农奴制也更为流行和持久。普鲁丹就把特兰昔瓦尼亚（Transylvania）农奴制的根源归结为“土地的生产力太低”①。在国内学界，马克垚也多次强调，欧洲农奴制流行的根本原因是低下的生产力和有限的产品剩余，这迫使领主通过役使农奴来直接进行生产，以确保充足、稳定的消费品供应。② 这种观点在解释东西方的宏观差异方面颇有说服力。不过，在工具简陋和耕作粗放时领主为何一定要采用劳役制而不是更有利于提高生产力的租佃制或雇用制呢？

费诺阿尔泰试图对此给出解答。他在分析美洲奴隶制种植园的经济合理性时划分出了两种类型的生产。一类是“努力密集型”（effort-intensive）。比如在棉花、蔗糖种植和采矿业中，劳动者在肉体痛苦的威胁下可以劳动更长时间，付出更多艰辛，从而弥补其劳动积极性方面的缺点。另一类是“精细密集型”（care-intensive），比如葡萄园等需要精心劳作，因此使用奴隶或农奴很不合算。③ 这种观点能解释棉花、蔗糖、采矿等行业中采取“努力密集型”的原因，不过以谷物生产为主的欧洲农奴制庄园应当与此

---

① Katherine Verdery and David Prodan, The Origins of Serfdom in Transylvania, *Slavic Review*, Vol. 49, No. 1, 1990, p. 18.

② 马克垚：《西欧农奴制初探》，《世界历史》1980 年第 3 期，第 60 页；《西欧封建经济形态研究》（第二版），北京：人民出版社 2001 年版，第 151 页。

③ Stefano Fenoaltea, Slavery and Supervision in Comparative Perspective: A Model, *The Journal of Economic History*, Vol. 44, No. 3, 1984, pp. 635 - 668.

不同。即使在中世纪西欧和近代东欧比较粗放的农业生产条件下，劳作一方面在不同季节展开，另一方面又在分散的地块上进行，绝大部分生产环节都不是团队劳作，难以实行严密的劳动监督。尤其是当领主自营地并不集中成片，而是与佃农份地交错在一起时，劳动监督更难实行。这并不符合“努力密集型”生产所要求的全程监督和肉体惩罚的条件。

还有一些学者不强调农奴制在容忍落后生产技术方面的“优势”，而用自营地的技术优势来解释农奴制庄园的存在。比如前述的密尔沃德就说：“劳役制庄园比较容易采用新的生产技术，从而可以抵偿较高的监督成本。”[①] 马凯虽然承认农奴制的前提是“低下的农业技术”，但同时却说：“当领主为了满足其府内的消费开支，要求农民取得高于习惯的产量，向农民索取超过传统所能接受的份额时，这种索取只能通过强迫农民付出额外的劳役来实现。”[②] 这等于说，领主在自营地上能够取得“高于习惯的产量”。费诺阿尔泰对自营地的技术优势论述得更为具体，[③] 他提出了导致领主自营地在技术上更为先进的三种因素。首先，“农民因循守旧是恶名远扬的”；其次，技术传播比较缓慢，因为奴隶和农奴往往是外来者，对当地技术不熟悉；最后，农民个人的死亡可能导致技术积累的中断，而修道院等组织领主则能在长期管理庄园的过程中积累经验。这种观点与事实不符。农民因循守旧，这完全是一种偏见。技术创新缓慢，这是领主自营地和佃农份地的共同特征。农民经验的积累虽然可能因生命终结而中断，但领主又何尝不是如此？即使教会领主亦会因其主教或修道院院长的更替及

---

① Robert Millward, An Economic Analysis of the Organization of Serfdom in Eastern Europe, *The Journal of Economic History*, Vol. 42, No. 3, 1982, p. 536.

② Laszlo Makkai, Neo-Serfdom: Its Origin and Nature in East Central Europe, *Slavic Review*, Vol. 34, No. 2, 1975, p. 236.

③ 他说：“如果领主计划用一些其他方法耕种土地——因为他觉得自己在技术上比农民优越，或者他仅是计划进行一些试验以发现比农民更优越的技术——他便会将土地掌握在自己手中，承担生产风险，让劳动者在其强制下工作，就像当时的雇主与雇工一样。”因此，“生产某种产品的技术选择是促使领主控制生产过程以便提高产量的主要因素。尽管自营地是一种缺乏激励的机制，但如果领主的努力所带来的生产力提高能够显著地抵偿缺乏勤勉所导致的损失，则自营地要比自我激励、自我监督的小农生产更可取”。Stefano Fenoaltea, Authority, Efficiency, and Agricultural Organization in Medieval England and Beyond: A Hypothesis, *The Journal of Economic History*, Vol. 35, No. 4, 1975, pp. 693 – 717.

其职位空缺期王室的暂时监管而中断。虽然奴隶往往是外来者，但农奴通常不是外来者，即使农奴都是外来者，如果领主不把自己的“先进技术”教给农奴，又怎么能让其在劳作中予以贯彻呢？更何况，教俗贵族本身就是一个不劳而获的阶层，脱离生产是他们的标志，战争祷告是他们的职责，不应当认为他们直接组织生产活动是为了探索先进生产技术。虽然领主比勉强糊口的佃农更有财力进行高风险的技术改良试验，但农民有时也会在生存压力下放手一搏。根据黄春高的研究，即使到15、16世纪英格兰农场主的农场也不能取得对农民份地的效率优势，① 更何况是此前以农奴劳役为基础的庄园自营地呢？“二战”后东南亚各地小农经济的巨大潜力以及我国家庭联产承包责任制改革所释放出来的巨大效能提醒我们，必须对各种大农业的效率优势保持更为慎重的评价。

第二节　微观经济逻辑：风险、互惠和利润

一、风险、互惠

寻找农奴制优点的学者有一个共同的逻辑起点：农奴制本质上是暴力的，农奴缺乏劳动积极性和监督管理困难是其固有缺陷。因此其流行只有两种可能：要么某种宏观环境使其他方式不可行，要么农奴制具有某种内在的优势，从而弥补其固有的缺陷。现在不少学者试图否定这个根本的逻辑起点，从而为农奴制的经济合理性提供第三种阐释。他们不再像马克思那样将农奴制建立在农奴的独立性上，从而强调其中超经济强制的特征，而是截然对立地以农奴的脆弱性为出发点，强调农奴也从对领主的依附中获得好处。他们认为，农奴因贫弱而存在巨大的糊口风险，为求经济安全而自愿为奴；农奴制主要靠激励而非强制来实施，是农奴主与农奴之间的互惠交易。他们与马克思的分歧首先根源于不同的理论前提。与马克思主

① 黄春高：《14—16世纪英国租地农场的历史考察》，《历史研究》1998年第3期。

义的剩余价值学说不同，在西方主流经济学中，价值理论是建立在要素价值、边际效用和供需均衡三大基础上的。他们认为，社会财富是劳动、土地和资本共同发挥作用的结果，工资、地租和利润就是三种要素各自的报酬。他们也有剥削的概念，不过认为各种要素的所有者在超出其边际效用和供需均衡的水平上获取额外报酬才算剥削。在农奴制的问题上，马克思认为，实际占有土地的是农奴，领主的土地所有权只不过是名义上的；而西方经济学者普遍认为，农奴所占有的土地在法律上属于领主，领主将土地分配给农奴是其获取劳役的代价，农奴提供劳役是其占有领主土地所必须承担的义务。这就很容易得出双方之间是“互惠交易”的结论。

不过，如今的“互惠交易”论已经远不止于此了。不少学者还认为农民除土地之外，还从领主那里得到两种好处。一是政治军事保护和法律秩序等“公共产品”，二是困难时期的经济救助。道格拉斯·诺斯和托马斯强调的主要是第一种。他们认为，中世纪早期的西欧虽然有大量未开垦的土地，但在战乱侵扰下只有受到保护的土地和人口才是安全的，而保护只有专门行军打仗的贵族和骑士才能提供。保护作为一种“公共产品”，其供给具有规模效益，只有交纳费用的被保护者达到一定数目才能维持，可是每位被保护者都企图搭便车，领主只能对其采取强制。因此，道格拉斯·诺斯和托马斯将劳役制庄园视为“一种用劳役来交换保护和公正等公共产品的契约安排”①。

就像马克·布洛赫描述的那样，西欧农奴制的兴起与政治动荡、社会混乱有密切关系，② 道格拉斯·诺斯和托马斯显然扩大了农奴所获得的“保护”。既然战乱使得农民不能离开领主的保护，既然接受奴役比不受保护的自由更好，那么领主又何必规定各种禁止农奴迁移和逃亡的强制性法令呢？就像在中世纪的英格兰那样，大量庄园与村庄并不一致，当庄园包含若干村庄，特别是在村庄被分成属于不同领主的若干庄园的情况下，领

① Douglass C. North and Robert Paul Thomas, The Rise and Fall of the Manorial System: A Theoretical Model, *The Journal of Economic History*, Vol. 31, No. 4, 1971, pp. 778 – 779.

② ［法］马克·布洛赫著，张绪山译：《封建社会》（上卷），北京：商务印书馆 2004 年版，第 391、394—397 页。马克垚也强调了这种情况下农民的“不独立性”是超经济强制的重要根源。马克垚：《论超经济强制》，《史学月刊》2005 年第 2 期。

主们如何提供公共产品，而村民又是如何分享领主提供的公共产品的呢？外来劫掠者的目标主要是富裕的修道院和权贵们，而居住相对分散、几乎一贫如洗的农民并非劫掠者的主要目标。从当时的军事技术来看，防御的有效手段是修筑城堡，但城堡内住着的几乎全是领主及其仆从，农民居住的农村处于设防的城堡之外，并不能享受到有效的保护。实际上，在社会动荡和政治混乱的环境中，占有大量财富的上层比没有什么东西可以失去的下层更缺乏安全感。应当说，领主保护的只是自身利益及其在村庄中的地位，而不是村庄和农民。“保护”用来作为农奴制庄园的辩护词颇为牵强。

其他一些学者则着重探讨农奴得到的经济恩惠。杰尼克特以借贷关系为视角，认为农民家庭经济的剩余很低，处于维持生计的边缘，天灾人祸的打击常使他们陷入困境，因此某种形式的借贷必不可少。正式的政权机构或者无力提供贷款，或者缺乏足够手段强制农民偿债，订立和实施明确的信用契约的成本很高，只能用拒绝新的贷款来惩罚那些不守信用的农民。与此不同，领主僭取了各种正式或非正式的司法行政权力，有足够的强制力，放贷的风险和成本较低。对于没有政府可以依赖（或已被政府视为不守信用者）的农民来说，唯一的选择是寻求领主帮助，而他们只有劳役（不确定的义务）可作抵押。这样，依附劳役实际上是一种简单而含糊的信用贷款契约，“依附劳动和农奴制看起来是一种剥削制度，但往往不是被强加于劳动者的，而是劳动者自愿选择的。通常是由于缺乏其他适宜的出路，劳动者才选择了人身依附”①。詹姆斯·C. 斯科特从东南亚农奴制所总结出来的“道义经济学”理论，更是强调农民“安全第一”的生存伦理和农民与上层之间的互惠关系。他批判了传统马克思主义的剥削理论，强调乡村精英在向农民收取地租的同时也承担着为农民提供安全保障的义务。②

还有学者更进一步认为农奴不但被善待，而且被优待，其经济社会地位比无地或地少的自由农民更高、更安全。巴尔汉就将劳役制度作为一种长期雇用契约加以理解。农业生产过程中劳力投入存在季节不平衡性，农

---

① Garance Genicot, Bonded Labor and Serfdom: A Paradox of Voluntary Choice, *Journal of Development Economics*, Vol. 67, 2002, pp. 101 – 127.

② ［美］詹姆斯·C. 斯科特著，程立显、刘建等译：《农民的道义经济学：东南亚的反叛与生存》，南京：译林出版社 2001 年版，第 215—226 页。

闲季节劳力需求少，工资水平低，而农忙季节则反之。农奴主为了避免农忙季节高昂的招工成本，就需要与农奴订立长期契约。① 他还利用经济学中“模糊契约”（implicit contract）和“依附劳力”（tied-labor）概念对此作了进一步的阐释。农民剩余很低，惧怕风险，故而他们宁肯接受农忙季节的低工资，也不愿接受农闲季节的失业风险；宁肯收入少一些，也要安全多一些。巴尔汉的最终结论是，农奴主降低劳力成本的需求与农民增强经济安全的需求恰好吻合，依附劳役的经济合理性就在于“农忙季节工资不确定性条件下的风险分摊”②。

阿兰·里查德研究了1750—1860年易北河以东的德国、1850—1940年的尼罗河三角洲和1930年前的智利中部等三个地区的农奴制度，并试图总结出“劳役制庄园的政治经济学”。除了劳力匮乏、政权分散等其他学者已经提到的因素外，他认为，依附劳力同短工相比，处于优越地位，而劳役制庄园正是通过将劳动者分为两个阶层来进行管理的。当大多数人连糊口都颇为困难时，部分农民会选择依附于庄园，以便得到稳定的雇用和维持生计的保障，领主则以此为激励获取依附性劳力的忠诚。季节性雇工大军存在的意义不仅在于提供领主必需的短工，更重要的是加强了对依附性长期劳力的激励，因为后者若不表现出领主所需要的忠诚和效能，就会被抛入季节性雇工的失业风险之中。农忙季节农奴往往负责监督临时雇工劳作，说明他们对领主更为忠诚。③ 伊斯瓦兰和柯特瓦尔也尝试采用数理经济学方法说明，“依附劳动契约可以激励劳工进行更有效率的劳动”④。

最近在中世纪英格兰农奴制研究中出现的一些成果也为此提供了佐

① P. K. Bardhan, Wages and Unemployment in a Poor Agrarian Economy: A Theoretical and Empirical Analysis, *Journal of Political Economy*, Vol. 87, No. 3, 1979, pp. 479 - 500.

② 巴尔汉还举例说，在1979年孟加拉西部110个村庄的短工与领主集体谈判工资的事件中，绝大多数依附性的长工都没有参加。P. K. Bardhan, Labor-Tying in a Poor Agrarian Economy: A Theoretical and Empirical Analysis, *The Quarterly Journal of Economics*, Vol. 98, No. 3, 1983, pp. 502 - 503.

③ Alan Richards, The Political Economy of Gutswirtschaft: A Comparative Analysis of East Elbian Germany, Egypt, and Chile, *Comparative Studies of Society and History*, Vol. 21, No. 4, 1979, pp. 483 - 518.

④ M. Eswaran and A. Kotwal, A Theory of Two-tied Labor Markets in Agrarian Economics, *American Economic Review*, Vol. 75, No. 1, 1985, pp. 162 - 177.

证。约翰·哈切尔早先就提出，习惯对佃农具有保护作用；农奴所负担的地租水平比自由民更低；农奴不仅不是乡村中最贫穷的，还可能是地位最优越的。① 如前所述，② 神坂顺一、坎贝尔、瑞夫茨等学者强调维兰是乡村中的“特权者”，不仅拥有较高的经济地位，而且在村社和庄园管理中发挥着骨干作用。这些观点几乎要把我们对农奴制的传统看法完全颠倒过来。其他地区的农奴制研究中也存在类似动向。③

这种学术倾向显然是受到了社会学和人类学的影响。礼物交换是人类学研究中的一个重要问题，20 世纪 60 年代，卡尔·波拉尼等曾把互惠关系视为前资本主义时期重要的社会整合方式之一。④ 彼德·布劳则强调权

---

① John Hatcher，English Serfdom and Villeinage：Toward a Reassessment，*Past and Present*，No. 90，1981，pp. 3 –39.

② 参见本书导言“二、研究现状与趋势”中的“（五）领主与农民的关系”。

③ 克林斯和克里普纳的研究表明，在 18、19 世纪巴西和智利的一些地区，农场主倾向于用依附者来生产国际市场所需要的特种葡萄，因为大批有失业风险的临时雇工的存在使依附者对领主更为忠诚。Jane L. Collins and Greta R. Krippner，Permanent Labor Contracts in Agriculture：Flexibility and Subordination in a New Export Crop，*Comparative Studies in Society and History*，Vol. 41，No. 3，1999，pp. 510 –534. 阿诺德·鲍尔在研究了 19 世纪智利乡村的劳力结构后认为，为领主的大地产提供劳役的主要是称为“因奎琳”（Inquilenos）的依附性佃户，他们虽然劳役负担较重，但占有的土地也较多，其经济社会地位优于那些占有土地很少的短工（称为 peon 的自由农户）。因奎琳还经常雇用短工代役，充当着领主与短工的居间人。Arnold J. Bauer，Chilean Rural Labor in the Nineteenth Century，*The American Historical Review*，Vol. 76，No. 4，1971，p. 1064. 在对殖民地时期墨西哥大庄园上的债役雇农制的研究中，也有一派学者认为领主为债役雇农提供了生活保障。王文仙：《论殖民地时期墨西哥大庄园的债役雇农制》，《世界历史》2005 年第 5 期，第 87 页。德尼森和埃德加·默顿对 18 世纪俄国一些庄园的研究也有类似倾向。T. K. Dennison，Did Serfdom Matter? Russian Rural Society，1750 –1860，*Historical Research*，Vol. 79，No. 203，2006，pp. 74 –89. Edgar Melton，Enlightened Seigniorialism and its Dilemmas in Serf Russia，1750 –1830，*The Journal of Modern History*，Vol. 62，1990，pp. 675 –780. 哈根研究了 16 世纪勃兰登堡容克地主的盈利状况和农民的地租变动后认为，劳役的加强通常伴随着实物和货币地租的减轻，劳役制度并没有恶化农民的经济境况。William W. Hagen，How Mighty the Junkers? Peasant Rents and Seigneurial Profits in Sixteenth-Century Brandenburg，*Past and Present*，No. 108，1985，p. 83.

④ K. Polanyi Conrad M. Arensberg and Harry W. Pearson eds. ，*Trade and Market in the Early Empires：Economies in History and Theory*，Glencoe：Free Press，1957，p. 243.

力的不平衡诱发了交换的相互性，而这种交换并不强调价值的对等。[1] 庇护关系（patronage）作为互惠关系中的一类，已被广泛运用于研究地主与佃户、主人与奴隶、政党与其支持者等等。连奴隶制都能被一些学者解释为互惠交换和庇护关系，[2] 农奴制被如此解释也就不必惊讶了。若能放下成见，我们就可发现这种解释其实还是有价值的。它强调了农民的利益和需要在造就农奴制中的作用，而其他阐释往往仅以领主的利益为起点和归宿。它把农奴制理解为领主与农民之间的双向关系，而不是领主的单方设计。它区分了依附农民与自由农民两个阶层，并注意到了二者法律身份与经济地位之间的差异。实证研究表明，实行农奴制的乡村往往存在租佃制，村民并非都是农奴，即使农奴之间也存在经济地位的差异。因此，把农奴制理解为领主、依附农民和自由农民的三方关系，至少有助于我们寻找一种更为精确的理论阐释。

当然，互惠交易的诠释模式所存在的问题并不比传统的剥削压迫模式少。其一，既然农奴也获得了不少好处，人身依附和劳役义务是自愿选择的，其地位较临时雇工就更优越，那么大量的农奴通过逃亡、暴力反抗来争取自由地位和经济改善的现象又当如何解释呢？其二，互惠模式的理论根基是，农奴的经济境况处于生存边缘，因而更注重风险最小化而不是收益最大化。但是什么造成了农奴的贫弱呢？传统的回答是农奴主的剥削。也就是说，互惠模式的致命要害就在于用结果（农奴贫弱）来解释原因（农奴制）。其三，互惠模式只是说明领主和农奴存在各取所需、各尽责任的一面，却不注重二者所交换的东西在价值上是否对等，因而不能解释交换过程中领主是否存在过度索取的问题。如果说传统马克思主义剥削理论采取了过于宽泛的“剥削”概念而将剥削问题泛化的话，那么互惠模式则采取了过于严格的“剥削”概念，从而几乎要将一切剥削现象否定化。其四，虽然这种新的农奴制解释模式试图为自己寻找经验证明，但是农奴从领主那里到底获得了何种好处，农奴的经济地位和社会地位是否都比无地

---

① ［美］彼德·布劳著，孙非、张黎勤译：《社会生活中的交换与权力》，北京：华夏出版社 1988 年版，第 24、33、105—114 页。

② 相关评论可以参见：Orlando Patterson, Slavery, *Annual Review of Sociology*, Vol. 3, 1977, pp. 413 - 414. Christopher Morris, The Articulation of Two Worlds: The Master-Slave Relationship, *The Journal of American History*, Vol. 85, No. 3, 1998, p. 987.

和少地的自由农民高，这些都有待进一步通过实证研究加以证明。

二、利　润

不论是将农奴制视为超经济强制还是互惠交易，均以比较农奴制与租佃制、雇用制等其他方式的效率为主旨，实质上就是考察各种方式的利润高低，即领主所能获得的回报多寡，而绝大多数学者都会毫不犹豫地拿现代的利润核算方法来评价古代或中世纪条件下的生产组织。这背后是一条几乎成为集体无意识的根本假设：现代西方经济学的理论可以被用于古往今来的各种经济现象。然而，波兰学者库拉对此根本假设提出了质疑。他以三个波兰农奴制大庄园为例子，研究了农奴主的利润准则。如果根据资本主义利润核算的准则，将劳役按照市场雇工工资水平折算为货币，计入成本，庄园生产就会严重亏损。然而，这样一种在资本家看来严重亏损的经济组织为何能在波兰的历史上广泛持久地存在呢？库拉揭示了其秘密：领主的利润核算以单纯的货币收支为准，他们将无须支付货币的劳役视为无偿资源，并不计入成本。如此衡量，则领主自营地的利润非常高。①

库拉深刻揭示了农奴制庄园与资本主义企业不同的盈亏准则，釜底抽薪地批判了大多数学者试图按照现代的利润观念去评价农奴制庄园盈亏的方法，具有重大的理论意义。然而，他只是揭示了利润计算中的两种极端准则，从而夸大了两者之间的对立，忽视了其历史连续性。

首先来看封建领主的准则。库拉虽然承认应当运用机会成本的概念来理解资产的价值，但他认为，农奴劳役对领主并无机会成本，即使它不在自营地上被直接消耗，亦无其他用途。然而事实并非如此。其一，不论领主是通过名义上的土地分配还是直接的暴力强制来获取农奴的劳役，其劳役都是有机会成本的，因为倘若领主不强迫农奴提供劳役，也可以强迫农奴交纳实物或货币。其二，有些领主的自营地较少而农奴劳役较多，可以将农奴劳役出售给附近缺乏劳力的其他领主，或者直接要求农奴为领主在

① W. Kula, *An Economic Theory of the Feudal System: Towards a Model of the Polish Economy 1500 - 1800*, London: NLB, 1976, pp. 28 - 35.

自营地上未能消耗完的劳役支付货币折价。库拉也承认这种现象的存在，并将其称为“劳役的货币交换”①。在13世纪的英格兰，许多领主在其庄园惯例册中极其详尽地从质和量两个方面规定了佃农提供的劳役，并明确定出了各种劳役的折价。领主自营地不能用完的劳役，佃农应当按照相应的折价交纳货币。② 在农奴制兴盛时期的波希米亚，农奴和领主都有机会成本的观念，都不认为劳役是无偿资源。③ 既然劳役不是无偿的，领主是以牺牲实物或货币地租为代价来获取劳役的，那么领主完全不将劳役计入成本的盈亏准则就是极端的、不真实的。

那么可否按照资本家的准则，将劳役以市场工资水平折算为货币呢？库拉正确地作了否定回答。其理由是：以市场价格来估算那些不进入市场的物资是可笑的，因为估价无法实现；如果把未进入市场的物品全部投放到有限的市场中，其价格必定下降。库拉指出，在17、18世纪的波兰，一方面领主自营地上存在大量劳力浪费；另一方面市场上的劳力又不足，雇工工资很高。如果以较高的市场工资来估计自营地上使用的劳力，就一定会得出计入劳力则亏损，不计入劳力则赢利的结论。④ 在前资本主义时期，产品市场都很不发达，更不必说土地和劳力这样的要素市场了。此时以相对较高的雇工工资来计算领主在自营地上使用的农奴劳役，自然会夸大劳役在成本结构中的比重。

如果库拉所分析的封建领主和资本家的利润准则都是极端的，那么农奴劳役制庄园的真实盈亏标准就应当介乎两者之间，只是如何确定这样的标准有待进一步探讨。

上述各种对农奴制的经济阐释都有一个共同点，那就是设想领主是追

---

① W. Kula, *An Economic Theory of the Feudal System: Towards a Model of the Polish Economy 1500 - 1800*, London: NLB, 1976, p. 46.

② 1324—1325年温彻斯特主教在威尔特郡陶顿庄园的账簿就是一个很好的例子。该账簿的全文参见：J. Z. Titow, *English Rural Society, 1200 - 1350*, London: Allen & Unwin Ltd., 1969, Document 2, pp. 115 - 136.

③ Sheilagh Ogilvie, The Economic World of the Bohemian Serf: Economic Concepts, Preferences, and Constraints on the Estate of Friedland, 1538 - 1692, *Economic History Review*, Vol. 59, No. 3, 2001, p. 437.

④ W. Kula, *An Economic Theory of the Feudal System: Towards a Model of the Polish Economy 1500 - 1800*, London: NLB, 1976, pp. 35 - 36.

求利益最大化的“经济人”，农奴制的兴起一定是因为它给领主带来的收入比其他方式更高。但有的学者却认为，获取经济利益并非领主的唯一目的，甚至不是主要目的。费诺阿尔泰就认为，即使农奴劳役制庄园存在固有缺点，即使它获利不如租佃制高，只要领主能借此强化其对佃农的权力，能显示其尊荣的社会地位，那么它也是可取的。① 这种将领主价值追求多元化的阐释模式颇有启发性，提醒我们单纯的经济解释可能存在偏差。这与20世纪初期凡勃伦的“有闲阶级论”、60年代以波拉尼为代表的“实体主义”经济学和70年代以斯科特为代表的“道义经济学”的分析思路颇有共同之处。当然，领主对权力和声望的追求不可能与其经济目标偏离太远。

在中世纪英格兰的商业和城市很不发达的条件下，领主不得不居住在乡村庄宅，依靠农奴在庄园自营地上所生产的产品满足基本的衣食之需，但当后来商业和城市发展起来的时候，尽管他们开始更多地居住在城市，从市场采买消费物资，但庄园和农奴制并未过时。庄园仍然是贵族为军政和宗教事务旅行各地时的歇脚地；在庄宅中招待过往的贵宾仍然是他们政治投机的筹码和身份炫耀的途径；在乡村林地狩猎仍然是他们消遣娱乐和军事操练的理想方式。庄园对领主而言不仅是生产方式，也是消费方式。正是对这种理想的贵族生活方式的追求，才使庄园制度得以延续，甚至到19世纪初期。一些学者在分析我国古代庄园（虽然未必是农奴制庄园）经济的兴衰时也强调它在满足士大夫阶层的精神追求和生活意趣方面的功能。② 虽然欧洲的农奴制庄园与我国古代的庄园经济有很大的不同，但二者在满足主人文化消费方面却有共同之处。

---

① Stefano Fenoaltea, Authority, Efficiency, and Agricultural Organization in Medieval England and Beyond: A Hypothesis, *The Journal of Economic History*, Vol. 35, No. 4, 1975, pp. 693 – 718.

② 马良怀:《汉晋之际庄园经济的发展与士大夫生存状态之关系》,《中国社会经济史研究》1997 年第 4 期。

第三节 宏观制度背景：政权、城市和村社

上一节总结了学者们在阐释农奴制的微观经济逻辑时提出的各种主要观点，这些观点旨在从纯粹经济层面说明领主（或领主与农民）为何需要农奴制。至于农奴制何以实施，还要从宏观的政治社会制度方面来说明。比如，如果农奴制是暴力强制，那么领主如何获取足够的暴力强制手段以防止农民的抵制和逃亡；如果农奴制是领主对土地的寡头垄断，那么他们如何通过最初的土地分配来实现垄断，又如何减少相互之间的劳力竞争来维持垄断；监督管理困难的问题如何克服。这些都只能从政权结构和阶级力量的对比中加以解释。

一、政 权

多数学者认为，中央虚弱和地方割据的政权结构最容易导致农奴制，因为一方面地方领主几乎不受中央干涉，恣意役使和压榨领地内的普通民众，另一方面地方势力的混战导致社会动荡不安、秩序混乱，强化了农民的依附性。在16世纪以后的东欧，除俄罗斯外，各国贵族的权力日益增强，而君主中央权力日益式微。比如在波兰，16世纪初期以后王室法庭就不再审理领主与佃农的诉讼，地方领主获得了广泛的司法行政权力，成为凌驾于农民头上的法官、警长、征税者、村长甚至教堂神父的任命者。[1]马凯在分析东欧农奴制的兴起时也强调："贵族共和国限制了中央政府的权力，中央与处于封建依附状态的农民的直接联系完全被牢固确立的贵族司法行政权力所切断。"[2] 马克·布洛赫也认为农奴制庄园兴衰的根源在于

---

① Jerome Blum, The Rise of Serfdom in Eastern Europe, *The American Historical Review*, Vol. 62, No. 4, 1957, pp. 807 – 836.

② Laszlo Makkai, Neo-Serfdom: Its Origin and Nature in East Central Europe, *Slavic Review*, Vol. 34, No. 2, 1975, p. 236.

“独立的农民力量的软弱”，他们之所以寻求或依附于一位主人，“只是因为其他社会组织即亲属群体或国家机关不能发挥正常作用”①。左学德等也认为，日本古代庄园经济兴盛的主要原因是8世纪末期以后天皇集权体制的衰落以及地方领主庄园的“不输不入化”②。

不过，如此将社会分为中央君主、地方贵族和农民三股力量，以中央君权的虚弱和地方贵族的壮大来解释农民的农奴化，与一些地区的历史实际并不符合。近代以来俄国君主的权力比较强大，但农奴制同样非常严酷。英格兰自诺曼征服以来就拥有欧洲大陆各地无可比拟的强大君权，但其农奴制不但没有像法国、意大利那样在11世纪后逐渐衰落，反而在13世纪大为加强，而且持续得更久。这促使一些学者提出了大为不同的阐释。他们认为只有强大的中央权力才能限制领主们的劳力竞争，颁布和施行严厉的追捕逃亡农奴的法令，从而构筑起实施农奴制的严密网络。他们将社会划分为中央君主、大贵族、小贵族（地主、乡绅等）和普通农民四个阶层。中央君主为打击地方大贵族而与小贵族地主联合，依赖小贵族征收赋税、征发兵役、维护治安，同时保护他们免受大贵族的劳力争夺。其结果是，农民沦为农奴的过程伴随着中央君权和小贵族地主势力的加强以及大贵族势力的削弱。沙皇俄国被认为是这种模式的典型例证。③ 马克·布洛赫则以英国强大的中央王权来解释其农奴制发展的特殊性。④ 奥尔森也将瑞典南部斯堪尼亚（Scania）地区农奴制的发展归结为“制度结构和阶级斗争”。由于该地区1658年由丹麦割让给瑞典，瑞典对这个地区实行

---

① ［法］马克·布洛赫著，张绪山译：《封建社会》（上卷），北京：商务印书馆2004年版，第391、394—397页。

② 左学德、吴玲等：《日本社会历史转型期的土地问题研究》，哈尔滨：黑龙江人民出版社2005年版，第75—125页。

③ 比如威尔茨沙夫特就强调了沙皇政府在农奴制发展中的作用。从17世纪后期开始，俄国政府就积极制定和施行了一系列法律，以限制贵族之间的农奴竞争，追讨逃亡农奴，从而确立起了一种“受管理的规则化的农奴制”。Elise Kimerling Wirtschafter, Legal Identity and the Possesion of Serfs in Imperial Russia, *The Journal of Modern History*, Vol. 70, No. 3, 1998, pp. 561 – 587.

④ 他认为，“英国的领主成功地将农奴乃至普通的租佃人留在自己的地产上”，其原因是“在这个中央集权程度极高的国家中，国王的权力十分强大，可以追回逃跑的契约奴，并惩罚那些窝藏逃亡契约奴的人”。［法］马克·布洛赫著，张绪山译：《封建社会》（上卷），北京：商务印书馆2004年版，第428页。

高压统治，使此后两百年出现了农奴制庄园的兴盛。与此不同，在瑞典的其他地区则流行租佃制。[①] 我国清代初期热河、盛京等地的旗地庄园也与满族征服之后的高压统治、军事政策有密切的关系。这也可视为强大政权压力促成农奴制的例证。在德意志农奴制兴起的问题上，有的学者以整个神圣罗马帝国为研究单位，认为帝国中央权力的旁落是各个邦国加强农奴制的政治前提，而有的学者则以邦国为研究单位，认为邦国内部君权加强是农奴制的基础。[②] 在这里，虽然事实相同，但视角不同，结论自然也就不同。

二、城　市

与前面所述市场缺失相关联，城市强弱也被认为与农奴制密切相关。从经济层面看，城市通过商业活动为上层领主提供丰富而多样化的消费物资，从而减轻领主对农奴制庄园产品的依赖。从政治层面看，城市可以为农民逃避领主压榨提供避难所。黑死病后西欧农奴制的瓦解就被归因于城市力量的强大，而近代早期东欧地方领主则成功夺取了城市（或城市同盟）的自治权和商业特权，顺利施行了农奴制。威廉·怀特认为，15 世纪后期地方贵族夺取王室市镇的贸易权是波希米亚农奴制得以加强的重要条件。[③] 但是，城市的作用不宜过分夸大。正如罗伯特·布伦纳所质疑的那样，西欧城市尽管相对发达，但单靠占总人口 10% 左右的城镇不可能瓦解农奴制；大多数农民并不具备在城市中维持生计的技能和家资；城市不但

---

① Mats Olsson, Manorial Economy and Corvee Labour in Southern Sweden 1650 - 1850, *The Economic History Review*, Vol. 59, No. 3, 2006, pp. 1 - 17.

② 比如，汉斯·罗森贝格就认为，勃兰登堡选帝侯君权的加强与农奴制的兴起密切相关，选帝侯为对抗拥有城堡、不时反叛、屡屡私战的地方大贵族，同乡绅联合起来，加强了中央权力，同时也使乡绅成长为后来的容克地主。Hans Rosenberg, The Rise of Junkers in Brandenburg-Prussia, 1440 - 1653: Part 1, *The American Historical Review*, Vol. 49, No. 1, 1943, pp. 5 - 6.

③ William E. Wright, Neo-Serfdom in Bohemia, *Slavic Review*, Vol. 34, No. 2, 1975, pp. 243 - 244.

没有实行联合农民反对贵族的政策，相反还常常限制乡村流民的涌入。[①]

三、村　社

上层政权结构与农奴制兴衰虽有密切关系，但底层社会结构对农奴制的施行应当更为重要，因为源自上层政权结构的直接暴力强制只是施行农奴制最强大的手段，而不是最常用的手段。传统理论强调农奴制下农奴缺乏劳动积极性和监督管理困难的弊端，互惠交易论则以农奴自愿为奴和忠于领主为由否定这种弊端的存在。一些学者正是以基层的乡村社会为研究视角来考察农奴制的日常运作，从而提出了阐释农奴制的另一条思路：既承认其弊端，又不对其过高估计。他们认为领主通过利用村社制度和强化农奴之间的相互监督，可以大大降低监督管理成本。中世纪英格兰可为这种观点提供例证。英格兰领主们的庄园往往多而分散，庄园内部领主自营地又并不集中连片，而是与农奴份地插花交错分布，这使庄园监督管理变得极为困难。但是，领主通过利用和改造村社原有的组织资源解决了监督管理的问题。他们把村长改造为庄头，使之成为庄园日常事务的负责人；把村社会议改造为庄园法庭，要求庄民在法庭上推选和监督庄头、监工、收租人等各种庄官，庄官则控诉和惩处违规庄民，庄民之间实行相互监督、连带担保；实行标准化的份地制度，庄民依照占有份地的多寡分为不同的户等（全份地佃农、半份地佃农和茅舍农等），分别负担不同的义务，并以中、上等户为骨干来充任各种庄官，从而实现了对分布各地的众多庄园的直接经营。更主要的是，领主不需要为这些庄官支付报酬，这使庄园管理不仅严密，而且廉价。在中世纪英格兰，实行敞田制和强制性休耕轮作制、村社集体组织较为强大的地区，主要是中部自北向南，从北海经米德兰地区到南部海峡的一个纵向的带状区域。而这个区域同时也是庄园制度较为兴盛、自营地比重较高、农奴负担较重的地区。这就说明，村社制

① Robert Brenner, Agrarian Class Structure and Economic Development in Pre-Industrial Europe, in T. H. Aston and C. H. E. Philpin eds., *The Brenner Debate: Agrarian Class Structure and Economic Development in Pre-Industrial Europe*, Cambridge: Cambridge University Press, 1985, pp. 38 – 39.

度与农奴制的确有相互扶助、相互渗透的一面，村社制度构成了农奴制庄园的重要基础。国内亦有学者注意到这一问题。[①]

其他地区的农奴制研究中也有类似倾向。彼得·陶马诺夫的研究表明，定期重分土地的制度晚于农民的农奴化，政府和领主的推动是土地定期重分、阶层化管理等制度背后的动因，因为它有助于实现外部力量对村社的控制，加强对农奴的管理。[②] 曹维安在考察俄国农奴制的形成和发展过程时也特别强调领主在领地管理中通过村民大会推选村长、副村长、收税员等人员，由其处理村内公务，完成国家和领主摊派的各项义务，并认为“俄国农奴制度 16 世纪末确立之后，农村公社本身也为封建主义所改造，反过来它又成为维护和加强俄国农奴制的有力工具”[③]。如导言中所述，学界在庄园与村社的关系问题上有两种相反的观点。一种观点认为巩固而团结的村社是阻碍领主实施农奴制的强大力量，而另一种观点则认为村社是农奴制的重要基础。村社究竟是农奴制得以实现的基础还是障碍？为何两种截然相反的观点会同样流行？历史实证研究的不足是主要原因。比如，有的学者就不同意布伦纳的论据。海德·温德尔指出，东欧领主为招揽劳力曾给予移民各种优惠，包括相当程度的自治。[④] 布鲁姆则指出，东欧村社也流行休耕轮作和公地放牧的制度，甚至实行村社土地定期重分

---

① 孔令平曾论述说，“英国的农奴制度是建立在农村公社的土地分配和占有方式的基础上的”，其基础是“份地制”；而中国历史上较少出现农奴制庄园，是由于从商鞅变法以来就破坏了“马尔克公社对土地的最高统治权”。孔令平：《中世纪前期英国的田制与北魏均田制的比较研究》，《世界历史》1981 年第 5 期，第 24—32 页。

② Peter Toumanoff, The Development of the Peasant Commune in Russia, *The Journal of Economic History*, Vol. 41, No. 1, 1981, pp. 197 – 184.

③ 曹先生同时也指出，在农奴制发展的初期，俄国农村公社构成了农奴化进程的障碍。曹维安：《俄国史新论：影响俄国历史发展的基本问题》，北京：中国社会科学出版社 2002 年版，第 266—272 页。

④ Heide Wunder, Peasant Organization and Class Conflict in Eastern and Western Germany, in T. H. Aston and C. H. E. Philpin eds., *The Brenner Debate: Agrarian Class Structure and Economic Development in Pre-Industrial Europe*, Cambridge: Cambridge University Press, 1985, pp. 92 – 93.

的制度，村社集体组织的力量亦很强大。[①] 实际上，村社与作为外来力量的领主既有冲突，亦有合作。村社借助外来力量强化内部管理，而领主则借助村社的内部管理来实施农奴制。曹维安认为，俄国村社初期抵制农奴制，后来又维护农奴制，这样的动态阐释也是一种不错的思路。

综合起来看，没有哪种单一因素可以独立解释各个地区农奴制的兴衰，甚至仅仅解释某一地区农奴制的兴衰亦很困难。同一因素可能对农奴制产生不同的影响，甚至可能产生完全相反的影响。产生分歧的原因有三。一是基本假设不同，比如马克思主义的传统剥削理论与新近出现的"互惠交易"阐释模式之间的差异。二是历史实证研究的不足，比如东欧、西欧之间在领主与村社的关系方面是否存在罗伯特·布伦纳所说的重大差异，学界就各执一词。三是在实际历史中各种影响农奴制的因素可能相互作用，从而导致多样化的结果。这说明，对农奴制兴衰的全面阐释必须是非决定论的、多因素的，能够尽可能兼容各地多样化的历史实际。

虽然众说纷纭，但其根本焦点在于，是领主还是农民的需要决定着农奴制的兴衰。前者认为农民具有独立性，领主要想对其进行剥削就只能采取暴力强制，将其农奴化。而后者认为农民自身处于糊口边缘，缺乏经济安全，因而自愿为奴以求领主的保护和救济。其他各种观点都是基于对这个焦点问题的不同回答。"多马假说"中的土地充裕劳力匮乏、库拉所说的"无偿资源"、技术落后和市场缺失时领主确保稳定物资供给的需要、村社对农民的保护，都以农民原初独立性为立足点。相反，政权分裂和社会动荡下农民对保护"公共产品"等的需求，技术落后、人口增长、土地匮乏和商业化过程中农民所存在的巨大糊口风险，都是在强调农民原初的脆弱性。立论前提截然相反，这并非说学者们对同一时期同一地区农奴地位的认识有着巨大差异。而是因为，学者们总是选取某一地区某一时期农奴制的发展作为研究对象，然后又总是将其结论泛化为普遍适用的理论。这启发我们，如果能把学者们从特定时期和地区总结出来的理论观点综合起来，将其以动态的视野分别置于农奴制发展的不同阶段，或许会找到一

---

① Jerome Blum, The Internal Structure and Polity of the European Village Community from the Fifteenth to the Nineteenth Century, *The Journal of Modern History*, Vol. 43, No. 4, 1971, pp. 541 - 547.

条解决目前研究分歧的出路。

我们可以尝试将农奴制发展分为两个阶段，将各种不同甚至对立的观点分别用于描述农奴制发展的不同阶段。西欧从西罗马帝国灭亡（尤其是从公元7世纪起阿拉伯伊斯兰势力的扩张以及随后维京人的劫掠开始），直到11世纪中期，各地都出现了自由农民缓慢农奴化的过程（其程度和范围各有不同），可视为农奴制兴起的第一阶段，而11世纪以后则可以视为农奴制的第二阶段。东欧则大体以16世纪末期为界分为两个阶段。西欧第一阶段较长，而第二阶段较短，甚至法国和意大利根本就没有像英格兰那样进入农奴制发展的第二阶段，而是在11世纪以后出现了农奴制的瓦解和租佃制的流行。东欧则第一阶段较短，第二阶段较长。各国进入第二阶段也有先后之别，比如俄国较晚。两个阶段大体具有表1-1所描述的不同特征，而各地的具体差异性则体现了多因素的共同作用和多样化的发展道路。这样，本章所评述的各种观点之间的分歧和对立，就可以在农奴制的不同发展阶段中得以协调和化解。这能否成为全面阐释农奴制兴衰的基础，还有待学界同仁共同检验和探讨。

表1-1 农奴制兴起和繁荣的两个阶段及其特点

<table>
<tr><td rowspan="6">微观经济逻辑</td><td>影响因素</td><td>第一阶段</td><td>第二阶段</td></tr>
<tr><td>人地比例</td><td>土地充裕、劳力匮乏</td><td>人口增长、土地匮乏</td></tr>
<tr><td>市场状况</td><td>缺乏城市和市场</td><td>商业日益繁荣，城市逐渐兴起</td></tr>
<tr><td>生产技术</td><td>粗放、落后</td><td>有所改良</td></tr>
<tr><td>农奴地位</td><td>农民经济上最初具有独立性，但人身上受到越来越多的法律贬抑和束缚</td><td>农民经济日趋脆弱，但人身自由逐渐增强</td></tr>
<tr><td>领主—农民关系</td><td>暴力（超经济）强制为主，赤裸裸的剥削</td><td>以经济强制为主，互惠成分增多</td></tr>
</table>

（续上表）

	影响因素	第一阶段	第二阶段
微观经济逻辑	农民分层	自由农民逐步农奴化，但占地较多，分层不明显	在原先占地较多的农奴之外，新增人口或外来移民人身自由，但占地很少，经济地位更低，形成两个阶层
	领主自营地的劳力构成	农奴劳役	以农奴劳役为主，长工、短工等雇用劳动为辅
	自营地生产的目的	直接满足领主衣食之需	除满足领主直接消费需求外，出卖产品成为重要目的，甚至是主要目的
	社会观念	乡居为领主不得已的选择	乡居成为贵族城市生活之外的休闲娱乐，乡村庄园为其身份标志之一，奴役农奴则可满足其特权心理
宏观制度背景	政权结构	王权衰弱、贵族割据、农民农奴化	王权加强；大贵族衰落；小贵族和乡绅成长；农民除了忍受领主的勒索外，还需承担国家赋税
	社会秩序	外来劫掠、贵族私战、盗匪横行、社会混乱	逐渐好转
	村社	原本独立而自治的村社被迫负责管理庄园和摊派对领主的劳役	村社还需履行王国要求的义务

第二章

13 世纪前庄园的经营管理及其困境

第一节　11、12 世纪庄园的经营管理

从诺曼征服到 12 世纪末期，英格兰领主们多半将地产承包或出租，但是从 12、13 世纪之交开始，他们纷纷将出租的土地收回、购买或开垦新土地，加强对地产的直接经营。学者们从不同角度探讨了 13 世纪英格兰领主地产经营管理兴盛的原因。多数学者认为经济环境的变化使直接经营有利可图：人口增长导致土地紧缺和劳动力丰富；11、12 世纪按照固定地租长期出租土地的政策不能反映人地比例的变化；12、13 世纪之交物价猛涨，以固定货币地租为主要收入的领主入不敷出；商品货币关系不断发展，刺激了领主的消费，迫使他们出卖更多的农畜产品。[①] 有的学者指出，12 世纪国王斯坦芬（Stephen）和公主玛蒂尔达（Matilda）的内战导致了社会秩序的混乱，促使领主们出租土地，而 13 世纪相对和平的环境则对直接经营

① 这种观点的典型表述见：C. G. Reed and T. L. Anderson, An Economic Explanation of English Agricultural Organization in the Twelfth and Thirteenth Centuries, *The Economic History Review*, Vol. 26, No. 1, 1973, pp. 134 – 137. 波斯坦也认为，13 世纪土地价值的上升和劳动力价格的下降使得地产直接经营更加有利可图，于是领主根据经济环境的变化调整了经营策略。参见：M. M. Postan, *The Medieval Economy and Society*, Harmon & Sworth: Penguin Books, 1972, pp. 106 – 113. 而凯瑟琳·比迪克认为，12—13 世纪之交领主同大贸易商兼金融家之间的“结构性债务关系”是直接经营兴盛的原因。大贸易商既向领主购买农产品，又向他们放债，从而把后者卷入商品性的农业经济关系中，促使后者直接控制生产，以便用更多的农产品来偿还债务。参见：Kathleen Biddick, *The Other Economy: Pastoral Husbandry on a Medieval Estate*, London: University of California Press, 1989, pp. 51 – 53. 还有的学者则强调 12—13 世纪之交物价的突然上升是领主转变经营方式的动力。P. D. A. Harvey, The English Inflation of 1180 – 1220, in R. H. Hilton ed., *Peasants, Knights, and Heretics: Studies in Medieval English Social History*, Cambridge: Cambridge University Press, 1976, pp. 57 – 84.

有利。[①] 另外一些学者则强调传统的观念和根深蒂固的习惯。比如爱德华·米勒认为，12—13 世纪经济环境并未发生根本性变化，只是“1200 年左右的通货膨胀对传统的领主阶层产生了重要的心理影响，使其转变成了企业家”[②]。费诺阿尔泰则认为，12—13 世纪之交领主并未通过提高地租、缩短租期、收取实物地租等方法摆脱经济困境是因为他们不愿意继续维持出租经营，以免丧失原有的诸多封建权力。[③]

要分析上述诸多论述的优劣得失，就必须首先考察 13 世纪领主转变经营政策的背景，即 11、12 世纪领主地产的经营管理和 11—14 世纪中期经济发展的总体趋势。

一、出租的流行

1066 年诺曼底公爵威廉征服英格兰，改变了英格兰土地占有的结构。他随着征服战争的推进不断把土地封赐给自己的扈从，使其转变为大领主。这些领主占有的土地非常广泛，但是很分散。比如，英格兰实力最强的温彻斯特主教拥有 60 多个庄园，分布在南部英格兰的 7 个郡。在 1225

---

① M. M. Postan, *The Medieval Economy and Society*, Harmon & Sworth: Penguin Books, 1972, p. 107. Christopher Dyer, *Lords and Peasants in a Changing Society*, Cambridge: Cambridge University Press, 1980, p. 64. J. A. Raftis, *The Estates of Ramsey Abbey: A Study in Economic Growth and Organization*, Toronto: Pontifical Institute of Medieval Studies, 1957, p. 86.

② 爱德华·米勒认为，12 世纪地产经营的环境并不差，获利并不低，只是由于受传统观念的影响，领主们更倾向于做一个封建的领主，而不是致力于地产经营的企业家，所以出租经营比较流行。但是到了 13 世纪，领主看到 12 世纪那些土地承包人获利丰厚，便渐渐改变了自身对地产经营的陈旧观念，因此领主转变成一个追求利润的善于经营的人。也就是说，导致领主地产管理方法变化的不是基本的经济环境，而是“领主的政策和观念”。Edward Miller and John Hatcher, *Medieval England Rural Society and Economic Change, 1086 - 1348*, London: Addison-Wesley Longman Limited, 1978, p. 210. Edward Miller, England in the Twelfth and Thirteenth Centuries: An Economic Contrast? *The Economic History Review*, Vol. 24, No. 1, 1971, pp. 1 - 14.

③ Stefano Fenoaltea, Authority, Efficiency, and Agricultural Organization in Medieval England and Beyond: A Hypothesis, *The Journal of Economic History*, Vol. 35, No. 4, 1975, pp. 693 - 717.

年到1270年之间，他直接耕种的土地达到13 000英亩。坎特伯雷大主教座堂修道院在14世纪20年代拥有34个庄园，其耕地达8 400英亩。威斯敏斯特修道院在这个时期拥有14 500英亩耕地。格罗斯特和赫特福德伯爵克莱尔的吉尔伯特（Gilbert de Clare）在1314年拥有160多个庄园，所有自营地的耕地面积超过18 800英亩。1315年去世的沃里克伯爵博康的居伊（Guy de Beauchamp）留下了100多个庄园，其自营地面积达15 000英亩。康沃尔伯爵在13世纪末拥有46个庄园。诺福克的伯爵罗杰尔·毕戈德（Roger Bigod）在1306年去世时拥有广泛地产，除了威尔士和爱尔兰的许多庄园、城堡和市镇外，他在英格兰拥有100多个庄园，这些庄园分布在18个郡。[①] 克罗兰修道院在1086年有23个庄园，分布在5个郡。[②] 大领主在自己的住所附近往往拥有一批庄园，但是许多庄园都是远离住所的，其距离往往有几十到上百英里，甚至几百英里。比如，牛津大学默顿学院就有几个庄园位于英格兰北部的达勒姆郡，距离学院所在地牛津城有200多英里，领主及其地产管理人乘马车从牛津到达勒姆郡通常要一周时间。[③] 大领主地产的这种分散状况增加了管理的困难。

领主整个地产的结构可以分为两个层次。第一个层次是领主同庄园之间的关系，第二个层次则是庄园内部自营地同佃农份地的关系。领主同庄园的关系又可以分为三种：领主可以把庄园封赐给封臣，可以承包给承包人，还可以自己直接经营。领主们往往把地产中的相当一部分封赐给封臣。国王为了获得军事服役，将王国的部分土地分封给一些教俗大领主，使其成为自己的直接封臣。这些直接封臣为了获取骑士的服役，也将自己的部分领地作为封土赐予服役的骑士。除此之外，国王及其直接封臣还分封一些非军事性的封土给各自的随从。当封臣去世时，领主可以向其继承人收取继承金；当封臣继承人年幼时，领主可以直接或者委托他人行使监

---

① B. M. S. Campbell, *English Seigniorial Agriculture, 1250 – 1450*, Cambridge: Cambridge University Press, 2000, pp. 61 – 62.

② F. M. Page, *Estates of Crowland Abbey: A Study in Manorial Organization*, Cambridge: Cambridge University Press, 1934, p. 9.

③ T. H. Aston, The External Administration and Resources of Merton College to Circa 1348, in J. I. Catto ed., *The History of University of Oxford, Vol. I, The Early Oxford Schools*, Oxford: Clarendon Press, 1984, pp. 337 – 339.

护权，并获取封土的收益；当封臣的继承人为寡妇或未婚女子时，领主有权决定她的婚姻；当封臣无继承人时，领主在保障其遗孀的生活后，可以收回封土，或者将其转封他人。除此之外，领主不能直接干涉封臣对封土的经营，因此封土往往最终从领主的领地上流失。1086 年坎特伯雷大主教有 15% 的地产（按价值计算）作为军役领分封给自己的骑士。这个比例在温彻斯特主教的地产上达到了 20%，在彼得伯罗修道院的地产上则达到了 40%。国王亲信的臣仆尤多·达皮佛尔（Eudo Dapifer）将其地产的 38% 作为军役领分封出去。很少有领主把自己一半以上的地产分封出去，在多数情况下领主分封出去的土地不到其全部领地的 1/3。①

领主还把部分土地承包给自己的臣仆或亲信。这种被承包出去的土地往往是整个庄园，有的甚至是几个庄园，而不是庄园内部的小块土地。承包人往往亲自组织庄园的生产经营，向领主交纳实物或者货币作为承包金。把庄园承包出去的领主可以坐食承包金，不必承担日常经营和管理的风险。领主同庄园承包人之间实际上是一种租佃关系，只不过庄园承包人比租佃小块土地的佃农地位更高。11、12 世纪领主的大多数土地都是承包出去的。征服者威廉的胞弟——贝叶（Bayeux）主教奥托拥有 184 个大小庄园，据《末日审判书》的记载，其中只有 7 个是留作直接经营的，但雷纳德通过仔细分析表明，就是这 7 处登记为直接经营的庄园除了 1 处以外也都是租出去的。② 雷纳德集中研究了牛津郡领主地产经营管理的情况。切斯特伯爵休（Hugh，Earl of Chester）在该郡的 5 个庄园都是承包出去的。不论从犁队的数量还是地产的价值来看，在牛津郡占有土地最多的 5 个领主都至少把 1/3 到 2/3 的庄园承包出去。③ 克里斯托弗·戴尔对伍斯特主教地产的研究表明，在整个 12 世纪，甚至 13 世纪初，该主教的大多数庄园都被承包出去。在 1184 年至 1185 年的主教空缺期，王廷从该主教

---

① J. L. Bolton, *The Medieval English Economy, 1150 - 1500*, London: J. M. Dent, 1980, pp. 39 - 40.

② Reginald Lennard, *Rural England, 1086 - 1135: A Study of Social and Agrarian Conditions*, Oxford: Clarendon Press, 1959, p. 106.

③ Reginald Lennard, *Rural England, 1086 - 1135: A Study of Social and Agrarian Conditions*, Oxford: Clarendon Press, 1959, p. 50.

地产上获得的大部分收入来自庄园承包者交纳的承包金。[①] 巴巴拉·哈维对威斯敏斯特修道院地产的研究则表明，从1086—1200年，该修道院有30多个庄园被承包出去，这些地产的价值大约每年150英镑，相当于1086年该修道院地产总价值515英镑的29%。如果加上1086年以前就已经承包出去的庄园，那么承包出去的地产的比重一定更高。[②] 1195年，温彻斯特主教的地产全部出租。达勒姆主教的大部分土地到1196年也在出租之中。[③] 瑞夫茨对拉姆齐修道院地产的研究表明，12世纪该修道院出租庄园的现象很多。修道院院长瓦尔特（Walter，1133—1161年在任）因出租直接经营的庄园而恶名昭著。其继任者威廉（1161—1179年在任）则出租许多地产给他的亲属。[④]

即使在土地封赐和承包盛行的11、12世纪，一些领主也保留着少量直接经营的庄园。在直接经营的情况下，领主承担管理责任、生产成本和经营风险，但可以直接支配和享有全部生产成果。他们往往委派臣仆（代理人）负责庄园的日常生产活动，在庄园上收纳支付，同时给这些臣仆货币、实物或其他东西作为报酬。直接经营的缺点是，代理人只要有机会就可能自谋私利，因此领主必然千方百计鼓励代理人兢兢业业、忠诚守职，同时限制其营私舞弊、中饱私囊，而这会大大增加管理成本。11世纪中期一份名为“人民的权利和等级”的文献对庄园上的各种农民所占有的土地和负担的义务有详细描述，区分了领主的自营地和农民的份地。从管家、边地农、维兰、养蜂人、牧猪人、牧羊人等各种人员的设置来看，这显然是一个直接经营的大庄园。[⑤] 1086年的《末日审判书》对许多地方自营地

---

① Christopher Dyer, *Lords and Peasants in a Changing Society*, Cambridge: Cambridge University Press, 1980, p. 64.

② Barbara Harvey, *Westminster Abbey and its Estates in the Middle Ages*, Oxford: Clarendon Press, 1977, p. 77.

③ Edward Miller and John Hatcher, *Medieval England Rural Society and Economic Change, 1086 - 1348*, London: Addison-Wesley Longman Limited, 1978, p. 205.

④ J. A. Raftis, *The Estates of Ramsey Abbey: A Study in Economic Growth and Organization*, Toronto: Pontifical Institute of Medieval Studies, 1957, p. 86.

⑤ D. C. Douglas and G. W. Greenaway eds., *English Historical Documents, Vol. II, 1042 - 1189*, the second edition, New York: Oxford University Press, 1981, pp. 875 - 879.

上的犁队等设施及其价值有详细的登记。萨利·哈维据此对当时自营地和农民份地的情况进行了研究，发现虽然领主的多数庄园是承包出去的，但他们在自己的住所附近往往保留少数直接经营的庄园。① 12 世纪 90 年代格拉斯顿伯雷修道院总共有 38 个庄园，其中 19 个直接经营，绝大多数直接经营的庄园都在修道院附近。② 在圣埃德蒙兹修道院的地产上，向修道院供应实物的庄园是直接经营着的。伊里修道院在 11 世纪末期的地产调查表明，该修道院直接经营着部分庄园，还将这些庄园按照地域分组管理。该修道院院长西蒙（Symeon，1081—1093 年在任）积极努力，增加了庄园直接经营的收入。③ 11 世纪末期赫斯丁的埃努尔夫（Ernulf of Hesdin）是一位非常活跃的地产管理者。他亲自参与地产的日常管理。他在 10 个郡拥有地产，而且通过积极经营，他的许多庄园的价值都上升了。④

领主的封臣或地产承包人实际上是领地的次级领主，他们对各自受封或承包的若干庄园，也有分封、出租或直接经营三种政策。地产承包人所承包的庄园相对集中，易于管理，多数处于直接经营之中。因此，我们说 11、12 世纪出租经营比较流行，是从大领主的角度而言的。直接经营与出租经营可能交错重叠，呈现出复杂的结构。（见图 2 - 1）

以上所说的封赐、承包和直接经营反映的都是领主与庄园之间的关系，但庄园内部的土地也可划分为不同的类型。其中有些土地是领主自营地，有些是佃农份地，除此之外还有其他资产或权益，比如磨坊、酿酒坊、林地、草地、鱼池等资产，以及管理庄园法庭的权益。如果领主（或次级领主）将庄园封赐或承包出去，那么庄园内部的各种土地、资产或权益就归受封者或承包人管理。但是，他们在出租庄园的时候也可能保留对

---

① S. P. J. Harvey, The Extent and Productivity of the Demesne Agriculture in England in the Later Eleventh Century, in T. H. Aston, P. R. Coss, C. Dyer, and J. Thirsk, *Social Relation and Ideas: Essays in Honor of R. H. Hilton*, Cambridge: Cambridge University Press, 1983, pp. 45 - 72.

② M. M. Postan, Glastonbury Estates in the Twelfth Centuries: A Reply, *The Economic History Review*, Vol. 9, No. 1, 1956, pp. 106 - 118.

③ 本文谈到的地产的价值，是一个流量的概念，指领主对地产年收入的估计值，而不是一个总量的概念，即整个出卖地产的价格。

④ Reginald Lennard, *Rural England, 1086 - 1135: A Study of Social and Agrarian Conditions*, Oxford: Clarendon Press, 1959, pp. 207 - 212.

法庭、磨坊等资产的管理权。对直接经营的庄园，他们一般控制庄园法庭，直接经营自营地，但也可能将整个自营地出租给某个佃农或全体佃农，或者在直接经营大部分自营地的同时将部分自营地分割出租；领主既可以直接经营磨坊，也可以将其出租。因此，即使在庄园内部，也是直接经营与出租经营交错混合在一起。

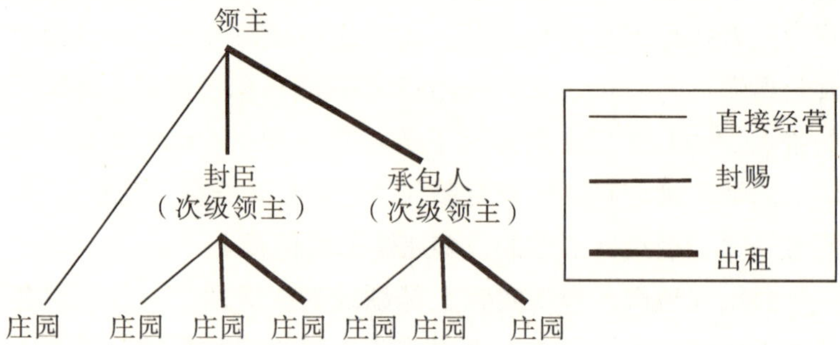

图 2-1　11、12 世纪领主地产的结构图

11、12 世纪不少庄园内部的领主自营地呈现缩减的趋势。波斯坦对格拉斯顿伯雷修道院地产的研究表明，12 世纪该修道院许多庄园的自营地面积缩小，犁队数量下降，牲畜数量减少，劳役地租向货币地租转化；佃农所交纳的地租虽然有所增加，但不能弥补自营地经营缩减所带来的损失。① 坎贝尔也说，在《末日审判书》以后的 150 年间，整个英格兰领主自营地在全部土地中的比重从大约 1/3 下降到了大约 1/4。② 不过，在有些领主的

① 据波斯坦统计，该修道院诸庄园的领主自营地犁队数量从 1086 年的 77.5 队下降到了 1135 年的 60 队，到 1176 年进一步降为 44 队。1086 年羊的数量为 3 568 只，1176 年只有 1 480 ~ 1 680 只。在 1176 年和 12 世纪 90 年代之间，该修道院八个庄园的地租收入总额从 38 英镑 15 先令 8 便士上升到了 40 英镑 10 先令 8 便士，但整个修道院的地产收入趋于下降。参见：M. M. Postan，Glastonbury Estates in the Twelfth Century，in Idem，*Essays on Medieval Agriculture and General Problems of the Medieval Economy*，Cambridge：Cambridge University Press，1973，pp. 249 - 276. 不过后来雷纳德对这些资料进行了更加深入的研究，发现格拉斯顿伯雷修道院自营地的萎缩程度要比波斯坦估计的轻。参见：L. Lennard，The Demesnes of Glastonbury Abbey in the Eleventh and Twelfth Centuries，*The Economic History Review*，Vol. 8，No. 3，1956，pp. 355 - 363.

② B. M. S. Campbell，*English Seigniorial Agriculture*，*1250 - 1450*，Cambridge：Cambridge University Press，2000，p. 58.

地产上，自营地经济并未萎缩。罗萨蒙德·费斯对 1066 年到 1222 年圣保罗主教座堂修道院地产的研究表明，该修道院“出租整个庄园的政策带来了积极的效果，出租中的庄园自营地面积很稳定，甚至有所增加”，多数庄园的自营地扩大了，因为新开发的土地虽有一部分租给了佃农，但相当一部分增添到自营地中。[①] 总之，有些庄园的自营地随着出租经营而有程度不同的缩减，但有些自营地因新土地的开垦而扩展了，对此不可一概而论。

12 世纪领主将庄园承包出去时，承包的期限比较长，承包金往往固定不变。雷纳德的研究表明，在诺曼征服前，承包关系及身而止，甚至长达两三代人的情况很常见。少数庄园的承包年限是固定的。比如，12 世纪初期伯尔顿修道院（Burton Abbey）把几个庄园承包出去时的期限就是 16 年。[②] 长期承包地的承包金往往是固定的。威斯敏斯特修道院在切尔西（Chelsea）的庄园在诺曼征服后就被承包出去，而且承包人可以世袭承包该庄园。到 12 世纪末其承包金仍然是每年 4 英镑，以同样方式承包出去的庄园莫尔翰（Moulsham）的承包金每年仍然是 9 英镑，同爱德华时期没有区别。庄园奥肯顿（Ockendon）在 1200 年的承包金同 1086 年时的一样，都是每年 10 英镑。[③] 1080 年拉姆齐修道院把庄园奥福尔（Over）承包给威廉·佩克（William Pecche），并约定在佩克死后交回，但该修道院在经过了长期的诉讼之后才于 1237 年从威廉的曾孙手中把这个庄园收回来。在四代人的时间内承包金仅从每年 6 英镑上升到了 7 英镑。1160 年圣埃德蒙兹修道院院长休把庄园英海姆（Ingham）和埃尔文登（Elveden）承包给一位教士，后者只提供很久以来未曾变化的服务。1181 年该修道院将几个庄园“按照古老的租金承包出去”[④]。

---

① Rosamond Faith, On the Manors of St. Paul Cathedral, 1066 – 1222, *The Economic History Review*, Vol. 47, No. 4, 1994, pp. 657 – 678.

② Reginald Lennard, *Rural England, 1086 – 1135: A Study of Social and Agrarian Conditions*, Oxford: Clarendon Press, 1959, pp. 164 – 175.

③ Barbara Harvey, *Westminster Abbey and its Estates in the Middle Ages*, Oxford: Clarendon Press, 1977, pp. 80 – 81.

④ Edward Miller, England in the Twelfth and Thirteenth Centuries: An Economic Contrast? *The Economic History Review*, Vol. 24, No. 1, 1971, pp. 1 – 14.

在中世纪的英格兰，领主把庄园承包出去不是纯粹的经济行为，它包含着很多政治社会内容。在以封君封臣关系为基础的社会中，承包领主地产的通常是领主的各种依附者。他们同领主之间除了经济的关系外，还有许多社会或者政治的纽带。领主希望通过长期给予依附者土地承包权来巩固双方的关系。政治和社会方面的需要影响了领主的经济行为。随着13世纪以后政治依附关系的淡化，随着所谓“变态封建主义”① 的出现，土地的出租所负载的政治社会内容逐渐减轻，地租才具有了更强的竞争性，才逐渐接近经济地租的水平。

不过，即使在12世纪，承包期限较长和承包金较固定的特点也不应过分夸大。诺曼征服以来就不乏租金提高的例子。《盎格鲁－撒克逊编年史》中记载：诺曼征服后，“国王以尽可能高的地租出租土地，但是马上会有另外的人来提供更高的地租，于是国王将土地给了愿意支付更高地租的人，然而很快又有第三个人说愿意支付更高的地租，于是国王将土地出租给出价最高的人，而毫不在意这些承包人是如何勒索贫苦的人，毫不在意他们做了何等非法的事”②。《财政署对话集》中也说，有些应当上交的款项在国王令状的命令下，应当增加，“因为这些并不是根据规定固定的，而是随情况变化的”③。威斯敏斯特修道院的庞维克庄园（Powick）在1086年估价（年收入）20英镑，但是到了1136年，院长赫波特（Herbert）将其以每年24英镑的租金承包给了马尔文小修院（Great Malvern Priory）的僧侣。同一时期，承包本福利特庄园（Benfleet）的伊尼福德的威廉（William de Eynesford）每年交纳相当于1086年该庄园估价4倍的租金。温彻斯特的瓦尔特12世纪末承包该修道院的邓汉姆庄园（Denham）时，付出的租金是1086年该庄园估价的两倍多。④ 12世纪初期威尔特郡郡守为

① P. S. Coss, Bastard Feudalism Revised, *Past and Present*, No. 125, 1989, pp. 27－64.

② 转引自 Reginald Lennard, *Rural England, 1086－1135: A Study of Social and Agrarian Conditions*, Oxford: Clarendon Press, 1959, pp. 155－156.

③ *The Dialogue of the Exchequer*, in D. C. Douglas and G. W. Greenaway eds., *English Historical Documents, Vol. II, 1042－1189*, the second edition, New York: Oxford University Press, 1981, p. 544.

④ Barbara Harvey, *Westminster Abbey and its Estates in the Middle Ages*, Oxford: Clarendon Press, 1977, pp. 80－81.

该郡的王室庄园卡尔斯通（Calstone）向财政署交纳 6 英镑 10 先令。后来该庄园转入私人承包者，后者交纳 10 英镑 6 先令 8 便士的租金，而 1199 年财政署将其转给第五个承包人的时候，要求后者交纳 21 英镑的租金。[①] 亨利二世时期，领主和承包人之间经常出现争论，这往往是因领主增加租金而引起的。[②] 12 世纪有些土地承包契约中规定，租金应当逐渐提高。[③] 这些事实说明，租金的固定只是相对的，领主虽然不能随意增加租金，但可以在承包人死亡、重新出租土地或者出租新土地时提高租金。

这种按照固定地租长期出租土地的做法有多种弊端。由于承包人长期控制出租地，土地可能会在事实上沦为承包人世袭的占有地，从而使领主失去对土地的有效控制。约翰·胡德森的研究表明，12 世纪初期土地受封者和承包人占有、继承和转让土地的权益已经日益巩固。[④] 承包人还可能减损地产上的牲畜、房屋、自营地、佃农劳役等各种资产。而且当人口的增加带来土地相对价值的上升和物价上涨的时候，收取固定租金的领主可能受到损失。在拉姆齐修道院的地产上，土地的出租就造成了劳役的减

---

① R. S. Hoyt, *The Royal Demesne in English Constitutional History*, Ithaca: Cornell University Press, 1950, pp. 75, 100 - 101.

② Edmund King, Economic Development in the Early Twelfth Century, in R. Britnell and J. Hatchler eds., *Progress and Problem in Medieval England*, *Essays in Honour of Edward Miller*, Cambridge: Cambridge University Press, 1996, p. 4.

③ 1101—1116 年霍尔姆的圣本笃修道院（St. Benet of Holme）出租庄园小梅尔敦（Little Melton）的一块土地时就规定，如果佃户的继承人要继续租佃这块土地，地租将从 10 先令增加到 40 先令。1125 年温彻斯特修道院以两代为期出租庄园奥肯顿（Ockendon）的租约规定，第一代租佃者的地租为每年 10 英镑，到第二代租佃者时应增加为每年 11 英镑。12 世纪中期圣保罗修道院有 5 份土地出租契约规定了地租渐渐增加的条款。其中有一份规定前两年每年地租为 40 英镑，以后直到租佃者死亡每年地租为 45 英镑。在另一份租地契约中，租佃者在第一年应当向修道院提供 3 份实物供应以及 5 英镑的货币，第二年交纳 4 份同样的实物供应和 7 英镑的货币，第三年交纳 4 份实物供应和 8 英镑的货币。该修道院 1152 年出租庄园肯沃思（Kensworth）的规定更为复杂。按照这份契约，租佃者应当交纳的地租最开始为 5 英镑，以后每年增加 1 英镑直到第四年，但是到第五年地租增加 2 英镑达到 10 英镑，此后地租在这个水平上维持不变直到租期结束。参见：Reginald Lennard, *Rural England, 1086 - 1135: A Study of Social and Agrarian Conditions*, Oxford: Clarendon Press, 1959, pp. 182 - 185.

④ 参见：John Hudson, *Land, Law, and Lordship in Anglo-Norman England*, Oxford: Clarendon Press, 1994.

损。在该修道院的庄园霍利维尔（Holywell），负担劳役的23个占有1维尔格特土地的佃农减少为15个，庄园埃尔顿（Elton）由35个减少为28个，庄园欧佩伍德（Upwood）从28个减少为26.5个。其他庄园也出现了类似的情况。[①] 拉姆齐修道院院长在1088年以每年6英镑的地租将剑桥郡的一块地产终生出租给威廉·佩克和他的妻子。他们占有土地的权利在亨利一世的法庭上得到确认。直到1187年，威廉的孙子乔福里（Geoffrey）仍然租佃着这块土地，只是地租增加到了每年7英镑。后来这块土地连同乔福里的其他土地一起由其弟弟吉尔伯特（Gilbert）继承，然后又转到吉尔伯特的儿子哈蒙之手。哈蒙宣称这块土地是他的祖传产业。直到1237年，经过九年的诉讼，哈蒙才承认了修道院院长对这个庄园的权利。此时，这块土地从首次出租算起已经有149年了。[②] 可见，长期出租有导致土地流失的危险。

总之，从大领主的角度来看，11、12世纪土地分封和出租的情况比较多，直接经营的情况比较少；领主出租土地时期限较长，地租相对固定。这种经营方式存在很大的弊端。

二、地产管理的组织和方法

11、12世纪英格兰领主地产管理的组织比较简单。其主要特点是，管理人员多由领主家内仆人兼任，具有临时性和非专业性；领主给予管理人员的报酬多是土地的赠予；管理职位往往可以世袭；领主对管理人员缺乏有效的监督手段，管理的效率依赖于领主对管理者的信任和管理者对领主的忠心。

王室地产在11、12世纪主要是由各郡郡守来管理的。郡守就本郡王室的资产（包括其他的封建权益）向财政署交纳固定收入。他们并不直接经营王室地产，而是将其再次出租，自己变成王室地产的收租人。他们能够从王室地产收入中获得丰厚的利益，还私自将王室地产以很低的地租出租

---

① J. A. Raftis, *The Estates of Ramsey Abbey: A Study in Economic Growth and Organization*, Toronto: Pontifical Institute of Medieval Studies, 1957, pp. 89 – 90.

② Edward Miller and John Hatcher, *Medieval England Rural Society and Economic Change, 1086 – 1348*, London: Addison-Wesley Longman Limited, 1978, p. 208.

给自己的亲属，或者自己占有王室的地产。而且，郡守职务往往父死子继，这渐渐成为一些地方家族的世袭利益。因此，对郡守的控制和监督是王室地产管理的一个核心问题。[①]

其他领主一般临时委派家内仆人负责管理地产。比如，坎特伯雷大主教西奥巴（Theobald）在 12 世纪中期的一份文书中提到，负责其地产管理工作的人员有出纳员、总管、主厨、司仪、搬运工、马夫等。[②] 领主的家内仆人通常组成管理家内事务（包括地产管理事务）的议事会，总管在其中发挥着重要作用，但各种家内仆人都可能临时被委派从事具体的管理事务工作。地产管理组织附属于家内管理组织，地产管理人员由家内仆人兼任，具有临时性、非专业性和不稳定性。领主依赖自己对这些仆人的信任来管理地产。家内仆人往往获得一定的土地作为报酬。1122 年，德文郡的威廉·佩维尔（William Peverel）就赐给他的总管两块地产作为报酬。[③] 领地的管理职务往往被一些领主的宠臣世袭。在霍尔德内斯（Holderness），切斯特伯爵的总管和宫室官就是世袭的，并有各自的领地，称为总管领（the steward's fee）和宫室官领（chamberlain's fee）。他们有很多机会可以中饱私囊、发财致富。比如，总管奥利的福尔克（Fulk de Oyry）在卸任后能够拿出 900 英镑购买土地。[④] 这种制度的最大缺点是不能保证世袭要职的仆人同他们的前辈一样具有管理的才能和对领主的忠心。

教会领主的地产由教士或者僧侣集体领有，而主教或修道院院长则是教会领主的“法人代表”。11、12 世纪，教会地产的管理存在诸多混乱，主教（或修道院院长）同教士团（或修士团）之间、教士团（或修士团）内部不同司职之间的责权利划分很不明晰。修道院的地产管理中具有一种“职田制”。修道院有时将某个（或某几个）庄园划拨给负责某方面事务的

---

① R. Mortimer, *Angevin England, 1154 – 1258*, Oxford: Wiley-Blackwell, 1994, pp. 42 – 43.

② Edward Miller and John Hatcher, *Medieval England Rural Society and Economic Change, 1086 – 1348*, London: Addison-Wesley Longman Limited, 1978, p. 189.

③ R. H. Britnell, *The Commercialisation of English Society, 1000 – 1500*, the second edition, London: Manchester University Press, 1996, p. 55.

④ Barbara English, *The Lords of Holderness, 1086 – 1260: A Study in Feudal Society*, Oxford: Oxford University Press, 1979, pp. 65 – 67.

僧侣，作为其完成职责的经费来源。在教产捐赠人向修道院捐赠土地的时候，往往指定该土地的收入只能用作某项事务的经费，因此修道院在接受捐赠时也往往指定负责特定事务的僧侣来管理和监督该地产的经营。通过这两种途径，修道院内部各个部门的负责人获得了对某些地产的管理权。在许多修道院中，账房（cellarer）、圣物保管员（sacrist）、书籍管理员（librarian）、膳务长（refectorer）、宾客接待员（guest-master）、赈济员（almoner）等都各自管理着部分地产，以其作为履行职责的物质保障。①

这种“职田制”有其固有的缺点。清静苦修的僧侣本应待在修道院，但他们又要管理地产，因而不得不经常亲自视察地产，参与俗务，这就加深了修道院的世俗化。修道院各个部门之间地产的分配可能很不合理，有的部门盈余很大，有的部门入不敷出，这导致了各个部门之间的矛盾。由于负责某个部门的僧侣对其“职田”几乎全权管理，因此他们有机会转让地产，或者将其以很低的地租租佃给亲属，或者将其用于抵押借款，导致教产流失，损害修道院的集体利益。如前所述，拉姆齐修道院就存在院长私自出租土地的问题。② 圣埃德蒙兹修道院在院长休在任时期，修道院的许多僧侣未经修士团同意，就擅自将自己管理的土地用来抵押借款。由于无法偿还高额的债务，因此修道院可能会失去这些土地。继任的院长萨姆森（Samson）1197 年要求副院长向账房每年追加额外的 50 英镑，但后者仍然入不敷出。在院长同僧侣们商讨如何解决后者债务问题的时候，副院长指责账房，而账房则指责宾客接待者，每个人都在推卸责任。③ 另外，在仅有 8 个僧侣的布雷孔（Brecon）小修道院，除了院长之外，仍然有副院长、第二副院长、账房、圣物管理者、赈济官及宫室官，每个人都有各自的收入来源，都对其收入进行着几乎独立的管理，这就造成了管理中的

---

① D. D. Knowles, *The Monastic Order in England, A History of its Development from the Times of St. Dunstan to the Fourth Lateran Council*, Cambridge: Cambridge University Press, 1950, pp. 327 – 331. Barbara Harvey, *Westminster Abbey and its Estates in the Middle Ages*, Oxford: Clarendon Press, 1977, pp. 85, 140.

② J. A. Raftis, *The Estates of Ramsey Abbey: A Study in Economic Growth and Organization*, Toronto: Pontifical Institute of Medieval Studies, 1957, p. 86.

③ Jocelin of Brakelond, *Monk of St. Bury Edmunds*, translated and edited by L. C. Jane, London: Chatto & Windus, 1907, pp. 137 – 139.

效率低下和无端浪费。①

虽然 11、12 世纪领主倾向于出租土地，地产管理组织比较简单，但这个时期已经出现了对地产进行详细调查的做法。1086 年的《末日审判书》是国王对英格兰地产的第一次全面调查。从 1130 年开始，王室财政署就有了登记王室收支的连续档案。另外，这个时期王室还常常对自己监护或者监管的教俗地产进行调查。比如，1125—1128 年大主教瓦尔特代替国王监管彼得伯罗修道院的地产时，就对该地产进行了系统的调查。新上任的主教或者修道院院长也往往会对自己管理的地产进行一次全面调查。比如，1133 年伊里主教尼吉尔（Nigel）上任后所进行的调查。② 鲁西的瓦尔特（Walter de Lucy）在 1139 年担任巴特尔（Battle）修道院的院长以后对各处庄园和相关财产进行了详细巡查。布罗瓦的亨利（Henry of Blois）在 1126 年担任格拉斯顿伯雷修道院院长后也进行了同样的调查，而 1129 年起他又兼任了温彻斯特主教的职位。他热心于地产管理，并记录了自己管理地产的业绩。③ 从 12 世纪后半期的《财政署对话集》来看，当时王室地产的管理已经制度化了。这个时期领主主要是调查土地资源的状况，掌握收入数量，并未深入到庄园内部的收支状况中。而且除了王室财政署的记录外，这些调查都是不连续的、临时性的。

这种简单的、不健全的管理组织是与地产的出租经营相适应的，因为在多数土地出租的情况下，并不需要很复杂的管理组织。

---

① J. Burton, *Monastic and Religious Orders in Britain, 1000 - 1300*, Cambridge: Cambridge University Press, 1994, p. 251. D. D. Knowles, *The Monastic Order in England, A History of its Development from the Times of St. Dunstan to the Fourth Lateran Council*, Cambridge: Cambridge University Press, 1950, pp. 431 - 439.

② 他就是著名的索尔兹伯里主教罗杰尔的侄子，《财政署对话集》的作者理查德·菲茨·尼杰尔（Richard fitz Nigel）的父亲。他们都负责过王室财政署的工作。参见：D. C. Douglas and G. W. Greenaway eds., *English Historical Documents, Vol. II, 1042 - 1189*, the second edition, New York: Oxford University Press, 1981, p. 524.

③ N. E. Stacy, Henry of Blois and the Lordship of Glastonbury, *The English Historical Review*, Vol. 114, No. 455, 1999, pp. 1 - 33.

第二节 经济环境的变化与经营管理的困境

一、人口与土地

11—14 世纪中期是欧洲大陆人口膨胀的时期，英格兰亦不例外。学者们根据 1086 年的《末日审判书》估算 11 世纪后期英格兰的人口数量在 150 万到 200 万之间。① 1377 年的人头税征收记录表明当时英格兰有 250 万

---

① 《末日审判书》是对英格兰绝大部分地区土地和人口的一次全面调查。尽管如此，它用作人口资料仍然有很多缺点。它并没有登记北部四个郡（库伯兰、威斯特摩兰、诺森伯兰和达勒姆）的人口，对兰开夏（Lancashire）郡的登记也很不完整。它只记录占有土地的人口数量，因此被遗漏的人数、没有土地的人数只能估算。它所统计的佃农数只是以佃农为家长的家庭数，如何估计平均的家庭人口规模，并以此作为乘数算出总人口是一个主观性很大的问题。海拉姆（Hallam）根据林肯郡的斯帕尔丁（Spalding）小修道院的三份农奴调查资料得出结论，当时英格兰户均人口 4.68 人。克劳斯估计家庭人口规模为 4.5 ~5 人。蒂托根据温彻斯特主教的庄园陶顿（Taunton）上的情况，估计当时的户均人口为 4.3 人。鲁塞尔（Russel）认为中世纪英格兰许多老人和未婚子女单独生活，而不是同成年男女组成大家庭，户均人口只有 3.5 人。大多数学者认为鲁塞尔的估计比较低。综合来看，户均人口 4.5 人应当是一个比较适中的数字。在《末日审判书》中总共统计了 268 984 个占有土地的家庭，以户均人口 4.5 人计算，当时总人口为 120 万左右。加上各种脱漏的人口，英格兰当时的人口应当在 150 万到 200 万之间。相关的论述参见：M. M. Postan, *The Medieval Economy and Society*, Harmon & Sworth: Penguin Books, 1972, p. 31. H. C. Darby, *Domesday England*, Cambridge: Cambridge University Press, 1977, pp. 88, 345. H. E. Hallam, Some Thirteenth-Century Censuses, *The Economic History Review*, Vol. 10, No. 3, 1958, p. 340. J. C. Russell, The Pre-plague Population of England, *The Journal of British Studies*, Vol. 5, No. 2, 1966, p. 2. J. Krause, The Medieval Household: Large or Small? *The Economic History Review*, Vol. 9, No. 3, 1957, p. 432. J. Z. Titow, Some Evidence of the Thirteenth Century Population Increase, *The Economic History Review*, Vol. 14, No. 2, 1961, p. 222.

到 300 万人口。[①] 而 1377 年人口数远不是 14 世纪人口的最高峰，因为 1348—1349 年的黑死病使人口下降了 30%~45%，而 1361—1362 年、1369 年，以及 1375 年的波及英格兰全境的疫病使人口进一步下降，因此 1377 年的人口数比黑死病前减少了 40% ~50%。这样，黑死病到来时英格兰的人口是 450 万到 600 万。[②] 也就是说，1348 年黑死病来临时英格兰的总人口大约相当于 1086 年总人口的 3 倍。

此外，个别修道院、主教区，甚至某些庄园的调查资料也反映了人口的快速增长。在温彻斯特主教的陶顿庄园上，12 岁以上的男子从 1209 年的 612 名增加到 1311 年的 1 448 名，也就是说，一百年间增加了一倍多。在拉姆齐修道院的地产上，各个庄园上的佃农数从 1250 年增加到了 1086 年的两到三倍。1086 年在伍斯特主教地产上有 950 个佃户登记在册，而 1170 年增加到 1 289 个，1299 年则增加到 1 853 个，两个多世纪翻了一番。在伍斯特主教管辖的海尔索文堂区，《末日审判书》中只登记了 71 个佃农，但到 1315 年该堂区的佃农为 215 个，两个多世纪增加了两倍。[③]（见图 2 -2）

从时间上看，人口的增长不是一个连续的上升过程，14 世纪初期曾经出现一次波折。1316 年到 1320 年由于农业歉收、疫病流行和饥荒打击，人口有所下降。对大饥荒到黑死病之间人口的变化，学者们有一些分歧，

---

① 1377 年人头税征收记录中共有 1 386 196 名交税者。由于人头税只对 14 岁以上的人征收，因此 14 岁以下的人口数需要估算。约翰·哈切尔估计 14 岁以下的人口约占总人口的 1/3，鲁塞尔估计占 35%，而波斯坦估计占 45%，比较起来看，鲁塞尔的估计更合理一些。另外，根据波斯坦的估计，大约 25% 的地区并被征税。据此估算，当时英格兰的人口在 250 万到 300 万之间。相关论述参见：M. M. Postan, *The Medieval Economy and Society*, Harmon & Sworth: Penguin Books, 1972, p. 33.

② Edward Miller and John Hatcher, *Medieval England Rural Society and Economic Change, 1086 -1348*, London: Addison-Wesley Longman Limited, 1978, p. 29.

③ J. Z. Titow, Some Evidence of the Thirteenth Century Population Increase, *The Economic History Review*, Vol. 14, No. 2, 1961, p. 220. J. A. Raftis, *The Estates of Ramsey Abbey: A Study in Economic Growth and Organization*, Toronto: Pontifical Institute of Medieval Studies, 1957, p. 67. Christopher Dyer, *Lords and Peasants in a Changing Society*, Cambridge: Cambridge University Press, 1980, p. 85. Zvi Razi, *Life, Marriage and Death in a Medieval Parish*, Cambridge: Cambridge University Press, 1980, p. 28.

不过多数学者认为大饥荒后人口很快恢复，达到甚至超过了饥荒前的水平。[①] 茨维·拉齐对1271年到1349年海尔索文堂区人口变化的研究可以说明这一点（见图2-2）。在1270年到1315年的大约半个世纪中，该堂区人口增加了将近一半，大饥荒使1315年到1323年的人口有所下降，但在黑死病之前人口几乎重新达到了1315年高峰期的数量。

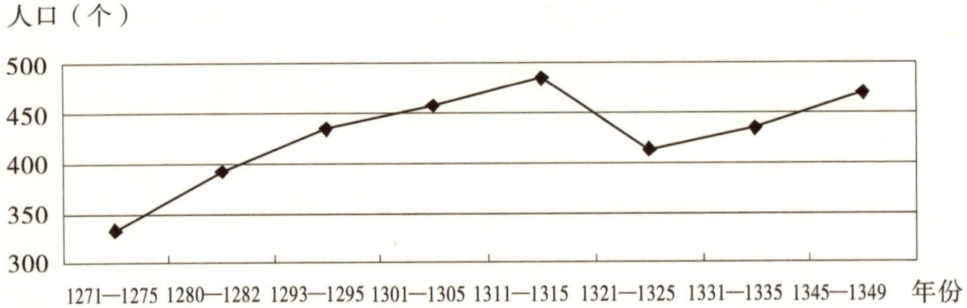

图2-2 1271—1349年伍斯特主教的海尔索文堂区的人口变化[②]

从空间上看，不同地区的人口增长幅度有所不同，新开发地区的人口增长速度比老垦区快。比如在林肯郡的沼泽地，1287年斯帕尔丁修道院的农户数量增加了1086年的6倍，其中平齐贝克庄园（Pinchbeck）的农户数量增加到了10倍，弗里特庄园（Fleet）增加了60多倍。这些地方早些时候人口基数很低，所以人口增长幅度较大。[③] 在沃里克郡，从1086年到1279年百户区调查时人口的增长也很不均衡。斯通莱（Stoneleigh）百户区

① 波斯坦认为，从1315—1317年的大饥荒开始，人口便持续下降，但鲁塞尔认为1310—1319年人口有所下降，但此后继续上升，只有在黑死病之后人口才开始真正下降。茨维·拉齐也说："1348—1349年黑死病暴发前乡村人口在继续增加。"参见：M. M. Postan, Some Economic Evidence of Declining Population in the Later Middle Ages, *The Economic History Review*, Vol. 2, No. 3, 1950, pp. 221-246. J. C. Russell, The Pre-plague Population of England, *The Journal of British Studies*, Vol. 5, No. 2, 1966, p. 14. Zvi Razi, *Life, Marriage and Death in a Medieval Parish*, Cambridge: Cambridge University Press, 1980, p. 28.

② 根据茨维·拉齐的数据制作。Zvi Razi, *Life, Marriage and Death in a Medieval Parish*, Cambridge: Cambridge University Press, 1980, p. 33.

③ Edward Miller and John Hatcher, *Medieval England Rural Society and Economic Change, 1086-1348*, London: Addison-Wesley Longman Limited, 1978, p. 31.

林木较多，因此佃农数量增加了 3 倍，其中肯尼沃思庄园（Kenilworth）上的佃农数量增加了 7.5 倍。与此不同，该郡东南部的金顿（Kineton）百户区属于老垦区，佃农数量几乎没有增加，有些庄园的佃农数甚至有所减少。[①] 这说明人口的增长同经济资源之间存在密切关系，经济资源比较丰富的地区更能支撑人口的滋生。

人口增长必然带来土地等自然资源的开发。日益增加的人口不断向林地、山地和沼泽地进军。诺曼征服后，国王们留有广阔的林地作为专门的皇家林苑，亨利二世统治时期王室森林面积最大，占到了英格兰土地面积的 1/3。[②] 王室森林禁止私人砍伐，但随着人口的增加，农民违禁垦辟土地的现象时有发生，国王也将部分森林出卖给教俗领主，由其组织佃农垦辟。许多领主把购买来的王室森林开辟成新的庄园。[③] 低湿的洼地、沼泽地、海岸地也是新土地的重要来源。林肯郡的埃洛伊（Elloe）百户区从低湿的洼地中新获得了 100 平方英里的土地，伊里修道院从诺福克郡和剑桥郡的沼泽地获得了 2 000 英亩的新土地。肯特郡的农民积极向南部海岸地区进军，他们通过修筑水坝阻挡洪水，挖掘沟壕，排干积水。坎特伯雷大主教和坎特伯雷的圣奥古斯丁修道院从海岸低地获得了近 32 000 英亩的草场。[④]

尽管耕地有所扩大，但落后于人口的增长，所以人均土地占有量在下降。在温彻斯特主教的陶顿庄园上，1248 年人均占有土地 3.3 英亩，但 1311 年减少到 2.5 英亩。[⑤] 14 世纪早期的华什（Wash）盆地人口密度相当

---

① J. B. Harley, Population Trends and Agricultural Developments from the Warwichshire Hundred Rolls of 1279, *The Economic History Review*, Vol. 11, No. 1, 1958, p. 11.

② A. L. Poole, *From Domesday Book to Magne Carta*, Oxford: Clarendon Press, 1955, p. 29.

③ J. L. Bolton, *The Medieval English Economy, 1150 - 1500*, London: J. M. Dent, 1980, p. 12, 83. Christopher Dyer, *Lords and Peasants in a Changing Society*, Cambridge: Cambridge University Press, 1980, p. 63.

④ J. L. Bolton, *The Medieval English Economy, 1150 - 1500*, London: J. M. Dent, 1980, p. 84.

⑤ J. Z. Titow, Some Evidence of the Thirteenth Century Population Increase, *The Economic History Review*, Vol. 14, No. 2, 1961, pp. 223 - 224.

高，人均占有土地只有 1 ~ 1.5 英亩。[①] 伍斯特主教在 1299 年有三四万英亩的土地，其中只有两千多英亩是近一个半世纪才被开垦出来的，而且新开垦的土地多数比较贫瘠，但同期该主教的佃农人数翻了一番，人均耕地的下降是很明显的。[②]

二、物价、工资和商业化

在现代发达的市场经济中，物价是经济活动和经济状况的指针，是资源配置的杠杆，但在古代或中世纪市场经济不发达的情况下，许多经济资源不通过商品交换的方式来配置，没有明确的价格，即使存在一个大致的价格，其价格也不能像在发达市场经济中那样灵活地反映供需的变化。因此，中世纪英格兰的物价如何变动，它对领主的经济决策有何影响，是研究领主地产管理无法回避的问题。

对黑死病之前英格兰物价变化的研究从 19 世纪后期就开始了，到目前为止，法莫尔的研究成果是其他学者论述价格问题的主要参考文献。[③] 关于 12 世纪前物价变化的资料主要是王室财政署的档案，而 13 世纪后一些大领主的地产经营账簿成为主要的资料来源，特别是比较集中和连续的温彻斯特主教和威斯敏斯特修道院的账簿。利用这些资料研究价格的变化并非易事，幸而经过学者们的艰辛研究，中世纪英格兰物价变化的大致情况

---

① Edward Miller and John Hatcher, *Medieval England Rural Society and Economic Change*, *1086 – 1348*, London: Addison-Wesley Longman Limited, 1978, p. 31.

② Christopher Dyer, *Lords and Peasants in a Changing Society*, Cambridge: Cambridge University Press, 1980, pp. 85, 96 – 97.

③ D. L. Farmer, Prices and Wages, in H. E. Hallam ed., *The Agrarian History of England and Wales*, *Vol. II*, *1042 – 1350*, Cambridge: Cambridge University Press, 1988, pp. 715 – 817.

已经基本清晰。[①]

根据法莫尔的研究，从1165年到1325年，英格兰物价的长期变动过程大致可以分为三个阶段。1165年，小麦的价格是每夸脱1先令9.5便士，一直到12世纪80年代末，价格基本上维持在1先令7便士到1先令10便士之间。直到1192年，每头牛的价格一直是3先令，羊的价格大约是每只4便士，猪的价格通常是每头1先令。也就是说，12世纪最后三四十年农产品和牲畜的价格很稳定。但12世纪末13世纪初在中世纪英格兰价格史上是一个转折点。1199年到1203年小麦的价格飞涨到每夸脱3先令6便士，牛的价格在13世纪的最初十年涨到了7先令，羊的价格翻了一番多，上升到了10便士。13世纪最初十年的价格水平大大高于半个世纪前的水平，谷物和牲畜的价格至少翻了一番。[②] 此后，价格在短期波动中持续上升。13世纪初小麦价格为每夸脱大约4先令，但到1325年上升到每夸脱6先令左右。虽然大麦、燕麦和黑麦的价格要比小麦低，但变动趋势同小麦的变动趋势一致。[③] 在这段时间内，1316年到1317年的农业歉收、大饥荒导致了价格的短时剧烈上升。

物价的变动可以分为短期波动和长期趋势两个方面。谷物价格的短期波动主要是气候和收成变化的结果。法莫尔研究了温彻斯特主教地产上收成和物价之间的关系，他发现农业歉收的年份同时也是谷物价格上涨的年份，而农业丰收的年份则是谷物价格下降的年份。[④] 蒂托研究了温彻斯特主教地产上气候变化同物价波动的关系，他发现风调雨顺的年份谷物价格

---

① 法莫尔根据各个郡的地产经营账簿同时记录了谷物交易数量和价款的材料计算出该郡谷物的平均价格，再据此算出英格兰各郡的平均价格，这样就用取平均值的方法消除或减少了因季节和地区因素所造成的误差。他进而用取多年平均值的方法观察物价变化的长期趋势，因为收成丰歉所导致的价格短期波动使长期趋势很不清晰。参见：D. L. Farmer, Some Price Fluctuations in the Angevin England, *The Economic History Review*, Vol. 9, No. 1, 1956, pp. 34 - 43. Idem, Some Grain Price Movements in Thirteenth-Century England, *The Economic History Review*, Vol. 10, No. 2, 1957, pp. 207 - 219.

② D. L. Farmer, Some Price Fluctuations in the Angevin England, *The Economic History Review*, Vol. 9, No. 1, 1956, p. 43.

③ D. L. Farmer, Some Grain Price Movements in Thirteenth-Century England, *The Economic History Review*, Vol. 10, No. 2, 1957, p. 212.

④ D. L. Farmer, Some Grain Price Movements in Thirteenth-Century England, *The Economic History Review*, Vol. 10, No. 2, 1957, pp. 216 - 218.

较低，而气候恶劣时谷物价格就上涨。[①] 由于农业生产力较低，中世纪的英格兰经常处于经济匮乏的威胁之中。即使在大领主的地产上，谷物的仓储除了当年消费和留作下年种子外，大约只有年消费量的1/6。[②] 另外，中世纪的交通很不发达，谷物的运输成本很高，只有支付高额的运输费用才能实现地区之间的余缺互补。比如，1315 年到 1316 年大饥荒的时候，长途的谷物贩卖成为最发财的生意，许多商人从损失较轻的康沃尔郡低价购进谷物，然后运到伦敦高价出卖。林肯郡的商人则前往剑桥郡、亨廷顿郡购买谷物。[③] 气候和收成的变化有很大的偶然性，由此谷物价格短期波动也具有很大的偶然性，领主不可能根据价格的短期波动来调整自营地的生产。凯瑟琳·比迪克研究了温彻斯特主教地产上谷物种植面积同谷物价格变化的相关性，发现二者之间的相关系数很低，价格的短期波动对谷物的种植面积几乎没有影响。[④]

物价变动的长期趋势是依靠经济史学者们的精心研究才建立起来的，它可能受到人口增长、货币供给增加（货币绝对供给的增加、流通速度的加快、贮藏货币的减少）等多种因素的影响。价格变动对领主经济行为的影响主要是一种事后影响，是通过影响领主的收入来实现的。领主不大可能对价格的长期趋势作出准确的预期，并根据未来可能的价格趋势作出经济决策。12—13 世纪之交物价突然上涨并维持在一个较高的水平上，这的确使以固定租金为主要收入的领主们陷入经济困境，对领主的经济决策产生了较大的影响。但从 13 世纪初期到 14 世纪中期物价的长期变动很缓慢。

---

① J. Z. Titow, Evidence of Weather in the Account Rolls of the Bishopric of Winchester 1209 - 1350, *The Economic History Review*, Vol. 12, No. 3, 1960, pp. 360 - 407.

② Donald N. McCloskey and John Nash, Corn at Interest: The Extent and Cost of Grain Storage in Medieval England, *The American Economic Review*, Vol. 74, No. 1, 1984, p. 176.

③ Ian Kershaw, The Great Famine and Agrarian Crisis in England 1315 - 1322, in R. H. Hilton ed., *Peasants, Knights, and Heretics: Studies in Medieval English Social History*, Cambridge: Cambridge University Press, 1976, p. 91.

④ Kathleen Biddick, Agrarian Productivity on the Estates of the Bishopric of Winchester in the Early Thirteenth Century: A Managerial Perspective, in B. M. S. Campbell and M. Overton eds., *Land, Labour and Livestock: Historical Studies in European Agricultural Productivity*, Manchester and New York: Manchester University Press, 1991, pp. 108 - 109.

比如，1225 年到 1345 年价格水平大约翻了一番，但在这 120 年（大约六代人的时间）内，每年价格的上涨只有 0.5%，每 20 年的价格上涨只有 12%。[①] 这种物价的缓慢变动对领主的经济行为影响较小。

但 12、13 世纪之交物价突然上涨是一个例外事件。在短短的 20 多年内，谷物和牲畜价格都至少翻了一番，而且此后物价保持在一个较高的水平上。这与价格的一般短期波动和长期缓慢变化有所不同，它使许多领主陷入债务之中，领主不得不采取措施加强地产的经营管理，因此对领主地产经营政策的影响较大。对物价突然上涨的原因，学者们大致从两个方面来解释。有的学者强调人口的增长，认为人口增长使得需求扩大，在供给相对落后的情况下导致物价上涨。[②] 这种解释的缺点是，人口增长是持续而平稳的，因此它不能解释价格上升的突然性。另一些学者则强调货币方面的原因，不过他们之间也有很大分歧。保罗·哈维认为 1180 年到 1220 年英格兰出现了一次普遍的通货膨胀，其原因在于货币供给的增加。他把物价上升视为英格兰对外贸易入超状况的一种结果。[③] 这种解释的缺点是，虽然英格兰的对外出口增加了，但是国王和教会的对外支付也大幅增加（特别是为国王理查德交纳的赎金和保护诺曼底的战争支出），因此钱币的净流入未必会大到影响价格的程度。[④] 还有的学者不是强调实际货币总量的增加，而是认为货币流通速度的加快变相增加了货币的供给。[⑤] 最近拉铁摩尔提出了一种新的解释，他指出货币有多种功能，通常部分货币作为交易工具处于流通之中，而部分货币作为贮藏手段存放在钱柜之中。他认为

---

① M. M. Postan, *The Medieval Economy and Society*, Harmon & Sworth: Penguin Books, 1972, p. 257.

② M. M. Postan, *The Medieval Economy and Society*, Harmon & Sworth: Penguin Books, 1972, pp. 265 – 274.

③ P. D. A. Harvey, The English Inflation of 1180 – 1220, in R. H. Hilton ed., *Peasants, Knights, and Heretics: Studies in Medieval English Social History*, Cambridge: Cambridge University Press, 1976, pp. 57 – 84.

④ M. M. Postan, *The Medieval Economy and Society*, Harmon & Sworth: Penguin Books, 1972, pp. 266 – 268.

⑤ “不论从长期趋势还是从短期效果来看，货币因素对物价都有重要的影响，在货币重新铸造的时候尤其如此。” N. J. Mayhew, Money and Prices in England from Henry II to Edward III, *Agricultural History Review*, Vol. 35, No. 2, 1987, p. 129.

1205年国王重新铸造货币的政策增加了人们对新货币的信心，从而使贮藏中的大量劣质旧货币进入流通领域，间接增加了通货的供给。① 尽管学者们在解释物价上涨原因的时候众说纷纭，但物价上涨本身是不争的事实。

工资是劳动力的价格。由于人口迅速增长，工资水平自然要下降。不过，事实上工资水平表现出了相当程度的稳定性。领主所使用的劳动力可以分为长工、短工和负担劳役地租的维兰。维兰的劳役是他们耕种领主土地所应负担的义务，因此不存在工资的问题。长工大部分是由维兰充任的，但他们在自营地上常年劳作，其劳动超出了劳役的范围，能够获得一定的谷物和货币报酬。短工则主要获得货币报酬。

长工工资是庄园习惯的一部分，往往很稳定。在13世纪初期，温彻斯特主教地产上的长工（比如马夫、耕田人）通常每8周获得1夸脱谷物。奶场女工得到的报酬比其他的长工要低，通常每10周到12周才能得到1夸脱谷物。在大多数庄园上，主要的长工每年还会得到3先令或4先令的货币报酬，奶场女工同样要少一些。到13世纪晚期，这种工资水平几乎没有变化，只是长工得到的谷物报酬中小麦的比重减少而大麦的比重增加了。这种状况到14世纪初期才有较大改变。14世纪初期由于谷物价格上涨，该主教地产南部的庄园大多数将长工的报酬从每8周1夸脱减少为每10周1夸脱，同时将货币报酬从每年3先令增加到了4先令，下降幅度大约为20%。在1316年至1317年的大饥荒来临后，长工的工资下降幅度很大，他们从1316年6月到米迦勒节没有得到任何报酬，此后到1317年米迦勒节每12周才能得到1夸脱谷物。但这只是暂时的特殊情况，饥荒过后长工工资就回到了1306年后的水平，并一直维持到黑死病来临。在威斯敏斯特修道院的地产上，13世纪大部分时间长工每年得到的报酬是自营地中未收获的1英亩小麦和1英亩燕麦。尽管有些庄园在1290年左右将这种实物报酬改为货币工资，但大多数庄园仍然维持古老的报酬方法，一直到黑死病暴发。② 在13世纪的拉姆齐修道院，自营地上各种短工的货币工资几

① Paul Latimer, The English Inflation of 1180 - 1220: Reconsidered, *Past and Present*, No. 171, 2001, pp. 3 - 29.

② D. L. Farmer, Prices and Wages, in H. E. Hallam ed., *The Agrarian History of England and Wales*, *Vol. II*, *1042 - 1350*, Cambridge: Cambridge University Press, pp. 763 - 764.

乎没有变化。长工实物工资的数量也很稳定，只是豌豆的比重上升，而价格稍高的大麦比重下降。①

短工得到的主要是货币报酬，但领主也许当天会给他们提供饭食。雇工工资受季节和年景的影响波动较大。遇到不利的天气，为了抢收谷物，领主需要临时雇用大量的劳动力，这时雇工工资会有较大的上升。在温彻斯特主教的霍利维尔庄园，1309年夏季的短工工资既有每天1.5便士的，也有每天2.5便士的，1333年则既有2便士的，也有3.5便士的。② 尽管如此，短工的工资也显示出一定的稳定性。在温彻斯特主教的地产上，计件工资非常稳定。比如，在法汉姆（Farnham）庄园，1231年至1289年雇工每收割1英亩草地可以得到的基本工资大约是3.5便士，例外的情况很少。在伍德海（Woodhay）和埃秦斯威尔（Ecchinswell）庄园，从1247年至1306年的60年间雇工的工资一直没有变化。1220年至1270年，温彻斯特主教付给打场雇工（完成小麦、大麦、燕麦各1夸脱）的工资一直在3.5~3.75便士，只是到了1280年之后才上升到4便士。不过，威斯敏斯特修道院的雇工工资要比温彻斯特主教地产上的工资高。这可能是由于该修道院的地产处于伦敦附近，劳动力相对匮乏。③

大领主地产上的雇工工资通常比较稳定，而中小领主地产上雇工工资的变化比较大，因此总体来看，短工的货币工资呈现缓慢而持续的上升趋势，打场、收割、耙地等雇工的工资从13世纪初期的3先令上升到了14世纪初期的5~6先令。由于同一时期谷物的价格大体也翻了一番，所以短工的实际工资变化不大（见图2-3）。

① J. A. Raftis, *The Estates of Ramsey Abbey: A Study in Economic Growth and Organization*, Toronto: Pontifical Institute of Medieval Studies, 1957, pp. 200, 205.

② D. L. Farmer, Prices and Wages, in H. E. Hallam ed., *The Agrarian History of England and Wales, Vol. II, 1042-1350*, Cambridge: Cambridge University Press, 1988, pp. 764-766. D. L. Farmer, Marketing the Produce of the Countryside, and Prices and Wages, 1350-1500, in Edward Miller ed., *The Agrarian History of England and Wales, Vol. III, 1348-1500*, Cambridge: Cambridge University Press, 1991, pp. 444, 471.

③ William Beveridge, Westminster Wages in the Manorial Era, *The Economic History Review*, Vol. 8, No. 1, 1955, p. 21.

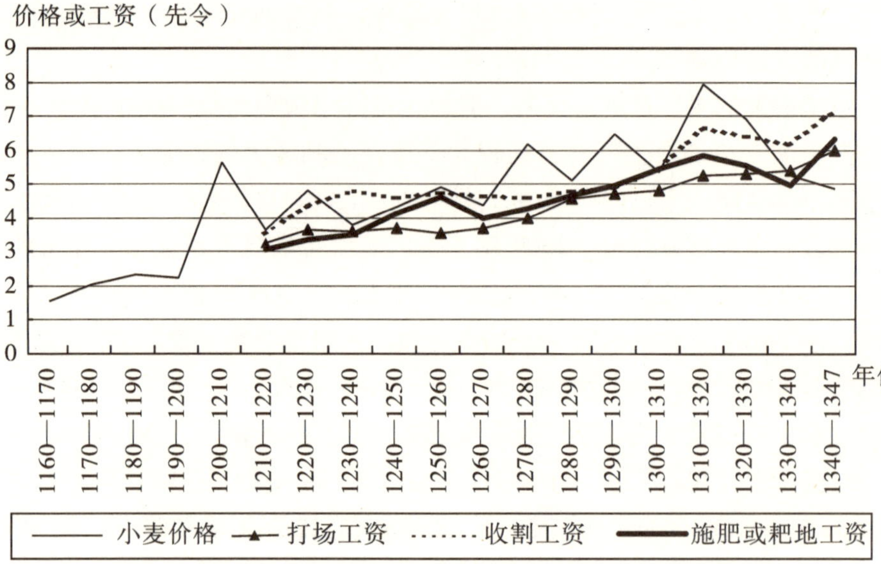

图 2－3　12—14 世纪中期小麦价格和农业雇工工资的变化①

说明：小麦价格单位为先令每夸脱；工资单位均为先令，其中打场是指打谷和扬场，打场工资是完成小麦、大麦和燕麦各 1 夸脱所得到的工资；收割工资是指将 1 英亩的混合作物收割（割倒并捆束）所得到的工资；施肥或耙地工资是指完成 1 英亩此类劳作所获得的工资。

总体来看，长工的名义工资和实际工资虽然略有下降，但基本上很稳定，雇工的名义工资呈现上升趋势，但实际工资也基本稳定。13 世纪初期到 14 世纪中期的人口增长使劳动力更加丰富，但长工和雇工工资的下降并不是很明显。工资水平显示了很强的刚性，这说明波拉尼等实体主义经济人类学家的论述有一定的合理因素。在市场不很发达的古代经济条件下，工资虽然也能够反映劳动力供需的变化，但这种反映很不明显。这一方面是因为很多情况下雇用关系并不是通过市场交易来进行的，比如庄园的长工通常是由庄民选举或轮流担任的；另一方面是因为习惯对工资的变动有较大的约束作用，比如长工的谷物工资就很少变动。即使在现代的市场经

① 数据来源：D. L. Farmer，Prices and Wages，in H. E. Hallam ed.，*The Agrarian History of England and Wales*，*Vol. II*，*1042－1350*，Cambridge：Cambridge University Press，1988，pp. 768，787－791.

济中，工资水平也存在刚性的问题，而在 13 世纪的英格兰，工资的刚性要强烈得多。

13 世纪物价和工资水平的变动是否对直接经营更加有利呢？在这个问题上，学者们略有分歧。波斯坦等人认为物价的上涨和工资的下降对直接经营非常有利，而爱德华·米勒认为 13 世纪的经济环境未必对直接经营更加有利。其实，二者的论述都有点片面。国内青年学者王超华也认为，较低的工资水平是 13 世纪领主们直接经营自营地的主要原因。① 经过 12—13 世纪之交物价的突然上涨，13 世纪的谷物价格明显高于 12 世纪后半期的价格。无疑，13 世纪领主直接经营庄园并向市场出卖自营地农畜产品所能获得的收入高于 12 世纪出租庄园的租金。但是，如果出租庄园的租金能够在 13 世纪随着物价的上涨相应上调，那么直接经营的优势将不是非常明显。另外，虽然 13 世纪后物价的缓慢上升和工资水平的相对稳定扩大了直接经营的盈利空间，但由于工资水平没有随人口增长而大幅下降，直接经营的盈利空间并没有波斯坦等人所估计得那样大，因此，13 世纪的经济环境对直接经营的确有利，但不应将其过分夸大。

这个时期，英格兰经济环境的另一特点是，土地的频繁交易、雇用劳动的发展、地租的货币化、城市的复兴以及市场的繁荣共同构成了一幅商品货币关系繁荣发展的图景。

13 世纪中期以后，农民之间的土地交易已经相当活跃。在诺福克郡的科尔蒂肖尔（Coltishall）庄园上，1275 年至 1405 年庄园法庭的档案中记录了 1 500 多次土地交易。该郡的另一个庄园格林翰尔（Gressenhall），1283 年至 1284 年之内就记录了 103 次土地交易，平均每次交易略少于 0.5 英亩。该郡另外一个庄园塞杰福德（Sedgeford），13 世纪有法庭记录的年份中平均每年有 22 次土地交易，每次交易的土地面积很少有超过 2 英亩的。英格兰中部和西部的土地交易也有所发展。在伍斯特主教地产上，一个名叫托马斯的农民在 1327 年到 1343 年之间通过 16 次土地交易积累了 19.75 英亩土地。在普茨茅斯和南安普敦之间的蒂切菲尔德修道院的地产

① 王超华：《13—15 世纪英格兰农业工人工资与领主自营地》，《世界历史》2012 年第 3 期。王超华最近对中世纪盛期英格兰的物价和工资问题作了许多专门研究。参见王超华：《西方学界关于中世纪英国工资史的研究》，《史学月刊》2010 年第 8 期；《中世纪英国乡村妇女的劳动和工资》，《史林》2012 年第 2 期。

上，农民之间的土地交易从 1272 年到 1297 年共有 283 次，但 1297 年到 1322 年则有 492 次，1322 年到 1347 年则增加到 749 次。[①] 与农民之间的土地交易相比，领主之间的土地交易面积比较大，金额比较高。拉姆齐修道院 13 世纪到 14 世纪初期购买了大量的土地。有两次交易金额分别达到 1 666 英镑和 500 英镑，购买涉及数个庄园。13 世纪领主们扩大直接经营的范围也主要是通过土地购买实现的。这说明，西欧领主制下土地不能买卖的观点是不正确的。[②]

这一时期实物地租和劳役地租也在向货币地租转化。科斯敏斯基的研究表明，"12—14 世纪的货币地租在不断地增长，13 世纪可能增长较慢，但在数量上占优势"[③]。他通过对 1279 年英格兰百户区档案的统计研究，认为 13 世纪农民的劳役地租在地租总额中所占的比重不到 1/3。[④] 为了交纳货币地租，农民就必须出卖各种农产品。领主自营地上的商品化程度也大大加深。据布瑞内尔估计，1300 年左右英格兰农畜产品总收成中的 30% ~40% 已经被转化为商品出卖，其中由收取什一税的堂区主持人所出卖的占 6% ~8%，由领主自营地管理者出卖的约占 12%，由各种农民出卖的占 12% ~20%。[⑤]

土地、劳动力等生产要素以及谷物等劳动产品的商品化说明了市场发育的程度，但市场交易的发展还有赖于市场体系的培育。领主为了从市场交易税中获益，纷纷向国王申请设立市场或者集市。从 1198 年到 1483 年，

---

① Richard M. Smith ed., *Land, Kinship and Life-Cycle*, Cambridge: Cambridge University Press, 1984, pp. 19, 107. P. D. A. Harvey ed., *The Peasant Land Market in Medieval England*, Oxford: Clarendon Press, 1984, p. 41. Christopher Dyer, *Lords and Peasants in a Changing Society*, Cambridge: Cambridge University Press, 1980, p. 110.

② 马克垚早就指出了这一点。参见马克垚：《从小农经济说到封建社会发展的规律》，载于中国史研究编辑部编：《中国封建社会经济结构研究》，北京：中国社会科学出版社 1985 年版，第 189—198 页。

③ 科斯敏斯基：《十一至十五世纪英国封建地租形态的演变》，《史学译丛》1956 年第 1 期，第 95 页。

④ E. A. Kosminsky, *Studies in the Agrarian History of England in the Thirteenth Century*, edited by R. H. Hilton, translated from the Russian by Ruth Kisch, Oxford: Basil Blackwell, 1956, p. 191.

⑤ D. M. Palliser ed., *The Cambridge Urban History of Britain, Vol. I, 600 - 1540*, Cambridge: Cambridge University Press, 2000, p. 116.

获得国王特许的市场就约有 2 800 个。[①] 随着市场的发育，各类城镇也发展起来。伦敦城的人口增加到了 40 000 多。约克城的人口从 1086 年的 4 000 多增加到了 14 世纪初的 8 000 左右。[②] 有人甚至估计城镇人口在总人口中的比重已经从 1068 年的 10% 增加到了 1300 年的 15% ~20% 。[③] 许多领主还积极修路筑桥，便利了物资的流通。在不少地方，马代替牛成为主要的力役牲畜，从而提高了物资流转的速度。[④]

作为商品经济润滑剂的货币本身也有了很大变化。麦肖（Mayhew）用两种方法估算了中世纪英格兰的货币数量。从货币的发掘量来看，被发掘出来的 14 世纪初期的货币是诺曼征服时代的 11 倍。从铸币厂的货币铸造量来估算，11 世纪后期英格兰的货币流通量大约为 37 500 英镑，但到 14 世纪初期增加到至少 900 000 英镑，增长了 20 多倍。[⑤] 两种估算方法的结果大有出入，不过这至少说明，11 世纪后期到 14 世纪初期金属货币的流通量有了大幅增加，远超过了人口的增长幅度，人均货币量也有了较大的

---

① R. Britnell, The Proliferation of Markets in England, 1200 - 1349, *The Economic History Review*, New Series, Vol. 34, No. 2, 1981, pp. 209 - 221. 谢丰斋就是主要以不同时期设立市场的特许状的数量变化，强调了这一时期乡村集市的“超常”发展。参见谢丰斋：《论中世纪盛期英国“村市”的超常发展》，《史学月刊》2010 年第 9 期。

② J. L. Bolton, *The Medieval English Economy, 1150 - 1500*, London: J. M. Dent, 1980, p. 121.

③ B. M. S. Campbell, *English Seigniorial Agriculture, 1250 - 1450*, Cambridge: Cambridge University Press, 2000, p. 425. 另见：D. M. Palliser ed., *The Cambridge Urban History of Britain, Vol. I, 600 - 1540*, Cambridge: Cambridge University Press, 2000, p. 741. 这是一个很高的估计。有的学者对此表示怀疑，因为这个估计主要是以征税资料为基础，而这些征税资料通常把城镇附近隶属于城镇的乡村也列为征税对象。参见：J. Hatcher and M. Bailey, *Modelling the Middle Ages: The History and Theory of England's Economic Development*, Oxford: Oxford University Press, 2001, p. 153. 对中世纪盛期英格兰城市化水平的最新研究，参见徐浩：《中世纪英国城市化水平研究》，《史学理论研究》2006 年第 4 期。

④ J. Langdon, *Horses, Oxen and Technological Innovation: The Use of Draught Animals in English Farming from 1066 to 1500*, Cambridge: Cambridge University Press, 1986, pp. 254 - 258.

⑤ N. J. Mayhew, Modelling Medieval Monetisation, in R. Britnell and B. M. S. Campbell eds., *A Commercialising Economy: England 1086 to c. 1300*, Manchester: Manchester University Press, 1995, pp. 64 - 65.

增长。另外，便士被进一步分割为半便士或 1/4 便士（farthing）。小额货币的出现便利了日常交易，使货币流通速度加快，使用范围扩大。随着货币铸造的集中，[①] 货币的质量更高更稳定，这也促进了商品经济的发展。

总之，从 11 世纪到 14 世纪中期经济环境发生了很大变化。人口的增长速度大大超过了土地开拓的速度，人地矛盾日渐突出。领主庄园（地产）的承包人从土地的增值中获得了丰厚的收益，而长期出租土地的领主只能得到相对固定的地租。出租期限长且地租固定的租约不能反映变化着的经济关系，它使领主处于不利的经济地位。领主还被卷入商品货币关系的旋涡中。一方面，城镇的繁荣和商品的多样化诱使领主居住在繁华的市镇而不是清苦的乡村，诱使他们放弃乡村庄宅的粗茶淡饭，去享受各种奢侈的商品，从而大大增加了他们的花销。领主只有设法获得更多的收入，才能满足不断上升的花销。另一方面，需求的增加、市场的繁荣、物价的上涨也带来了新的获利机会，拥有土地、佃农劳力等各种资产的领主也可以通过为市场生产农畜产品来赚取财富。这些因素都促进了直接经营的兴盛。

三、困境与出路

12、13 世纪之交，许多领主入不敷出，负债累累，陷入经济困境之中。彼得伯罗修道院院长沃特维里的威廉（William of Waterville，1155—1175 年在任）为了偿还前任的债务，支出了 200 英镑的本金和 40 英镑的利息。他自己则留下了 1 500 马克（相当于 1 000 英镑）的债务。财政署的管筒卷宗中还记载了该修道院欠林肯郡犹太金融家阿伦（Aaron）的债务。在 1191 年阿伦去世时，国王没收了他的债权，并在打了折扣的情况下向彼得伯罗修道院收取了 100 英镑。彼得伯罗修道院欠下阿伦的总债务不得而知。不过，阿伦在北安普敦郡的大小 28 个债务人之中（最少 20 先令，

---

① 诺曼征服前英格兰大约有 60 家铸币厂，到亨利二世首次铸币时只有 30 家，而到爱德华一世 1279 年重新铸币时只有 11 家。D. M. Palliser ed.，*The Cambridge Urban History of Britain*，*Vol. I*，*600 - 1540*，Cambridge：Cambridge University Press，2000，p. 120.

最多493.5英镑），彼得伯罗即使以100英镑的债务计算，也能排到第五名。[①] 1166年圣·阿尔班（St. Albans）修道院院长罗伯特留下600马克债务，而1183年他的继任者将其增加到了800马克。同样，伊夫舍姆（Evesham）修道院也欠犹太人金融家大笔债务。[②] 圣埃德蒙兹修道院院长休对修道院内部事务疏于管理，一些高级僧侣用他们的"职田"作抵押向金融家贷款，而院长休为了维护自己尊荣的地位，在生命的最后八年中每年借款100～200英镑。这一切使修道院在1180年的债务超过了3 000英镑。[③]

除了12、13世纪之交物价的突然上涨外，国王加重勒索也是使领主们陷入经济困境的另一重要原因。国王理查德和约翰统治时期是金雀花王室财政支出迅猛增加的时期。理查德率军参加十字军东征，但他随后被德意志国王俘获，英格兰为他交纳了巨额的赎金（10万马克）。国王约翰为了保护他在法国的领地诺曼底，同法国国王菲利普二世决战，大大加重了对英格兰的财政勒索。最近尼克·巴拉特（Nick Barratt）对理查德和约翰统治时期英格兰的王室财政收入进行了系统的研究，充分说明了这一事实。在约翰王统治的第一年（1199年），财政收入为22 000～23 000英镑，1206年达到30 000英镑，1210年为52 000英镑，1211年则为83 000英镑，1212年有所降低，但仍然高达56 000英镑（见图2－4）。当然这并不是约翰王的全部收入，从犹太人、教会组织，特别是西多会索取的任意税意味着约翰王1211年的收入为145 000英镑。[④] 财政署的档案表明，在约翰王统治的最初八年中，国王的直接封臣们的债务负担增加了380%。[⑤] 王

---

① Kathleen Biddick, *The Other Economy: Pastoral Husbandry on a Medieval Estate*, London: University of California Press, 1989, pp. 51－53.

② D. D. Knowles, *The Monastic Order in England, A History of its Development from the Times of St. Dunstan to the Fourth Lateran Council*, Cambridge: Cambridge University Press, 1950, pp. 304－305.

③ Jocelin of Brakelond, *Monk of St. Bury Edmunds*, translated and edited by L. C. Jane, London: Chatto & Windus, 1907, pp. 1－4, 47.

④ Nick Barratt, The Revenue of King John, *The English Historical Review*, Vol. 111, No. 443, 1996, p. 843.

⑤ J. L. Bolton, The English Economy in the Early Thirteenth Century, in S. D. Church ed., *King John: New Interpretations*, Woodbridge: Boydell & Brewer, 1999, p. 37.

室财政收入的增加在很大程度上来自对领主们的勒索。比如，彼得伯罗修道院在1160年左右欠王室财政署的债务通常在每年100英镑以内，但1180年左右增加到每年大约200英镑，到1200—1220年则增加到每年大约400英镑。尽管他们在这个时期每年向王室财政署交纳的钱款大幅增加，但还是债台高筑。①

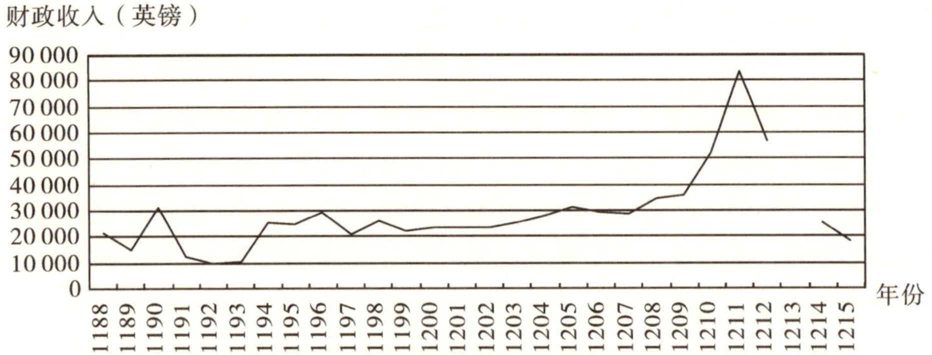

图2-4　国王理查德和约翰统治时期的财政收入②

说明：图中1213年数据在所引文献中缺失。

沉重的债务迫使领主们进行改革。萨姆森上任后采取了激进而严厉的措施来改革地产的管理，因为不论他走到哪里，债主们都紧跟着他，向他追讨债务，使他"夜不能寐，苍白憔悴"。萨姆森曾说："只要我的债务还没有清偿，我的心灵就不能安宁。"③ 彼得伯罗修道院因债务缠身才积极效仿西多会，收回出租地，建立直接经营的专属农庄，大力发展畜牧业，积极购买城市房产，千方百计增加收入。④

---

① Kathleen Biddick, *The Other Economy*: *Pastoral Husbandry on a Medieval Estate*, London: University of California Press, 1989, p. 53.

② 资料来源：Nick Barratt, The Revenue of King John, *The English Historical Review*, Vol. 111, No. 443, 1996, p. 839. And Nick Barratt, The English Revenue of Richard I, *The English Historical Review*, Vol. 116, No. 467, 2001, p. 637.

③ Jocelin of Brakelond, *Monk of St. Bury Edmunds*, translated and edited by L. C. Jane, London: Chatto & Windus, 1907, p. 50.

④ Kathleen Biddick, *The Other Economy*: *Pastoral Husbandry on a Medieval Estate*, London: University of California Press, 1989, pp. 50–55.

领主们在变化了的经济环境中处于不利地位的根源在于按照固定地租长期出租土地的政策。由于地租相对固定，领主们无法收获经济变化所结下的硕果；由于土地的出租期限很长，领主们难以随机应变，迅速地调整自己的政策。由于出租经营具有这些弊端，领主们难以通过缩短租期、提高地租水平，甚至重新采用实物地租等方法来迅速摆脱不利的经济处境，所以收回土地进行直接经营就成为他们改革的方向。学者们对此已经有所论述。①

另外，政治法律方面的变化也对领主转向直接经营政策有一定的影响。亨利二世的司法改革和普通法的兴起不利于土地的继续出租。领主土地的受封者或承包人往往会继承、分割、转让（出卖、再分封、出租、赠予）其所占有的土地，这会弱化领主对土地的有效控制，损害领主的利益。在诺曼征服后到 12 世纪中期，领主同封臣或土地承包人发生争执时，领主一般会诉诸领主法庭，因为领主在这种法庭中拥有很大的自由裁量权。因此，强有力的领主法庭是领主维护自身利益的重要武器。但在 12 世纪中期以后，这种武器逐渐失效。亨利二世在执政以后，为了加强中央王权，削弱地方大贵族的割据势力，加强了王室法庭的司法管辖权，逐渐夺取了地方大贵族的司法审判权。除了危害国王之和平的重要刑事案件外，许多关于土地占有权的民事诉讼案也被移送王室法庭审理。② 12 世纪后期一份据称由宰相葛兰维尔（Glanville）所撰写的法律著作中说："无论何人就其领地或自由占有地向国王或其法庭申冤，只要所申诉的冤屈适宜由王室法庭裁决，或者国王愿意在王室法庭对其裁决"，那么申冤者的被告就

---

① "领主看到了每年就自营地出租契约重新谈判的必要，但这类契约的内容是习惯明确规定了的。这类调整违背数百年的习惯做法，无疑会在庄园法庭中受到反对和抵制。为了避免重新谈判所带来的令人难以接受的成本，领主要想获得其资产的真正经济价值，就不得不重新担当起地产经营者的角色。"参见：C. G. Reed and T. L. Anderson, An Economic Explanation of English Agricultural Organization in the Twelfth and Thirteenth Centuries, *The Economic History Review*, Vol. 26, No. 1, 1973, p. 136.

② 对王室法庭司法审判权扩展的论述参见：Glanville, *A Treatise on the Laws and Customs of the Kingdom of England*, translated by John Beames, Washington, D. C.: Fred B. Rothman & Co., 1980, pp. 1 – 6.

会被传唤到王室法庭接受审判。① 国王还通过发出各种司法令状将原来由领主法庭审理的案件提升到王室法庭审理。比如，如果当事人就土地属于教会地产还是世俗地产发生争执，就可以获取地产类型确认状（Assize of utrum）；如果自由占有者的土地被领主或其他人剥夺，他就可以申请“新近占有诉状”（Assize of novel disseisin），以讨回被非法侵占的土地；如果自由占有者的继承人被剥夺应当继承的土地，他就可以申请“死去先人占有诉状”（Assize of mort d'ancester），以确认自己的先人曾占有该土地，而自己就是该先人的合法继承人，此外还有其他形式的地产权利诉状（writ of right）。②随着“王座之诉”不断增多，国王亨利二世不仅在威斯敏斯特设立王室常设法庭，还派宰相、中书令等宫廷要员作为王室法庭代表到各郡巡回办案，而且这种巡回法庭的审判活动逐渐制度化。相反，大贵族的采邑法庭逐渐萎缩，他们不得不接受王室法庭中的诉讼规则和司法裁决。

这使领主们的封臣和承包人得到了一定的保护和救济。13 世纪英格兰的法学家伯拉克顿在他所写的《论英格兰的法律和习惯》中，对司法领域的这种变化有所论述。他说：“如果土地的受封者安然地占有土地，达到了获得土地占有权所需要的一定时间，那么即使他的直接领主也不可在没有令状或未经审判的情况下剥夺他所占有的土地”；“只要佃农如期如数交纳地租，履行义务，领主不可随意剥夺其土地”；“领主即使可以剥夺封臣的土地，也应当遵守合法的程序，经过合理的审判，否则就会被认为是非法剥夺”；“收回（土地）是以一定期限为条件的。随着时间的流逝，领主将因默许（acquiescence）、疏忽（negligence）和软弱（weakness）而失去土地”；“长期的默许等于同意。侵占者经过一定的时间，就会像自由土地占有者一样，没有令状或未经审判不能被剥夺”；“如果领主未经审判和没

① Glanville, *A Treatise on the Laws and Customs of the Kingdom of England*, translated by John Beames, Washington, D. C.: Fred B. Rothman & Co., 1980, p. 6.

② 关于不同诉状的作用，参见：Glanville, *A Treatise on the Laws and Customs of the Kingdom of England*, translated by John Beames, Washington, D. C.: Fred B. Rothman & Co., 1980, pp. 285 - 343.

有令状而强行剥夺佃农的土地，他应当归还佃农”。[1] 司法领域的这种变化使得领主的出租地难以收回，特别是长期出租的土地更容易最终流失。1216 年的《大宪章》体现了领主们对国王侵夺其司法权的痛恨，[2] 而 1290 年的《买地法令》则是对领主们的一点让步，它在允许土地保有人自由转让土地的同时，设法保护了领主的权益。[3] 亨利二世以来司法领域的这些变化巩固了封臣和承包人对土地的占有权，使这种占有权向现代法律意义上的所有权靠拢，正如密尔松所说：“领主法庭的权力受到了来自外部的王室法院的制约，这标志着管辖权状况的转变。它是土地保有人朝着土地所有人的方向迈出的第一步。”[4] 土地承包人权力的巩固意味着领主权力的弱化。在中世纪的英格兰，土地是领主的权力之源，领主通过垄断性地占有土地资源，才能有效地控制和奴役土地上的各种农民。领主社会地位的高低同其占有的土地多寡成正比，占有土地的多寡是领主身份高低的标尺。因此，土地封赐和出租所造成的土地流失不仅是收入问题，而且关乎领主的地位和权力。这些因素使出租土地成为风险很高的不合时宜的政策。司法领域的这些变化对领主的政策选择产生了一定的影响，但这一点常常被学者们所忽视。

不少领主对继续维持出租经营的弊端深有体会。1126 年起担任格拉斯顿伯雷修道院院长的布罗瓦的亨利（Henry of Blois）是征服者威廉的孙子，布罗瓦伯爵的儿子。他 1129 年起又兼任温彻斯特主教，直到 1171 年去世。

---

① Bracton, *On the Laws and Customs of England*, *Vol. III*, translated by Samuel E. Thorne, Cambridge: The Belknap Press of Harvard University Press, 1977, pp. 27, 36 – 37, 122 – 123, 133, 136.

② 1216 年的《大宪章》第 18 条规定，有关土地侵占和继承的案件不应在争诉发生的郡的法庭以外审理；第 34 条规定，（国王）“不应当再发布关于土地占有的诉讼开始令状（称为 praecipe）给任何人，以免使领有土地的自由人丧失他的法庭”。《大宪章》全文参见：J. C. Holt, *Magna Carta*, the second edtion, Cambridge: Cambridge University Press, 1992, pp. 449 – 473.

③ 该法令又称第三次威斯敏斯特饬令，全文见：G. B. Adams and H. M. Stephens ed., *Selected Documents of English Constitutional History*, London: Macmillan, 1926, pp. 81 – 82. 对该饬令的分析见张云鹤：《英国 1290 年买地法令的某些问题》，《历史研究》1985 年第 3 期。

④ ［英］S. F. C. 密尔松著，李显冬等译：《普通法的历史基础》，北京：中国大百科全书出版社 1999 年版，第 103 页。

他是一位较早看到出租制的弊端，并试图积极收回出租地的领主。他上任后对修道院的地产进行了视察，发现8个完整的庄园，另外4个庄园的一部分，以及5个教堂都被人不合理地占用。其原因主要是，前几任院长不断向自己恩宠的随从或亲戚封赐土地，相邻的其他领主对修道院的土地总是垂涎三尺，并刻意侵夺，而院长空缺期中王室保管人也滥用权力，私自占有或出租修道院的土地。亨利利用自己同国王的特殊关系，积极收回出租地。未经修士团同意而由院长分赐出去的土地比较容易收回。比如一个名叫奥托（Odo Beaucens）的人娶了院长瑟弗里德（Seffrid，1120—1125年在任）家族的一位女子为妻，因而获得了三个本来由修道院直接经营的庄园，而且担任了修道院的总管。亨利免除了奥托的总管职务，并且要求他拿出修道院给他的赐地文书，而奥托做不到。于是亨利在领主法庭上作出了收回土地的决定。不过，奥托得到了一些补偿，他获得了年收入为2英镑的地产以及一个骑士领。即使像布罗瓦的亨利这样有权有势的领主在收回土地的时候也要给予原来的占有者一定的补偿，比如为后者提供养老金、向其出租少量土地，或者等到地产占有者死亡时再试图收回，等等。而且，亨利的努力并未全部成功。[①] 威斯敏斯特修道院在1138年和1157年之间将庄园迪尔胡斯特（Deerhurst）租佃出去，但是到1299年花了一大笔钱之后才将其收回。[②] 有时收回土地还会陷入长期的司法诉讼。比如前面所引拉姆齐修道院对哈蒙的诉讼。[③] 1198年圣埃德蒙兹修道院计划收回刚刚去世的考克菲尔德的亚当（Adam of Cockfield）所租佃的三个庄园，但是尽管他们诉诸法律，仍然没有阻止亚当的继承人继续租佃土地，因为在双方的诉讼中，法庭认为该继承人同他的父亲以及祖父共有100年的租佃期限，所以修道院只能接受固定的年租金。[④]

---

① N. E. Stacy, Henry of Blois and the Lordship of Glastonbury, *The English Historical Review*, Vol. 114, No. 455, 1999, pp. 1 –33.

② Barbara Harvey, *Westminster Abbey and its Estates in the Middle Ages*, Oxford: Clarendon Press, 1977, p. 167.

③ Edward Miller and John Hatcher, *Medieval England Rural Society and Economic Change, 1086 –1348*, London: Addison-Wesley Longman Limited, 1978, p. 206.

④ J. Burton, *Monastic and Religious Orders in Britain: 1000 – 1300*, Cambridge: Cambridge University Press, 1994, p. 250.

总之，13 世纪直接经营兴盛的原因是多方面的。出租经营的弊端、人地关系的紧张、商品货币关系的发展，以及普通法的兴起等都对领主地产经营政策的转变产生了影响。可以说，13 世纪英格兰领主地产直接经营的兴盛是特定时期特定政治经济环境下的特殊现象。

直接经营需要领主参与日常的管理活动，承担生产经营的风险。习惯于坐食地租的领主要转变观念，积极参与地产管理，还需要一个过程。而且，在广泛而分散的地产上实现直接经营也存在管理方面的困难。但是，12 世纪的一些领主在直接经营方面的成功经验为其他领主树立了榜样，使他们接受了直接经营的观念和政策。

首先，12 世纪大获其利的庄园承包人让出租庄园的领主们大为眼红。庄园承包人是 12 世纪的受益者。他们大多按照固定地租长期租佃领主的自营地、房屋、农具及农奴劳役。由于他们承包的地产小而集中，加上他们就居住在地产上，因此能够有效地监督和管理生产活动。科斯敏斯基通过对 1279 年百户区调查档案的研究得出结论，中小领主地产的自营地比例较高，而大领主地产的自营地比例较低，原因就是小领主能够更好地监督管理生产活动。① 虽然他们很少留下自己的管理记录，很少被历史学家们注意，但他们无疑在 12 世纪领主普遍出租土地的时候就积极进行了直接经营。12 世纪圣保罗修道院出租给承包人的自营地并没有缩减，农奴的劳役也没有减损。相反，承包人通过修缮房屋、购买牲畜、开垦土地、增加泥灰和粪肥的施用，同时增加负担劳役的农奴份地，来满足对劳动力的需要，把自营地的生产扩大了。承包人能够享有经济扩展的成果，因此他们愿意进行资金和精力的投入。② 正是他们的成功让领主感到自己蒙受了损失。当圣埃德蒙兹修道院的一个地产承包人想按原来 20 英镑的进入费和每年 4 英镑的租金继续租佃一块土地的时候，院长萨姆森断然拒绝。院长直

---

① E. A. Kosminsky, *Studies in the Agrarian History of England in the Thirteenth Century*, edited by R. H. Hilton, translated from the Russian by Ruth Kisch, Oxford: Basil Blackwell, 1956, pp. 95 – 98.

② Rosamond Faith, On the Manors of St. Paul Cathedral, 1066 – 1222, *The Economic History Review*, Vol. 47, No. 4, 1994, pp. 657 – 678.

接经营这块土地以后，第一年有 24 英镑的收入，第二年则有 20 英镑的收入。[①] 可见，原来的承包人有很大的获利余地，而领主也是在有所察觉的时候才设法收回了土地。

其次，12 世纪兴起的西多会在英格兰创造了与众不同的生产组织。出于对寂静和纯洁生活的追求，西多会僧侣们通过开发荒山密林，通过土地的购买和交换将原来的居民迁走，从而建立直接经营的专属农庄(grange)。[②] 他们不使用农奴劳动，极少收取各种封建收入（垄断性的磨坊收入、罚金，甚至什一税）。[③] 为了维持生计，他们除了要求修士亲自参加生产劳动外，还吸收“世俗兄弟”、雇用农民作为劳动力。他们利用深山密林中得天独厚的畜牧条件，大力发展畜牧业。许多西多会修道院都建有很大的羊圈。他们最早将羊毛分成不同的品级，按照不同的价格出卖，还收购分散的农民所生产的羊毛，然后集中向大羊毛贸易商出卖。为了不耽误修士们的宗教活动，西多会的农庄距离修道院不太远（按照西多总会的规定，不能超出一天的路程），因而提高了生产管理的效率。这样，西多会不仅保障了自身的经济来源，而且成为富裕的宗教团体。[④] 尽管这些成功是他们宗教目标的副产品，但他们的确成为后来领主效仿的榜样。12 世纪末，彼得伯罗修道院在调整地产管理政策的过程中就直接借鉴了西多会的经验。[⑤]

最后，王室财政管理机构的健全和管理方法的进步为其他领主的领地管理提供了一种可资借鉴的先进成果。为了减少郡守对王室领地收入的截留，亨利一世（1100—1135 年在位）组建了财政署来监督郡守。在亨利二世（1154—1189 年在位）时期，财政署的管理制度已经相当严格，成为监

---

① Edward Miller and John Hatcher, *Medieval England Rural Society and Economic Change, 1086 - 1348*, London: Addison-Wesley Longman Limited, 1978, p. 209.

② 关于这种专属农庄的情况，已在第二章第一节中详细论述。

③ 晚近的研究表明，西多会并未完全隔绝于封建主义的社会环境中，他们也行使着一些领主特权，也获取一些封建性的特权收入。参见：Isabel Alfonso, Cistercians and Feudalism, *Past and Present*, No. 133, 1991, pp. 3 - 30.

④ J. Burton, *Monastic and Religious Orders in Britain: 1000 - 1300*, Cambridge: Cambridge University Press, 1994, p. 257.

⑤ Kathleen Biddick, *The Other Economy: Pastoral Husbandry on a Medieval Estate*, London: University of California Press, 1989, p. 54.

督郡守的有力机构。亨利二世 1170 年颁布《调查郡守令》，展开对各郡的王室资产及其收支状况的调查，以此作为财政署管理的基础。他还废除郡守的世袭制，直接增加郡守应当上交的款额。约翰王（1199—1216 年在位）出于财政上的紧急需要，大量拍卖郡守职务。[①] 另外，这个时期的国王们注意任用一些出身低微但富有管理才能的人，促进了王室行政管理组织的职业化和专门化。[②] 比较而言，只有财政署的严格监督才是治本之策。王室财政署的管理制度成为后来其他领主健全地产管理组织时所效仿的榜样。13 世纪领主地产经营账簿的出现就是受到了王室财政署的影响。王室财政署的管理方法是一种创新性的制度，它为领主们普遍扩大直接经营提供了一种制度手段。

总之，12 世纪地产承包人和西多会直接经营的成功经验为其他领主的改革指明了方向，而王室财政署的管理制度和方法使地产广泛而分散的领主们能够效仿地产小而集中的承包人和西多会，实现大范围的直接经营。因此，在出租经营不宜继续，物价突然上涨的情况下，入不敷出的领主们不得不大刀阔斧地进行改革，抛弃陈旧的观念，积极参与地产管理。这一切，使 13 世纪成为一个“经营兴盛的时代”。

---

① 孟广林：《前期英国封建王权对地方郡政的整饬》，《世界历史》2000 年第 1 期，第 43—50 页。

② R. V. Turner, Changing Perceptions of the New Administrative Class in Anglo-Norman and Angevin England: The Curiales and their Conservative Critics, *Journal of British Studies*, Vol. 29, No. 2, 1990, pp. 93 - 117.

第三章

庄园的兴盛和衰落

第一节　直接经营的兴盛

一、直接经营的扩大

12、13 世纪之交，许多领主都进行了地产调查。圣埃德蒙兹修道院的院长萨姆森 1182 年上任之后所做的第一件事情就是对其地产进行全面调查。[①] 达勒姆主教 1183 年到 1184 年间也全面调查了他的地产，并据此编写了地产清册。[②] 伍斯特主教在 1182 年对其地产进行了调查，伊夫舍姆修道院稍后编写了地产清册。1185 年，圣殿骑士团对其在英格兰的地产进行了全面调查。格拉斯顿伯雷修道院在 1171 年和 1189 年、圣保罗修道院在 1181 年和 1222 年、贝齐修道院（Abbey of Bec）在 1170 年、1200 年以及 13 世纪 30—40 年代都分别进行了地产调查。[③] 地产调查的普遍进行反映了领主们为加强地产管理所作的努力。

财政署档案反映了许多暂时归王廷监管的教俗领主地产的经营情况。保罗·哈维运用这些资料研究了领主向直接经营转变的时间。他发现，尽管 12 世纪 70 年代就有一些领主开始转变经营政策，但是直到 1184 年整个趋势才渐渐明朗。三十年后，直接经营才成为普遍现象。在财政署档案所登记的领地中，最后一个完全出租的领地在 1196 年结束，而第一个完全直接经营的领地在 1194 年就出现了。但是到 1210 年至 1214 年，绝大多数领

---

① Jocelin of Brakelond, *Monk of St. Bury Edmunds*, translated and edited by L. C. Jane, London: Chatto & Windus, 1907, pp. 45 – 46.

② William Page ed., Bolton Book, in Idem, *Victoria County History of Durham*, *Vol. I*, London, James Street: Archirald Constable and Company Limited, 1905, pp. 329 – 330.

③ R. H. Hilton, *A Medieval Society: The West Midlands at the End of the Thirteenth Century*, the second edition, London: Cambridge University Press, 1983, p. 66. M. T. Clanchy, *From Memory to Written Record: England, 1066 – 1307*, the second edition, Oxford and Cambridge: Wiley-Blackwell Publishers, 1993, p. 95.

主的地产中仍然有部分土地在出租之中。[①] 圣埃德蒙兹修道院是在 1182 年萨姆森担任院长后开始对地产管理进行改革的。在彼得伯罗修道院，收回土地的过程开始于本尼迪克特（Benedict，1177—1193 年在任）担任院长的时候。到 1210 年院长空缺期时，该领主的所有庄园都已处于直接经营之中。[②] 拉姆齐修道院在 1200 年制定的新宪章中严格了地产管理的制度，而出租地的收回和新土地的购买是从 1210 年开始的。[③] 威斯敏斯特修道院是在 1225 年伯金（Berking）担任院长之后才开始大量收回或者购买土地的，同样在这个时期该修道院将整个地产在修道院院长和修士团之间进行了划分，严格了地产管理的制度。[④] 尽管领主政策的转变经历了很长时间，但这个过程无疑是从 12、13 世纪之交开始的。这与物价突然上涨的时间大体吻合，说明物价的突然上涨对领主经营政策的转变有很大的影响。

从 12 世纪末期开始，领主们积极采取措施扩大直接经营的范围，其主要方法是收回以前出租的土地和购买新的土地。出租期限已满的土地比较容易收回。有的封土在封授时就已明确规定只能由受封者占有，而不得世袭，这类封土也比较容易收回。13 世纪被领主收归直接经营的主要就是这些土地。由于 12 世纪领主们出租或者封赐土地的期限很长，土地的承包者或受封者几乎成为世袭占有者，因此领主收回土地并非易事，有时不得不陷入长期诉讼，有时领主不得不给予封臣（或承包人）一定的补偿，甚至采取购买的方式收回土地。领主购买的土地中也有相当一部分是封臣出让的世袭占有地。有的封臣因家境败落或其他原因不得不出卖世袭占有的封土，但此事应当请求领主批准，因此领主总是有机会了解封臣出让土地的信息，可以优先购买。土地的购买和收回可以采取多种形式，有时领主向土地出卖者一次性付清土地价款；有时给予原来的佃户年租金，相当于把

---

① P. D. A. Harvey, The Pipe Roll and the Adoption of Demesne Farming in England, *The Economic History Review*, Vol. 27, No. 3, 1974, pp. 345 - 359.

② J. Burton, *Monastic and Religious Orders in Britain, 1000 - 1300*, Cambridge: Cambridge University Press, 1994, p. 250.

③ J. A. Raftis, *The Estates of Ramsey Abbey: A Study in Economic Growth and Organization*, Toronto: Pontifical Institute of Medieval Studies, 1957, pp. 98 - 112.

④ Barbara Harvey, *Westminster Abbey and its Estates in the Middle Ages*, Oxford: Clarendon Press, 1977, pp. 86, 120 - 121.

原来出租的土地再租回来；有时为收回土地而减免其佃户租佃其他土地的地租，或者给予一些其他的补偿，比如向出让土地的封臣或佃户提供晚年的衣食保障等。威斯敏斯特修道院在1138年和1157年之间把忏悔者爱德华赐予的笛尔胡斯特（Deerhurst）庄园租佃出去，但到1299年他们花了一大笔钱才将其购买回来，另一个于12世纪租佃出去的汉普斯泰德（Hampstead）庄园在1246年和1258年之间才被重新购买回来。[①] 1208年温彻斯特主教将陶顿庄园上交纳固定租金的承包人（farmer）转变为庄头，庄头不仅要交付庄园收入，还要事无巨细地记录和汇报庄园收支。温彻斯特主教地产自营地的扩张从1210年开始，到1250年基本结束。在大体同样的时间内，伊里主教买回几处军役领，把在亨廷顿、赫特福德和埃塞克斯等郡的沼泽地和林地开辟为自营地。[②]

13世纪的领主们一方面积极收回出租地，另一方面又极力避免重新出租或者分封土地。领主们给予随从的报酬形式逐渐多样化，既可能是一块土地，也可能是一笔固定佣金、一桩能带来实惠的婚姻、对一个地产的监护权、一份教堂的圣俸收入。其中，固定佣金取代土地封赐成为领主犒劳随从的主要形式。12世纪领主给予封臣的“封土”（fee，或*feodum*）往往是名副其实的土地，但在13世纪“封土”更多地意味着一笔年金。[③]

圣埃德蒙兹修道院出租地的收回是在萨姆森担任院长的时候开始的。他是一位积极进取的改革者，上任之后便采取强硬手段收回出租的土地。他不仅直接收回了属于院长的全部庄园，还收回了某些庄园内部出租给自由民的土地。他收回前任院长休新近租佃给哈特菲尔德的瓦尔特（Walter of Hatfield）的四个庄园作为补偿，免除了瓦尔特欠修道院的19英镑债务。赫列温（Herlewin of Rungton）的妻子有权终生占有修道院的一个庄园，萨姆森对此虎视眈眈，准备花钱将其收回。该妇人突然去世，这让萨姆森喜出望外。他说：“昨天我还必须支付60马克才能收回这个庄园，但是今天

---

① Barbara Harvey, *Westminster Abbey and its Estates in the Middle Ages*, Oxford: Clarendon Press, 1977, p. 167.

② Edward Miller and John Hatcher, *Medieval England Rural Society and Economic Change, 1086 – 1348*, London: Addison-Wesley Longman Limited, 1978, pp. 211 – 213.

③ Scott L. Waugh, Tenure to Contract: Lordship and Clientage in Thirteenth-Century England, *The English Historical Review*, Vol. 101, No. 401, 1986, pp. 817, 819 – 822.

上帝已经把它送给了我。”萨姆森不惜重金，花费1 000马克购买了米德霍尔（Mildenhall）庄园。他原先准备花500马克从国王理查德那里得到这个庄园。他对国王说，此庄园每年的收入为70马克。但是他的请求被延缓了一天，期间有人告诉国王此庄园每年能带来100英镑的收入，所以第二天国王就将价格提高到了1 000马克。但萨姆森还是设法筹到了价款，购买了这个富裕的庄园。如前所引，院长萨姆森还拒绝一个骑士继续租种土地的请求，并由此大获其利。该骑士想按古老的每年4英镑的租金、20英镑的进入费承租土地，但院长将这块出租地直接经营后，第一年就有24英镑的收入，第二年还有20英镑的收入。①

威斯敏斯特修道院也在13世纪初期开始积极收回出租地。1225年该修道院就把一些自由人所占有的土地收了回来。该修道院的院长伯金购买了一批土地，使修道院的年收入增加了200英镑。1235年，伯金购买了他的前任封赐给福利奥特（Foliot）家族的一个大庄园，这个庄园已经被该家族的两个继承人分割。伯金分别向两个继承人支付了228英镑和73英镑6先令8便士。威尔的理查德（Richard de Ware，1258—1283年在任）担任该修道院院长的时候，僧侣们收回了一个名叫威廉的自由佃农所占有的28.5英亩耕地和5英亩林地，这块土地是威廉的父亲罗伯特从1225年起就占有的。在1258年理查德就任前的空缺期中，副院长和修士团从一个佃户手中租佃了一块土地，他们付给这个佃户的地租是6夸脱小麦、2夸脱大麦、1夸脱燕麦、4车柴木以及4先令的衣物补贴。该修道院所购买的最有价值的土地是1299年修道院院长温洛克的瓦尔特（Walter de Wenlok）从其封臣手中购买回来的一个庄园和半个百户区。② 该修道院还从放高利贷的犹太人手中购买他们的债务人所抵押的田产。1248年，该修道院代替劳伦斯（Laurence）偿还了欠犹太人的债务，修道院当时就获得了劳伦斯抵押出去的部分土地。后来维尔的理查德担任院长时，劳伦斯干脆把这些土地全部卖给了修道院。1265年威斯敏斯特修道院院长理查德租佃了一个名叫拉尔夫（Ralph de Limesy）的庄园。双方最初约定，理查德可以终生

---

① Jocelin of Brakelond, *Monk of St. Bury Edmunds*, translated and edited by L. C. Jane, London: Chatto & Windus, 1907, pp. 50 – 52. 74 – 76.

② Barbara Harvey, *Westminster Abbey and its Estates in the Middle Ages*, Oxford: Clarendon Press, 1977, pp. 120, 167.

租佃这个庄园，年租金为 10 英镑。但 12 年后，年租金改为 40 英镑。前后地租差距如此之大，这很可能是因为院长借了钱给拉尔夫，而无法偿还债务的拉尔夫不得不将庄园按非常优惠的租金租佃给理查德。后来拉尔夫干脆将此庄园卖给了理查德，价格为 850 马克。① 威斯敏斯特修道院购置田产的方法很好地说明了 13 世纪领主们扩大直接经营时所采用的手段。

在拉姆齐修道院，从 13 世纪初期开始，院长们就重新收回了许多出租的土地。在收回土地时，修道院一般也要向佃户支付进入费或者一定的价款。他们收回土地的企图常常受到佃户们的抵制，由此导致许多冲突。有时修道院并不能成功，有的自由佃户经过艰难的司法诉讼，获得了占有土地的确认状，修道院只获得了佃农出卖土地时优先购买的权利。13 世纪早期该修道院主要是从其富裕佃农手中购买土地，因此每次一般只能购买几十英亩。但到了后半期，他们开始用巨款广置田产。1275 年前后，院长古德曼彻斯特的威廉（William de Godmanchester）花费 1 666 英镑 13 先令 4 便士，购买了三个庄园以及其他的一些土地。大约在同一时期，他又花 500 英镑购买了勒·莫内（Le Moigne）家族的许多土地。②

伍斯特主教在这个时期也努力扩大地产。为了购买克利夫（Cleeve）庄园以及该地堂区主持人的任免权（rectory，该职位每年的圣俸收入为 96 英镑），主教吉法德（Giffard）花费 200 英镑向国王和教皇提出申请，但仅仅得到了克利夫庄园的终生使用权。13 世纪，伍斯特主教们新购置的土地每年大约能够带来 60 英镑的收入，占当时主教地产总收入的 5%。13 世纪最大的一次购买活动是主教吉法德进行的。他购买了阿尔夫奇切（Alvechurch）庄园的一个子庄园，因为其承包人在 13 世纪 80 年代手头拮据，被迫出卖土地。1299 年，这个子庄园为他带来了 4 英镑 10 先令的收入。13 世纪主教们还购置了另外三个庄园。这些土地绝大部分都被纳入直接经营之中。③

---

① Barbara Harvey, *Westminster Abbey and its Estates in the Middle Ages*, Oxford: Clarendon Press, 1977, p. 191.

② J. A. Raftis, *The Estates of Ramsey Abbey: A Study in Economic Growth and Organization*, Toronto: Pontifical Institute of Medieval Studies, 1957, pp. 103, 109.

③ Christopher Dyer, *Lords and Peasants in a Changing Society*, Cambridge: Cambridge University Press, 1980, pp. 56–59.

13世纪30年代坎特伯雷大主教座堂小修道院在购买和收回土地方面平均每年支出80英镑。土地的购买价格一般相当于地租的8～10倍。13世纪50、60年代购买的土地多数转手出租，而1260年之后购置的土地多数增添到自营地中。在伊斯特里（Eastry）担任院长的时候，修道院直接耕种的土地面积和饲养的牲畜数量都翻了两番。另外，该修道院还积极在城镇中修建和购置房屋，并用于出租。他们还积极修建和购买磨坊。伊斯特里新建或购买了8处磨坊，年收入达20英镑。伊斯特里在担任院长期间在购置土地方面支出了1 343英镑6先令8便士，这些土地带来的年收入大约为202英镑。①

领主们购买和收回的全部庄园以及大部分小块土地都纳入直接经营之中。这使得其地产发生了两个层次的结构变化。一方面，在领主与庄园的层次上，到13世纪中期，领主出租整个庄园的现象已经很少见了，绝大多数庄园都已经在直接经营之中。另一方面，庄园的内部结构也发生了变化，自营地的面积和比重都有所扩大，磨坊、酿酒坊等原先多数出租的资产也转入直接经营中。1211年温彻斯特主教的地产上有15个庄园留下了经营账簿。在这些庄园上，一些先前出租的土地已经纳入自营地中，一些已经出卖的劳役地租也不再出卖。② 在温彻斯特主教的利普敦（Rimpton）庄园，自营地面积的变化显示了领主直接经营政策的变化。1209年到1245年自营地面积从230英亩增加到了420英亩，几乎扩大了一倍。1268年到1280年之间自营地被出租，因此面积略有下降，但是此后稳定在400英亩的水平，直到14世纪20年代。然而，该庄园自营地的数量在14世纪30年代急剧下降，在70年代缩减为300英亩，而在14世纪末期则稳定在200英亩的水平上。③ 13世纪初期，诺里奇小修道院（Norwich Priory）的院长

---

① M. Mate, Property Investment by Canterbury Cathedral Priory 1250－1400, *Journal of British Studies*, Vol. 23, No. 2, 1984, pp. 1－21.

② Edward Miller and John Hatcher, *Medieval England Rural Society and Economic Change, 1086－1348*, London: Addison-Wesley Longman Limited, 1978, pp. 211－213.

③ Christopher Thornton, The Determinants of Land Productivity on the Bishop of Winchester's Demesne of Rimpton, 1208－1403, in B. M. S. Campbell and M. Overton eds., *Land, Labour and Livestock: Historical Studies in European Agricultural Productivity*, Manchester: Manchester University Press, 1991, p. 186.

们通过购买土地、收回佃农租佃的土地以及缩减休闲地等方法，在1260年到1310年之间将自营地扩大了350英亩，大约扩大了15%。在靠近诺里奇的易于管理的地方，自营地的扩展幅度更大，特别是其中的纽顿（Newton）庄园，自营地在1260年到1340年之间扩展了150英亩。该修道院自营地的最高峰出现于14世纪初期，当时，他们直接耕种着3 000英亩的土地。[①] 领主还积极增加庄园内部直接经营的磨坊等资产。比如，1189年在格拉斯顿伯雷修道院的20个庄园上共有31个磨坊，其中只有1个由领主直接经营，另外30个磨坊是承包给佃农的。到1260年，1189年调查所涉及的20个庄园中有3个庄园的情况不明确。在其余的17个庄园上，1189年佃农所租佃的28个磨坊到1260年减少为20个。而通过新建和收回磨坊，领主将直接经营的磨坊从1个增加到了12个。[②]

领主购买和收回的小块土地中有些继续出租着。拉姆齐修道院院长购买了伯罗顿（Broughton）的一些土地，其目的只是获得佃农所交纳的货币地租。[③] 在伍斯特主教的克利夫庄园上，13世纪中期的主教瓦尔特·康提鲁普（Walter Cantilupe）从一个自由佃农手中分三次，分别花费28马克、3.5马克、40先令买回23块份地和一些零碎的土地。这些土地原先是由这个佃农转租出去的，在主教买回这些土地后，土地上的耕种者并没有变化。[④] 所以，有时领主购买土地主要是为了买断中间的转租者，直接从生产者手中获取地租收入。1260年，威斯敏斯特修道院院长和修士团从伯金的阿里斯（Alice de Berking）手中购买了一些土地，但是这些土地实际上仍然在原来向阿里斯交纳地租的四个佃农的手中，只不过他们转而直接向

---

① B. M. S. Campbell, Land, Labour, Livestock and Productivity Trends in English Seignorial Agriculture, 1208 - 1450, in B. M. S. Campbell and M. Overton eds., *Land, Labour and Livestock: Historical Studies in European Agricultural Productivity*, Manchester: Manchester University Press, 1991, pp. 153 - 156.

② Richard Holt, Whose Were the Profits of Corn Milling? An Aspect of the Changing Relationship between the Abbots of Glastonbury and their Tenants 1086 - 1350, *Past and Present*, No. 116, 1987, pp. 7 - 9.

③ J. A. Raftis, *The Estates of Ramsey Abbey: A Study in Economic Growth and Organization*, Toronto: Pontifical Institute of Medieval Studies, 1957, p. 107.

④ Christopher Dyer, *Lords and Peasants in a Changing Society*, Cambridge: Cambridge University Press, 1980, p. 56.

修道院交纳地租罢了。1285 年，威斯敏斯特修道院的僧侣们向一个名叫约翰的人购买了一些土地，但是他们得到的只有约翰的 34 个佃农交纳的地租。①

尽管 13 世纪的领主们将绝大多数庄园直接经营，而且扩大了庄园中自营地的面积，但英格兰的大部分耕地仍然为各种佃农所占有。13 世纪中期以后伍斯特主教的全部庄园都处于直接经营之中，但自营地同佃农份地相比仍然很少。根据克里斯托弗·戴尔的统计，1299 年伍斯特郡 13 个资料比较详细的庄园总共有 21 811 英亩土地，其中自营地仅有 4 653.5 英亩，占 21%，而习惯佃农的份地和自由佃农的份地共 17 157.5 英亩，占 79%。② 科斯敏斯基运用 1279 年的百户区档案，对英格兰中部五个郡的庄园结构进行了比较全面的统计研究。他的研究表明，该地区 2/3 的耕地被各种农民占有。③

总之，13 世纪初期到 14 世纪初期是领主们直接经营兴盛的时期。在领主与庄园的关系方面，领主将庄园分封给封臣的现象大为减少，他们还收回了出租中的庄园，整个领地中的绝大多数庄园都转变为直接经营。而且，庄园内部的自营地面积也有所扩大。

二、生产的规模和效益

显然，领主自营地的生产规模远远超越了农民的小生产。领主自营地的面积往往有几百英亩，甚至上千英亩，而中等农民的土地只有十几英亩，少的只有 5 英亩左右，拥有超过 30 英亩的佃农很少。在劳动力方面，领主自营地一般有十几个长工，另外还有大量的佃农劳役可以使用，除此以外还要雇用一定数量的短工。而一般农户的家庭人口不过 4 ~5 人，除了

① Barbara Harvey, *Westminster Abbey and its Estates in the Middle Ages*, Oxford: Clarendon Press, 1977, p. 121.

② Christopher Dyer, *Lords and Peasants in a Changing Society*, Cambridge: Cambridge University Press, 1980, p. 72.

③ E. A. Kosminsky, *Studies in the Agrarian History of England in the Thirteenth Century*, edited by R. H. Hilton, translated from the Russian by Ruth Kisch, Oxford: Basil Blackwell, 1956, pp. 90 -91.

老人和儿童之外，有效劳动力更少。在收割、打场、割草等个别环节，为了及时快速地完成劳作，领主常常组织长工、雇工和佃农进行大规模的劳动协作，并雇用女工为他们做饭。在畜牧业方面，领主饲养或者牧放的牲畜不仅数量庞大，而且其畜牧业生产还以超越农户，甚至超越庄园的方式来组织。女伯爵伊莎贝拉（Isabella de Forz）在霍尔德内斯（Holderness）的牲畜就是由一个专门的牲畜管理者（stock-keeper）负责的。他管理着十几个牧羊人。羊的数量大约有 7 000 只。该领主的畜牧业以养羊最多的庄园凯林翰（Keylingham）为总部，牲畜管理者通常就住在该庄园上。羊毛也是集中出卖的，从 1260 年到 1280 年，霍尔德内斯出卖羊毛的价格一直是每包 8.5 马克，这很可能是因为他们同羊毛贸易商签订了长期的合同。① 彼得伯罗修道院是实行大规模畜牧业的一个典型领主。在该修道院的庄园卡斯托尔（Castor）上很少有奶牛和牛犊，但是在庄园艾伊（Eye）却维持着很高的奶牛和牛犊的比例，因为庄园艾伊是整个地产上的牛犊饲养基地，其他庄园依靠该庄园进行牛的再生产。② 默顿学院的库克翰庄园也同附近该领主的其他庄园有密切的联系，特别是牲畜的流动和谷物的调剂。③《亨莱的田庄管理》也提出："总管应注意使各处庄园饲养的家畜保持适当的数量，若有哪处庄园的家畜数量过大，超过了牧场的承载能力，就要把过量的家畜转移到家畜较少的庄园。"④

惠特斯·史密斯对 13 世纪克罗兰修道院的生产组织进行了专门的研究。他发现在该修道院的地产上，"庄园并不是一个完全独立的经济单位，每个庄园都是某个地方一组庄园中的一部分，在这组庄园内部经常有谷物和牲畜的往来"⑤。该修道院处在水草肥美之地，畜牧业很发达，牲畜业生

---

① N. Denholm-Young, *Seignorial Administration in England*, London: Oxford University Press, 1937, pp. 58 - 60.

② Kathleen Biddick, *The Other Economy*: *Pastoral Husbandry on a Medieval Estate*, London: University of California Press, 1989, pp. 85 - 86.

③ P. D. A. Harvey, *A Medieval Oxfordshire Village*: *Cuxham*, *1240 to 1400*, Oxford: Oxford University Press, 1965, pp. 96 - 97.

④ ［英］伊·拉蒙德、W. 坎宁安编，高小斯译：《亨莱的田庄管理》，北京：商务印书馆 1995 年版，第 71 页。

⑤ M. Wretts-Smith, Organization of Farming at Croyland Abbey, 1257 - 1321, *The Journal of Economic and Business History*, Vol. 4, 1931, p. 170.

产比种植业更重要。同大多数领主的账簿不同，该修道院的庄园账簿把牲畜账登记在谷物账的前边。该修道院在剑桥郡附近的几个庄园草地较少，主要以种植谷物为主。它们所生产的谷物除了向修道院直接供应外，还进行相互交换，以便用作种子。它们之间还经常进行余缺调剂。这种庄园之间的谷物流动不属于市场交易，也不计算价格。该修道院同样实行专业化生产。克罗兰岛（Isle of Croyland）是修道院的畜牧业基地，这里需要大量的燕麦来饲养牲畜，因此处于该地的庄园阿斯威奇（Aswick）每年生产的燕麦很少低于200夸脱，甚至达到500夸脱，远远高于其他庄园的水平。相反，它所生产的小麦很少，连牧羊人所食用的谷物也主要是从修道院的谷仓送来的。该修道院在畜牧业生产方面也体现了集中统一的管理。在1267年之前，整个地产上的牲畜集中在一起，归一个专门的牲畜管理者管理。在1275年到1304年之间，随着畜牧业的进一步发展，各个庄园都建立起小规模的畜群，由各自的牧放者管理，但是在1306年到1321年之间，这些分散的畜群又划归专门的牲畜管理者管理。庄园之间在畜牧业方面也存在密切的关系。有些庄园上的小畜群经常被合并到集中的大畜群来放牧。许多小畜群都把各自繁殖的羔羊送到大畜群来集中饲养，统一照料。有些庄园在冬季将小畜群送到集中的大畜群来饲养和牧放。在畜产品的处理方面也体现了集中化的趋势。羊毛是畜牧业中最重要的产品，它通常集中起来由修道院院长亲自向大羊毛贸易商出卖。出卖羊毛的合同期限通常比较长，有的长达十几年。① 在畜牧业方面，领主的生产体现了一定的规模经济。

西多会是从事大规模种植业和畜牧业生产的典型领主。12世纪新兴的西多会修道院积极建立了一批专属农庄（grange）。专属农庄同一般领主的庄园有较大的差异。它通常有两三百英亩，少的也有一百英亩，多的甚至达上千英亩。与插花交错、条田分布的农民份地和一般领主自营地不同，专属农庄全部或者至少大部分呈大块集中分布，有些专属农庄全年都不开放为敞田进行公共放牧。专属农庄往往跨越两三个村庄的界线，而且往往在生产上独立于其所在的村庄。尽管一些世俗大领主的自营地在面积上同

① M. Wretts-Smith, Organization of Farming at Croyland Abbey, 1257 - 1321, *The Journal of Economic and Business History*, Vol. 4, 1931, pp. 176 - 187.

西多会的专属农庄不相伯仲，但它们在集中程度上远远不能同后者相比。在世俗领主分散的庄园上，自营地往往同佃农份地共同存在，而且佃农份地往往超过自营地，但在西多会的专属农庄上，全部土地都由西多会修道院直接经营，佃农份地极少。从这几个特点来看，专属农庄是非常独特的。[①] 约克郡地处英格兰东北部，在11世纪时这里仍然有非常丰富的林地和荒地。追求纯洁生活，决心依靠自己的双手维生的西多会修道院在这里找到了发展空间。他们从密林荒野中开辟出大片的耕地和牧场。他们为了排除世俗社会的干扰，极力将这些土地圈围起来，排除其中的农民份地，从而形成了专属于西多会修道院的农庄。在西多会的专属农庄中，至少有70%是直接经营的大块土地。1200年之前在约克郡有75个专属农庄，到1350年新增了41个。[②] 加上其他领主所建立的专属农庄，13世纪在约克郡大约有200个专属农庄。[③] 这些专属农庄多数是直接从捐赠给修道院的大片荒芜之地中垦辟出来的，1200年之前在约克郡设立的专属农庄中有44%在1086年还是荒芜之地。[④] 不过，有时修道院所接受的捐赠是分散的小块土地，为此他们要通过购买佃农的小块土地，同佃农交换土地，或者将佃农转变成全年为修道院劳作的世俗兄弟，甚至直接驱赶佃农，努力把分散的土地集中起来。[⑤] 尽管西多会主张僧侣直接参加生产劳动，依靠自己的双手生活，但专属农庄的劳动力主要来源于世俗兄弟。他们生活在农庄上，由农庄供养，全年为农庄劳作。他们原本都是农民，少数因接受了西多会宗教理想的感召而甘心归附，但多数是为了糊口而投身于修道院。西多总会规定专属农庄距离修道院不得超过一天行程，从而保证他们能够直接有效地管理这些农庄。专属农庄是一种集体生产组织，是西多会修道

① T. A. M. Bishop, Monastic Granges in Yorkshire, *The English Historical Review*, Vol. 51, No. 202, 1936, pp. 199–200.

② R. A. Donkin, The Cistercian Order and the Settlement of Northern England, *Geographical Review*, Vol. 59, No. 3, 1969, p. 408.

③ T. A. M. Bishop, Monastic Granges in Yorkshire, *The English Historical Review*, Vol. 51, No. 202, 1936, p. 214.

④ R. A. Donkin, The Cistercian Order and the Settlement of Northern England, *Geographical Review*, Vol. 59, No. 3, 1969, p. 409.

⑤ T. A. M. Bishop, Monastic Granges in Yorkshire, *The English Historical Review*, Vol. 51, No. 202, 1936, pp. 200–202.

院追求宗教理想的副产品，它使12世纪的许多西多会修道院成为富甲一方的领主。不过，专属农庄的成功主要来源于有效的管理，而在耕作的技术和方法上，他们同农民的小生产并无区别。有些领主积极效仿西多会修道院的做法。吉尔伯特会和奥古斯丁会也建立了一些专属农庄，但是都比较小，而且其中的佃农份地比较多。① 13世纪彼得伯罗修道院也建立了几个这样的农庄。②

尽管在规模方面，自营地的种植业和畜牧业都远远超越了农民的家庭小生产，但是在效益方面，即单位面积的产出方面，自营地很难超越农民的家庭小生产。首先，自营地上劳动者的劳动积极性较低，而领主或其地产管理者通过严格监督来提高长工、短工和服劳役的佃农的劳动积极性又颇为困难。农业生产一方面按照不同地块在空间上展开，另一方面按照不同时令在时间上安排，整个生产过程都受到时空的限制。从地块的空间构成上看，虽然少数领主自营地呈大块集中分布，比如诺福克伯爵的芬塞特庄园和牛津大学默顿学院的库克翰庄园，③ 但多数领主的庄园自营地分散成许多条田，同佃农份地交错在一起，在实行敞田制的地方更是如此。小领主的地产往往是通过购买和租佃一块块土地积累起来的，因此自营地更加零碎、分散。④ 在温彻斯特主教的利普敦庄园，自营地就同农民份地交织在一起。⑤ 由于自营地呈小块分散，因此其耕作只能以分散的方式进行。从自营地生产的不同环节来看，除了收割、打场、割草等个别环节实行大规模集体劳动外，修整田堰、翻耕耙地、播种施肥、除草砍柴等日常劳作

---

① T. A. M. Bishop, Monastic Granges in Yorkshire, *The English Historical Review*, Vol. 51, No. 202, 1936, p. 206.

② Kathleen Biddick, *The Other Economy: Pastoral Husbandry on a Medieval Estate*, London: University of California Press, 1989, p. 54.

③ P. D. A. Harvey, *A Medieval Oxfordshire Village: Cuxham, 1240 to 1400*, Oxford: Oxford University Press, 1965, pp. 20 – 21. F. G. Davenport, *The Economic Development of a Norfolk Manor, 1086 – 1565*, Cambridge: Cambridge University Press, 1906, p. 26.

④ R. H. Britnell, Agricultural Technology and the Margin of Cultivation in the Fourteenth Century, *The Economic History Review*, Vol. 30, No. 1, 1977, p. 58.

⑤ Christopher Thornton, The Determinants of Land Productivity on the Bishop of Winchester's Demesne of Rimpton, 1208 – 1403, in B. M. S. Campbell and M. Overton eds., *Land, Labour and Livestock: Historical Studies in European Agricultural Productivity*, Manchester and New York: Manchester University Press, 1991, p. 186.

都是分散进行的。这使庄头、管家等地产管理者很难亲临每一块土地。在每一个生产环节都严格监督长工、短工和服劳役的佃农的劳动，既不可能，也不合算。由于农业生产的周期较长（1 年），某一个环节的劳动效果无法立竿见影，马上显示出来，而且影响生产效益的因素又多种多样，很难在事后将收获的优劣归因于某个环节的劳动，因此评价自营地上的劳动效益是很困难的。由于这些原因，领主及其管理者很难确保佃农或者长工在自营地上像在自家份地上劳动的农民那样辛勤劳作。

其次，自营地上的劳动力不仅质量差（缺乏劳动积极性），而且数量也比较少。13—14 世纪温彻斯特主教的利普敦庄园平均每英亩自营地的劳动投入为 15 ~ 20 个日工。① 这很可能反映了大多数领主自营地上的劳力投入密度。相比之下，这个时期农民份地上的劳力投入密度更高。由于人口的增长和土地的缺乏，13 世纪农户平均占有地比 11、12 世纪已大为降低。科斯敏斯基对 13 世纪后期英格兰中部 6 郡的 13 504 个农户的统计研究表明，只有 27. 5% 的农户占有土地达到 1 维尔格特（约 30 英亩），26% 的农户占有半维尔格特土地，10% 的农户占有 1/4 维尔格特土地，而 36% 的农户占有土地不足 1/4 维尔格特。② 波斯坦对 8 个领主地产的 108 个庄园上的 6 934 个农户土地占有情况的研究表明，22% 的农户占有土地可以达到 30 英亩，33% 的农户占有土地为 8 ~ 30 英亩，而 45% 的农户占有土地不足 8 英亩。③ 如此看来，占有土地 15 ~ 20 英亩的农户可以算得上是中等农户了。由于土地实行轮作休耕制度（两圃制或三圃制），中等农户每年耕种的土地其实为 10 ~ 15 英亩。农户的平均人口为 4. 5 ~ 5 人，如果我们估计其中有效劳动力为 3 ~ 3. 5 人，其中一人为领主服劳役或外出做工，那么农民家庭中至少有 2 人在份地上劳动。如果按每人每年劳动 250 天计算，农

---

① 数据来源：Christopher Thornton, The Determinants of Land Productivity on the Bishop of Winchester's Demesne of Rimpton, 1208 - 1403, in B. M. S. Campbell and M. Overton eds., *Land, Labour and Livestock: Historical Studies in European Agricultural Productivity*, Manchester and New York: Manchester University Press, 1991, p. 205.

② E. A. Kosminsky, *Studies in the Agrarian History of England in the Thirteenth Century*, edited by R. H. Hilton, translated from the Russian by Ruth Kisch, Oxford: Basil Blackwell, 1956, p. 228.

③ M. M. Postan, *The Medieval Economy and Society*, Harmon & Sworth: Penguin Books, 1972, p. 145.

户份地平均每英亩的劳动投入为30～50个日工，其劳动投入密度远远高于领主自营地的劳动投入密度。由于人地关系紧张和佃农份地缩减，绝大多数佃农劳动力过剩，但份地不足。为了维持生计，他们会在份地上投入更多的劳动力，因此领主自营地在单位面积上的劳动投入要低于佃农份地上的劳动投入。

当然，在施肥、选种、仓储和售卖方面，领主自营地似乎比农民份地更具优势。许多庄园的惯例规定，佃农要让自己的牲畜在领主自营地上过夜，以提高自营地的肥力。由于领主占有很多庄园，他可以在庄园之间交换谷物作为种子，因为中世纪人们普遍认为外地种子能带来更好的收成。在谷物的仓储和售卖方面，领主自营地当然比农民的小生产有更大的优势。领主通常在庄园上修建坚固的谷仓，且其谷仓内的谷物比农民的谷物更不容易被老鼠偷走。由于余粮较多，领主通常能够等到谷物价格有所上涨时再出售，而农民往往迫于一时之需贱价出卖，因此领主比农民更能利用市场价格的波动来获利。但是，领主自营地在施肥、选种、仓储和售卖方面的优势未必能够弥补劳动者缺乏积极性，劳动力投入较少所带来的劣势。

在传统农业社会的技术条件下，以家庭为单位的小生产组织的效率是最高的，因为它最能适应生产力发展的水平，在实行精耕细作的地方更是如此。虽然中世纪英格兰的畜牧业比较发达，农耕和畜牧业结合得比较紧密，大规模畜牧业生产体现了一定的规模效益，但总体来看，领主自营地生产很难在效益上超越农民的小生产。黄春高的研究表明，16世纪英格兰租地农场主在生产效率上仍然没有超过农民家庭的小农场。[①] 而13世纪的领主地产要比16世纪的租地农场更广阔，自营地也更大更分散，其自营地中种植业的比重也更高，他们的生产效率又怎么能够超越当时农民家庭的小生产呢？

总之，13世纪领主自营地生产虽然在规模上远远超过了农民的家庭小生产，但它很难在效益上超越农民的小生产。

---

① 参见黄春高：《14—16世纪英国租地农场的历史考察》，《历史研究》1998年第3期，第130—143页。

第二节 黑死病后直接经营的衰落

一、人口、物价和工资的变化

13 世纪中期地产直接经营的热潮达到鼎盛，到 14 世纪初期，这股热潮在一些领主的地产上已经显现出消退的迹象。14 世纪初期拉姆齐修道院院长负债沉重，他不得不为资金周转而抵押或出租自营地，这对自营地造成了一定的损坏。[①] 在 13 世纪后半期，伊里主教的自营地就不再扩大，在 14 世纪初期，有些庄园自营地已经被分割成小块土地出租给佃农，部分维兰的劳役地租也转变成了货币地租。从 14 世纪初期开始，该主教自营地的盈利状况开始恶化。他在剑桥郡的庄园舍尔福德（Shelford）的农业收入在 1319—1323 年平均每年为 80 英镑，到 1325—1333 年大约下降了一半，到 1333—1346 年只有 10 英镑。在彼得伯罗修道院的地产上，14 世纪初期一些土质贫瘠、收成较低的自营地转变为出租地。在大多数领主的地产上，自营地并无衰败的迹象。在温彻斯特和克罗兰修道院的地产上，尽管 14 世纪初期有过出租经营的短暂尝试，但都很快恢复为直接经营。[②] 14 世纪初期威斯敏斯特修道院院长和修士团都曾经尝试将一些经营不善、获利微薄的庄园自营地出租。但他们的政策并不坚决，这个时期出租的庄园自营地很快又被收回。[③]

1348—1349 年黑死病的袭击使整个英格兰的经济出现了一个转折点。它使英格兰人口下降了 30% ~45%。而且，这次疫病虽然是最严重的一次，但不是最后一次。1361—1362、1369 和 1375 年都发生了波及全英格

① J. A. Raftis, *The Estates of Ramsey Abbey: A Study in Economic Growth and Organization*, Toronto: Pontifical Institute of Medieval Studies, 1957, pp. 239 -241.

② J. L. Bolton, *The Medieval English Economy, 1150 - 1500*, London: J. M. Dent, 1980, pp. 186 -188.

③ Barbara Harvey, *Westminster Abbey and its Estates in the Middle Ages*, Oxford: Clarendon Press, 1977, p. 149.

兰的疫病。15 世纪疫病的发生也非常频繁，坎特伯雷大主教座堂修道院在1413—1507 年间平均不到十年就要遭受一次疫病的袭击（分别在 1413、1419、1420、1431、1447、1457、1465、1467、1470、1471、1487、1501、1504 和 1507 年）。疫病的不断发生及其所引起的家庭结构和生育行为的变化，导致 14 世纪后期人口持续下降以及 15 世纪人口增长长期停滞。到 16 世纪初期，尽管人口已经比 15 世纪中期有所上升，但是总数只有 250 万左右，比遭受黑死病扫荡后的英格兰人口还少。①

人口的大幅下降导致劳动力缺乏和大量土地空闲。原先没有土地或土地很少的家庭在黑死病后多数得到了土地，不再依靠打工维生。由于大量土地空闲，领主们不得不将原先负担劳役地租的土地按照货币地租出租，以鼓励佃农租佃土地。这使领主能够获得的佃农劳役减少，对雇工的需求增加。在这种情况下，不论非农业雇工还是农业雇工的工资都迅速增加，这在法莫尔所统计的工资资料中可以清楚地显示出来（见图3 -1）。西门·佩恩（Simon Penn）和克里斯托弗· 戴尔对黑死病后工资诉讼案件的研究也表明，短工的工资到 1400 年比黑死病之前翻了一番。② 黑死病之后，以小麦和牛所代表的谷物和牲畜价格的总体走势是：14 世纪 60 年代和 70 年代初价格较高，80 年代和 90 年代价格较低，此后一个世纪价格水平一直较低。同样，羊毛的价格也呈现下降的趋势。③ 从图 3 -1 中可以看出，黑死病之后小麦的价格和雇工工资的变化可以分为两个阶段：在 1375 年之前，小麦的价格和雇工的工资呈现同方向的变化；而在 1375 年之后，小麦的价格下降，而工资水平持续上升。这对领主的经营政策产生了很大的影响。

---

① J. Hatcher, *Plague, Population and the English Economy, 1348 - 1530*, London: Macmillan, 1977, pp. 17, 25, 69.

② Simon A. C. Penn and Christopher Dyer, Wages and Earnings in Late Medieval England: Evidence from the Enforcement of the Labour Laws, *The Economic History Review*, Vol. 43, No. 3, 1990, p. 373.

③ D. L. Farmer, Marketing the Produce of the Countryside, and Prices and Wages, 1350 - 1500, in Edward Miller ed., *The Agrarian History of England and Wales, Vol. III, 1348 - 1500*, Cambridge: Cambridge University Press, 1991, pp. 434 - 463.

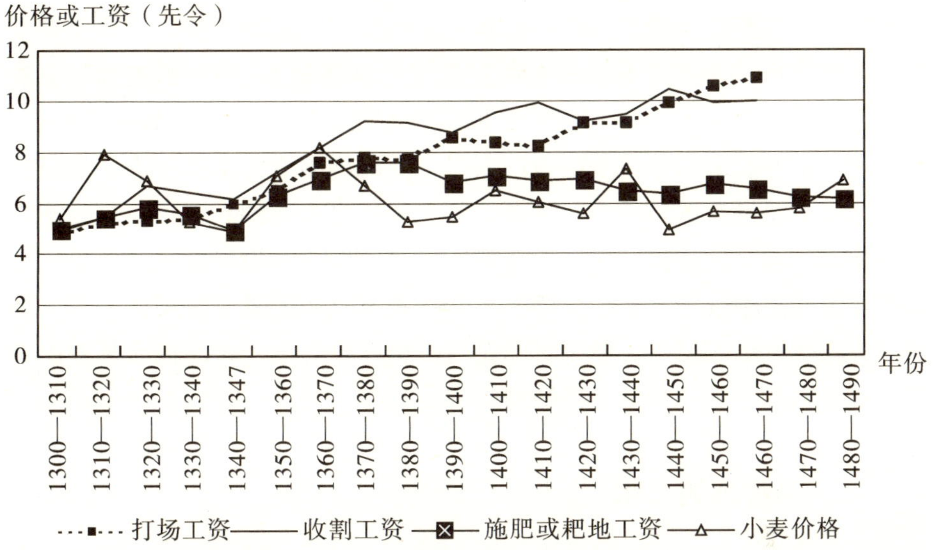

图 3－1　黑死病前后的工资和物价变化①

说明：小麦价格单位为先令每夸脱；工资单位均为先令，其中打场是指打谷和扬场，打场工资是完成小麦、大麦和燕麦各 1 夸脱所得到的工资；收割工资是指将 1 英亩的混合作物收割（割倒并捆束）所得到的工资；施肥或耙地工资是指完成 1 英亩此类劳作所获得的工资。

二、农奴劳役制度的瓦解

不仅如此，这个时期的社会秩序也有了很大的变化。黑死病之后领主试图恢复昔日的秩序，要求佃农继续租佃维兰份地并负担劳役地租。有些领主为了弥补佃农份地空闲和自营地缩减所带来的损失，利用各种封建特权加紧对佃农进行压榨和剥削。达勒姆主教就是这方面的一个典型代表，他千方百计压榨佃农，但因佃农的反抗和抵制而成效甚微。② 为了压制工资的不断上升，国王和议会在 1351 年就制定了《工资条例》，规定了各行

① 数据来源：D. L. Farmer, Marketing the Produce of the Countryside and Prices and Wages, 1350 － 1500, in Edward Miller ed. , *The Agrarian History of England and Wales*, *Vol. III, 1348 － 1500*, Cambridge: Cambridge University Press, 1991, pp. 444, 471.

② R. H. Britnell, Feudal Reaction after the Black Death in the Palatinate of Durham, *Past and Present*, No. 128, 1990, pp. 28 －47.

各业的最高工资，支付工资违禁的雇主和接受工资违禁的雇工都要受到严惩。而且，此后领主们不断强化和补充《工资条例》。这些都遭到了佃农的抵制和反抗。由于黑死病之后土地比较充足，农民容易找到安身之所，加上领主们相互之间也在争夺劳动人口，因此许多农民逃离原籍，栖身他乡，人口的流动性明显增强。待在原领主魔掌之内的佃农也千方百计拖欠领主的地租和其他杂税。这一切使黑死病之后领主和农民之间的矛盾不断加深，社会逐渐变得不安定。1381 年的农民起义就是这种冲突的一次大爆发。在这种社会环境中，领主对佃农的控制日益弱化，农奴制逐渐消亡。[①]这些因素对领主大范围的直接经营非常不利。

三、自营地的出租

黑死病之后领主地产经营的总体趋势是自营地直接经营不断缩减和出租经营再次流行，但这是一个曲折和徘徊的过程。黑死病之后的大约二十年中，自营地生产遇到了极大困难，尽管 70、80 年代，领主自营地直接经营出现了一个短暂的回潮，但它只是昙花一现。在 14 世纪末期到 15 世纪中期这段时间内，绝大多数领主放弃了直接经营的政策。

黑死病之后领主自营地的生产遇到了很大的困难，特别是土地的空闲、劳动力的缺乏和随之而来的工资上涨。不过，黑死病后二十年间谷物的价格虽然波动剧烈，但总体呈上升趋势，领主们并未完全对直接经营丧失信心。多数领主努力维持一个多世纪以来的直接经营政策，只是谨慎地出租少量偏僻和贫瘠的自营地。领主们的多数空缺土地重新找到了佃农。14 世纪 50、60 年代温彻斯特主教的自营地仍然由佃农劳役来完成，尽管工资支出上升了 25% ~30%，但由于此前工资支出较低，整个地产的工资支出不过增加几英镑罢了。14 世纪 70 年代初期，由于谷物价格上升，领主自营地的经营出现了一次短暂的回潮。伍斯特主教、拉姆齐修道院、威

① 对黑死病后社会秩序变化的论述参见：R. H. Hilton, *The Decline of Serfdom in Medieval England*, the second edition, London: Macmillan, 1983. E. B. Fryde, Peasant Rebellion and Peasant Discontents, in Edward Miller ed., *The Agrarian History of England and Wales, Vol. III, 1348 - 1500*, Cambridge: Cambridge University Press, 1991, pp. 744 - 819.

斯敏斯特修道院等领主的地产上都出现了重新收回自营地进行直接经营的现象。① 1377 年温彻斯特主教在夏普郡的庄园盈利状况要比黑死病之前的盈利状况更好，在萨默塞特郡的庄园盈利状况与黑死病之前的盈利状况相比则略有逊色。克莱尔伯爵地产的收入在 14 世纪 70 年代初仅比黑死病之前平均 2 000 英镑的收入低 10%。康沃尔伯爵地产的收入到 70 年代甚至比黑死病之前还高。② 在坎特伯雷大主教座堂修道院的地产上，黑死病之后自营地的生产很快恢复，地租收入仅下降了 4%。③

14 世纪 70 年代中期以后，谷物价格的下降使领主们对直接经营彻底丧失了信心。经过黑死病之后二十多年的惨淡经营，犹豫不决的领主们终于认识到直接经营政策已经不合时宜了。他们在 80 年代后开始逐渐放弃实行了一百多年的直接经营政策。拉姆齐修道院在 14 世纪的最后十年开始出租自营地，到 15 世纪的最初十年，他们已经出租了 4 个较偏僻的庄园，到 15 世纪中期，他们直接经营的自营地已经极少了。④ 巴特尔修道院的 28 个庄园到 1383 年已经在出租之中了。达勒姆小修道院出租自营地的时间是 1408 年到 1416 年，威斯敏斯特修道院的大部分自营地到 1420 年已经出租。⑤ 坎特伯雷大主教在 1380 年到 1420 年之间将 40 多个庄园的自营地出租，连带出租的还有这些庄园上的磨坊、园地、牧场，甚至教堂等资产。⑥ 到 15 世纪的最初十年，伍斯特主教的所有庄园都已经转变为出租经营了，

---

① J. A. Raftis, *The Estates of Ramsey Abbey: A Study in Economic Growth and Organization*, Toronto: Pontifical Institute of Medieval Studies, 1957, p. 261. Christopher Dyer, *Lords and Peasants in a Changing Society*, Cambridge: Cambridge University Press, 1980, pp. 146 – 147. Barbara Harvey, *Westminster Abbey and its Estates in the Middle Ages*, Oxford: Clarendon Press, 1977, p. 150.

② J. L. Bolton, *The Medieval English Economy, 1150 – 1500*, London: J. M. Dent, 1980, pp. 211 – 212.

③ M. Mate, Agrarian Economy after the Black Death: The Manors of Canterbury Cathedral Priory, 1348 – 91, *The Economy History Review*, Vol. 37, No. 3, 1984, pp. 341 – 354.

④ J. A. Raftis, *The Estates of Ramsey Abbey: A Study in Economic Growth and Organization*, Toronto: Pontifical Institute of Medieval Studies, 1957, pp. 259 – 266, 292 – 301.

⑤ J. L. Bolton, *The Medieval English Economy, 1150 – 1500*, London: J. M. Dent, 1980, p. 220.

⑥ F. R. H. Du Boulay, A Rentier Economy in the Later Middle Ages: The Archbishopric of Canterbury, *The Economic History Review*, Vol. 16, No. 3, 1964, pp. 427 – 438.

只是少量羊群和牧场还是直接经营。[①] 有些领主的庄园自营地虽然没有完全出租，但已经萎缩。在诺福克伯爵的芬塞特庄园上，14 世纪 70 年代后期约有 250 英亩原先负担劳役的维兰份地转变为仅交纳货币的出租地，这使领主自营地上能够使用的劳役量比 14 世纪初期下降了一半。自营地中有 166.5 英亩被出租给两个佃农，同时出租的还有一些庄宅和部分劳役。这一切使诺福克伯爵从整个庄园获得的纯利由黑死病前的约 90 英镑减少到约 60 英镑。随着自营地的缩减，长工只剩下两个，原先常驻该庄园的管家转而同时兼管数个庄园，庄头成为实际的负责人。[②]

与自营地中的种植业相比，畜牧业需要的劳动力较少，使用的土地较多。在空闲土地较多而劳动力日益缺乏的情况下，领主们把一些直接经营的耕地和无人租佃的佃农份地转变成牧场。因此，在领主向出租经营政策转变的过程中，自营地种植业较早被放弃，而畜牧业被放弃得比较晚，甚至在黑死病之后还经历了一个兴盛时期。但到 15 世纪中期，领主经营畜牧业的现象也较少了。

总之，造成直接经营消退的主要原因是劳动力的短缺（农奴制的瓦解）和谷物价格的低落。这说明，13 世纪直接经营的兴盛在很大程度上依赖于谷物需求的旺盛和劳动力的丰富。

第三节　自营地生产的商品化

一、农畜产品商品化的程度

波斯坦称 13 世纪后期领主的大地产已经是“资本主义取向的，是为

---

① Christopher Dyer, *Lords and Peasants in a Changing Society*, Cambridge: Cambridge University Press, 1980, p. 148.

② F. G. Davenport, *The Economic Development of a Norfolk Manor, 1086 - 1565*, Cambridge: Cambridge University Press, 1906, pp. 49 - 55.

攫取货币而生产谷物的联合工厂”[①]。希尔顿也认为13世纪领主自营地“主要不是被视为维持修道院或世俗领主府邸的工具，而是被视为能够带来货币收入的资产”[②]。克拉潘也认为，大领主本身就是土地资本家或农业资本家。[③] 只有详细考察领主自营地剩余农畜产品的处理，才能辨析上述学者的论述是否恰当，才能认识领主自营地生产的目的和性质。

领主自营地能够比农民份地实现更高的商品率，这有三个方面的原因。首先，与农民的份地相比，单位面积的领主自营地所供养的人口（包括领主、靠领主供养的府内仆人和随从、庄园上的长工等）要少，因此除了供养这些人员外，自营地有更多的余粮出售。其次，由于领主的地产通常非常分散，领主只有旅行到各地庄园就食，或者让各地庄园把农畜产品直接输送到其住所，才能直接消费其产品。两种途径都是非常不方便的，尤其是修道院等教会领主不可能经常旅行，而长途运输又费用高昂。因此，多数领主只直接消费住所附近自营地上所生产的产品，而出卖距离较远的地产上的产品。最后，由于商品经济发展所带来的生活物品的多样化，领主们的生活越来越奢侈。他们需要越来越多的货币来购买自己所不能生产的东西，这促进了自营地商品化程度的提高。

自营地的农畜产品可以分为三部分。其中一部分用来维持自营地的再生产，比如谷物中有一部分要留作种子、饲养牲畜、供养长工，这一部分关系到自营地来年的生产，因此不能过分压缩，否则将损害来年的收成。在其余领主可以处理的农畜产品中，部分被领主直接消费，部分被出卖而转化为货币。三部分之间的比重变化会影响到商品率的变化。比如，在生产耗费和领主直接消费不变的情况下，总收成的增加意味着商品率的提高。在总收成不变的情况下减少直接消费可以产生同样的结果。用于维持再生产的部分虽然有一个最低限度，但在此之上也有一个伸缩的范围。比如，领主可以适当压缩长工的谷物工资，或者减少长工谷物工资中容易出

① M. M. Postan, Revisions in Economic History: The Eleventh to the Fifteenth Centuries, *The Economic History Review*, Vol. 9, No. 2, 1939, p. 162.

② R. H. Hilton, *A Medieval Society: The West Midlands at the End of the Thirteenth Century*, the second edition, London: Cambridge University Press, 1983, p. 79.

③ ［英］约翰·克拉潘著，范定九、王祖廉译：《简明不列颠经济史：从最早时期到一七五〇年》，上海：上海译文出版社1980年版，第150—151页。

卖的小麦的比重，而增加市场需求较少的燕麦、黑麦等谷物的比重，都可以变相地提高自营地产品的商品率。

13 世纪领主自营地的商品化程度不断加深。其原因既包括直接消费的减少、总收成的增加，还包括再生产耗费的减少。温彻斯特主教的利普敦庄园在 1221 年之前，谷物产品的出卖比例不足一半，但是随着黑麦种植的减少和小麦种植的增加，商品粮的生产增加，谷物的商品率也上升到 2/3。[①] 根据葛拉斯的研究，1209 年温彻斯特主教地产上小麦、大麦和燕麦的商品率分别为 48.5%、27.9% 和 17%，到 1300 年三种谷物的商品率分别达到 70%、39.6% 和 34.3%。其中单产的提高是一个重要原因，因为小麦、大麦和燕麦三种谷物的单产从 1209 年的每英亩 0.54 夸脱、0.92 夸脱和 1.02 夸脱增加到了 1300 年的 1.35 夸脱、1.56 夸脱和 1.14 夸脱。[②]

那么，在 13 世纪后期和 14 世纪初期，当商品经济比较发达，领主直接经营处于顶峰但即将缩减的时候，领主自营地上的商品化程度究竟有多深呢？坎贝尔对此进行了专门的研究。他所利用的资料是 1288 年到 1315 年伦敦附近 10 个郡 200 多个庄园的账簿。[③] 坎贝尔的研究说明，领主自营地的商品化受到领主的需要、地产的大小和分布情况、庄园在地产内部结构中的地位、不同产品的特点等多种因素的影响。

在不同领主的地产上，农畜产品的商品率有很大差异（见表 3-1）。修道院有大批僧侣和仆人需要供养，为了确保这些僧侣能够获得稳定的食物供应，他们比其他领主更强烈地要求庄园直接供应谷物。因此，属于修

① Christopher Thornton, The Determinants of Land Productivity on the Bishop of Winchester's Demesne of Rimpton, 1208-1403, in B. M. S. Campbell and M. Overton eds., *Land, Labour and Livestock: Historical Studies in European Agricultural Productivity*, Manchester and New York: Manchester University Press, 1991, pp. 187-193.

② N. S. B. Gras, *The Evolution of the English Corn Market from the Twelfth to the Eighteenth Century*, Cambridge, Mass.: Harvard University Press, 1926, pp. 261-264.

③ 这 10 个郡是贝德福德、伯克、白金汉、埃塞克斯、赫特福德、肯特、米德尔塞克斯、北安普敦、牛津和萨里。这 200 多个庄园分别属于 41 个领主。在这些庄园账簿中，属于王室庄园的占 9.9%，属于世俗领主的占 16.3%，属于教会领主的占 73.8%。B. M. S. Campbell, Measuring the Commercialisation of Seigneutial Agriculture, 1300, in R. H. Britnell and B. M. S. Campbell eds., *A Commercialising Economy: England 1086 to c. 1300*, Manchester: Manchester University Press, 1995, pp. 139-140.

道院的庄园向外输送的谷物比重高于其他领主的庄园，但出卖的谷物低于其他领主的庄园。另外，在修道院出卖自营地农产品所获得的收入中，出卖谷物所占的份额只有48%，但是出卖牲畜和畜产品所占的份额高达39%。与此不同，在其他领主的庄园上，出卖谷物所占的份额都高于60%，但是出卖牲畜和畜产品所占的份额最高只有31%（见表3－1）。造成这种差异的原因是，修道院在一定程度上奉行素食守则，肉食消费较少，因而有较多的牲畜可以出卖。世俗领主饲养的牲畜中被宰杀的比例较高，出卖的比例较低，因为他们饲养牲畜的主要目的是满足自身的肉食需要。在世俗领主的地产上，牲畜的减损中有24%是被宰杀的，相比之下，在修道院的地产上，这个比例仅有7%。世俗领主出卖谷物的比例较高。一半以上的世俗领主庄园所出卖农畜产品的收入中谷物的贡献超过2/3。在康沃尔伯爵的地产上，7个庄园中就有6个出卖谷物的收入在农产品出卖收入中的比重达到80%。在林肯伯爵的地产上，9个庄园中也有2个达到这个比例。①

表3－1　不同类型领主的自营地产品商品率差异②

领主	在谷物净收入中的比重（%）				不同类型农产品在出卖收入中的份额（%）		
	酿酒	庄园自用	移送	出卖	谷物	畜产品	其他
修道院	10	48	22	20	48	39	14
主教	0	43	1	56	67	26	7
世俗领主	6	46	2	46	62	31	7
王室	1	42	2	55	64	26	10
领主总计	7	42	15	36	58	32	10

① B. M. S. Campbell, Measuring the Commercialisation of Seigneutial Agriculture, 1300, in R. H. Britnell and B. M. S. Campbell eds., *A Commercialising Economy*: *England 1086 to c. 1300*, Manchester: Manchester University Press, 1995, pp. 146, 170.

② 数据来源：B. M. S. Campbell, Measuring the Commercialisation of Seigneutial Agriculture, 1300, in R. H. Britnell and B. M. S. Campbell eds., *A Commercialising Economy*: *England 1086 to c. 1300*, Manchester: Manchester University Press, 1995, pp. 144－145, 157.

与修道院不同，主教地产上的商品化倾向同世俗领主比较接近。这是因为主教经常参与各种宗教或者世俗事务，需要随处旅行，因此他们并不强调实物供应的制度。而且，随着主教不断世俗化，他们像世俗领主一样消费大量的肉食，并习惯于随时从市场上购买自己所需要的食物。但这仅是总体的情况，也有些主教表现得比较特殊。温彻斯特主教（包括府邸的仆人和随从、庄园上的各种人员）消费掉了其住所附近 9 个庄园 72% 的燕麦和 65 的大麦，即使商品化程度最高的小麦也有 44% 被直接消费掉。[①] 伍斯特主教也表现出同样的倾向。1246 年该主教的两个庄园福拉德伯雷和特雷丁顿（Fladbury and Tredington）上收获量的 1/5 被留作种子，1/3 被长工、雇工、管家和牲畜消费掉，1/3 被领主消费掉，出卖的大约只有 1/10。[②]

即使是不同的修道院，也会表现出不同的商品化倾向。在有些修道院的地产上，除自然死亡外，牲畜的出卖相对较多，至少占到了牲畜减少的 2/3，而牲畜被转移或者被宰杀的比例很小。他们比较倾向于通过市场而不是庄园之间的互补来维持牲畜的规模，因此，牲畜的商品化程度比较高。克罗兰修道院、威斯敏斯特修道院、彼得伯罗修道院则表现出不同的倾向。他们很少买卖牲畜，而是在各自地产内部的不同庄园之间转移牲畜，以实现余缺互补。尽管他们的畜牧业规模很大，但是商品化的程度却很低。贝齐修道院的地产是很特别的一类。它是欧洲大陆修道院在英格兰领有的地产，它不需要直接供养大批僧侣，而只交纳货币，因此其自营地产品的商品率很高。一些骑士团隶属于教会组织，四处为教会征伐，需要大量的货币而不是实物的供应，因此其地产上的商品化程度比较高。

不同类型的农畜产品有不同的使用价值和市场价格，因此其商品率也有很大差异。小麦是在庄园上直接消费得最少，转移到其他地方或者出卖得最多的谷物。它极少被用作牲畜的饲料，13 世纪中后期长工、雇工所食

---

① Kathleen Biddick, Agragian Productivity on the Estates of the Bishopric of Winchester in the Early Thirteenth Century: A Managerial Perspective, in B. M. S. Campbell and M. Overton eds., *Land, Labour and Livestock: Historical Studies in European Agricultural Productivity*, Manchester and New York: Manchester University Press, 1991, p. 106.

② Christopher Dyer, *Lords and Peasants in a Changing Society*, Cambridge: Cambridge University Press, 1980, p. 69.

用的小麦也减少了。小麦的收成中有 1/3 在庄园上被直接消费掉，另外有 21% 被送交领主直接消费。在坎贝尔所考察的 200 多个庄园中，45 个庄园的小麦的出卖率达到 80%，其中主要是世俗领主的庄园、隶属于国外的贝齐修道院的庄园以及坎特伯雷大主教座堂修士团的地产中距离坎特伯雷很远的庄园。大麦是酿酒的原料，也是牲畜的饲料和长工的口粮，因此尽管人们广泛种植大麦，但在庄园上直接消费的比例较高，出卖比例较低。黑麦、燕麦、豆类作物中 60% 留在庄园上消费，40% 被转移到其他地方或者出卖，因为它们主要是牲畜的饲料和长工的口粮。[①] 诺福克伯爵的芬塞特庄园也说明了不同谷物的商品率差异。在该庄园上，小麦除了用作种子外，几乎都出卖了，出卖率高达 4/5。庄园上的燕麦消费量很大，基本上不出卖，甚至有时还需要购买。[②]（见表 3-2）

表 3-2　不同谷物的商品化程度（扣除什一税后）[③]

谷物	酿酒	庄园自用	移送	出卖
小麦	1%	31%	21%	47%
黑麦	0	65%	6%	28%
混种的冬季作物	0	64%	1%	35%
大麦	21%	39%	12%	27%
燕麦	2%	66%	10%	21%
苜蓿	0	59%	8%	34%

不同类型的牲畜也存在同样的差异。马、牛、羊、猪是领主自营地所生产的主要牲畜。由于它们的生命周期不同，肉食价值不同，使用价值不

① B. M. S. Campbell, Measuring the Commercialisation of Seigneutial Agriculture, 1300, in R. H. Britnell and B. M. S. Campbell eds., *A Commercialising Economy: England 1086 to c. 1300*, Manchester: Manchester University Press, 1995, pp. 156-161.

② F. G. Davenport, *The Economic Development of a Norfolk Manor, 1086-1565*, Cambridge: Cambridge University Press, 1906, pp. 30-31.

③ 数据来源：B. M. S. Campbell, Measuring the Commercialisation of Seigneutial Agriculture, 1300, in R. H. Britnell and B. M. S. Campbell eds., *A Commercialising Economy: England 1086 to c. 1300*, Manchester: Manchester University Press, 1995, p. 157.

同，商品率自然也有所不同。马成长得最慢，价值最高，需要消耗谷物作为饲料，而且其肉也不是上佳肉食，因此马很少被食用。尽管马的买卖比较多，但是很少有领主专门为了卖马而养马，因为马的需求很零散，所以难以支撑集中的养马场。羊是成长最快的牲畜，其肉较好，所产的羊毛价值更高。羊的自然死亡率很高，被宰杀的也较少，即使有，也主要是在领主的住处被宰杀的。牛既可用作肉食，也可用作力役牲畜，而猪主要是用作肉食的。牛和猪的管理中最重要的一点就是要通过有选择性的宰杀来减少自然死亡率。它们被宰杀的比例很高。猪是庄园向领主供应的主要肉食牲畜，它还被用于庄园内部消费，因此它的商品率最低。在畜产品中，羊毛是最主要的商品，其商品率达到了 80%。另外，奶制品的商品率也达到了 50%，另外 50% 则被庄园直接消费或者送交领主。①

领主不同的地产结构，以及不同庄园在领主地产中的地位也影响着它们的商品率。领主的地产中有些处在交通比较便利，或者距离领主住所较近的地方，因此不论是直接向领主输送农产品还是领主前来庄园直接消费，都比较方便。在这些庄园上，被领主直接消费的农产品比重较大，而向市场出卖的比重较小。另一部分庄园距离领主的住所较远，或者处在交通不便的地方，因此领主直接消费其农产品很不方便。尽管这些庄园往往处于市场并不发达的地方，但其自营地农产品的商品率却比较高。比如，温彻斯特主教的利普敦庄园就是如此。它位于市场并不发达的地方，但它的经营主要是面向市场的，因为它距离温彻斯特很远，很少直接向主教供应谷物，只是出卖谷物后向主教送交货币。该庄园上小麦的商品率为 69%，燕麦为 63%，大麦为 35%，豆类为 34%，其商品化程度是比较高的。② 在坎特伯雷大主教座堂修道院的 34 个庄园中，距离坎特伯雷较近的几个庄园将牲畜出卖，将大部分谷物送交领主消费，因此谷物的商品率比

---

① B. M. S. Campbell, Measuring the Commercialisation of Seigneutial Agriculture, 1300, in R. H. Britnell and B. M. S. Campbell eds., *A Commercialising Economy: England 1086 to c. 1300*, Manchester: Manchester University Press, 1995, pp. 163 – 173.

② Christopher Thornton, The Determinants of Land Productivity on the Bishop of Winchester's Demesne of Rimpton, 1208 – 1403, in B. M. S. Campbell and M. Overton eds., *Land, Labour and Livestock: Historical Studies in European Agricultural Productivity*, Manchester and New York: Manchester University Press, 1991, pp. 187 – 193.

较低，而距离坎特伯雷较远的几个庄园则将大多数牲畜和谷物出卖，向领主交纳货币，因此商品率比较高。① 大多数领主都在自己的住所附近集中了一部分地产，而其他少数地产则分散在较远的地方。但有些领主的地产十分分散，以至于很难组织实物供应的体制，因此其地产上的商品化程度高于其他领主。牛津大学的默顿学院就属于这种类型。在它拥有的15个庄园中，只有3个庄园处于距离牛津20英里（大约一天的路程）的范围内，有的庄园甚至在英格兰北部的达勒姆郡，距离牛津超过200英里。难怪该学院很少直接消费庄园自营地上的农产品。② 最后，与市场的距离也影响着庄园的商品化程度。在坎贝尔所研究的200多个庄园中，9个出卖谷物收入最高的庄园都处于泰晤士河的上游，距离伦敦很近。另外，在肯特和埃塞克斯海岸的3个庄园的商品率也比较高，因为那里有旺盛的海外需求。③

布瑞内尔也对13世纪几个领主自营地谷物的商品率进行了研究，他的研究印证了坎贝尔的观点（见表3-3）。作为世俗领主，康沃尔伯爵地产的谷物商品率明显高于其他几个修道院。温彻斯特主教比其他几个修道院实现了更高的商品率。贝齐修道院谷物的商品率也比其他修道院的高许多。达勒姆小修道院和克罗兰修道院几乎不出卖自营地上所生产的谷物。在各个领主的地产上，小麦通常都是商品率最高的谷物，但有的领主由于直接消费了自营地上的小麦，因此小麦的商品率反而低于其他谷物，比如鲍列（Beaulieu）修道院。

---

① B. M. S. Campbell, Measuring the Commercialisation of Seigneutial Agriculture, 1300, in R. H. Britnell and B. M. S. Campbell eds., *A Commercialising Economy: England 1086 to c. 1300*, Manchester: Manchester University Press, 1995, pp. 143-144.

② T. H. Aston, The External Administration and Resources of Merton College to Circa 1348, in J. I. Catto ed., *The History of University of Oxford, Vol. I, The Early Oxford Schools*, Oxford: Clarendon Press, 1984, pp. 136-139, 162.

③ B. M. S. Campbell, Measuring the Commercialisation of Seigneutial Agriculture, 1300, in R. H. Britnell and B. M. S. Campbell eds., *A Commercialising Economy: England 1086 to c. 1300*, Manchester: Manchester University Press, 1995, p. 176.

表 3-3　13 世纪几个领主自营地上的谷物商品率①

领主	时间	庄园数	可处理谷物的出卖比例（%）				
			小麦	黑麦	大麦	豆类	燕麦
康沃尔伯爵	1296—1297	11	72.5	16.6	55.7	68.3	41
温彻斯特主教	1208—1209	32	49.1	39.7	27.9	36	17
贝齐修道院	1288—1289	16	47.7	41.6	41.8	23.4	4
鲍列修道院	1269—1270	14	27.7	51.8	45.5	13.1	14.3
达勒姆小修道院	1299—1300	7	3.0	0	2.7	0.4	1.0
克罗兰修道院	1258—1259	14	0	2.1	1.6	0	0.1

不考虑上述各种差异，在坎贝尔所研究的 200 多个庄园上，谷物总收成扣除什一税和种子留存（占收成的 28%）外，在可以处理的剩余谷物中，49% 被用作牲畜饲料、长工和领主的食物，其余谷物被出卖。也就是说，总收成中谷物的商品率大约为 36%，而在可处理的剩余谷物中，商品率大约为一半。在这 200 多个庄园上，羊毛、皮革、奶制品等畜产品的总收入为 1 130 英镑，其中出卖畜产品所获得的收入为 757 英镑，也就是说，畜产品的商品率为 67%，高于谷物的商品率。各种牲畜的总收入折合 1 230 英镑，其中出卖牲畜的收入为 737 英镑，商品率为 60%。将畜牧业和种植业综合起来看，这 200 多个庄园上农畜产品的总收入超过 16 750 英镑，其中出卖农畜产品的收入为 4 219 英镑，自营地产品总收成的商品率约为 25%。由于庄园用来交纳什一税的那部分产品绝大部分被什一税的收纳者出卖，因此领主庄园自营地农畜产品总收成中转化为商品的比率达到了 35%。如果扣除什一税、种子、饲料和长工的伙食，这 200 多个庄园上领主自营地的净收成为 9 200 英镑。也就是说，自营地净收成中转化为商品的比率达到了 45%。② 当然，考虑到农民的商品率要低于领主的，伦敦

① R. H. Britnell, *The Commercialisation of English Society, 1000 - 1500*, the second edition, London: Manchester University Press, 1996, p. 121.

② B. M. S. Campbell, Measuring the Commercialisation of Seigneutial Agriculture, 1300, in R. H. Britnell and B. M. S. Campbell eds., *A Commercialising Economy: England 1086 to c. 1300*, Manchester: Manchester University Press, 1995, pp. 162, 163 - 173, 189.

附近农产品的商品化程度高于其他地区的，因此整个英格兰农畜产品的商品率不会达到45%。据布瑞内尔估计，1300年左右全英格兰用来制作面包的各种谷物的商品率为20%～30%，而羊毛则几乎全部被卖出，综合起来看，农畜产品的商品率为30%～40%。[①]

这说明英格兰当时的商品货币关系已经有相当程度的发展。即使到鸦片战争前，我国主要农产品（以粮食、棉花、棉布、丝四种农产品为代表）的商品率也只有15.7%。[②] 由此可见，中国封建地主经济能够适应和容纳较高程度的商品经济，而西欧封建领主经济是封闭的自然经济的观点是不能成立的。事实说明，西欧的领主经济同样能够适应和容纳商品经济的繁荣和发展，在这方面甚至超过中国的地主经济。

当然，我们也不能过高估计领主经济的商品化程度。在领主的自营地农畜产品中，用于维持简单再生产和被领主直接消费的部分则体现了自然经济的特征，被出卖而转化成货币的部分则体现了商品经济的特征。领主经济兼有自然经济和商品经济的特征，体现了满足自身物质需求和获取货币收入的双重目的。领主的自营地经济是一种谋生和谋利相结合的组织。而且，满足领主的消费仍然是自营地生产的首要目的，领主的消费仍然对生产有很大的影响。

二、商业化派的阐释：冯·杜能模型

在中世纪英格兰经济史研究领域，存在着三足鼎立的态势。继新人口

---

① R. H. Britnell, *The Commercialisation of English Society, 1000－1500*, the second edition, London: Manchester University Press, 1996, p. 123. D. M. Palliser ed., *The Cambridge Urban History of Britain, Vol. I, 600－1540*, Cambridge: Cambridge University Press, 2000, p. 116.

② 此数据为笔者根据吴承明的统计数据推算所得。根据吴承明的统计，当时粮食的商品量折合为16 333.3万两（银），其商品率为10.5%；棉花的商品量为1 277.5万两，商品率为26.3%；棉布的商品量为9 455.3万两，商品率为52.8%；丝的商品量为1 202.3万两，商品率为92.2%。这四种主要农产品的商品量总计为28 268.4万两，根据各自的商品率算出它们的总产量为179 624万两，于是进一步算出这四种农产品的商品率为15.7%。参见许涤新、吴承明主编：《中国资本主义发展史》第一卷《中国资本主义的萌芽》，北京：人民出版社1985年版，第251页。

论和马克思主义的阶级斗争论之后，又形成了商业化理论。[①] 该理论模式不再把中世纪经济悲观地视为循环或停滞的怪圈，而是认为市场的增设、分工的细化、货币的流通、城镇的兴起都促进了生产力的进步，他们比较乐观地认为这种商业化的发展有助于走出人口论和阶级斗争论所设定的怪圈。城乡关系是商业化理论中的一个重要问题。人口论者认为乡村的供养能力限制着城市的规模，阶级斗争论者多数认为城市依靠盘剥乡村而存在和发展，因而是阻碍乡村发展的力量。商业化派则反过来，认为城市为乡村提供了一个大市场，从需求方面拉动和刺激了乡村的商业化和集约化，为农业的改良提供了条件。比如坎贝尔就批评波斯坦的新人口论和马克思主义的阶级斗争理论过于强调供给能力对社会的制约，而忽视了需求方面对生产的拉动。[②]

冯·杜能的经济圈境理论认为，中心城市的需求决定着周围乡村的生产安排和布局，越是靠近中心城市的地方，农业的商品化、集约化程度以及地租水平就越高。这种观点自然成为商业化派的理论基础之一。比如，学者们依据留下来的庄园账簿对中世纪盛期向伦敦供应木柴的地区进行了研究。其结论是，虽然14世纪伦敦周围并未形成排除其他土地利用方式的环形的林木圈，但林地的比例却高于其他地区，“为适应集中的市场需求而形成了专门化的相对集约的生产区域”；这些地区的林木生产能够得到比草地和耕地等其他土地利用方式更高的回报，利用劳力为专门化的都市需求而生产柴木更加有利可图；因此，“庄园自营地的柴木生产和售卖模式，大致证明了单纯的运输成本决定生产区域的观点”，并且证明了“冯·杜能的模型与英格兰中世纪经济的相关性”。[③] 我们就利用学者们的实证研究成果来

---

① 国外对三种理论的概括、分析和批判可以参见：J. Hatcher and M. Bailey, *Modelling the Middle Ages: The History and Theory of England's Economic Development*, Oxford: Oxford University Press, 2001. 国内的论述则可参见马克垚：《论封建时代的农业生产力》，载于北京大学历史系编：《北大史学》第九辑，北京：北京大学出版社2003年版，第69—72页。

② B. M. S. Campbell, *English Seigniorial Agriculture, 1250 - 1450*, Cambridge: Cambridge University Press, 2000, p. 20.

③ James A. Galloway, Derek Keene and Margaret Murphy, Fuelling the City: Production and Distribution of Firewood and Fuel in London's Region, 1290 - 1400, *The Economic History Review*, Vol. 49, No. 3, 1996, pp. 467 - 468.

检验中世纪英格兰的经济实际与冯·杜能的理论概括是否相符，在多大程度上相符，并进而探讨其背后的原因，以期加深对中世纪英格兰经济的认识和理解，对商业化理论有所辨析。

冯·杜能在《孤立国》中假定了这样一幅图景：某一个“孤立国”与别国隔绝，因而只是在其中心有一个大都市；没有可以通航运物的河川，亦无阻隔商旅的沟壑高山，境内各地交通条件完全一致；各地土质和气候条件亦无差异；中心都市所需农产品全由周围乡村供给，而乡村的农具等手工业品则由都市提供。

冯·杜能以市场供求来分析不同区域的生产安排。在供给方面，冯·杜能区分了生产者向市场出卖农畜产品所必须面对的三种成本。一是源于农场，通常以谷物来度量，比如工资、种子、肥料、牲畜等；二是源于城市，通过货币来度量，比如农具；三是运输成本。距离中心都市越远，农产品价格越低，因此工资、种子、牲畜等源于农场的生产成本降低，但由于农具等工业品要在城市按照统一的价格购买，因此源于城市的生产成本不变，同时运输成本随着距离的增加成比例地增加。这三种成本与中心都市的最终购买价格决定着不同地区不同品种的农畜产品的盈利空间。距离都市越近，盈利就越高；距离都市越远，盈利就越低。在最边远的地区，向都市售卖产品的收入刚好抵偿生产和运输的成本，都市中的物价正是由最边远地区的生产和运输成本决定的。[①] 在较近的地区，盈利的空间高于较远的地区，因此那里的土地地租较高。距离都市越近，地租越高。[②]

由于不同类型的农畜产品具有不同的特点，因此其生产和运输的成本亦有差异。长距离运输蔬菜和水果可能会导致它们变质，因此只能在较近的地区生产；城市中所需的用作燃料的木柴需求量大，但运输起来却比谷物困难得多，因而适宜在比谷物更近的地区生产；用于宰杀的牲畜可以自行走动，运输成本很低，因而适宜在距离都市较远的地方生产。这样，与中心都市的距离便决定了周围乡村的农业生产布局。某个区域生产的农产品，应当是获得纯利最高的那种产品。随着市场距离的增加，运费增高，

---

① ［德］约翰·冯·杜能著，吴衡康译：《孤立国同农业和国民经济的关系》，北京：商务印书馆 1986 年版，第 189 页。

② ［德］约翰·冯·杜能著，吴衡康译：《孤立国同农业和国民经济的关系》，北京：商务印书馆 1986 年版，第 191 页。

该种农产品的纯收益下降，达到一定距离后，它将让位于纯收益比它高的另一种农产品，也就是说一种土地类型被另一种土地类型代替。这样就会形成不同的经济区。由于与中心都市的距离是其中最重要的因素，因此这些经济圈呈现出若干半径不同的同心圆环。

这样，冯·杜能就描述了“孤立国”的产业布局。他将都市周围按距离由近及远分为六个环状圈境。第一圈境离都市最近，被称为自由农作区，主要生产新鲜蔬菜、牛奶等。由此向外，距离变远，运费增加，新鲜农产品因来不及运抵城市而腐烂并失去价值。在第二圈境生产粮食没有生产木柴利润大，因此形成了林业带。在第一圈境内不能发展林业是因为新鲜农产品比林业有更大利润，这种竞争排挤了林业。随后，他依次导出第三圈境为谷物轮作区，第四圈境为谷草轮作区，第五圈境为牧业区，第六圈境为荒芜土地区。

冯·杜能上述的经济圈境理论还有一些重要的推论。首先，距离都市越近，生产的集约化程度越高，生产力水平也越高，因为那里的土地地租较高，土地不允许被闲置，生产者自然会投入更多的劳动力来进行更精细、更集约的耕作。比如，农牧转换的自由耕作制度能够比三田制带来更多的产出，但只有投入更高的生产成本才能实现，它只有在其产品价格较高，即距离中心都市较近时才有利可图。由于生产成本的增长要比产出成本的增长更快（实际上就是生产的边际报酬递减率），随着距离的增加，产品价格下降，而生产成本下降较慢（因为其中有固定成本），耕牧转换所能获得的盈利最终会低于三田制。达到这个界限后，三田制就变得更加有利可图，这也是二者之间的区位界限。在冯·杜能所描述的“孤立国”中，第一圈境内几乎没有休耕地，实行自由耕作制度；第三、第四和第五圈境分别采用集约化程度依次降低的轮栽作物制、耕牧休闲制和三田制；第六圈境则采用更加粗放的畜牧制度。[①] 其次，距离中心都市越近，土地生产力越高，那么生产剩余也就越多，即可用于出卖的余粮的比例越高，因此商品化程度也就越高。

上述推论表明，农业生产力的增长和商品化的推进取决于是否有足够

---

① ［德］约翰·冯·杜能著，吴衡康译：《孤立国同农业和国民经济的关系》，北京：商务印书馆 1986 年版，第 20、149、185—193 页。

的都市需求来刺激。都市的成长和扩大对周围乡村的生产发展具有推动作用。农地利用类型和集约化程度，不仅取决于土地的天然特性，而且更重要的是依赖于其经济状况，其中特别取决于它与农产品消费地的距离。由于对生产力水平（单产）的度量相当困难，相关研究的分歧颇大，因此我们这里仅仅考察冯·杜能理论的第二个推论，即商品化程度随着与中心都市距离的增加而降低的观点，看其是否符合中世纪英格兰领主经济的历史实际。

三、与冯·杜能模型相反的商业化

中世纪英格兰的大领主们通常占有广阔的地产，但这些地产往往分散各地，分成若干个庄园来管理。在庄园之中，土地通常分为领主自营地、佃农份地和公共的林地草场。领主役使服劳役的佃农耕作自营地，同时雇用一些长工和短工。佃农则以向领主提供劳役作为占有份地的条件。领主在庄园的收入包括自营地产品、佃农交纳的地租、杂费以及庄园法庭征收的罚金等。庄园的日常管理由庄头、管家等负责，而总管则负责督察和指导全部地产上各个庄园的生产。这些构成领主经济的内容。庄园是领主地产的基本单位，但由于其内部还包括佃农的份地经济，而且领主经济中杂费、法庭收入等项目不能完全归于经济因素，因此我们这里主要分析领主的自营地经济。

1300 年英格兰经济的商品化程度已相当高。这一时期实物地租和劳役地租都在向货币地租转化，劳役在佃农的全部经济负担中仅占 1/3。为了交纳货币地租和杂费，农民必须出卖各种农产品。领主自营地上的商品化程度也大大加深。13 世纪中期以后，土地交易也逐渐活跃起来。农民之间的土地交易（买卖和租佃）虽然受到庄园的控制，但亦非常频繁，只是每次交易的数量较少。领主之间的土地交易面积大，金额高。13 世纪领主们扩大直接经营主要就是通过土地购买进行的。领主为了从市场交易税中获益，纷纷向国王申请设立市场或者集市。随着市场的发育，各类城镇也发展起来。许多领主还积极修路筑桥，便利了物资的流通。在不少地方，马代替牛成为主要的力役牲畜，从而提高了物资流转的速度。作为商品经济润滑剂的货币本身也有了很大变化。11 世纪后期到 14 世纪初期，金属货币的流通总量和人均货币量都有了较大的增长。小额货币的出现便利了日常交易，使流通速度加快，流通范围扩大。同时，货币铸造权的集中有助于确保货币的质量。这些因素都促进了商品经济的发展。

在此背景下，领主经济的商品化程度大为提高。对此，我们在前述坎贝尔和布瑞内尔的研究中有所分析。①

在中世纪英国经济史研究中，商业化理论流派的主旨不仅在于指出整个经济商品化程度的加深，而且在于说明，其根源是人口增长和需求扩大所带来的刺激，其结果则是生产力的进步。所以，商业化流派的核心观点之一就是利用冯·杜能的经济圈境理论来论证中心都市对周围乡村经济发展的刺激和促进作用。其中一个关键的证据则是，越靠近都市，商品化程度越高。这里，我们就根据一些学者对个别领主、个别地产和个别庄园的微观研究成果来检讨一下理论模型与历史实际是否吻合。

根据法莫尔对中世纪英格兰物价和工资的研究，越是靠近伦敦等城市，谷物价格和工资水平也就越高。② 前述坎贝尔所研究的 200 多个庄园可以作为例证。③ 领主采用何种方式获取消费物资，也取决于附近是否有近便的市场。坎特伯雷大主教座堂修道院在 14 世纪初期大约购买其所需谷物的 1/4，平均每年为此花费 156 英镑，威斯敏斯特修道院用于购买谷物的开支每年则达到了 238 英镑。这两个修道院的家门口就有繁荣的市场，所以才会大胆采用市场采买的政策。④ 彼得伯罗修道院就没有这种条件，他们从市场采买的谷物很少。⑤

根据上述情况来看，冯·杜能的理论在解释总体经济结构方面还是有

---

① 参见本节第一部分的论述。

② D. L. Farmer, Prices and Wages, in H. E. Hallam ed., *The Agrarian History of England and Wales*, *Vol. II*, *1042 – 1350*, Cambridge: Cambridge University Press, 1988, pp. 744, 766.

③ B. M. S. Campbell, Measuring the Commercialisation of Seigneutial Agriculture, 1300, in R. H. Britnell and B. M. S. Campbell eds., *A Commercialising Economy*: *England 1086 to c. 1300*, Manchester: Manchester University Press, 1995, pp. 143 – 144.

④ B. M. S. Campbell, *English Seigniorial Agriculture*: *1250 – 1450*, Cambridge: Cambridge University Press, 2000, p. 201.

⑤ Kathleen Biddick, *The Other Economy*: *Pastoral Husbandry on a Medieval Estate*, London: University of California Press, 1989, p. 72.

一定说服力的。不过，实际情况要比冯·杜能的模型复杂一些。比如，根据马克·拜雷的研究，虽然布瑞克兰（Breckland）修道院的各个庄园之间商品化程度差异较大，但基本能达到伦敦腹地的水平，因为该修道院的庄园分布在地区性商贸较为发达的区域，附近有剑桥、伊里、伯雷－圣埃德蒙等城镇，有人口众多的诺福克，还有纺织中心索福克和埃塞克斯，较远的地区则有大都市伦敦，以及经由林恩港可以通达的北部各郡。其中商品化程度最高的是那些通过水路且距离较大都市不超过10英里的庄园。[①] 这表明，实际情况比单一都市的模型要复杂。再比如，坎贝尔的研究表明，向伦敦供应物资的地区绝非一个个规则的圈境，而是沿着泰晤士河向西延伸。这是由于内河水运和近海航运比陆上运输要快捷便利，各地交通条件亦非整齐划一。[②]

这些例外的情况不仅不能否定冯·杜能理论，相反还从反面对其进行了证明。冯·杜能非常清楚他所虚构的“孤立国”与经济实际之间的差异。他说，第一，“实际上不存在土地肥力到处相等、物理性质完全相等的国家”；第二，“根本不存在不靠河道或不靠通航运河的大城市”；第三，“除首都之外，还有许多较小的城市，它们散布于全国”。[③] 也就是说，土壤条件、交通状况和其他都市的存在等复杂的现实因素只是被冯·杜能合理地抽象掉了，我们把这些因素考虑进来，只是把理论变得更加丰满而已。

但是，领主经济表现出来的特征却同冯·杜能的理论大异其趣，兹举例如下。先来看坎特伯雷大主教座堂修道院，它占有的34个庄园主要集中在肯特郡，处于坎特伯雷这个都市的周围。但其庄园的商品化与冯·杜能的论述恰好相反。距离坎特伯雷10英里范围内的庄园几乎将其全部农产品

---

① Mark Bailey, *A Marginal Economy? East Anglian Breckland in the Later Middle Ages*, Cambridge: Cambridge University Press, 1989, pp. 144, 146 – 150, 153, 156 – 170.

② B. M. S. Campbell, Measuring the Commercialisation of Seigneutial Agriculture, 1300, in R. H. Britnell and B. M. S. Campbell eds., *A Commercialising Economy: England 1086 to c. 1300*, Manchester: Manchester University Press, 1995, p. 180.

③ ［德］约翰·冯·杜能著，吴衡康译：《孤立国同农业和国民经济的关系》，北京：商务印书馆1986年版，第223页。

供应给修道院的僧侣们消费，因此商品化程度很低。距离坎特伯雷10～25英里范围内的庄园则采取一种混合的策略，既向僧侣输送消费物资，也出售部分产品，而那些距离更远的庄园则主要面向市场，其农产品的商品化程度很高。[①] 再如，巴特尔修道院的玛雷（Marley）庄园虽然位于海岸边，穿过海峡有着近便的海外市场，但由于它位于修道院的所在地，所以主要从事牲畜饲养和畜产品的生产，以便将其产品直接供应僧侣们消费。[②] 德文伯爵的三个庄园，即普利姆顿、托普舍姆和提沃顿（Plympton，Topsham和Tiverton）是一个更好的例子。三个庄园都比较接近市场。普利姆顿距离德文郡的第二大城市普利茅斯很近，还可便捷地经由水路到达埃克塞特或大陆市场。托普舍姆则位于埃克塞特的出海口。提沃顿位于埃克塞特以南13英里，而且它本身有集市。埃克塞特为这几个庄园提供了很好的市场机遇，但是决定其商品化程度的并非经济原因，而是领主的消费需求和政治利益。13世纪农产品的出卖比率很高，因为作为领主的伊莎贝拉并不居住在庄园上。1297年这些庄园转到了她的继承人休斯·德·康特奈手中，而后者就经常住在这些庄园上，直接消费掉了其大部分庄园产品，所以商品化程度立即大为降低。[③] 前述温彻斯特主教的利普敦庄园因其距离主教所在地较远，尽管周边市场并不发达，但其庄园产品的商品化程度较高，很少向主教供应谷物。

凯瑟琳·比迪克对彼得伯罗修道院的研究为我们提供了更有益的线索。该修道院的僧侣们对自营地农产品依赖很深。僧侣、仆人和工匠共一百多人，他们消费掉了自营地的大部分产品。谷物产品中的44%被僧侣们所消费，10%被长工所消费，21%被各种牲畜所消费，其余25%中的绝大多数被用作种子。在被牲畜消费的谷物中，62%是由计划被宰杀的牲畜和那些炫耀领主身份和地位的华贵马匹所消费的。谷物中的燕麦主要是用来

---

① B. M. S. Campbell, Measuring the Commercialisation of Seigneutial Agriculture, 1300, in R. H. Britnell and B. M. S. Campbell eds., *A Commercialising Economy: England 1086 to c. 1300*, Manchester: Manchester University Press, 1995, pp. 143－144.

② Eleanor Searle, *Lordship and Community: Battle Abbey and its Banlieu, 1066－1538*, Toronto: Pontifical Institute of Mediaeval Studies, 1974, pp. 268－269, 271－272.

③ M. Kowaleski, *Local Markets and Regional Trade in Medieval Exeter*, Cambridge: Cambridge University Press, 1995, pp. 48, 74－75, 285, 287, 296.

喂马的，其中用作领主坐骑的马消费掉了燕麦产量的1/4～1/3。拉车的马消费了燕麦产量的15%～25%，做杂活的马消费的燕麦是很少的，只有6%～12%。他们还将少量燕麦用来喂牛或者计划宰杀的小牛。为了满足领主的这些消费，燕麦成了修道院谷物产品中非常重要的一种，它的产量占全部谷物产量的1/3，种植面积占修道院耕地面积的1/4。为了满足自身的对酒的需要，领主将1/4的土地用于种植大麦等酿酒作物。除了留作种子外，领主几乎将其余的大麦都用来酿酒了。① 按照冯·杜能理论，这种安排极不合理。由于小麦特有的品质，其市场价格比燕麦更高，更容易出卖，种植小麦显然比种植燕麦更合算。该修道院把相当一部分土地资源用来种植燕麦，用来供养那些标志领主身份和地位的马匹，而不是用来种植市场价值更高的小麦。同样，凯瑟琳·比迪克对温彻斯特主教地产的研究也表明，谷物收成中有相当一部分被领主、随从和仆役、庄园上的佣工等直接消费掉，所以消费对生产有很大的影响。谷物的种植面积几乎不受谷物价格短期波动的影响，但是各种谷物的种植面积同领主的消费需求之间有很高的相关性。这说明领主主要是根据消费的需求而不是市场的变化来安排自营地生产的。②

以满足消费而不是获取货币为首要目的，这种倾向与冯·杜能的论述差异颇大。领主的消费需要都构成了影响其地产内部不同庄园商品化程度的主要因素。有些庄园虽然靠近都市，交通便利，但同时有可能离领主住所非常近便，不论庄园直接向领主输送农产品还是领主前来庄园直接消费，都比较方便。在这些庄园上，被领主直接消费的农产品比重较大，而向市场出卖的比重较小。相反，有些庄园位置偏僻，交通不便，按照冯·杜能理论商品化程度应该较低，但实际上却因领主很少光临就食，也不便远距离地向领主的住所输送，因此出卖产品并向领主缴纳货币成了最好的选择，结果其商品化程度反而较高。

---

① Kathleen Biddick, *The Other Economy*: *Pastoral Husbandry on a Medieval Estate*, London: University of California Press, 1989, p. 72.

② Kathleen Biddick, Agragian Productivity on the Estates of the Bishopric of Winchester in the Early Thirteenth Century: A Managerial Perspective, in B. M. S. Campbell and M. Overton eds., *Land*, *Labour and Livestock*: *Historical Studies in European Agricultural Productivity*, Manchester and New York: Manchester University Press, 1991, pp. 106–113.

另外，不同领主的消费需求不同，经济政策也有差异。比如，世俗领主虽然有城堡或府邸作为居所，但经常因各种军政事务行走各地。其消费自然较少依靠庄园直接供应，庄园就能较多地按照不同位置的市场机遇来处理其产品。相反，教士团、修道院、大学等组织的领主有大批的僧侣、教士或教师需要供养，且消费地点稳定而集中，因此这些领主就强调采用实物摊派制度，要求各地庄园将农畜产品直接输送到领主的住所，自然很少按照市场机遇来处理产品。根据坎贝尔的研究，1288—1315 年，教会领主平均转移消费了其剩余谷物的 25%，这个数值在王室和其他世俗领主的地产上只有 5%。[①]

四、理论运用的时代错位

虽然我们仅仅考察了几个零星的例子，这并不具有统计学上的意义，但也不会完全是例外。尽管中世纪英格兰总体的经济形势符合冯·杜能的模型，但领主经济却表现出较大差异，甚至完全相反的特征。如何解释这种理论与现实的脱节呢？事实上，在冯·杜能的理论模型中，除了他明确表达出来的假设条件（单一都市、交通状况和土质条件相同）外，还有一些他没有明确说明却隐含着的条件。这些条件包括充分发展的市场、农产品的生产者与消费者之间的明确分工以及运输成本的可核算性（能够折算为货币计算）。正是由于中世纪英格兰的经济缺乏这些冯·杜能理论所隐含的前提条件，才造成理论与现实脱节。

首先，在冯·杜能的理论中，谷物的价格由向城市供应该种谷物的最边远地区的生产和运输成本决定，也就是说，是由城市的有效需求同乡村的可能供给共同决定的。这种供求关系就是一种市场关系，只有相当发达的市场关系才能确保供求不受扭曲、不受阻碍地决定价格水平。然而，尽管 13、14 世纪英格兰经济的商品化程度已大为提高，但市场发展远未达到可以让领主完全依赖的程度。总体来说，短缺是中世纪经济的正常状态。

① B. M. S. Campbell, *English Seigniorial Agriculture, 1250 - 1450*, Cambridge: Cambridge University Press, 2000, pp. 200 - 201.

农业生产受气候的影响很不稳定，[①] 而谷物的存储量又很低，[②] 粮价的短期波动不能得到有效的抑制，整个经济必然存在着巨大的风险和不稳定性。府邸庞大、仆从众多的世俗领主们自然不敢完全依赖市场来购买谷物等基本的生活资料，更不要说拥有大批僧侣或教师需要供养的修道院或大学等组织领主了。对他们来说，最稳妥的办法莫过于安排庄园直接向其输送谷物等物资。对风险的恐惧压抑着对便利的偏好，对盈利的追逐无法战胜对失利的疑虑。这反映了当时的市场条件以及身处其中的领主们的心态。物资匮乏、市场有限的经济环境已经造就了领主们依靠自己庄园过活的消费观念和生活方式。林肯主教格罗斯泰斯特劝告林肯伯爵夫人要根据谷物的净收入安排全家食物和啤酒的消费量，要从粮食总量中扣除直接消费的数量、酿造啤酒所需的粮食数量，以及用作施舍的粮食数量，最后才是可以出售的余粮，而且强调说："要根据粮食、地租、法庭诉讼和家畜所得的全部收入来安排你一家人衣、食、住一应开支和雇工工钱的支付。"《亨莱的田庄管理》也强调："请你定依土地每年可产出多少为准来安排生活，做到量入为出。"[③] 这种观念改变起来总需要一个过程，而且总会表现出很强的滞后性。随时根据消费的需要从市场上采买物资，无疑是最便利、最能体现领主特殊社会地位的生活方式，但只有在市场物资相对充盈，供应可靠，物价趋于稳定的情况下，只有在市场发展到不仅让人觉得便利且可靠之后一段时间，领主才会消除对风险的疑虑，接受市场采买的政策。反过来，这种观念本身又抑制了市场的进一步发展。这样，中世纪英格兰的市场就不能成为决定价格水平的有效机制，供求关系就受到很大的扭曲和

---

① 法莫尔和蒂托对温彻斯特主教地产资料的研究表明，气候和收成是影响粮价的主要因素。参见：D. L. Farmer, Some Grain Price Movements in Thirteenth-Century England, *The Economic History Review*, Vol. 10, No. 2, 1957, pp. 216 – 218. J. Z. Titow, Evidence of Weather in the Account Rolls of the Bishopric of Winchester 1209 – 1350, *The Economic History Review*, Vol. 12, No. 3, 1960, pp. 360 – 407.

② 据麦克罗斯基和纳什估算，即使在大领主的地产上，谷物的仓储除了当年消费和留作下年种子外，大约只有年消费量的 1/6。参见：Donald N. McCloskey and John Nash, Corn at Interest: The Extent and Cost of Grain Storage in Medieval England, *The American Economic Review*, Vol. 74, No. 1, 1984, p. 176.

③ ［英］伊·拉蒙德、W. 坎宁安编，高小斯译：《亨莱的田庄管理》，北京：商务印书馆 1995 年版，第 42、89 页。

阻碍，不能达到冯·杜能所假定的那种充分发展的市场。

其次，谷物的生产者和消费者之间存在着明确的分工，这是冯·杜能的主要分析框架。都市向乡村出售农具等手工业品，而乡村则向都市出售各种农畜产品。城市居民是纯粹的谷物消费者，而乡村农民是纯粹的谷物生产者（除了满足自身消费之外）。然而，如前所述，领主们不敢完全依赖市场获取消费物资，于是便在乡村占有大量地产，委派总管、管家、庄头等对各地庄园实行直接经营，依靠庄园所生产的物资来满足大部分消费所需。这包括巡回就食和实物供应两种方式。前者指领主每年在分散各地的庄园上巡回旅行，在每个庄园逗留一段时间，直接消费其自营地产品，然后转移到别的庄园。在这种政策下，领主及其仆人要在庄园之间不停移动，因此交通费用很高。另外，由于领主要在庄园上逗留，所以他们通常要在各地的庄园上修建舒适宽敞的庄宅，这些庄宅在他们离开后实际上是闲置的，其修建和维护成本很高。采取这种政策的主要是世俗领主，他们负担着各种军政义务，为此经常奔走各地，分散各地的庄园是他们的歇脚地。但是，有些领主有固定的住所，比如修道院的众多僧侣就应待在院内过特殊的修道生活。这类领主通常采取实物供应模式。他们要求各地的庄园把物资送到府邸（城堡、修道院、主教座堂等）。为了获得稳定的物资供应，同时避免某些庄园负担过重，他们往往将一年的消费量划分为不同的时间单位（比如一周、双周、一个月等）。各个庄园根据生产能力轮流向领主供应一个单位时间内所需的物资。巡回就食要求领主及其大批随从的流动，而物资供应则要求大量消费物资的流动。不论是人员的流动还是物资的流动，都是由领主自己来组织的。结果，领主一方面是农畜产品的消费者，另一方面又是乡村农业生产的直接组织者，在很大程度上是自身谷物的生产者。他们通过组织而非市场的方式来解决自身的消费问题。这种一身二任的情况完全超出了冯·杜能的分析框架。

最后，在冯·杜能的理论模型中，交通成本是一个非常重要的因素。与都市距离不同，运输成本也就不同。不同农产品的特点也影响着运输成本，水果、蔬菜等产品不易长久保存，无法承受长时间远距离的运输；木材价格不贵，但很笨重，长途运输亦不划算；牲畜可以自行走动，长距离运输的成本也不高。正是由于交通成本可以折算为货币，计入成本进行核算，冯·杜能才据此推演出了农业生产在不同半径的圈境内依次分布的经济格局。然而，对于中世纪英格兰的领主们来说，运输成本很低，甚至根本不存在，因为他们通常拥有大量几乎无偿的农奴劳役可供役使。运输劳役是农奴劳役中相当重要的一部分。13 世纪伊里主教和修道院拥有很多运输物资到 30 多个城镇和乡村的佃农劳役，比如从北方的波士顿到彼得伯罗、国王的林恩（King's Lynn）、伯雷圣埃德蒙，甚至伦敦。① 在 13 世纪后期以及黑死病之后，尽管佃农的其他劳役较早转化为货币交纳，但运输劳役一直被保留到很晚。可见，中世纪的经济现实与冯·杜能模型所隐含着的前提是不相符合的。

如果考虑到领主们在庄园拥有运输劳役，交通成本较低，那么按照冯·杜能的分析，只不过杜能圈的半径会扩大而已。也就是说，即使偏远的乡村庄园也可能利用运输劳役向都市售卖农畜产品，因而商品化的范围会扩大，程度会加深。然而，由于市场不可信赖，领主既是生产者又是消费者，因此佃农运输劳役对领主经济起着相反的作用。它不是促使领主把更远地区的庄园产品向都市出售，从而加深领主经济的商品化程度，而是促使其通过组织方式将各地庄园的农畜产品输送到住所进行直接消费，从而阻碍和抑制了领主经济的商品化程度。这同样超出了冯·杜能的分析框架。

从以上几个方面来看，中世纪英格兰的经济实际与冯·杜能理论明确提到的或隐含着的诸多假设条件之间有很大差距，而这正是造成将冯·杜能理论运用于历史实际出现脱节的根源所在。这并不表明冯·杜能理论是错误的，只是在运用理论时忽视了历史前提，可以说是一种时代错位。

以布瑞内尔和坎贝尔为代表的商业化理论突破了过去新人口论和阶级斗争论所设定的循环和停滞的怪圈，为“黑暗”的中世纪找到了希望的曙光。他们提出了“13 世纪的商业革命”的观点（通常称为扩大的 13 世纪，即 1180—1330 年），由此冲击了近代农业革命带来经济突变的观点，甚至把原来归于 18 世纪的一些变革成果提前到了中世纪盛期和晚期，丰富了学界对中世纪的认识和理解。但是，正如道格拉斯·诺斯等新制度经济学派

---

① D. L. Farmer, Marketing the Produce of the Countryside, and Prices and Wages, 1350 - 1500, in Edward Miller ed., *The Agrarian History of England and Wales, Vol. III, 1348 - 1500*, Cambridge: Cambridge University Press, 1991, p. 348.

把“市场”、“产权”、“契约”、“交易成本”等一系列概念运用于分析农奴制庄园时面临的责难一样，商业化理论将冯·杜能的理论运用于研究中世纪经济也存在时代错位的问题。我们在将西方经济学的基本理论用于研究此前市场不发达、产权不明晰、分工不细密的社会时应特别谨慎，应注意该社会的时代特点是否符合西方经济学理论中那些明确提到的以及隐含着的假设，这样才不至于像罗斯托夫采夫那样对古史作过于现代化的处理。

第四章

自营地上的劳动力

第一节　自营地劳动力的构成

一、影响劳动力供需的因素

庄园土地一般分为领主自营地和佃农份地两个部分。领主依赖从佃农获得的长工、习惯劳役和短工来耕种自营地，因此庄园中的自营地和佃农份地分别决定着劳动力的需求和供给。自营地越大，所需劳动力就越多；佃农份地越多，劳动力的供给就越丰富。虽然扩大庄园中自营地的比重可以增加领主的收入，但是自营地的扩大是有限的，因为佃农份地的相对减少会导致佃农无法维生，最终使自营地的劳动力来源枯竭。因此，自营地和佃农份地的相对比重是影响劳动力供需的主要因素。许多庄园中自营地和佃农份地的比例很不协调。有的庄园自营地多而佃农份地少，也有的庄园佃农份地多而自营地少。在剑桥郡和白金汉郡，自营地比重较大，但是维兰份地比重较小；相反，在牛津郡、亨廷顿郡和沃里克郡，虽然自营地比重较小，但是维兰份地比重较大。① 由于自营地同维兰份地不相协调，劳动力的供需矛盾比较突出，因此需要用劳役之外的其他劳动力来补充和调整。

自营地生产的集约化程度也影响着劳动力的需求。不同的庄园有不同的自然禀赋，有的草地较多，畜牧业比较发达；有的耕地较多，种植业占据主导地位。同畜牧业相比，种植业所需的劳动力投入较多，因此同样面积的自营地中耕地越多，劳动力需求就越高。13 世纪不少领主为了提高自营地的收成，愿意多施粪肥、勤耕休闲地、积极除草，甚至在畜牧业中清洗羊毛，并将其按不同质量等级分别包装，这些都增加了自营地劳动力的需求。可见，领主的经营政策也对劳动力需求产生了一定的影响。

---

① E. A. Kosminsky, *Studies in the Agrarian History of England in the Thirteenth Century*, edited by R. H. Hilton, translated from the Russian by Ruth Kisch, Oxford: Basil Blackwell, 1956, p. 33.

另外，值得注意的是，由于农业生产的季节性特点，自营地的劳动力需求在不同时令的分布是很不平衡的（见表4－1）。春季（3月底开始）农民围绕着大麦、燕麦等春季作物的播种要施肥、翻耕、播种、耙地。此后，农事较少，农民可以安排挖掘沟渠、修整田堰、设置围栏等事宜。到6月，割草和翻耕休耕地会使农民们忙碌起来。7月，农民主要的工作是除草，农事也不算很重。8月，农民要先后将小麦、黑麦等冬种作物和大麦、燕麦、豆类等春种作物收割、打捆，并运送回家（或谷仓）。这是最繁忙的季节。9月，如果天气良好，农民就在室外打场，把谷物收入仓库。到米迦勒节（9月29日），领主和农民都要清理债务，盘查收入。10月，农民最后一次翻耕休耕地，并播种冬季作物。如果9月未能打场，农民这时还要在室内将其完成。10月到11月，农民会宰杀牲畜、砍伐柴木，准备过冬。从12月到次年3月底，阴湿寒冷的漫漫冬季是人们最悠闲的日子。总之，一年中大约有三次农事高峰期，分别是春种、割草、秋收。而4月春种到6月割草，以及漫长的冬季构成了两次农业劳动的低谷期。如此，农事忙闲有别，自营地劳动力需求也就多寡不同。

表4－1　英格兰中世纪农业生产的时令和农时①

4月	休耕地的首次翻耕、春季作物（大麦、燕麦、豆子）的播种
5月	收拾园地，播种染料作物等，间或挖掘沟渠、圈围篱笆等
6月	割草、剪羊毛，（三圃制下）休耕地的第二次翻耕
7月	除草
8月	收割（首先是上年种植的冬季作物小麦和黑麦，然后是当年的春种作物）
9月	打场
10月	休耕地的第三次翻耕、冬季作物的种植
11月	宰杀牲畜、砍伐柴木，准备越冬
12月	在阴湿寒冷的天气中悠闲地纺织、进行室内手工业生产
次年1、2、3月	维护工作、积肥

① H. S. Bennett, *Life on the English Manor: A Study of Peasant Conditions, 1150－1400*, Cambridge: Cambridge University Press, 1956, pp. 77－85.

最后，一年中劳动力的分布不仅存在量的差异，还有质的不同。有些劳动在一年中任何时候（至少绝大部分时间内）都不可缺少，而且负担这类劳动的人不宜经常更换。比如，庄园中的庄头、收租人等组织管理者；牛、羊、猪等牲畜的牧放和看管者；管理和使用马车的车夫、照料奶牛并制作奶酪的女工；以及若干照料马匹并使用犁队的耕田人。这类劳作不适宜由负担劳役的佃农来完成，因而主要是由长工来完成的。相反，夏季的割草和除草、秋季的收割和打场等属于季节性和临时性的劳动，需要的劳动人手很多，仅有长工是不够的，因此需要使用佃农劳役和短工作为补充，有时甚至主要是由佃农劳役和短工来完成的。自营地上还常常需要垒墙筑房、修造农具，甚至缝制衣物，为此常常需要雇用一些泥瓦匠、木匠、铁匠、缝纫工等工匠，他们的劳动不是一般佃农所能代替的。自营地上生产劳动的多样性决定了劳动力的多样性。

从劳动力供给的方面来看，最重要的因素无疑是人口的增长。佃农数量越多，劳动力就越丰富。埃文斯·多马曾经指出，劳动力相对于土地的匮乏是奴隶制或者农奴制等强迫劳动制度的经济根源。[①] 随着 11 世纪到 14 世纪初期人口的不断增加，劳动力的供给日渐丰富，因此劳役地租逐渐向货币地租转化，超经济强制日益被经济强制所取代。另外，佃农份地相对于家庭劳动力而言越少，佃农在份地之外寻找劳动机会的愿望就越强烈，对领主而言劳动力的供给也就越丰富。佃农占有的份地越大，自身土地的劳动力需求就越大，他们也就越没有时间为领主服劳役，同时他们也越有财力赎买自己的劳役。这样，尽管他们负担的劳役地租相对较重，但是其中有相当一部分已经转化为货币地租，或者他们雇用短工代替自己为领主服役。相反，占有土地很少的茅舍农和边地农的家庭劳动力剩余较多，虽然他们负担的劳役地租较少，他们很少愿意，也很少能够把自己的劳役转化为货币地租。不仅如此，为了维持生计，他们还积极充当领主的短工和长工。可以说，这些无地和少地的农民才是领主自营地上最主要的劳动力来源。人口增加使得土地更加紧缺，无地和少地的农民越来越多，因此劳动力的供给日渐丰富。

---

① E. D. Domar, The Causes of Slavery and Serfdom: A Hypothesis, *The Journal of Economic History*, Vol. 30, No. 1, 1970, p. 28.

劳动力供需两方面的因素决定了13世纪领主自营地上的劳动力有不同的形式，而且经历了一个变化的过程。

二、长工、习惯佃农和短工

自营地上的劳动力无疑是来源于农民的，但有不同的形式，可以分为长工、习惯佃农和短工三种。

长工[①]一年四季都在自营地上劳动。最常见的长工是耕田人、马车夫、牧牛人、牧羊人、牧猪人、奶场女工等。他们中有些是由以前的奴隶转化而来的，因此长年甚至世代担任长工；有些是领主从占有土地很少的佃农中招纳的。[②] 他们有的住在领主的庄宅里，由领主提供食宿；有的有自己的小块土地和茅屋，不在庄宅里食宿。1208年在温彻斯特主教的24个庄园上，共有358个长工，平均每个庄园大概有15个长工。在贝齐修道院的各个庄园上，长工数量从十几个到二十多个不等。在诺福克伯爵的芬塞特庄园上，13世纪后期通常有9个长工。[③] 如果习惯佃农充当长工，领主会免除其地租和劳役。除此以外，长工还会得到一定的报酬。其报酬可以有不同的形式，他们有的每隔几周（通常为8~12周）就获得1夸脱谷物，有的只是将1英亩自营地中的庄稼收归，为自己所用，还有的直接获得一定的货币，但更多的长工得到价值大体相当的混合报酬。长工每周所获得的报酬几乎同短工一样，只是对领主的依附关系更强一些。正如波斯坦所说的，"典型的长工在本质上是一个雇工"[④]。

占有维兰份地的佃农一般应当负担劳役地租。劳役地租可以分为周工

---

① 王超华在其文章中将这类劳动力称为"庄仆"，并分析了庄仆的来源、工资等问题。王超华：《中世纪英国庄仆探微》，《史学理论研究》2012年第3期。

② M. M. Postan, The Famulus: The Estate Labourer in the Twelfth and Thirteenth Centuries, *The Economic History Review*, Supplements 2, Vol. 69, No. 273, 1954, pp. 4 - 10.

③ M. M. Postan, The Famulus: The Estate Labourer in the Twelfth and Thirteenth Centuries, *The Economic History Review*, Supplements 2, Vol. 69, No. 273, 1954, pp. 4, 18. F. G. Davenport, *The Economic Development of a Norfolk Manor, 1086 - 1565*, Cambridge: Cambridge University Press, 1906, p. 24.

④ M. M. Postan, The Famulus: The Estate Labourer in the Twelfth and Thirteenth Centuries, *The Economic History Review*, Supplements 2, Vol. 69, No. 273, 1954, pp. 20 - 23.

和帮工两类。周工一年四季每周都要负担劳役，它又可以分为两段。在秋收季节（从8月初到9月29日米迦勒节，约8周），农活较忙，占有全份地（1维尔格特）的习惯佃农每周应当负担3~5天的劳役。而在其他季节，劳役较轻，上述佃农每周负担1~3天的劳役。不同地产上的佃农劳役轻重有别，但秋季劳役比其他季节繁重则是普遍现象。另外，占有半份地（半维尔格特或半亚德兰）的习惯佃农的劳役负担大约相当于全份地佃农的一半，有时略多于其一半。周工主要用来耕地、除草、施肥、收割和打场。

除周工之外，佃农在需要的时候还应当为领主提供帮工，不过领主会为提供帮工的佃农准备饭食（甚至包括酒和肉），有时还给予一些实物报酬。比如，佃农在帮助领主割一天草后，根据习惯，他们可以得到一些赏赐。[①] 有时在农忙季节，佃农还必须带领两三个人（自己的家人或者其他人）为领主劳动，他们通常可以得到一定的报酬。帮工最初是佃农应领主请求自愿提供的，后来渐渐成为不可拒绝的义务。13世纪的一些惯例簿中详细规定了领主为帮工提供的饭食标准，明确规定饭食中应当包括肉、鱼、啤酒，甚至明确规定了其中面包的数量，是白面包还是黑面包。这很可能就是最初领主为吸引佃农提供帮工而作出的承诺，只是后来才变成惯例。

短工可以分为两类。一类是在割草、收割、打场等农忙季节受雇的一般短工，他们大多数是非技术性的。他们的报酬有时是计时工资，比如日工；有时是计件工资，比如收割1英亩庄稼、割1英亩草，或者完成若干夸脱谷物的打场工作所获得的工资。另一类是技术性的短工，包括铁匠、泥瓦匠、木匠等工匠。由于他们的劳动有一定的技术含量，因此工资也比较高。13世纪随着人口的增加，很多人渴望靠做短工挣一点微薄的收入。林肯主教格罗斯泰斯特在为林肯伯爵夫人所写的田庄管理条例中，告诫伯

① 在当天割草结束的时候，佃农可以带走尽可能多的一捆干草，但他必须用胳膊夹走，并且不得洒落在地上，否则，他就一根干草都不能带走。或者，领主把一只羊在草地里放开，割草的佃农们如果能够将其抓住，就可以将其分着吃掉。这些习惯更像一种庆祝仪式。参见：Andrew Jones, Harvest Customs and Labourers' Perquisites in Southern England, 1150 - 1350: The Hay Harvest, *Agricultural History Review*, No. 2, 1977, pp. 98 - 107.

爵夫人可以威胁短工："你要他们服从你的意愿和希望，谁不照办就解雇谁，你可以雇用他人，而这种人很多。"①

由于长工、劳役和短工分别具有不同的特点，领主通常综合使用各种劳动力。庄园上的日常农活由长工完成；耕地、割草、收割等重要的农事辅之以劳役；在特别忙碌的时候，雇用一些短工也不可避免。

三、劳役地租的货币化

随着人口的变化以及自营地的伸缩，佃农劳役的轻重程度也有所不同。11、12 世纪随着出租经营的流行，劳役地租有所减轻。但是，随着 13 世纪直接经营的兴盛，领主自营地上对劳动力的需求增加，于是许多领主设法加重佃农的劳役负担。有的领主分割了维兰的份地，但是每个维兰负担的劳役地租并没有减少。比如，格拉斯顿伯雷修道院就是通过这种方法增加维兰的劳役负担的。有的领主直接要求维兰提供帮工，这是温彻斯特主教采用的方法。有的领主在精确规定劳役量的过程中，趁机增加劳役的总额。还有的领主撤销了原先转化成货币地租的劳役，重新要求维兰负担劳役，有些维兰原先可以选择交纳货币地租或是服劳役，但后来他们只能服劳役了。在 1170 年到 1299 年之间的伍斯特主教地产上，虽然佃农的周工天数没有变化，但在农忙季节领主渐渐要求佃农连同他的家人一起提供劳役。② 在拉姆齐修道院的地产上，13 世纪上半期负担劳役地租的佃农数量有所增加，而且每个佃农所负担的劳役也加重了。③ 在该修道院的地产上，12 世纪的佃农很少负担帮工，但是到 13 世纪，这种帮工几乎出现在该领主所有的庄园上。与此同时，佃农所负担的周工并没有减少。也就是

---

① ［英］伊·拉蒙德、W. 坎宁安编，高小斯译：《亨莱的田庄管理》，北京：商务印书馆 1995 年版，第 94 页。

② Christopher Dyer, *Lords and Peasants in a Changing Society*, Cambridge: Cambridge University Press, 1980, p. 102.

③ J. A. Raftis, *The Estates of Ramsey Abbey: A Study in Economic Growth and Organization*, Toronto: Pontifical Institute of Medieval Studies, 1957, p. 115.

说，自营地上所使用的佃农劳役总量增加了。[①] 伍斯特郡的庄园海尔索文在 12 世纪属于王室地产，但 1214 年国王约翰将其赐予温彻斯特主教罗切斯的彼得（Peter des Roches）。在该庄园上，12 世纪占有 1 亚德兰土地的维兰每年应当负担 12 天劳役（由于它曾经属于王室地产，所以劳役较轻），但是 13 世纪中期同样的维兰应当负担 18 天的劳役。[②]

不过，由于人口的增加和劳动力的丰富，有些领主无须加重佃农的劳役地租就可以获得自营地上所需的劳动力。比如，在伍斯特郡的圣玛丽小修道院（St. Mary Priory）的部分庄园上，13 世纪上半叶劳役地租在继续向货币地租转化。[③] 在威斯敏斯特修道院的地产上，从 1225 年到 1348 年，佃农的劳役几乎没有增加。[④] 有的领主试图增加佃农劳役负担，但是并不顺利。比如国王亨利三世试图扩大自营地直接经营，于 1236 年任命瓦尔特负责此事。瓦尔特极力维持，甚至增加劳役的数量。他在几个庄园上索取的劳役地租超过了习惯的数量，因此佃农们向国王申诉，最后国王于 1240 年阻止了瓦尔特的工作。[⑤]

实际上，在 13 世纪后半期，劳役地租的短暂回潮已经结束了。在威斯敏斯特修道院院长的庄园伊斯里普（Islip），1278 年有 5 个占有 1 维尔格特土地的佃农把除秋季劳役之外的其他劳役地租转化成了货币地租。到 1280 年，同样的佃农增加到 13 个，到 14 世纪 30、40 年代，这种佃农进一步增加到 15 个。在黑死病之前，该修道院的修士团已经将其地产上的大

---

① N. Neilson, Boon-Services on the Estates of Ramsey Abbey, *The American Historical Review*, Vol. 2, No. 2, 1897, pp. 213 – 224.

② Zvi Razi, The Struggles between the Abbots of Halesowen and their Tenants in the Thirteenth and Fourteenth Centuries, in T. H. Aston, P. R. Coss, C. Dyer and J. Thirsk eds., *Social Relation and Ideas*: *Essays in Honor of R. H. Hilton*, Cambridge: Cambridge University Press, 1983, p. 156.

③ M. M. Postan, *Essays on Medieval Agriculture and General Problems of the Medieval Economy*, Cambridge: Cambridge University Press, 1973, p. 101.

④ Barbara Harvey, *Westminster Abbey and its Estates in the Middle Ages*, Oxford: Clarendon Press, 1977, p. 219.

⑤ Robert C. Stacey, Agricultural Investment and the Management of the Royal Demesne Manors, 1236 – 1240, *The Journal of Economic History*, Vol. 46, No. 4, 1986, pp. 919 – 934.

部分劳役地租转化为货币地租。① 马歇尔伯爵的庄园提登翰（Tidenham）在1295年共拥有佃农劳役6 356个工，而实际使用的只有3 169个工，减免617个工，出卖2 570个，即一半的劳役地租被减免或出卖。伊里主教在大设菲尔德（Great Sheflord）的庄园每年拥有劳役地租4 800个工。在1328年有1 420个工转化为货币地租，到1341年，这个庄园上的佃农已经不再负担劳役地租，而是支付13英镑的货币地租。② 在诺福克伯爵的庄园芬塞特，13世纪后期劳役地租向货币地租的转化更加明显。不同年份劳役地租的出卖比率可以很清楚地说明这一点（见表4－2）。

表4－2　诺福克伯爵的庄园芬塞特劳役出卖率的变化③

年份	1273	1275	1278	1279	1280	1284	1286	1290	1293	1300	1303	1304	1306
出卖率（%）	20	28	10	17	12	37	24	32	24	31	36	56	46

四、劳役地租在自营地劳动力中的比重

既然领主通常综合使用三种劳动力，那么不同劳动力在自营地生产经营中分别处于何种地位呢？由于13世纪后期和14世纪初期资料比较丰富，学者们的相关研究也比较深入，不妨重点考察一下这个时期领主自营地上的劳动力构成情况。

保罗·哈维对牛津大学默顿学院的库克翰庄园上的劳动力构成进行了统计研究。他的研究表明，1276年到1290年，佃农劳役多于短工，但仅仅相当于长工劳动量的30%～40%。由于13世纪90年代初期习惯佃农从6人增加到13人，劳役的比重有所上升，而同时雇工的比例相对下降。从1293年到黑死病暴发，佃农劳役的价值相当于每年6～7英镑，而短工的

① Barbara Harvey, *Westminster Abbey and its Estates in the Middle Ages*, Oxford: Clarendon Press, 1977, p. 233.

② Edward Miller and John Hatcher, *Medieval England Rural Society and Economic Change, 1086－1348*, London: Addison-Wesley Longman Limited, 1978, p. 223.

③ 出卖比率系笔者根据达文波特的数据计算所得。参见：F. G. Davenport, *The Economic Development of a Norfolk Manor, 1086－1565*, Cambridge: Cambridge University Press, 1906, p. 47.

开支仅相当于这个数字的一半。这样看来，该庄园13世纪后期的长工、佃农劳役和短工在自营地劳动力中的比重约为1/2、1/3和1/6。[①]

达文波特研究了诺福克伯爵的庄园芬塞特的情况。在13世纪后期该庄园通常有9个长工，按每个长工每年劳动250天计算，长工的劳动量为2 250个工。当时该庄园的劳役总量大约为2 973个，不过实际使用的劳役只有2 120个，因为领主每年平均出卖853个劳役。短工每年的工资平均为16先令0.5便士，按照日工工资2便士计算，相当于86个日工。也就是说，在这个庄园的自营地劳动力中，长工、劳役和短工分别占50%、48%和2%。[②]

根据温彻斯特主教的地产账簿，1324—1325年陶顿庄园上共有16.5个长工（割草工3个，耕地工9个，牧牛人2个，牧羊人2.5个），其劳动量大约为4 125个工（每人每年工作250天）。而当年该庄园拥有的佃农劳役为12 535.5个，其中44.8%被出卖，另外还有1 601个工被减免，实际使用的劳役只有5 321.5个。非技术性短工的货币工资为5英镑2先令5.25便士，按照每个日工2便士计算，这相当于615个日工。这样，在自营地的劳动力中，长工、佃农劳役和短工分别占41%、53%和6%。[③]

另外，1322年，在克罗兰修道院的庄园科滕翰（Cottenham）上，给长工和短工的工资（包括雇工的食物）为9英镑4先令6便士，而自营地所使用的佃农劳役的折价仅有4英镑10先令，即劳役在自营地劳动力总额中不足1/3。[④] 根据德里克·斯特恩对威斯敏斯特修道院在赫特福德郡的庄园金伯内（Kinbourne）的研究，该庄园在1286年到1307年的21年间

---

① P. D. A. Harvey, *A Medieval Oxfordshire Village: Cuxham, 1240 to 1400*, Oxford: Oxford University Press, 1965, p. 85.

② F. G. Davenport, *The Economic Development of a Norfolk Manor, 1086 - 1565*, Cambridge: Cambridge University Press, 1906, pp. 37 - 43, 47. 长工中的耕田人、马车夫等在星期日和一些重要的宗教节日休息，另外有时天气恶劣，无法劳动，因此平均每个长工每年劳动250天应当是一个比较合理的估计。

③ 该庄园这一年的账簿参见：J. Z. Titow, *English Rural Society, 1200 - 1350*, London: Allen & Unwin Ltd., 1969, Document 5, pp. 115 - 136.

④ M. M. Postan, The Famulus: The Estate Labourer in the Twelfth and Thirteenth Centuries, *The Economic History Review*, Supplements 2, Vol. 69, No. 273, 1954, pp. 3 - 5, 27.

（1294 年缺）庄头和长工的支出（包括货币和谷物工资、分配给长工收获的庄稼以及地租和劳役的减免）总额为 202 英镑 6 便士，劳役折价总额为 65 英镑 17 先令 3 便士，而短工支出总额为 107 英镑 5 先令 5 便士。[①] 也就是说，长工、劳役和短工在自营地劳动力中的比重分别为 54%、18% 和 28%，劳役地租也不足 1/3。

上述五个庄园都属于劳役地租比较充足，庄园化程度比较深的大领主。即使如此，佃农劳役在自营地劳动力总量中很少超过一半，通常仅有 1/3 左右。根据科斯敏斯基对 13 世纪英格兰中部地区庄园结构的研究，该地区全部庄园中有 40% 没有自营地，或者虽有自营地，但没有维兰份地（两类分别占 30% 和 10%）。也就是说，只有 60% 的庄园是有佃农劳役的庄园。从不同庄园的结构来看，庄园越小，其维兰份地比重越小，自营地比重越大，其佃农劳役就越不能满足自营地生产的需要，长工和短工在自营地劳动力中的比重就越大。[②] 布瑞内尔对几个小领主庄园的研究就说明了这一点。占有一两个庄园的小领主有的完全没有佃农劳役可以使用，有的只有一两个负担劳役的佃农。其自营地上的生产劳动几乎全部依靠长工和短工来完成。[③] 在王室地产上，自营地的比重很小，佃农的劳役负担很轻。[④] 西多会修道院的绝大部分地产都属于自营地，但是他们几乎不使用佃农的劳役地租，因为他们有大量的“世俗兄弟”充当长工。这些都说明，就整个英格兰而言，佃农劳役在领主庄园自营地劳动力中的比重远低于 1/3。

---

① 数据来源：D. V. Stern, *A Hertfordshire Demesne of Westminster Abbey: Profits, Productivity and Weather*, Hertfordshire: University of Hertfordshire Press, 1999, pp. 224 - 225.

② 在 500 英亩以下的小庄园中，维兰份地只占 27%，而在超过 500 英亩的大庄园中，维兰份地比重较大，占到了 47%。同时，庄园越大，自营地比重越小。在大庄园中，自营地和自由份地只占 27% ~30%，在自营地和自由份地的比重达到了 48% ~50%。E. A. Kosminsky, Services and Money Rents in the Thirteenth Century, *The Economic History Review*, Vol. 5, No. 2, 1935, pp. 32 - 34.

③ R. H. Britnell, Minor Landlords in England and Medieval Agrarian Capitalism, *Past and Present*, No. 89, 1980, p. 10.

④ M. K. McIntosh, Land, Tenure, and Population in the Royal Manor of Havering, Essex, 1251 - 1352/3, *The Economic History Review*, Vol. 33, No. 1, 1980, pp. 17 - 31.

负担劳役，特别是负担周工的佃农并不多。1279 年在沃里克郡的斯通莱和基尼顿（Kineton）两个百户区的 93 个村庄中，至少 1/4 村庄中的佃农不负担任何劳役，而负担周工的村庄只占 10%。① 据约翰·哈切尔估算，负担劳役地租的佃农在全部佃农中不超过 3/5；如果加上教士、贵族、城镇居民等，那么负担劳役的家庭在英格兰的全部家庭中不足 1/3。② 劳役地租也并不是佃农对领主的主要负担。根据科斯敏斯基的研究，劳役地租在佃农全部负担中所占的比重不足 1/3。③

从以上几个方面可以看出，劳役地租在领主经济，甚至在整个封建经济中的地位并没有先前人们所估计得那样重要。它往往不是领主自营地上的主要劳动力。④ 这个事实说明，西欧的“农奴劳役制”庄园并不是完全依赖农奴劳役进行生产的组织，甚至不是主要依赖农奴劳役进行生产的组织。西欧中世纪的庄园之所以被称为“农奴劳役制”庄园，不是因为农奴劳役在自营地劳动力数量上占优势，而是因为农奴劳役是自营地生产中最关键的部分。在播种、割草、收割、打场等农业生产的关键环节，短时间内需要大量的劳动人手，这个时候劳动力最紧缺。自营地是否能在农忙季节得到足够的劳动人手，将决定其生产经营的成败。负担劳役的佃农在这些关键的生产环节中是最主要的力量。领主刻意保留佃农的帮工义务和秋收季节的劳役地租，就是为了确保农忙季节有足够的劳动人手。只有从这一点来看，我们将中世纪英格兰的庄园称为“农奴劳役制”庄园才是恰当的。

---

① 斯通莱百户区的 45 个村庄中，不负担任何劳役的有 18 个，仅负担很轻劳役的有 12 个，农忙季节负担劳役的有 13 个，负担周工的只有 2 个；在基尼顿百户区的 48 个村庄中，不负担劳役的有 10 个，负担轻微劳役的有 8 个，农忙季节负担劳役的有 22 个，负担周工的有 8 个。R. H. Hilton, *The English Peasantry in the Later Middle Ages*, Oxford: Clarendon Press, 1975, p. 129.

② J. Hatcher, English Serfdom and Villeinage: Towards a Reassessment, *Past and Present*, No. 90, 1981, pp. 6 – 7, 11.

③ E. A. Kosminsky, *Studies in the Agrarian History of England in the Thirteenth Century*, edited by R. H. Hilton, translated from the Russian by Ruth Kisch, Oxford: Basil Blackwell, 1956, p. 191.

④ 马克垚先生早已注意到了这一点，并指出进一步研究的必要性。马克垚：《英国封建社会研究》（第二版），北京：北京大学出版社 2005 年版，第 159 页。

虽然长工和短工往往是领主自营地上主要的劳动力，但是也不能说13世纪英格兰的庄园是以雇用劳动为基础的生产组织。从上述几个例子我们可以看出，在庄园自营地的劳动力中，雇用关系比较明显的短工所占的比重较小。自营地上更主要的劳动力是长工，而长工中绝大多数是庄园内的习惯佃农，他们虽然从经济地位上看更像“打工者”，但从法律地位上看完全是依附和从属于领主的劳动力。长工所获得的报酬更多的是庄园习惯的一部分，在经济环境的变化下显示出相当程度的稳定性。长工同领主之间的雇用关系之外还附加了许多特权和奴役的政治社会因素。这些都说明，他们同领主之间的关系还远不是近代资本家同产业工人之间的雇用关系。

第二节　黑死病前的劳役折算：一项微观研究

一、问题与视角

在研究中世纪英格兰的农奴制时，早先的学者侧重于从法律角度探讨农奴与自由人之间的界限，相关法律的形成和演变，农奴有无占有财产、自由择偶、买卖土地等权益。此类研究多以王室法庭中的诉案、伯拉克顿等法学家的论述、领主的地产管理手册等资料为依据，这些资料大多来自与农奴相对较远的高层，因此其结论自然倾向于强调农奴制的普遍性和严酷性。随后，这种“自上而下”的宏观研究方法，注重法律规定而忽视社会经济实际的研究取向逐渐受到批评。大多数学者开始从农民的视角注重研究农奴制的实际经济含义，其资料多为庄园的地租册、惯例册、庄园账簿和庄园法庭卷宗。虽然这些资料仍然是领主在地产管理过程中产生的，但毕竟包含了大量有关农民的具体信息。这种“自下而上”的微观研究视角使学者们看到了另一番更为真实的图景：农奴制的范围有限；农奴与自由农民之间的界限模糊混乱；农奴的法律地位与经济境况并不一致；农奴的劳役负担较以前所估计得要轻；农奴在事实上可以买卖土地，等等。贝内特是此类研究的杰出代表。①

国内学界也在尝试否定或修正农奴制的严酷性。马克垚从法律规定和经济现实两个维度对农奴制作了较为全面和深入的考察，着重指出了农奴制的相对性问题和法律规定与经济现实的差距。② 顾銮斋最近对此作了进一步阐释。③ 侯建新把英国农民个人力量的成长视为现代化的第一基石，并将其追溯到中世纪的农奴制时代，特别是从惯例的约束、劳役的限定和折算等方面强调了领主盘剥的有限性和佃农积累的可能性。④

国外学界在重新审视农奴制时显得更加激进。霍曼斯强调了农奴制中温情脉脉的一面。他认为，领主向农奴分配土地和农奴向领主提供劳役是一种“经济交易”，双方还保持着“相互的忠诚和理解”，具有一种互惠关系。⑤ 约翰·哈切尔提出，习惯对佃农具有保护作用；农奴所负担的地租水平比自由佃农更低；农奴不但不是乡村中最贫穷的，还可能是地位优越的。⑥ 尽管这种观点受到了戴尔等人的批评，⑦ 十几年内赞成者寥寥无几，但最近日本学者神坂顺一成为哈切尔的支持者。他利用1279年百户区调查卷档研究了不同佃农的地租水平，其结论是：虽然维兰所负担的地租水平总体来说高于自由佃农，但低于许多占地较少的自由佃农；在庄园习惯、

① ［英］亨利·斯坦利·贝内特著，龙秀清、孙立田、赵文君译：《英国庄园生活：1150—1400年农民生活状况研究》，上海：上海人民出版社2005年版。

② 马克垚：《西欧封建经济形态研究》（第二版），北京：人民出版社2001年版，第195—243页。

③ 顾銮斋：《西欧中世纪依附劳动者的法律概念与经济实况》，《史学理论研究》2004年第4期，第18—21页。

④ 侯建新：《现代化第一基石：农民个人力量增长与中世纪晚期社会变迁》，天津：天津社会科学院出版社1991年版，第79—108页。

⑤ “经济交易”这样的用语可能隐含着双方一定程度的平等关系；除此以外，领主节日里为农奴提供公餐，农忙季节为服役农奴提供伙食；农民在节日向领主送鸡蛋、奶酪等小额礼物，农忙时为领主提供帮工。在霍曼斯看来，这种“礼物的交换有助于消弭二者之间的对立情绪，象征性地表达了作为双方关系基础的互惠”。参见：G. C. Homans, *English Villagers of the Thirteenth Century*, Cambridge, Mass.: Harvard University Press, 1941, pp. 230, 269.

⑥ J. Hatcher, English Serfdom and Villeinage: Toward a Reassessment, *Past and Present*, No. 90, 1981, pp. 3 - 39.

⑦ Christopher Dyer, *Standards of Living in the Later Middle Ages*, Cambridge: Cambridge University Press, 1989, p. 137.

领主权力和市场供求三种影响地租水平的因素中，庄园习惯的作用最大，它抑制了其他两种因素的作用，使维兰所负担的地租在人口增长和土地稀缺的情况下上升较小，使领主难以提高地租；维兰所负担的地租只有市场土地租金的一半左右。[①] 在此基础上，坎贝尔又提出，维兰是乡村中的“特权者”，他们以很低的“习惯地租”直接从领主手中租到土地，然后又以更高的“市场租金”将部分土地转租给其他佃农，实际上成为领主与其他佃农之间的二地主；他甚至提出，不是领主在盘剥维兰，而是“维兰在盘剥领主”[②]。以瑞夫茨为首的多伦多学派一向突出村社而淡化庄园，他们强调全份地维兰是村社管理中的骨干和头面人物。这主要是从社会关系的角度而言的，坎贝尔却试图证明维兰在经济地位上也是村庄中的上层。这些观点不再像波斯坦、希尔顿、布伦纳等人那样将农奴制视为一种严酷的剥削制度，[③] 而是强调受习惯制约的农奴制是农民抵制市场侵袭和领主盘剥的避风港湾。这似乎要把我们对农奴制的传统看法完全颠倒过来，促使我们寻找合适的视角详加探究。

由于劳役制度是农奴制的核心，劳役的货币化反映了农奴制度的削弱和商品货币关系的渗透，因此它可以作为一个很好的切入点和视角来分析农奴制度演变背后所体现的领主与农民的冲突和妥协。马克思在追溯资本主义地租的起源时依次分析了劳役、实物和货币三种地租，认为随着其顺次演进，超经济强制逐渐减轻，地租日益接近其纯经济的形式，[④] 后来的马克思主义史学家也据此将劳役的货币化视为一种进步。然而，这种进步

---

① 神坂顺一将维兰所负担的劳役、杂费、实物等各种负担折算为货币，与货币地租加起来构成地租总额，再除以其占地亩数，算出地租水平，并以此同各种自由佃农的地租水平进行比较。参见：Junichi Kanzaka, Villein Rents in Thirteenth-Century England: An Analysis of the Hundred Rolls of 1279 - 1280, *The Economic History Review*, Vol. 55, No. 4, 2002, pp. 593 - 618.

② B. M. S. Campbell, The Agrarian Problem of the Early Fourteenth Century, *Past and Present*, Vol. 188, 2005, pp. 3 - 70.

③ 波斯坦估计领主取走了佃农总收入的一半，希尔顿也认为农奴所受盘剥比自由农沉重，布伦纳则将领主对佃农的盘剥视为农民贫困和经济停滞的主要原因。对这些观点更深入的评介可以参见马克垚：《英国封建社会研究》（第二版），北京：北京大学出版社 2005 年版，第 206—207 页。

④ 《马克思恩格斯全集》（第 25 卷），北京：人民出版社 1974 年版，第 881—903 页。

性包含着双重标准：一是农民的人身自由状况；另一则是其经济损益。劳役货币化是否在增进农奴人身自由的同时给其带来了经济好处，国内外学界对此是有争议的。20 世纪 50 年代苏联学界在讨论这个问题时，有人认为佃农在劳役货币化过程中虽然摆脱了一些人身束缚，可经济负担却加重了，但主流意见则是，“支付货币地租的佃农受的剥削比负担劳役地租的农奴受的剥削要厉害”，“封建剥削的重担会随着超经济强制的削弱而增加”的说法“恐怕是不正确的”。[①] 黑死病之后农奴劳役的折算不仅给佃农带来了人身解放，而且增加了其经济福利。学界对此分歧不大，不过对黑死病之前劳役折算对谁有利的问题，却分歧较大。科斯敏斯基、波斯坦和希尔顿都认为劳役限定和折算对领主有利。[②] 贝内特的论述比较谨慎，他一方面说，农奴一天的劳役其实往往只有半天，另一方面又说，“普遍说来，惯例的执行往往更有利于领主而不是他的农奴”[③]。

在国内学界，由于中国历史上农民所承担的力役负担主要是对国家的公役，而不是对私人地主的私役，因此国内研究中国经济史的学者对劳役货币化问题的关注较少。国内研究中世纪西欧（特别是英国）经济史的学者对此有所涉猎，但略有分歧。马克垚注意到了领主利用劳役折算的机会

---

① 参见“历史研究”编辑部编译：《苏联关于封建主义基本经济规律的讨论》，北京：生活·读书·新知三联书店 1956 年版，第 234 页。

② 科斯敏斯基指出，13 世纪的劳役折算促进了封建剥削率的提高和农民的分化，只有少数农民从中得到好处。参见科斯敏斯基：《十一至十五世纪英国封建地租形态的演变》，《史学译丛》1956 年第 1 期，第 76 页。波斯坦也曾说：“人们普遍猜测以前的不确定性有损于农民的利益，然而事实并非总是如此。将不确定的周工改为明确的全天服役，对维兰来说经常意味着比不确定的日工更重的负担。”参见：M. M. Postan, The Chronology of Lobour, in Idem, *Essays on Medieval Agriculture and General Problems of the Medieval Economy*, Cambridge: Cambridge University Press, 1973, p. 102. 希尔顿则说，“每次地产调查者编写资产估价册，领主要求佃农提供的劳役量都会增加”，“在全国各地，只要同一庄园留下了 12 和 13 世纪的调查册可以用来比较，就可以发现这种现象的存在”。R. H. Hilton, *A Medieval Society: The West Midlands at the End of the Thirteenth Century*, the second edition, London: Cambridge University Press, 1983, p. 135.

③ ［英］亨利·斯坦利·贝内特著，龙秀清、孙立田、赵文君译：《英国庄园生活：1150—1400 年农民生活状况研究》，上海：上海人民出版社 2005 年版，第 82—83、93 页。

增加地租的现象，[①] 王乃耀则在分析英国封建地租演变的过程时认为，13世纪末期货币地租的普遍推广导致了农奴制的解体，加速了农民的两极分化。[②] 侯建新先生虽然承认劳役的限定“对农奴的怠工是一种监督”，但更强调对领主随意加码、恣意盘剥的限制。他认为，不论从人身自由的增强还是实际经济益处来说，劳役折算都有利于佃农。[③]

一方面，虽然科斯敏斯基、希尔顿和波斯坦认为劳役限定和折算对领主有利，但他们并未探讨劳役折算的方法和折价高低，因此也就未能系统地说明领主从中获得了哪些好处。另一方面，国内学界似乎对领主从劳役折算中获得的好处估计不足。规定农奴劳役及其折价的惯例册往往是由领主制定的，领主为此要派总管举行多次庄园会议，要耗费不少羊皮纸；这些惯例册之所以能留传至今，应归功于领主的精心保存；假如劳役限定和折算代表了农奴而非领主的利益，那么领主为何要花费人力物力去制定和保存这些惯例册呢？假如领主是输家而佃农是赢家，那么农奴为何会在后来的抗争和起义中极力烧毁这些对他们有利的东西呢？基于这样的理由，笔者尝试做些拾遗补阙的工作，利用一些国外编译的庄园惯例册、账簿和法庭卷宗，结合相关的学术论著，分析黑死病前劳役限定和折算对领主和佃农的不同影响。

---

① 马克垚：《西欧封建经济形态研究》（第二版），北京：人民出版社2001年版，第208页。

② 王乃耀：《论英国封建地租的演变》，《首都师范大学学报》1996年第6期，第89页。

③ 侯建新说，庄园惯例册的制定“许多情况下是朝着有利于整个农奴或佃户的一方‘倾斜’”的；“当一个维兰的劳役转为货币地租时，他的地位明显提高了”；劳役地租的折算“增大了佃户的自主活动余地”；“一旦农奴的劳役折算为固定的一笔货币，不确定性便告终止，权益界限进一步划清，与自由农民的实际地位几乎没有什么区别，尽管他们的出身不同”。他还根据马克思的经典论述，阐述了当佃农在领主自营地上的劳役义务成为不变量的时候，就可以利用自由支配的时间创造可变的收入，从而改善经济境况。侯建新：《现代化第一基石：农民个人力量增长与中世纪晚期社会变迁》，天津：天津社会科学院出版社1991年版，第85—86、104和154页。

二、劳役的限定

13 世纪很多的庄园调查册都对佃农的劳役作了极其详尽的规定。内容包括不同类型佃农在不同季节所负担的周工天数、分别在星期几服役、哪些节日可以免役、各可免役几天、这些节日处于星期日或服役日时有何不同，什么情况可以请假，服役日遇到下雨应如何处理，耕地、割草、收割等帮工的天数和人数、是否自带耕犁或马车、到中午就收工还是全天劳作，领主是否提供伙食、伙食的数量和质量，不同距离和不同物品的运输各算几天劳役、各种杂工要完成多少劳作量才能算一天劳役等等，事无巨细，力求精确明白，甚至有些规定让人叹为观止。① 惯例的精确化和成文化体现了领主与佃农之间的冲突和妥协。关键在于，这些庞杂而琐碎的规定对领主和佃农分别意味着什么呢?

13 世纪著名法学家伯拉克顿曾说，一个纯粹的农奴所负担的义务是不确定的，他“在夜晚都不知次日清晨应提供何种劳作”，即应“做主人要求他做的任何事情”。② 若以此为参照，自然会得出 13 世纪庄园惯例的成文化和劳役的明确界定有利于佃农的结论。但是，许多学者已经证明，伯拉克顿式的法律拟制从未成为经济现实，领主权力从来不曾达到可以恣意妄为的程度。相反，在惯例精确化之前的 11、12 世纪，农奴劳役负担反而更轻。也就是说，很多领主借制定惯例册或重新调查庄园之际加重农奴的

---

① 比如在拉姆齐修道院的庄园圣伊弗斯（St. Ives）上，“作为一个日工，他（佃农）应当把 24 捆小麦或者黑麦脱粒，或者把 30 捆燕麦、扁豆、大麦脱粒；他应当砍一捆柴，并将其拉到庄宅中；他应当在面临林地的田地边树立 1.5 杆（每杆约相当于 5 米）的栅栏，在瓦顿（Waddon）或者沃德布鲁克（Wodebroc）要树立 2 杆才算一个工，在邻近圣伊弗斯小镇的地方则树立 1.5 杆就可以算一个工；他应当在平地里挖出长 1 杆 16 英尺，上部宽 5 英尺，底部宽 2 英尺，深两铲头（spadegrafes）的沟渠，才能算一个工……”引自乔治·杜比所节编的拉姆齐修道院的惯例册，参见：Georges Duby, *Rural Economy and Country Life in the Medieval West*, translated by Cynthia Postan, Columbia: University of South Carolina Press, 1968, pp. 480 – 481.

② Bracton, *On the Laws and Customs of England*, *Vol. II*, translated by Samuel E. Thorne, Cambridge: The Belknap Press of Harvard University Press, 1977, p. 89.

劳役量。如前所述，13 世纪许多领主都增加了其自营地上的农奴劳役。[①]这表明，劳役"限定"的主旨不是确定劳役的上限，以便保护佃农免受领主的恣意勒索，而更多的是确定劳役的下限，以便领主能保质保量地获得所需劳役。

学界对领主借机加重农奴劳役负担的问题已经多有论述，但通常被忽视的是，即使农奴的劳役量没有增加，劳役的精确化也符合领主的利益。领主的权力从来不曾达到恣意妄为的程度，倒是佃农们有着各种悄无声息的抵制手段。除了直接拒服劳役、拒交地租外，他们总是千方百计地在服劳役时懒散怠惰、迟到早退、弄虚作假，而领主及其代理人对这些消极抵制的行为又难以监督。当双方对惯例发生争执时，佃农们总是根据"记忆"作出对自己有利的解释，贝内特就发现了一个很好的例子。维尔罗亚尔（Vale Royal）修道院院长与其佃农就是否应当缴纳羊作为部分遗产税发生争论。惯例规定"至于羊，应像死者其他应当分割的财产那样来分割"，同时还强调这句话是添加上的，原因在于："女修道院院长初临达恩黑尔（Darnhale）时，农奴佃户们说羊群不应分割，而应当全部留给死者的妻子。这是十分错误的。因为我们历来是对羊群进行分割的，且根本无人持有异议，这种情况一直到瓦伦·勒·格兰提隆出任达恩黑尔管家之前都是如此。而他当上管家后，因接受贿赂而腐败，在其任职期间没有收取领主应得的全部财物中的那一份。此后，农奴佃户们就极力想使之成为先例和惯例，他们这样做委实不该。"[②] 这个例子说明领主在管理庄园时面临着两方面的困境：庄民总是声称对自己有利的先例是惯例，而管家、庄头等庄官也可能为谋求私利而成为庄民的同谋者。

如果考虑到领主在实施农奴制时所面临的现实困境，我们就会理解劳役限定所具有的保护领主利益的作用，正如贝内特所言，其目的在于"遏制任何谋求篡改惯例的可能性，以及任何对惯例作出新的解释的必要性，从而保护自身的利益"[③]。领主将庄园惯例记录在案，就可以在发生争议

① 参见本章第一节第三点"劳役地租的货币化"。

② ［英］亨利·斯坦利·贝内特著，龙秀清、孙立田、赵文君译：《英国庄园生活：1150—1400 年农民生活状况研究》，上海：上海人民出版社 2005 年版，第 79—80 页。

③ ［英］亨利·斯坦利·贝内特著，龙秀清、孙立田、赵文君译：《英国庄园生活：1150—1400 年农民生活状况研究》，上海：上海人民出版社 2005 年版，第 78—79 页。

时将惯例册搬出来查阅、援引，从而避免农民中的“贤者或长者”根据“记忆”进行裁定。这对领主是有利的。

许多惯例册以明确词句声称，它是由领主或其代理人与庄民代表共同确定下来的，[①] 这容易让人觉得惯例册的制定体现了领主与佃农的平等协商。事实上，就像 1326—1327 年科克尔翰（Cockerham）庄园（位于兰开夏郡）的惯例册那样，[②] 多数惯例册中的绝大部分词句所规定的都是佃农的义务。当然，有些惯例册的确包含着少数规定领主义务的条款，比如拉姆齐修道院的惯例册中就规定领主应当为帮工准备饭食，有时还对饭食的质量和数量作出明确规定。这种现象要从以下三个方面来理解。

其一，“帮工”（boon-work），源于 bene-work，本意是指“爱心工”，是佃农为表达对领主的“爱戴”而提供的，而领主所提供的饭食则是对帮工的酬谢。

其二，后来佃农自愿提供的帮工不但成了不可拒绝的义务，而且他们必须带领家人或寻找其他人，两人或三人一起为领主劳作。领主承诺准备饭食，只是为获取更多义务化的帮工而不得不支付的代价。

其三，领主在承诺为某些帮工提供饭食的同时，也明确规定了不提供饭食的情况，并规定了饭食的数量和质量，这有助于防止管家、庄头等庄

---

① 1265 年小屯（Littleton）庄园的资产估价册就声称是“在主人，司库苏德赫斯特的理查德和泰林汉姆的托马斯的参与下，在此庄园一些德高望重、诚实守信的人的宣誓下”制定的。该资产估价册全文见：J. Z. Titow，*English Rural Society*，*1200 - 1350*，London：Allen & Unwin Ltd.，1969，Document 5，pp. 145 - 150. 1324 年诺丁汉郡的霍德索克（Hodsock）庄园的资产估价册还一一登记了 12 位宣誓汇报的庄民的姓名，他们很可能就是庄园的 12 位陪审员。该资产估价册全文参见：J. Z. Titow，*English Rural Society*，*1200 - 1350*，London：Allen & Unwin Ltd.，1969，Document 6，p. 151 - 160. 1321 年苏塞克斯郡的普里斯顿米勒（Preston Miller）庄园的资产估价册制定时除了领主外，还包括一位骑士、一位牧师、三名自由民、四名习惯佃农和所有的陪审员。该资产估价册全文参见：Mark Bailey，*The English Manor*，*c. 1200 - c. 1500*，Manchester：Manchester University Press，2002，Document 11，pp. 70 - 74.

② 该惯例册的内容非常详细，有的条款直接保护领主的个人利益，有的维护村庄的集体秩序和利益，但其中无一不是规定着佃农的义务，即佃农应当做某事和不能做某事，没有任何一条规定领主的义务。该惯例册的全文参见：Mark Bailey，*The English Manor*，*c. 1200 - c. 1500*，Manchester：Manchester University Press，2002，Document 8，pp. 61 - 67.

官在招待帮工时耗费过多，因为超标的开支如果不能通过账簿审计，报账人就得自掏腰包。考虑到这三点，我们就不会把惯例册中有关领主提供饭食的规定视为佃农的胜利和领主的失败了。

除了上述好处，劳役限定还是劳役折算的前提之一，这正是我们接下来要谈的。

三、劳役折算方法

从13世纪后半期开始，劳役折算成货币交纳的现象已很常见。根据科斯敏斯基的研究，当时劳役在佃农的全部负担中仅占1/3。[①] 这种现象对领主和佃农分别产生了哪些影响呢？这要先分析劳役折算的方法后才能回答。

劳役折算有两种方法。13世纪以前的劳役折算多采取整体折算的方法，即佃农交纳一笔钱后可免除一年（或半年、一个季度）内的全部劳役。13世纪，尤其是13世纪中期以后，多数领主采用了明码标价零星折算的方法，即领主详尽规定每位佃农在各个季节的劳役内容、数量和具体折价，佃农可以零星赎买部分劳役。

而采用明码标价零星折算的方法有两个前提。其一，佃农负担的劳役多寡应当明确，前述惯例册等庄园调查簿册已经解决了这个问题。其二，对佃农的每一项劳役，都应明细地规定其具体折价。对此，13世纪中后期流行起来的"资产估价册"可资利用。它详细登记领主在庄园上的各项资产，并对其年收入作出估价，汇总形成整个庄园的年收入，以此来衡量庄园账簿中汇报的实际收入，评价庄头等经营管理的优劣。"资产估价册"

---

① E. A. Kosminsky, *Studies in the Agrarian History of England in the Thirteenth Century*, edited by R. H. Hilton, translated from the Russian by Ruth Kisch, Oxford: Basil Blackwell, 1956, p. 191.

通常明细地规定了不同佃农、不同季节、不同类型劳役的具体折价。①

劳役折算中存在两个关键问题：一是折价高低，二是领主与佃农在折算过程中的谈判力。在折价方面，不同季节有所区别。比如，在14世纪初期威斯敏斯特修道院的泰丁顿（Teddington）庄园上，占有1维尔格特土地的佃农在秋收的6周内每天劳役折价为2便士；在6月24日至9月29日间除去上述秋收6周外的其他时间，劳役折价为每天1便士；其他季节每天仅为0.5便士。② 越是农忙季节，劳力越紧缺，劳役的折价也就越高，这颇为合理。

那么，折价水平是高还是低呢？这需要通过与同样季节雇工工资进行比较方能得到答案。总体来看，13世纪秋收季节临时雇工的日工工资在1.5~2.5便士。《无名氏的田庄管理》中说，秋季收割和捆扎谷物的工资为每天2便士。③ 法莫尔对13世纪温彻斯特主教地产的研究表明，该领主各庄园上收割每英亩谷物的计件工资为4~6便士，如果按照当时农书所说的5人平均每天可收割2英亩谷物的劳动效率来计算，相当于日工工资2便士左右。黑死病后政府发布的维持原有工资水平的工资条例最初规定日工工资上限为2便士，后来才改为3便士。这也说明2便士反映了黑死病

① 比如1265—1266年小屯庄园（位于亨廷顿郡，属格罗斯特修道院）的资产估价册中对占有1维尔格特土地的佃农作了如下规定："除了前述货币地租外，他还应当每年为领主耕地两次，这些耕地劳役折合4便士，耕地的时候他可以吃领主提供的饭食；他应当在大斋节播种时为领主耙地，直到领主的全部土地播种完毕，折价4.5便士；应除草3日，折价2.5便士；搬运干草，折价2便士；播种豆子1日，折价0.5便士；在庄宅中打起一个草垛，折价0.5便士；清洗并剪羊毛，折价0.5便士；应运送物品到安德维尔（Andevere）和鲁特加海尔（Lutegareshale），每年折价3便士；秋季每周收割2.5英亩庄稼，总折价3先令2.5便士；……此佃农劳役总共折合12先令2.5便士。"参见：J. Z. Titow, *English Rural Society, 1200 – 1350*, London: Allen & Unwin Ltd., 1969, Document 5, p. 147.

② 中古英国币制中便士以下只有法新（farthing），1便士等于4法新。为书写方便，这里将1、2和3法新分别表示为0.25、0.5和0.75便士。Barbara Harvey, *Westminster Abbey and its Estates in the Middle Ages*, Oxford: Clarendon Press, 1977, p. 220.

③ ［英］伊·拉蒙德、W. 坎宁安编，高小斯译：《亨莱的田庄管理》，北京：商务印书馆1995年版，第63页。

前秋收季节日工工资的大体水平。[①] 戴尔的研究也表明，黑死病之前木匠、铁匠、泥瓦匠等工匠的助手的日工工资，即农闲季节的非技术性雇工工资，通常只有1~1.25便士，[②] 这与当时多数庄园农闲季节的佃农劳役折价相差无几。这些粗略的比较表明，劳役折价与相同季节的非技术性雇工工资大体相当。[③]

劳役折价相当于雇工工资，这很容易造成一种表象：劳役折算是领主与佃农之间平等自愿的交易，领主出卖其劳役资产，而佃农赎买其劳役负担。然而，事实上领主享有更多的主动性和自由度。

首先，佃农愿意提供而领主自营地不需要的劳役，也要折算成货币。对农民而言，农闲季节服劳役的机会成本较低，农忙季节服劳役的机会成本较高，他们更愿意折算秋季劳役。相反，领主最希望保留的是秋季劳役。事实说明，越是农忙季节，劳役折算比率越低，劳役折算是按领主的意愿进行的。笔者找到了由蒂托全文编译的1324—1325年陶顿庄园的账簿，该账簿包含了非常详细的劳役账，[④] 据此可以整理出表4-3。该表清楚地说明，越是农忙季节劳役折算比率越低，这正符合领主的意愿。同样，根据凯瑟琳·比迪克的研究，在彼得伯罗修道院的地产上，1301、1308、1310年这三年中，均有部分冬季劳役被出卖，但夏季和秋季劳役全部被使用。[⑤] 希尔顿对1280年沃里克郡南部的布莱列斯（Brailes）庄园的研究也表明，尽管佃农的春季和夏季劳役已被折算，但秋季劳役和诸如割

---

① D. L. Farmer, Prices and Wages, in H. E. Hallam ed., *The Agrarian History of England and Wales, Vol. II, 1042-1350*, Cambridge: Cambridge University Press, 1988, pp. 767-768.

② Christopher Dyer, *Standards of Living in the Later Middle Ages*, Cambridge: Cambridge University Press, 1989, p. 215.

③ 如果考虑到有时佃农劳作半天便算作一天的劳役，那么其实际折价就比雇工工资更高了。由于无法确定此类劳役在全部劳役中的比重，我们保守地说劳役折价同非技术性雇工工资持平，以便确保结论的可靠性。

④ 庄园账簿中的一项重要内容，其中不仅登记不同佃农的劳役负担量，还登记劳役的使用、减免和折算量，以及折算价款。关于中世纪英格兰庄园账簿的内容、格式及其演变，参见李云飞：《试论13、14世纪英格兰的庄园账簿》，《首都师范大学学报》2003年第1期。

⑤ Kathleen Biddick, *The Other Economy: Pastoral Husbandry on a Medieval Estate*, London: University of California Press, 1989, p. 69.

草、播种、运输、耕地等其他农忙时节的劳役仍然被保留了下来。①

表 4 - 3　1324—1325 年陶顿庄园的劳役使用账②

<table>
<tr><th></th><th>佃农种类</th><th>佃农人数</th><th>人均</th><th>共计</th><th>免除</th><th>使用</th><th>折算</th><th>折算率</th></tr>
<tr><td rowspan="3">冬季劳役</td><td>维尔格特农</td><td>39</td><td>106</td><td>4 134</td><td>318</td><td>1 463</td><td>2 353</td><td>57%</td></tr>
<tr><td>半维尔格特农</td><td>23</td><td>53</td><td>1 219</td><td>0</td><td>865</td><td>354</td><td>29%</td></tr>
<tr><td>1/4 维尔格特农</td><td>22</td><td>24</td><td>528</td><td>336</td><td>160</td><td>32</td><td>6%</td></tr>
<tr><td rowspan="3">夏季劳役</td><td>维尔格特农</td><td>39</td><td>73</td><td>2 847</td><td>219</td><td>884</td><td>1 744</td><td>61%</td></tr>
<tr><td>半维尔格特农</td><td>23</td><td>36. 5</td><td>839. 5</td><td>32</td><td>700. 5</td><td>107</td><td>13%</td></tr>
<tr><td>1/4 维尔格特农</td><td>22</td><td>17</td><td>352</td><td>240</td><td>101</td><td>11</td><td>3%</td></tr>
<tr><td rowspan="3">秋季劳役</td><td>维尔格特农</td><td>39</td><td rowspan="2">39</td><td>1 521</td><td>312</td><td>1 093</td><td>1013</td><td>42%</td></tr>
<tr><td>半维尔格特农</td><td>23</td><td>897</td><td rowspan="2">144</td><td rowspan="2">54</td><td rowspan="2">0</td><td rowspan="2">0</td></tr>
<tr><td>1/4 维尔格特农</td><td>22</td><td>9</td><td>198</td></tr>
<tr><td>总计</td><td></td><td>84</td><td></td><td>12 535. 5</td><td>1 601</td><td>5 320. 5</td><td>5 614</td><td>45%</td></tr>
</table>

说明：劳役量的单位均为天，即日工。占有土地 1 维尔格特、1/2 维尔格特和 1/4 维尔格特的佃农分别简称 1 维尔格特农、半维尔格特农和1/4维尔格特农，以下同此。

其次，如果佃农拒绝领主所要求的劳役，要交纳比劳役折价更高的法庭罚金。比如，在格罗斯特郡的索恩伯雷（Thornbury）庄园，拒服劳役的罚金通常是 3 ~6 便士，有时甚至高达 3 先令。③ 瑞夫茨对拉姆齐修道院几个庄园的研究也表明，虽然一天劳役的折价最高只有 2 便士，但拒服劳役的罚金最低也有 3 便士。④ 罚金明显高于劳役折价，表明它是惩罚性而非

① R. H. Hilton, *A Medieval Society*: *The West Midlands at the End of the Thirteenth Century*, the second edition, London: Cambridge University Press, 1983, p. 139.

② 表中数据为笔者根据该份庄园账簿的劳役账整理所得，该账簿全文参见：J. Z. Titow, *English Rural Society*, *1200 - 1350*, London: Allen & Unwin Ltd. , 1969, Document 2, pp. 115 - 136.

③ Peter Franklin, Politics in Manorial Court Rolls: The Tactics, Social Composition, and Aims of a pre-1381 Peasant Movement, in Zvi Razi and Richard Smith eds. , *Medieval Society and the Manor Court*, Oxford: Clarendon Press, 1996, pp. 175, 185.

④ J. A. Raftis, *Peasant Economic Development within the English Manorial System*, Montreal: McGill-Queen's University Press, 1996, pp. 60 - 61.

补偿性的。它使佃农在事实上丧失了单方折算的能力，却保证了领主所需的劳役。

最后，领主在折算后可根据需要恢复劳役。在诺福克郡的芬塞特庄园，1280 年前打谷主要使用雇工，但此后转而使用劳役。1278 年该庄园的劳役折算大为减少，其原因是领主监管了附近另一庄园的 33 英亩自营地，并使用芬塞特庄园的劳役进行耕种；1303 年劳役折算的大幅上升则是因为领主闲置了部分自营地。① 1346 年伍斯特郡的埃姆雷堡（Elmley Castle）庄园在其账簿的收入项目中登记了 4 286 个已经出卖的劳役，但在支出项目中却登记了大约 1 500 个被重新使用的劳役，其中一半用于自营地生产，一半用于修筑城堡。这表明领主在折算后又可以根据需要恢复劳役地租。②

四、劳役折算与领主经济

劳役折算方法确保了领主的主动性和自由度，给他们带来了诸多好处。

首先，13 世纪领主大多放弃整体折算方法，而采用明码标价零星折算的方法，是因为领主出售劳役的“零售价”高于“批发价”。比如，在威斯敏斯特修道院院长的斯泰内斯（Staines）庄园上，若将一位半维尔格特农的各项劳役零星折算，其折价总计 6 先令 8 便士，但按照较老的方法，他只需支付 2 先令（每个季节 6 便士）就可以免除全年的劳役地租。③ 在牛津大学默顿学院的库克翰庄园上，原先习惯佃农每年缴纳 5 先令（或者每个季节缴纳 1 先令 3 便士）就可免服全年劳役，但后来佃农每年的各项劳役零星折算总值超过了 10 先令。④ 瑞夫茨的研究表明拉姆齐修道院的地

---

① F. G. Davenport, *The Economic Development of a Norfolk Manor, 1086 - 1565*, Cambridge: Cambridge University Press, 1906, p. 29.

② R. H. Hilton, *A Medieval Society: The West Midlands at the End of the Thirteenth Century*, the second edition, London: Cambridge University Press, 1983, p. 140.

③ Barbara Harvey, *Westminster Abbey and its Estates in the Middle Ages*, Oxford: Clarendon Press, 1977, p. 228.

④ P. D. A. Harvey, *A Medieval Oxfordshire Village: Cuxham, 1240 to 1400*, Oxford: Oxford University Press, 1965, pp. 82 - 83.

产上存在同样的现象。[1] 由此可见，领主通过改进劳役折算方法获得了更高的收入。

其次，劳役折算可以使领主根据长工、短工、农奴劳役等不同类型劳动力的优缺点进行综合利用。长工通常负责庄园一年四季均需要的劳作，比如牧养牲畜、耕地、驾车等，其人数通常很稳定。短工与佃农劳役则有较强的补充和替代关系。短工的劳动效率通常比农奴更高。一方面，佃农不容易找到活干，所以他们的积极性较高，希望博得雇主的好感，以图日后还能受雇。而习惯佃农把劳役视为奴役的标志，心存抵制和怨恨，劳动积极性不高。他们总是设法逃避劳役，或在劳动过程中懒散怠惰。另一方面，领主在选择短工时，可以根据不同的农活选择最合适的、最能干的短工，特别是在一些稍微需要一定技艺的农活中，短工的优势更加明显。而负担劳役地租的是占有习惯份地的维兰农户，不一定是这个农户中能干的户主，而农户总是尽可能安排最能干的家庭成员在自己的份地上劳动，而派遣笨拙的人手（比如刚成年的儿子）为领主服役。在伊里主教的维斯贝巴顿（Wisbech Barton）庄园上，14 世纪初期在割草的劳动中既有服劳役的佃农，也有短工。根据大卫·斯通对此所作的研究，若其中服劳役者的比重越大，则割草队伍的整体效率就越低，他估算服役佃农的劳动效率比短工大约低 30%。[2] 虽然农奴劳动效率低，但它也有短工不可比拟的优势。佃农服劳役是强制性的，他必须在领主指定的日子出工，这对于领主确保农忙季节的劳动力非常重要。而领主在雇用短工时，要耗费时间和精力与短工商谈，且天气恶劣时短工会变得很紧缺，其工资可能要比平常高很多，这对领主非常不利。

自营地上劳动力的多元结构和不同劳动力的优缺点使领主可以根据需要灵活选择，而劳役折算为此提供了便利。虽然领主出卖了许多劳役地租，但通常会保留农忙季节的劳役。在拉姆齐修道院，耕地劳役很少转化为货币地租。庄头等管理者以及生病的佃农虽可免除普通劳役，但耕地劳

---

① J. A. Raftis, *The Estates of Ramsey Abbey: A Study in Economic Growth and Organization*, Toronto: Pontifical Institute of Medieval Studies, 1957, pp. 224 – 227.

② David Stone, The Productivity of Hired and Customary Labour: Evidence from Wisbech Barton in the Fourteenth Century, *The Economic History Review*, Vol. 50, No. 4, 1997, pp. 640 – 656.

役不能免除。即使自己不能亲自服役，也要托他人代为服役。一些将周工折算的佃农通常仍应提供帮工。[①] 13 世纪的克罗兰修道院为确保小麦质量，通常安排效率较高的短工来打场，而价格较低的燕麦等谷物则由负担劳役的佃农来打场。[②] 前述不同季节劳役折算比率的差异也表明领主重视保留农忙季节的劳役。

总体来说，领主一方面出卖劳役，另一方面却雇用短工，其目的不完全是用短工代替劳役，而是使二者优势互补。他们出卖的是农闲季节的劳役，雇用的是农忙季节的短工；把农闲季节多余的劳役出卖，同时在保留农忙季节劳役的基础上适当雇用短工。劳役折算使领主实现了对自营地劳力结构的合理调整和灵活运用。

再次，劳役折算有利于领主加强对庄头等庄官的监督和约束。中世纪英格兰大领主拥有的地产十分广阔，但分散各地，不易管理。领主们在 13 世纪实行大范围直接经营时，不得不委派总管、管家、庄头等专门人员组成复杂的地产管理组织，以便控制分散各地的众多庄园的各项收支。虽然管家和庄头是领主的代理人，但他们也有自身的利益，一有机会便中饱私囊、营私舞弊。因此，我们不能只看到领主和佃农的对立冲突，而忽视领主与庄官之间的利益分配。领主既要通过庄官加强对佃农的盘剥，也要设法限制庄官恶意侵吞，而劳役的限定和折算就具有约束庄官的作用。由于每位佃农的各项劳役及其折价都明确登记在册，庄头应当在其账簿中汇报佃农劳役的实际使用量、减免量、出卖（折算）量以及出卖的价款，这样他们就难以舞弊，不能无端减免、私自出卖，或者利用佃农劳役为自己耕种土地了。比如，1324—1325 年陶顿庄园的账

① J. A. Raftis, *The Estates of Ramsey Abbey: A Study in Economic Growth and Organization*, Toronto: Pontifical Institute of Medieval Studies, 1957, p. 192. N. Neilson, Boon-Services on the Estates of Ramsey Abbey, *The American Historical Review*, Vol. 2, No. 2, 1897, pp. 220 - 222.

② M. Wretts-Smith, Organization of Farming at Croyland Abbey, 1257 - 1321, *The Journal of Economic and Business History*, Vol. 4, 1931, p. 175.

簿就告诉我们，“审计中的出卖（Venditiones Supe Compotum）”[1] 的劳役为 110 天，折价 9 先令 2 便士。[2] 也就是说，庄头的秋季劳役使用账中有 110 个日工未能通过审计员的审核验收。可见，劳役明码标价还有利于减少庄头对庄园收入的截留。

最后，如果领主整个地出卖某位佃农的全部劳役，那么只有比较富裕的农民才有能力支付全年代役金；而如果采用零星出卖的方法，即使比较贫穷的农民也可支付部分代役金。通过零星出卖，领主可以把自营地不需要的更多闲置劳役转化为货币，这对于自营地较少而佃农劳役较多的庄园主尤为有利。在 13 世纪人口不断增加和土地日益紧缺的经济环境下，领主的劳力需求问题容易解决，有些庄园存在较多的闲置劳力，将更多的劳役折算为货币，对领主来说是一种变废为用的好办法。对此，我们稍后分析劳役折算对农民经济的影响时再详细论述。

五、劳役折算与农民经济

劳役折算对农民的影响相当复杂，可分为两个层次。其一是经济损益，即服劳役的机会成本与赎买劳役的折价在农民眼中的高低差异；其二是非经济的因素，即劳役折算能使佃农在心理上摆脱受奴役的卑贱感，获得些许自由和自尊。越是在古代社会中，经济制度就越是契合在其他制度中，很难严格区分。在劳役折算过程中，农奴的价值追求可能是多元的，既包括经济利益的盘算，也包括对自由和自尊的向往。单纯的经济分析是不全面的。如果服劳役和交纳货币代表着相同的经济负担，那么佃农一定更愿意交纳货币，他们甚至可能为了摆脱各种象征农奴地位

① 在庄园账簿中，汇报者未能通过审计官审核的项目登记为“审计中的出卖”。这是一种虚拟账目，可以避免直接增减相应项目造成账面登记与实际情况不符的问题。比如，若审计员认为有些牲畜的死亡是因庄园管理者疏于照料导致的，就应当由管理者负责，但如果审计员直接减少账簿中的牲畜死亡数，则会使账面牲畜存栏数高于实际存栏数。因此审计员会假设在审计时将相应牲畜卖给了管理者，于是登记为“审计中的出卖”。

② J. Z. Titow, *English Rural Society, 1200 - 1350*, London: Allen & Unwin Ltd., 1969, Document 2, p. 135.

的义务，宁愿承受更重一些的经济负担。不过，心理因素难以测度，我们无法推测它在劳役折算的流行过程中具有多大的作用，故而这里仅仅分析其经济损益。

服劳役的机会成本，即不服劳役时佃农可能获得的收益，大概包括两个方面。其一，安排更多的时间，更精心地料理自己占有的份地，从而增加份地收入；其二，外出务工或兼营副业。庄园法庭卷宗中有时包含着佃农因未经允许私自离庄、擅入林区伐木狩猎、违反村规民约超额饲养牲畜等行为而受到惩处的事情，福克斯的研究也表明庄园内部富农和贫农之间雇用关系的大量存在。[①] 显然，佃农确实利用各种机会在庄园内外充当雇工和从事副业。但现存资料绝大部分都是领主管理庄园的资料，它对佃农如何谋生并不关心，因此我们无法估计佃农外出务工和兼营副业能够获取多少收入，能否抵偿他为赎买劳役义务所支付的货币。不过，总体的经济环境以及佃农土地占有的情况难以使我们得出乐观的结论。

11—14 世纪中期是英格兰人口膨胀，土地日益短缺的时期。人均占地普遍减少、劳力供应充裕的经济环境不可能为佃农提供较多外出务工和兼营副业的机会，正如克里斯托弗·戴尔和马克·拜雷所说，[②] 这些收入很难抵偿份地缩减所造成的经济压力。以波斯坦为代表的新人口论认为，1316—1318 年大饥荒和 1348 年黑死病暴发，原因在于 14 世纪上半叶人口膨胀和土地匮乏使大批农民陷于贫困之中，营养不良，在疫病的打击面前弱不禁风。[③] 这可能夸大了“14 世纪危机”的严重程度，同时也揭示了当时佃农所面临的严峻形势。

佃农占地多寡不同，经济境况就不同，对待劳役折算的态度也就不

---

① H. S. A. Fox, Exploitation of the Landless by Lords and Tenants in Early Medieval England, in Zvi Razi and Richard Smith eds., *Medieval Society and the Manor Court*, Oxford: Clarendon Press, 1996, pp. 546 – 547.

② 克里斯托弗·戴尔和马克·拜雷都认为农民不能从土地生产力的提高和其他副业中弥补土地面积减少所造成的困境。Christopher Dyer, *Standards of Living in the Later Middle Ages*, Cambridge: Cambridge University Press, 1989, p. 131. Mark Bailey, Peasant Welfare in England, 1290 – 1348, *The Economic History Review*, Vol. 51, No. 2, 1998, p. 231.

③ M. M. Postan, *The Medieval Economy and Society*, Harmon & Sworth: Penguin Books, 1972, pp. 41 – 43.

同。前面所列的陶顿庄园1324—1325年的劳役折算表说明，佃农占地越多，其劳役折算比率就越高，这是因为在他们的家庭经济组织中，劳力供给和需求、收入多寡和消费压力有所不同。[①] 劳役折算对农民经济的影响取决于劳役与其折价在农民家庭经济中的相对价值，取决于农民家庭人口和土地的相对比例。人均占地较少的家庭，一方面自身土地难以吸收家庭全部劳力，劳力剩余较多，机会成本较低，甚至接近于零；另一方面土地难以满足家庭消费，家庭生产剩余很低，甚至呈现负值，难以维生。他们决不会愿意用自己极其缺乏的货币去购买自己颇有剩余的劳力。相反，人均占地较多的家庭，一方面劳力不足，另一方面钱财有余，因而愿意用剩余钱财赎买家庭所缺乏的劳力。由此可见，分析劳役折算对农民经济的影响，实际上就是分析农民家庭的人口规模与占地状况。不同阶层的农户，其家庭人口规模可能是有差异的。[②] 但由于这种差异本身比较小，且资料的限制使我们几乎不可能对这个问题予以深入考察和度量，所以我们只能假定不同阶层农户的人口规模大体一致，这样就可以集中分析占地数量如何影响佃农对劳役折算的态度。

我们仍然以1324—1325年陶顿庄园的情况为例略作估算。中世纪英格

---

① 尽管恰亚诺夫提醒我们，农民经济组织的一个重要机制是“劳动消费均衡”状况，农民家庭在人口周期中的不同阶段，劳动人手与消费人口的比例关系构成影响其经济状况的主要因素。由于中世纪英格兰不存在定期土地重分，土地规模与人口规模不能定期调适，因此人口规模与占地多寡是构成影响中世纪英格兰农民经济状况的两大因素。参见：[俄] A. 恰亚诺夫著，萧正洪译：《农民经济组织》，北京：中央编译出版社1996年版，第20—24页。

② 茨维·拉齐对海尔索文庄园的研究就表明，占地较多的富裕农户有能力抚养较多的孩子。参见：Zvi Razi, *Life, Marriage and Death in a Medieval Parish*, Cambridge: Cambridge University Press, 1980, p. 86.

兰农户的家庭人口规模为4.5~5人。[①] 如果我们估计每个成年劳力的年劳动量为260天,[②] 每个农户的有效劳动力为3人（夫妇以及一位有劳动能力的子女或老人），则其家庭的全部劳动量大约为780个工。当然其中有一部分用于为领主服役。在陶顿庄园上，维尔格特农、半维尔格特农和1/4维尔格特农全年的周工负担分别为218、128.5和50个工，如果再加上大约10天的杂工和帮工，那么他们的可支配劳力分别为552、641.5和720个工。而三类佃农占有的土地分别为30、15和7.5英亩,[③] 他们平均每英亩土地分别有18.4、42.8和96个工可自由支配。当然，佃农实际土地占有状况不可能如此整齐划一，上述三种佃农只是我们选择的不同阶层佃农的代表而已。据此，我们整理出表4-4。

---

① 估计农户的家庭平均人口规模是一个主观性很大的问题。海拉姆（Hallam）根据林肯郡的斯帕尔丁（Spalding）小修道院的三份农奴调查资料得出结论，当时英格兰户均人口为4.68人。克劳斯估计家庭人口规模为4.5~5人。蒂托根据温彻斯特主教在陶顿庄园上的情况，估计当时的户均人口为4.3人。鲁塞尔（Russel）认为中世纪英格兰许多老人和未婚子女单独生活，而不是同成年男女组成大家庭，户均人口只有3.5人。大多数学者认为鲁塞尔的估计偏低。综合来看，户均人口4.5~5人是比较适中的。参见：H. E. Hallam, Some Thirteenth-Century Censuses, *The Economic History Review*, Vol. 10, No. 3, 1958, p. 340. J. C. Russell, The Pre-Plague Population of England, *The Journal of British Studies*, Vol. 5, No. 2, 1966, p. 2. J. Krause, The Medieval Household: Large or Small? *The Economic History Review*, Vol. 9, No. 3, 1957, p. 432. J. Z. Titow, Some Evidence of the Thirteenth Century Population Increase, *The Economic History Review*, Vol. 14, No. 2, 1961, p. 222.

② 福克斯的估计数为260天，其依据是一年中应当扣除以下日子：52个星期天；圣诞节和复活节约18天（除去已经扣除的星期天）的长假；大约40天的其他节日。保罗·哈维在估计库克翰庄园上长工的年劳动量时也采用了260天这个天数。13世纪的一份地产管理小册子说，“一年除去宗教节日和其他有事的8周，有44个工作周”，如果扣除每周中的星期日，则共有264个工作日。综合来看，每年260天应当是比较可靠的估计。相关论述参见：H. S. A. Fox, Exploitation of the Landless by Lords and Tenants in Early Medieval England, in Zvi Razi and Richard Smith eds., *Medieval Society and the Manor Court*, Oxford: Clarendon Press, 1996, pp. 546-547. P. D. A. Harvey, *A Medieval Oxfordshire Village: Cuxham, 1240 to 1400*, Oxford: Oxford University Press, 1965, pp. 83-84. [英] 伊·拉蒙德、W. 坎宁安编，高小斯译：《亨莱的田庄管理》，北京：商务印书馆1995年版，第45页。

③ 佃农实际耕作的土地应当更少，因为在实行轮作制（两田制或三田制）的情况下，部分土地要休耕。不过休耕地也需翻耕，我们这里假设佃农全部土地均耕作，以使结论更加可靠。

表 4－4　1324—1325 年陶顿庄园各类佃农的土地占有与劳力供应情况

佃农类型	占地数量（英亩）	家庭每年全部劳力（天）	劳役负担（天）	自由支配劳力（天）	每英亩土地可用劳力（天）
维尔格特佃农	30	780	228	552	18.4
半维尔格特佃农	15	780	138.5	641.5	42.8
1/4 维尔格特佃农	7.5	780	60	720	96

我们很难估计他们在份地上实际使用了多少劳力，不过领主自营地的劳力投入情况为我们提供了一个大致的参考。在格拉斯顿伯雷修道院的皮尔顿（Pilton）庄园和蒂切特（Ditcheat）庄园上，平均每英亩自营地的劳力投入分别为 13.7 和 13.4 个工。① 13 到 14 世纪温彻斯特主教的利普敦庄园平均每英亩自营地的劳力投入为 15～20 个工。② 在 14 世纪初期 8 个拉姆齐修道院的庄园上，平均每英亩自营地的劳力投入为 7.9～13.4 个日工。③这三个领主在中世纪英格兰均以善于经营著称，其劳力投入的密集程度代表了当时领主们的较高水平。我们发现，陶顿庄园上只有在占地 1 维尔格特的佃农的份地上，可用劳力密度才与领主自营地的劳动投入密度接近，而另外两类佃农份地上的劳力配置远远高出领主自营地的劳力投入。虽然占地较少而劳力较多的农民无疑会把更多劳力投入有限的土地以增加收入，但受边际收益递减规律的约束，除占地 1 维尔格特的佃农外，其他佃农都存在明显的劳力剩余。对占地 1 维尔格特的佃农来说，其家庭劳力剩余不多，甚至供应不足，而劳役负担相对较重，家庭收入则略有盈余，只有他们才愿意支付货币以免除劳役。对于其他两类佃农来说，占地较少，

① H. S. A Fox, Exploitation of the Landless by Lords and Tenants in Early Medieval England, in Zvi Razi and Richard Smith eds., *Medieval Society and the Manor Court*, Oxford: Clarendon Press, 1996, p. 545.

② Christopher Thornton, The Determinants of Land Productivity on the Bishop of Winchester's Demesne of Rimpton, 1208－1403, in M. S. Campbell and M. Overton eds., *Land, Labour and Livestock: Historical Studies in European Agricultural Productivity*, Manchester and New York: Manchester University Press, 1991, p. 205.

③ Eona Karakacili, English Agrarian Labor Productivity Rates before the Black Death: A Case Study, *The Journal of Economic History*, Vol. 64, No. 1, 2004, p. 27.

收入微薄，家庭消费压力较大，同时劳力剩余较多，服劳役的机会成本很低。① 领主要求此类佃农按照雇工工资水平赎买劳役，无异于让他们在本已无事可做的贫穷境况下雇用雇工代替自己为领主服役。劳役折算对他们来说可谓雪上加霜。在拉姆齐修道院的埃尔顿庄园，佃农就不愿意将劳役折算为货币，1279 年两位庄民控诉庄头收受贿赂，“不让富农交纳货币地租而是让贫农交纳”②。陶顿庄园账簿中佃农占地越多，其劳役折算比率就越高，正体现了不同佃农对劳役折算的态度，或者说劳役折算对不同佃农的影响。

虽然我们只是选取了陶顿庄园这样一个个案，但在份地分割细化和人均占地普遍下降的时期，该庄园的情况是有代表性的。

如此看来，13 世纪英格兰的劳役限定和折算使领主实现了对庄园更加严密的管理和对佃农更加严厉的盘剥。虽然劳役折算表现为领主出卖劳役资产和佃农赎买劳役义务，但二者并不平等，在折价高低、是否折算、折算哪些劳役等问题上，领主享有更多的主动性和自由度。它虽然弱化了佃农对领主的人身依附，松动了套在农民脖颈上的超经济锁链，但是，大部分佃农却未必能获得经济实惠。简单地推定劳役的限定和折算是佃农对领主的胜利，忽视领主在其中所获得的利益是欠妥的。当然，劳动者生产积极性的提高无疑促进了整个社会的进步和发展，有利于创造出一个更大的“蛋糕”，只是农民在劳役折算后获得的间接收入能否抵偿其支付的折价，他们是否为了追求人身自由宁愿承受更重的经济负担，劳役的限定和折算是否体现了领主和佃农的“双赢”，还有待于进一步研究。

劳役货币化能否为佃农带来直接经济益处还要取决于经济环境以及阶级斗争的结局等因素。这可以分为两种情况。一种情况是领主自愿放松超经济强制，这通常是对领主有利的经济环境的产物，黑死病之前的英格兰就是如此。当人口增长导致土地匮乏，处于维生边缘的农民在经济压力下

---

① 哈里·基切科普罗斯（Harry Kitsikopoulos）就估算说，占有 18 英亩土地的中等农户也存在难以维生的问题。参见：Harry Kitsikopoulos, Standards of living and Capital Formation in Pre-Prague England: A Peasant Budget Model, *The Economic History Review*, Vol. 53, No. 2, 2000, pp. 237 –261.

② Francis and Joseph Gies, *Life in A Medieval Village*, New York: Harper Perennial, 1991, p. 75.

不堪重负时，垄断性地占有土地的领主就主动放松超经济的套索，披上经济交易的外衣，把选择的自由“恩赐”给佃农，因为他们知道，饥饿可以代替皮鞭，求生压力和经济不自由能让佃农“自愿地”把亲手创造的剩余财富送到领主手中。在这种情况下，超经济强制被经济强制取代是因为后者对领主而言更加有利，更加简易，更加隐蔽。

另一种情况是，领主不得不放松超经济强制。这通常是不利于领主的经济环境的结果，但还必须有农民的不懈斗争才能确保这种结果的产生。当人地比例宽松、劳力紧缺、佃农比较容易获得土地（自行垦辟或转投其他领主）时，领主难以仅仅依靠占有土地这种经济手段就迫使农民就范，因此总是千方百计地进行超经济强制。[①] 然而这种目的能否达到，还取决于农民能否进行有力的抵制和反抗，领主能否成功地将其制服。黑死病之后英格兰人口大幅下降、土地大量闲置的经济环境就对领主非常不利，于是他们试图重新加强农奴劳役制，加重各种地租杂费的盘剥，但领主之间的相互竞争和农民的反抗破灭了领主“封建反动”的企图。[②] 这个时期的情况就符合侯建新先生对劳役限定和折算的描述，农民不仅赢得了较多的人身自由，而且争取到了不少经济实惠。相反，在同样环境下的东欧却强化了农奴劳役制，农民所受的超经济强制和经济盘剥都加重了，其原因就是领主在不利的经济环境下成功地制服了农民。

既然超经济强制的轻重与剥削率的高低之间并没有固定不变的联系模式。推定劳役制度的削弱一定有利于佃农的观点就是欠妥的。另外，劳役的货币化有时竟然意味着对佃农更加沉重的盘剥，这在某种程度上符合哈切尔、神坂顺一和坎贝尔等人对农奴制的评价，即农奴制有时意味着对佃农的保护。不过，需要说明的是，农奴制从来不是为保护佃农而设定的。在地广人稀、商旅不便的环境下，领主为获取劳力和各种消费物资，采用了农奴劳役制庄园的生产形式。当人口增长、土地匮乏、商业勃兴的时候，农民的劳力日益贬值，而领主的土地日益增值，领主需要调整奠基于

---

① 多马就指出，劳力的匮乏是强迫劳动制度（奴隶制和农奴制）的重要经济条件。E. D. Domar, The Causes of Slavery and Serfdom: A Hypothesis, *The Journal of Economic History*, Vol. 30, No. 1, 1970, pp. 18 – 32.

② R. H. Britnell, Feudal Reaction after the Black Death in the Palatinate of Durham, *Past and Present*, No. 128, 1990, pp. 28 – 47.

原先经济环境的农奴制，以便寻求更有利的剥削方式。受惯例约束的农奴制对佃农的“保护”只有在同更加严酷的剥削制度相比时才是成立的。况且，在惯例成文化和精确化的过程中，领主亦颇有所获。因此，就像不能简单推定劳役制度削弱有利于佃农一样，我们不宜过分强调特殊环境下农奴制对佃农的“保护”作用，也不宜过多修正传统的农奴制观点。

第五章

庄园管理的组织和手段

第一节　管理组织的健全

一、庄园的外部管理组织

从12世纪末期开始，领主们渐渐采取措施健全了地产的管理组织。他们加强了领地的高层管理；建立了阶层化的集中的地产管理组织；通过编制和审计账簿加强对地产管理者的监督和控制；同时减少或取消了给予地产管理者的土地封赐，代之以货币报酬。

许多领主首先健全了地产的高层管理机构，建立了负责全部领地管理的议事会。世俗大领主的地产管理议事会一般包括他的大佃户、相邻大地产的所有者、自己的亲信，以及一些专门人员，特别是法律、财务和管理方面的顾问，有些领主的议事会甚至还包括一个王室法庭的法官。[①]

修道院针对“职田制”的弊端进行了内部改革，其目标是监督和控制那些在管理职田时徇私舞弊、中饱私囊的僧侣。许多修道院都设立了由院长或其特使、副院长以及若干资深僧侣组成的审计委员会，以便审查账房的账簿，并决定修道院内部的重大事务。坎特伯雷大主教座堂修道院在这方面起步较早。在12世纪60年代，该修道院就出现了集中的财务部门，并形成定期审核的制度。[②] 西伦塞斯特修道院（Cirencester Abbey）在1200年到1205年间开始采用集中的财务制度，三个僧侣组成的委员会负责整个地产的所有收支。他们每年审查各地庄园4次。圣彼得修道院（St Peter

---

① Edward Miller and John Hatcher, *Medieval England Rural Society and Economic Change, 1086 – 1348*, London: Addison-Wesley Longman Limited, 1978, p. 192. N. Denholm-Young, *Seignorial Administration in England*, London: Oxford University Press, 1937, pp. 29 – 30. R. H. Britnell, *The Commercialisation of English Society, 1000 – 1500*, the second edition, London: Manchester University Press, 1996, p. 133.

② J. Burton, *Monastic and Religious Orders in Britain: 1000 – 1300*, Cambridge: Cambridge University Press, 1994, pp. 251 – 252.

Abbey）也在这时采用了大体相同的制度。[①] 拉姆齐修道院改革的目标与多数修道院限制僧侣地产管理权限的做法不同。针对院长滥用权力出租地产的弊端，该修道院改革的目标主要是限制院长的权力。1200 年左右坎特伯雷大主教胡伯特·瓦尔特（Hubert Walter）为拉姆齐修道院制定了宪章，规定修道院院长使用印章、授任圣职、任命僧侣担任内部职务等均需获得修士团的同意；副院长在院长缺席时拥有全权。改革后的财政管理权转移给了财务官，而财务官应当向包括院长、副院长在内的修士团负责。[②]

13 世纪出现的几份有关田庄管理的小册子对各级地产管理人员的职责作了详细的说明。[③] 从这些材料可以看出，到 13 世纪中期，大领主地产上的管理人员已经有了明确的分工，形成了垂直的管理体系。大领主地产上的最高管理者通常是总管。其职责是管理法庭、巡视庄园、收纳钱粮、协助审计账簿、出租土地，甚至直接出卖谷物，有时他们还要代理领主到王廷中参与诉讼或完成其他事务。为此，总管每年要巡视各庄园两三次。总管通常出身管理世家，有较高的社会地位，很容易获得仕途的升迁。他们并不总是从一而终，常常先后或者同时为不同的领主服务。[④]

在总管之下分管若干庄园的是管家。大领主通常拥有很多庄园，一个管家通常负责某个区域的两三个庄园，只有在较大的庄园上才专门设立一个管家。管家通常是受过良好教育的自由俗界人士或者低级教士，是领主派到庄园上监督庄头活动的人。他们经常住在庄园上，但其职责不仅限于监督庄头和管理庄园，他们还可能临时被派遣完成某项事务，因此他们有机会旅行各地，从一个管家区转移到另一个管家区。管家的工资比较高，少的每年 2 英镑，多的每年 16 英镑，相当于当时骑士收入

---

① R. H. Hilton, *A Medieval Society: The West Midlands at the End of the Thirteenth Century*, the second edition, London: Cambridge University Press, 1983, pp. 71 – 73.

② J. A. Raftis, *The Estates of Ramsey Abbey: A Study in Economic Growth and Organization*, Toronto: Pontifical Institute of Medieval Studies, 1957, pp. 98 – 105.

③ 参见《亨莱的田庄管理》，尤其是其中的《田庄总管的职责》，几乎专门论述了各级管理者的职责，包括领主、总管、管家、庄头、庄园家畜围篱管理员、会计检察官、耕田人、牧猪人、牧牛人、牧养人、奶场女工。

④ N. Denholm-Young, *Seignorial Administration in England*, London: Oxford University Press, 1937, pp. 66 – 83.

的一半左右。[1]

管家之下负责一个庄园的是庄头。在庄头之下还有监工、收租人等其他的庄官。对此我们将在下一节中详细分析。

13世纪格罗斯特郡圣彼得修道院的两份《地产管理守则》是领主加强地产管理的一个典型例子。这两份守则中有一份是修道院高层管理机构的守则。它规定修道院的一应支出都应由负责财务的收支官进行；具体支付必须以符木作为凭据；保管员、采购员等未出示相应的符木，收支员不得为他还债；到布里斯托尔（Bristol）等地采购的人员归来后要立即向修道院汇报采购的物资和相应花销，购买大宗物资（比如牛）要由忠实可靠的僧侣或者俗人作陪见证，等等。另一份则是庄园管理守则。它包括75款，都是庄头或庄民应当遵守的规则。比如庄头应当定期在其他庄园管理者或者全体庄民面前选读这份守则，其中有些条款还要求庄头等管理者当众宣誓；庄头只能使用总管发给的羊皮纸来记账，等等。[2]

在由总管、管家和庄头等三级组成的垂直分层管理体制中，上级监督下级，下级对上级负责，每一级管理者都有明确的职权范围。比如，总管虽然是地产的总负责人，但他若不征得领主或其议事机构的同意，就不得撤换领主身边的管家和仆人。同样，管家也不得擅自撤换或任用庄头，不能花费庄园的钱粮款待客人。[3] 为了监督和审查各级管理者的工作，领主通常设立专门的和相对独立的审计官，负责审查各级管理者的经营账簿。经营账簿的编制和审计是一项专门的技术，而审计官需要专门的技艺。领主通常选择忠心耿耿、经验丰富的人担任审计官。总管或者账房通常是审计官之一。在福提布斯（Fortibus）的土地上，总管一般担任审计长。某个管家区的管家也可能受命审计其他管家区的账簿。有文化的修道院院长、

---

① N. Denholm-Young, *Seignorial Administration in England*, London: Oxford University Press, 1937, p. 33.

② 该守则的一些选段见：Georges Duby, *Rural Economy and Country Life in the Medieval West*, translated by Cynthia Postan, Columbia: University of South Carolina Press, 1968, Document 134, pp. 495 – 496. 对该守则的论述参见：R. H. Hilton, *A Medieval Society: The West Midlands at the End of the Thirteenth Century*, the second edition, London: Cambridge University Press, 1983, pp. 85 – 86.

③ ［英］伊·拉蒙德、W. 坎宁安编，高小斯译：《亨莱的田庄管理》，北京：商务印书馆1995年版，第71页。

主教以及其他教会人士常常担任世俗领主的审计官。廷特恩修道院（Tintern Abbey）的院长在1271—1304年就曾经四次担任马歇尔伯爵的审计官。不过在有些领主的地产上，总管通常不能担任审计官。比如在毕戈德的地产上，总管和审计官一般是分开的。① 牛津大学默顿学院1274年的规约中规定，审计官应当包括学监（warden）、副学监（vice-warden）、保管员（depositars）或者会计员（bursars）3名，另外还有教师（fellows）5名，但总管并不参加。这样有助于保证审计的独立性。② 13世纪一份论述田庄管理者职责的小册子说："总管不应该作为会计检察官的领导或同事，而应该作为下级和会计检察官一起查账。"③ 为了避免审计官与汇报者串通，领主常常任命至少两名审计官，以便相互制约。伦敦主教康提鲁普（Cantilupe）有一次不在国内，便写信给执事（dean），要求委任总管和另外三人担任审计官。他还强调说，如果上述人员不能同时参加，至少也要其中两人参加。④ 有时领主还利用宗教力量来约束审计官，要求后者在审计前宣誓忠心服务。有时领主还会亲临审计现场，比如王后伊萨贝拉在1263、1266、1282、1290年就曾经亲自参加账簿的审计工作。⑤

有地产管理者卸任时，领主通常要对其账簿仔细审核，看管理者是否欠债。如果欠债，领主要确定债务数额，要求管理者清偿。如果担任庄头的习惯佃农在卸任后尚未还清领主的债务，领主就会通过庄园法庭强迫其偿还，或者要求负有连带责任的佃农们代为偿还。如果总管或者管家在卸任后拒绝或逃避还债，领主会诉诸财政署法庭去审判。普通法中专门有一类诉讼称为"审查账目之诉"，它就是适应领主向地产管理者追讨债务的

---

① N. Denholm-Young, *Seignorial Administration in England*, London: Oxford University Press, 1937, pp. 136 – 138.

② T. H. Aston, The External Administration and Resources of Merton College to Circa 1348, in J. I. Catto ed., *The History of University of Oxford*, *Vol. I*, *The Early Oxford Schools*, Oxford: Clarendon Press, 1984, p. 344.

③ ［英］伊·拉蒙德、W. 坎宁安编，高小斯译：《亨莱的田庄管理》，北京：商务印书馆1995年版，第80页。

④ N. Denholm-Young, *Seignorial Administration in England*, London: Oxford University Press, 1937, p. 145.

⑤ N. Denholm-Young, *Seignorial Administration in England*, London: Oxford University Press, 1937, p. 142.

需要而发展起来的。[1] 如果法庭经过查核有关账簿，判定总管或管家欠领主债务，而后者拒不还债，领主会将其投入附近的监狱，迫使其如数清偿或寻找担保人。[2]

这个时期，领主倾向于选择一些有专门经验和技能的人来管理地产。到12世纪末期，家臣已不再是地产管理的主要人员。萨姆森被选为圣埃德蒙兹修道院的院长时，许多亲属前来会见，以图能担任某个职务。但萨姆森声明，他只对副院长的仆人感到满意，因为此人能说会道，通晓法律，熟悉世俗事务。[3] 林肯郡的休总是谨慎地任用忠心耿耿、精明干练的人来管理地产。[4] 在12世纪，许多领主的总管是世袭的，但到12世纪末期和13世纪，这种状况逐渐改变。萨姆森担任圣埃德蒙兹修道院的院长后，哈斯廷斯的托马斯（Thomas de Hastings）在得到国王的支持后，要求其侄子继承总管职务，但被积极进取的萨姆森拒绝。稍后，萨姆森还拒绝了国王推荐的总管人选。他明确地说："我要担任自己的总管。"[5]与此同时，领主的地产管理人员同府邸管理人员之间的分工渐渐明确。13世纪一些大领主往往设立两个总管，一个负责府邸内的事务，另一个则专门负责地产的管理。[6] 这种明细的分工和专业化的趋势，是地产管理制度化的结果。

另外，这个时期领主给予地产管理者的报酬也发生了变化，货币佣金代替了土地封赐。《田庄总管的职责》的作者建议，应当给管家"规定货

---

① ［英］S. F. C. 密尔松著，李显冬等译：《普通法的历史基础》，北京：中国大百科全书出版社1999年版，第304—312页。

② N. Denholm-Young, *Seignorial Administration in England*, London: Oxford University Press, 1937, pp. 151 – 161.

③ Jocelin of Brakelond, *Monk of St. Bury Edmunds*, translated and edited by L. C. Jane, London: Chatto & Windus, 1907, p. 37.

④ Edward Miller and John Hatcher, *Medieval England Rural Society and Economic Change, 1086 – 1348*, London: Addison-Wesley Longman Limited, 1978, p. 190.

⑤ Jocelin of Brakelond, *Monk of St. Bury Edmunds*, translated and edited by L. C. Jane, London: Chatto & Windus, 1907, pp. 42 – 43.

⑥ N. Denholm-Young, *Seignorial Administration in England*, London: Oxford University Press, 1937, pp. 6 – 7.

币工资，这样，除稻草、干草和木柴外，庄园的一切他就无由再占用了"[①]。女伯爵伊莎贝拉的地产管理者的工资很高，其管家领到10英镑现金以及4英镑的衣物补贴。[②] 1343年，克莱尔伯爵夫人伯格的伊丽莎白（Elizabeth de Burgh）给予其地产管理者的报酬就是货币和实物，这些人包括15个骑士、21个高级文书员（principal clerk）、18个初级文书员（lesser clerk）、93个乡绅、100个仆人。[③] 这个时期领主给予其附庸的土地封赐大为减少，而货币佣金、地产监护权、报偿丰厚的婚姻等其他报酬增多。依靠土地的封授来维持的君臣关系逐渐弱化，这正是西方一些学者所说的"变态封建主义"。[④]

不管地产管理组织如何健全和复杂，领主仍然是最高决策者和最后的监督者。地产管理的成败在很大程度上取决于领主对地产管理的重视和参与。《田庄管理的职责》中专门谈到了领主的职责。[⑤] 12、13世纪之交圣埃德蒙兹修道院的院长萨姆森是带着极大热情参与地产管理的一位典型领主，而当时该修道院的一位僧侣乔瑟琳（Jorcelin）为萨姆森所写的传记可以使我们清楚地观察这个"担任自己的管家"的领主。为了减少僧侣们的舞弊行为，抑止修道院的腐化趋势，偿还高额债务，萨姆森上任后采取了许多激进的措施。首先，他严格了修道院的内部财务制度，规定僧侣未经修士团同意，不得用教堂的装饰品抵押借债，不得用修道院的印章订立契据，不得私自借债超过20先令。他收回了僧侣们掌管的部门印章和钱柜，严格了修道院的待客制度。他自己非常节俭。每周的物资在前任时期不足五天花销，而在他的任内甚至够十天消费。他每周都要核算府内的开支，不是通过仆人核算，而是亲自进行。他还撤换了一些行为不端的负责人，

---

① ［英］伊·拉蒙德、W.坎宁安编，高小斯译：《亨莱的田庄管理》，北京：商务印书馆1995年版，第73页。

② N. Denholm-Young, *Seignorial Administration in England*, London: Oxford University Press, 1937, p. 35.

③ R. H. Britnell, *The Commercialisation of English Society, 1000－1500*, the second edition, London: Manchester University Press, 1996, p. 133.

④ Scott L. Waugh, Tenure to Contract: Lordship and Clientage in Thirteenth-Century England, *The English Historical Review*, Vol. 101, No. 401, 1986, pp. 811－839.

⑤ ［英］伊·拉蒙德、W.坎宁安编，高小斯译：《亨莱的田庄管理》，北京：商务印书馆1995年版，第79—80页。

比如修道院的账房乔福里·鲁夫斯（Geoffrey Ruffus）。该账房管理的四个庄园向修道院交纳的地租收入越来越低，而账房本人却由此积累了高达200英镑的财富。后来，尽管萨姆森屡次向账房补贴，但账房仍然入不敷出。于是，萨姆森派遣自己的仆人作为副手监督账房的一应开支。到1197年，他干脆撤销了修道院的账房和客房（guest-marster）职位，派遣自己的一名仆人管理修士团的酒肉钱粮等一应开支。他经常待在庄园上，因为他知道“主人的光临就是田地的收入”。这种对地产管理的广泛参与和对修道院各级负责人的严格监督需要他付出很大的精力。正如萨姆森对乔瑟琳所说：“想想供养府内上下的艰辛，想想牧人照顾别人所需要的诸多劳累吧，它使我焦虑，让我呻吟，总是心情沉重。”一个名叫赫伯特（Herbert）的教区执事（dean）在庄园哈伯顿（Haberdon）修建了一个磨坊。萨姆森听到这个消息后食不甘味，命人带着木匠去拆除这个磨坊。赫伯特得知后赶紧前来向萨姆森解释，声明磨坊只是用来磨自己的谷物。尽管如此，萨姆森还是毫不客气，他说：“你没有砍下我的双脚，难道我该感谢你吗？当着上帝的面告诉你，你不拆掉磨坊，我就决不吃饭。”萨姆森通过积极管理，严格监督，削减开支，广开财源，最终在上任的12年内清偿了高达3 052英镑的债务。[①] 如此热情地参与地产管理是大多数领主难以做到的。

适应这种阶层化的集中的管理组织，大领主一般将地产划分为不同的区域来管理。坎特伯雷主教座堂教士团就将8个郡的土地分为不同的区域来管理。1297年，康沃尔伯爵的地产分为9个区域，每个区域都处于一个管家的管理下，这些管家都对伯爵领的最高管理机构负责。[②] 伍斯特主教为了地产管理的方便，从三个最大的庄园中分割出四个新庄园。[③] 在彼得伯罗修道院，所有的地产分为三个部分，每个部分设置一个管家来管理。[④]

---

① Jocelin of Brakelond, *Monk of St. Bury Edmunds*, translated and edited by L. C. Jane, London: Chatto & Windus, 1907, pp. 47, 57, 60 – 62, 66, 94 – 95, 137 – 143, 191.

② B. M. S. Campbell, *English Seigniorial Agriculture, 1250 – 1450*, Cambridge: Cambridge University Press, 2000, pp. 61 – 62.

③ Christopher Dyer, *Lords and Peasants in a Changing Society*, Cambridge: Cambridge University Press, 1980, p. 64.

④ J. Burton, *Monastic and Religious Orders in Britain: 1000 – 1300*, Cambridge: Cambridge University Press, 1994, pp. 251 – 252.

牛津大学默顿学院在1297年之前只设立一个总管，由其负责学院在英格兰南部的全部地产，但此后他们将地产分为不同的区域，每个区域包括若干庄园，分别设立一个专门的总管来管理。[①]

总之，这个时期领主们从高层到基层都强化了地产的管理组织。中世纪英格兰领主们的地产多数分散各地，没有一个比较健全的管理组织，领主们不可能在广阔而分散的地产上实现直接经营，不可能控制每个庄园上的生产和销售。

二、以庄头为核心的庄园内部管理组织

庄园是中世纪英格兰领主地产的基本单位，是领主盘剥佃农的组织形式。庄头从庄民之中并由庄民推选而来，负责维护领主在庄园的利益。因此，庄头虽小，却是连接领主与庄民的纽带。关于庄头在领主与庄民对立冲突的关系中所扮演的角色，国内外学界已有一些论述。早些时候国内学界比较突出领主对佃农的盘剥，把庄头视为领主的爪牙，后来有些学者注意到了问题的复杂性，比如马克垚先生就比较谨慎地说："庄头的地位介于农民群众和封建主之间，他们的阶级倾向视具体情况而不同。有的庄头为虎作伥，是封建主的忠实走狗，也有的庄头是农民利益的捍卫者。"[②] 近来侯建新、徐浩两位学者则比较强调村社组织对庄头的制约，认为"庄头要秉承领主意志办事，但他的产生须经全体农奴佃户的推举和认可，这对他多少有所制约"，"庄头不可能高高在上，在有着马尔克传统的村民中更难横行乡里"。[③] 国外学界流行的学术倾向也认为庄头更接近于农民而非领主。罗德内·希尔顿、克里斯托弗·戴尔、茨维·拉奇等人注重分析领主对农民的剥削和农民对领主的抵制，并举出了不少庄头带领村社抵制领主

---

① Ralph Evans, Merton College's Control of its Tenants at Thorncroft, in Zvi Razi and Richard Smith eds., *Medieval Society and the Manor Court*, Oxford: Clarendon Press, 1996, p. 208.

② 马克垚:《西欧封建经济形态研究》(第二版), 北京: 人民出版社 2001 年版, 第 177 页。

③ 侯建新:《社会转型时期的西欧与中国》, 济南: 济南出版社 2001 年版, 第 310 页。

盘剥的例子。[①] 以瑞夫茨为首的多伦多学派素来强调村社的团结和独立，倾向于用村社而不是庄园作为视点来考察中世纪英格兰的乡村社会，他们通常把庄头作为众多村官之一。[②] 贝内托则更加明确地说，“在庄头手中遭到侵害的不是农民，而是领主”[③]。如果据此分析领主与农民的关系，则自然会得出领主控制不严、剥削不太重的结论。比如，侯建新和徐浩就认为村社、庄园和教区构成了乡村社会的多元权力结构，不同力量之间的牵制和争夺给农民的自主活动留下了较多的天地。这些论述大多把庄头置于村社和庄园对立关系中的村社一边。如果村社与庄园是单纯的对立关系，那么村社力量越强大，庄园主的控制就应当越松弛。可事实是，在英格兰中部和南部因实行敞田制而具有强大村社力量的地方，庄园最为兴盛，领主盘剥最重，农奴劳役制度最顽固。这提醒我们村社与庄园并非单纯的对立关系，庄头由村社推选、受村社监督是否能说明领主控制不严、盘剥不重还值得考察。笔者在考察了庄头的由来和演变、选任和职责、奖励和惩罚及其与领主和农民的关系之后认为，庄头在角色定位上的确更接近农民而非领主，但这正体现了领主对村社内生组织的利用和渗透；领主从村社的强化中获得了自己的利益，被强化了的村社可能反过来抵制领主，这只是领主不得不承受的风险和代价；这种盘剥和控制的方式未必意味着较低的剥削程度。

研究中世纪英格兰的庄头，大致有两种资料可用。被学者们首先研究并引用最多的是13世纪留下来的几份农书。[④] 这些农书完全是从领主的立

---

① R. H. Hilton, Peasant Movements in England before 1381, *The Economic History Review*, Vol. 2, No. 2, 1949, pp. 117 – 136. Christopher Dyer, *Lords and Peasants in a Changing Society*, Cambridge: Cambridge University Press, 1980. Zvi Razi, The Struggles between the Abbots of Halesowen and their Tenants in the Thirteenth and Fourteenth Centuries, in T. H. Aston, P. R. Coss, C. Dyer and J. Thirsk eds. , *Social Relation and Ideas: Essays in Honor of R. H. Hilton*, Cambridge: Cambridge University Press, 1983.

② Zvi Razi, The Toronto School's Reconstitution of Medieval Peasant Society: A Critical View, *Past and Present*, No. 85, 1979, pp. 141 – 157.

③ ［英］亨利·斯坦利·贝内特著，龙秀清、孙立田、赵文君译：《英国庄园生活：1150—1400年农民生活状况研究》，上海：上海人民出版社2005年版，第174页。

④ ［英］伊·拉蒙德、W. 坎宁安编，高小斯译：《亨莱的田庄管理》，北京：商务印书馆1995年版。

场来撰写的，偏重于庄头等管理者的义务和职责，因此从中无疑会得出庄头是领主爪牙的结论。这种自上而下的考察已经被多数学者证明有失偏颇。然而，处于社会底层的农民又没能留下自己的记录，是“没有历史的人们”。庄园惯例册、地租册、收支账簿、法庭卷宗等资料虽然也是领主庄园经营管理的记录，但远比简单的农书更能反映农民与领主的实际关系，更有利于“自下而上”地观察。我们应该努力将两种资料结合起来，以期获得更加真实的图景。

根据梅特兰、维诺格拉道夫等人的论述，庄园是因外部力量对原本自由的村落进行人为划分、经济索取和法律贬抑而形成的。[①] 在盎格鲁－撒克逊人迁入不列颠时，他们保留着马尔克公社组织，尽管内部已经出现贫富分化，但法律上并没有自由与奴役的划分。村庄已经在个体家庭之间分配了耕地，但草地、林地和荒地等仍维持公用。由于许多地方需要用 6 到 8 头牛牵引的重犁来翻耕黏重的土壤，为了减少犁队掉头的次数，耕地被分成长条状；犁壁的使用和排水的需要造成了高垄深沟的田貌；为了恢复地力，全村的土地被分成大田用于轮作；为了平分土地和降低风险，农户的土地插花交错地分布在不同的大田之中；为了确保耕地所必需的牲畜有充足的饲草，村社强制性地要求耕地在收割后开放为牧场，草地不能过度放牧，耕地不能随意围篱筑栏。为了维护这一整套共同规则，实行敞田制的村庄形成了集中居住的聚落形态，自然地发展出了较为强大的村社组织。当然，由于土壤气候条件、种族分布等方面的差异，敞田制、聚居的村落和强固的村社主要分布在一个自北向南纵向穿过英格兰的带状区域内，从北海沿岸经过米德兰地区直到南部海峡。除此之外还剩下两大区域，一个是从西部的康沃尔、德文，向北经过柴郡、兰开夏到西北部的威斯特摩兰和库伯兰；另一个则是东南角的埃塞克斯、米德尔塞克斯和肯特，以及向北到东盎格利亚德部分地区。这两个区域内的田貌和村落与敞田区域大为不同。耕地被沟渠或篱笆圈围起来，地块不整，轮作散乱。农户三三五五地散居成一个个小屯（hamlet），村社组织也较为软弱。

庄园是在自然聚落的村庄结构和村社组织中由外来力量创建出来的。

---

① 对于这些学者的观点，马克垚已经做过详尽的分析和介绍。马克垚：《英国封建社会研究》（第二版），北京：北京大学出版社 2005 年版，第 26—41 页。

其核心要素有两个，其一是领主自营地和佃农份地的划分，其二是为了确保领主自营地上的劳力供应而强迫佃农提供劳役，并对佃农进行法律贬抑等超经济强制。在盎格鲁－撒克逊时代，领主们维持其势力的基础是大领地。最初领主们向大领地上的农民索取实物纳贡，后来大领地被分成内田和外田，内田有领主住所，由奴隶和招纳而来的依附农直接为领主耕种土地，供养领主，外田上的农民则仍然相对自由，通常交纳实物贡赋和象征性地提供劳役。后来，特别是诺曼征服之后，随着领地的封赐、分割和转让，大领地分裂为较小的地产，原本属于外田的地方也出现了领主自营地，外田上的农民开始提供劳役，农奴劳役制的庄园经济就这样逐渐扩散开来。庄园不断被拆分、合并，界限更加复杂。有时一个庄园包含若干村庄，有时一个村庄包含若干庄园，庄园与村庄完全一致的情况只是少数。这是领主在管理庄园时面临的问题。

由于先有村庄，后有庄园，领主很自然地借用已有的村社组织来管理庄园，而不是创设新的组织。① 庄头就来源于盎格鲁－撒克逊时期的村长。② “庄头”一词在英文中为“reeve”，源于古英语“gerefa”。“reeve”原本是受国王之命分管某一地区的长官，因分管区域不同，也就有不同的reeve。比如，在产生于12世纪的名为“忏悔者爱德华之法”③ 的文献中，就提到有郡长（sheriff，源于shire-reeve，即一郡之长官）、百户长、镇长和村长。可见，“reeve”一词不仅毫无卑微之意，还可能源于高层吏员。该文献还提到，每村村长应与另外四位品行端正的村民一起代表全村参加

① 在谈到庄园官吏与领主的关系时，霍曼斯说：“庄园最初的领主接纳了以前村庄的一批行政人员，用于庄园的管理。如此形式完全顺其自然。领主更愿意通过原有的组织来行事，而不是重新设立自己的组织。” G. C. Homans, *English Villagers of the Thirteenth Century*, Cambridge, Mass.: Harvard University Press, 1941, p. 290.

② 徐浩就曾将“reeve”翻译为村长，同时又说他首先是自营地经济的管理者，与其说是村官，不如说是庄官，指出在村庄与庄园合二为一的时候，村社会议就不复存在了。

③ 该法律未必是11世纪的忏悔者爱德华本人制定的，其中有不少是后世新增的法律，只是为了突出这些新增的法律为“古法”、“良法”，才将它们上溯自成为圣徒的忏悔者爱德华，借助圣徒的权威和感召力来加强法律的权威和效力。关于《忏悔者爱德华之法》的更多分析，参见：Bruce R. O'Brien, *God's Peace and King's Peace: The Laws of Edward the Confessor*, Philadelphia: University of Pennsylvania Press, 1999, pp. 313－314.

郡政会议和百户区会议；若有遗失的贵重物品被发现，发现者应当将遗失物品送到当地的教堂中，请神父、庄头和村庄中品行最端正的几位村民前来查看，然后他们再请邻近各村的神甫、庄头和每村的其他四位村民前来察看。[①] 这表明，“reeve”最初是村社的首领，尚未同庄园发生联系。

征服者威廉下令进行全国土地大调查的时候，就明确要求特派员们应当让各郡郡长、各男爵及来自法国的随从、各百户区、各村的神父、村长和六位维兰宣誓如实汇报。12 世纪编订的《亨利一世之法》在第七条第七款中规定：“任何王之男爵，或其他人之男爵，若依法参加郡政会议，就他在该郡所占之土地及其上之民众均有发言之权。能在会议上作其合法代表的总管亦可发言。若男爵及其总管都因故缺席，则村庄之村长、神父和四位品行端正者亦可代表该村所有未被点名要求参加会议的其他人。”[②] 该条第八款对百户区会议也作了同样的规定。这些规定表明，虽然村长、神父和若干村民仍然是符合传统的村庄代表，但这种惯例已经有所变化，作为领主的男爵或其总管是村庄的首选代表，只有他们不能到会时才由村庄内部的人代替。可见，村庄内生组织已经受到外来力量的抑制。另外，村长与神父一同与会，大概表明他也像后者一样并无身份上的不自由。

中世纪英格兰大领主们占有的庄园很多，但分散各地，这增加了管理的困难。11、12 世纪领主们将大部分领地封赐给提供骑士军役的封臣，或者以庄园为单位按照固定地租长期承包出去。承包人有的直接经营其所承包的庄园，有的则派其仆人经营，因此这个时期很少有关于庄头的记载。12、13 世纪之交，随着经济政治环境的变化，出租经营的弊端日益突出。1180—1220 年谷物价格猛涨了一倍多，这对许多以固定地租为主要收入的领主大为不利。商品经济的逐渐繁荣刺激了领主们的消费，使其入不敷出。与此同时，英格兰人口则从 1086 年的 150 万～200 万增加到了 14 世纪初期的 450 万～600 万。劳动力日益丰富，土地日益紧缺，这对地产直接经营颇为有利。因此，许多领主积极购买和收回出租地，委派庄官直接经营，并向市场出卖农畜产品。领主要求原先自由的村长作为庄头，为其

---

① Bruce R. O'Brien, *God's Peace and King's Peace*: *The Laws of Edward the Confessor*, Philadelphia: University of Pennsylvania Press, 1999, pp. 182 – 185.

② L. J. Downer ed., *Leges Henrici Primi*, Oxford: Clarendon Press, 1972, pp. 100 – 101.

组织和安排庄园生产，推选庄头成为庄民的一项义务，担任庄头成为苦差，甚至成为农民不自由身份的标志之一。在13世纪和14世纪初期，以庄头为主的庄官制度最为兴盛。14世纪中期黑死病的蔓延夺去了欧洲大约1/3的人口，人地关系紧张局面的缓解导致工资水平上升和谷物价格走低。由于领主之间对劳动力的竞争和农民的反抗，农奴制逐渐瓦解，直接经营的利润空间大幅萎缩。于是，领主们重新把整个庄园或其中的自营地、磨坊等资产出租，转变为坐食地租者。在领主们出租庄园时，原先的庄头大多成为承包人，并逐渐转化为后来的租地农场主。以下我们对庄头的考察就主要集中在13世纪和14世纪初期这个经营兴盛的时代。

庄头自幼生长在庄园上，对庄民的人际关系、个性品行、占地多寡等情况非常了解。而且，他一年四季待在庄园上，亲历庄园生产的每一个环节。这种优势是短暂光临的外来管理者无法相比的。

选任庄头有多种方式。有些庄头直接由领主从佃农中任命，有的则完全由佃农推选，还有的介于二者之间，先由佃农选出几位候选人，再由领主从中选任。不同领主，甚至同一领主的不同庄园，都可能以不同的方式来选任庄头。《无名氏的田庄管理》中说庄头是由全体庄民推选的，《田庄总管的职责》中也说："庄头应当是教区全体居民一致选出且一致认为是他们中间最好的庄稼人和最老实的人。"[①] 不过，从其他资料来看，实际情况要复杂一些。12世纪巴特尔修道院的惯例册中就明确规定庄头应由领主任命。在13世纪的一些庄园法庭卷宗中都可以找到佃农集体从领主手中赎买庄头选任权的例子。比如，1284年温彻斯特主教的斯坦普格罗夫（Staplegrove）庄园上，佃农们集体交纳了6先令8便士，以便能够"选举他们自己的庄头，而不接受任何非自主推选的庄头"。1281年海尔索文庄园也发生了同样的事情。[②] 这种赎买现象一方面说明此前庄头多由领主任命，另一方面也说明庄民开始争取这种权利。在1333年格罗斯特郡的索恩罗夫特（Thorncroft）庄园，领主试图撤换庄头，但在重新进行的选举中，佃农们还是推选了原先的庄头，并使其又任职了8年。此后有一段时间，

---

① ［英］伊·拉蒙德、W. 坎宁安编，高小斯译：《亨莱的田庄管理》，北京：商务印书馆1995年版，第61、76页。

② H. S. Bennett, The Reeve and the Manor in the Fourteenth Century, *The English Historical Review*, Vol. 41, No. 163, 1926, p. 361.

庄园上同时存在两三名庄头，很可能是领主和庄民各自选出了庄头，并同时任职。不过，随着14世纪40年代庄民抵制斗争的失败，庄头转而完全由领主任命了。[①] 在1293年的布莱瓦尔顿（Brighwalton）庄园，佃农们先选出了四位他们认为“最好、最有才干、最适合担任庄头的”佃农，总管则从这四位佃农中选择了一位担任庄头。[②] 这种做法可以看作是领主与佃农的一种妥协，是由领主全权任命向佃农自主选举转变的过渡性做法。总体来看，尽管存在领主直接任命庄头的事情，但庄民自主选举庄头是普遍的潮流。

庄头由庄民选举，而选举通常在每年秋收后的庄园法庭上进行。这似乎意味着庄头的任期是一年。13世纪的一本小册子也建议：“如果庄头的所作所为不能证明他是最有能力的和最诚实的人，不是好的庄稼人，庄头的任期就不能超过一年。”[③] 然而，13世纪和14世纪初期许多庄头的任期都很长。有些佃农的姓名带有庄头的称呼，说明本人或其祖辈曾长期担任庄头。乔叟笔下所描绘的那个庄头也是从主人二十岁时就开始任职。[④] 在克罗兰修道院的德莱顿（Drayton）庄园上，有三个庄头分别任职29、17、21年。威廉·希勒（William Kille）担任奥金顿（Oakington）庄园的庄头达16年，而尼古拉斯（Nicholas）从1267年到1314年一直担任埃尔明顿（Elmington）庄园的庄头，连续任职47年。从1288年到1349年的61年中，默顿学院在库克翰庄园只有过两位庄头。[⑤] 在威斯敏斯特修道院的泰丁顿庄园上，一位名叫瓦尔特的佃农从1304年到1326年一直担任庄头，任期长达22年。在埃塞克斯郡的伊斯特伍德（Eastwood）庄园，从1351

---

① Peter Franklin, Politics in Manorial Court Rolls: The Tactics, Social Composition, and Aims of a pre-1381 Peasant Movement, in Zvi Razi and Richard Smith eds., *Medieval Society and the Manor Court*, Oxford: Clarendon Press, 1996, pp. 184 – 185.

② H. S. Bennett, The Reeve and the Manor in the Fourteenth Century, *The English Historical Review*, Vol. 41, No. 163, 1926, p. 362.

③ ［英］伊·拉蒙德、W. 坎宁安编，高小斯译：《亨莱的田庄管理》，北京：商务印书馆1995年版，第77页。

④ 该中译本中将reeve翻译为管家而不是庄头。参见［英］杰弗里·乔叟著，黄杲炘译：《坎特伯雷故事》，南京：译林出版社1998年版，第31页。

⑤ Edward Miller and John Hatcher, *Medieval England Rural Society and Economic Change, 1086 – 1348*, London: Addison-Wesley Longman Limited, 1978, p. 193.

年到 1373 年也是一直由一位佃农担任庄头。①

庄头的任期较长，并不意味着庄头职位一定是肥缺，有时也会变成苦差。有些领主明确规定，佃农集体负担着为领主选举庄头的义务，并对该庄头的所作所为承担连带责任。有些佃农在被选举为庄头后，会交纳一笔钱，以逃避任职。在有的庄园上，佃农们也会集体交纳一笔钱，以便他们中所有的人都免除担任庄头的义务。这种现象的一个后果是，不少领主在庄园上专门划出一片土地，作为庄头的“职田”。如此，担任庄头便享有占有“职田”的义务，或者说领主只能用一块土地来吸引佃农担任庄头。一个更有趣的例子是，在 1333 年杜尔维奇（Dulwich）的庄园法庭上，恰好有三位本应出席法庭的佃农缺席，而法庭计划选出的庄头候选人正好是三位，于是出席者们仍一致推选了三位缺席者。在随后的一次法庭中，这三位佃农表示了抗议，但法庭还是坚持了上次的决定。② 显然，在有些领主的庄园上，存在佃农逃避庄头职务的现象。

庄头职位有时是肥缺有时又是苦差，这是由两方面的原因造成的。其一是任职者的个人因素。庄园是一个微型社会，自然也是分层的。庄民在土地占有、牲畜数量等经济资源方面，在亲族力量、交往范围等社会资源方面，在个人品行、管理能力和社会威信方面都存在着差异。那些精明能干、威信（威权）较高、亲族力量强大的富裕庄民有能力控制和管理其他庄民，他们会将庄头职位作为美差，并倾向于长期占据这一职位。相反，而那些势单力薄、能力平平、家境贫苦的庄民往往缺乏影响力，难以控制其他庄民。对他们来说，担任庄头，夹在众多难以驾驭的庄民和高高在上的领主之间是毫不轻松的事情，他们自然会将庄头职位视为苦差，并设法逃避。比如，庄园法庭作出的罚款、扣押财产等决定往往要靠庄头去执行，而有些庄头在执行这些决定时会受到豪强庄民的抵制。比如在前述托克罗夫特庄园上，一位佃农私自租佃了 10 英亩的土地，尽管庄园法庭一再召他出席，他却屡不出庭，法庭只得决定扣押其部分财产（50 只羊）。庄头尼古拉斯因未能执行决定而被罚款，后来的庄头西蒙扣押了那位佃农的

① H. S. Bennett, The Reeve and the Manor in the Fourteenth Century, *The English Historical Review*, Vol. 41, No. 163, 1926, p. 360.

② H. S. Bennett, The Reeve and the Manor in the Fourteenth Century, *The English Historical Review*, Vol. 41, No. 163, 1926, p. 363.

一匹马，但后来又被迫归还，并因此而在法庭上受到了处罚。[①]

其二，领主的地产管理政策也是一个重要因素。比如在温彻斯特主教座堂修道院，1270 年到 1315 年间可以说是庄头们的黄金时代，领主的控制较为宽松，账簿的审计中很少有无法通过的项目。此后，领主的控制严格起来。1325 年共有 12 个庄园留下了账簿，每个庄园都有未能通过的项目，其中较多的高达 18 英镑，较少的也有 1 英镑。[②] 稍后我们还会分析，有的领主规定了各种生产指标，庄头若达不到相应的指标，就必须补足欠缺部分。这使庄头的责任大大加重，使庄头的职位由诱人的肥缺变为烦人的苦差。不过，为了进一步理解这个问题，还必须考察庄头的职责和报酬。

庄头的职责是组织自营地的生产劳动，确保佃农按时完成劳役、土地适时耕种、牲畜看管妥当、谷物保存良好。他还应当修缮庄园上的房屋，在领主或其管家的指示下出卖农畜产品。简言之，庄头是自营地生产劳动的组织者和领主在庄园各项收支方面的直接责任者。最能说明这一点的是，在每年米迦勒节后的审计工作中，制作庄园账簿并接受会计官审查的正是庄头。自营地在规模上远大于一般佃农的小生产。常年为自营地劳作的是长工。1208 年在温彻斯特主教的 24 个庄园上，共有 358 个长工，平均每个庄园有近 15 个长工。在贝齐修道院的各个庄园上，长工数量从十几个到二十几个不等。在诺福克伯爵的芬塞特庄园上，13 世纪后期通常有 9 个长工。[③] 在农忙季节，除了长工外，还有大批服劳役的佃农和临时雇用的短工。领主在庄园上除了拥有耕地外，还放牧牲畜，经营磨坊、面包坊等。可以说，领主自营地是一个大规模的、混合经营的经济组织。庄头作为其管理者，需要一年四季操心自营地生产的方方面面，在农忙季节工作尤为繁重。

---

① Ralph Evans, Merton College's Control of its Tenants at Thorncroft, in Zvi Razi and Richard Smith eds., *Medieval Society and the Manor Court*, Oxford: Clarendon Press, 1996, pp. 213 – 214.

② J. S. Drew, Manorial Accounts of St. Swithun's Priory, Winchester, *The English Historical Review*, Vol. 62, No. 1, 1947, pp. 33 – 34.

③ M. M. Postan, The Famulus: The Estate Labourer in the Twelfth and Thirteenth Centuries, *The Economic History Review*, Supplements 2, Vol. 69, No. 273, 1954, pp. 4, 18. F. G. Davenport, *The Economic Development of a Norfolk Manor, 1086 – 1565*, Cambridge: Cambridge University Press, 1906, p. 24.

对庄头表现的最终检验是收支账簿的编制和审计。庄园收支账簿最早出现于1208年温彻斯特主教的地产上，在13世纪中期很快流行起来，到14世纪中期，甚至拥有一两个庄园的小领主也开始制作账簿了。庄头应在日常记录相应事项，保存必要的收支凭据，并在每年米迦勒节后制作好账簿，等待审计官的审查。有的庄头不能识文断字，就雇用乡村教堂的牧师或其他人员代为编写。关于账簿的发展及其对管家庄头等管理人员的监督约束作用，我们将在本章第二节中详细分析。

与庄头繁重的责任相比，领主给他们的报酬并不优厚。在领地的管理体系中，总管、管家、审计官所获得的报酬主要是货币年金，有时包括衣物或食品补贴。相比之下，庄头仅仅获得劳役的减免。这等于说，庄头与其他佃农的区别仅仅在于，他为领主提供的是一种特殊的劳役——管理工作，而不是普通的体力劳作。当然，庄头也能得到一些小恩小惠。比如，收获季节他可在庄宅中同长工们一起吃饭。少数忠厚尽职的庄头还会得到特殊的赏赐。在前述默顿学院的托克罗夫特庄园，西蒙只是一个占有半亚德兰土地的维兰，他担任庄头长达30多年。他在卸任之后享受学院发给的年金，还可以得到一些谷物和货币赏赐，他自己的5英亩土地还像自营地一样由领主的佃农负责耕种。① 不过，像他这样的庄头是凤毛麟角的。温彻斯特主教座堂修道院的庄头所得到的额外赏赐只是一头羊或一只鸡。② 庄头的管理工作是一年四季都不可缺少的。他们需要事无巨细地指挥和安排长工、雇工和佃农们耕作自营地，不大可能同时履行自己的劳役。农忙季节连普通的长工、提供帮工的佃农以及外来的雇工都可在庄宅中集体吃饭，庄头享有这项恩惠也就没什么稀奇了。可见，领主并未因庄头的繁重责任而给予其特别优厚的报酬。

既然如此，为何有些佃农会长期担任庄头呢？原因在于，庄头有可能通过徇私舞弊、欺上瞒下来获取隐性收入。不论账簿的编制如何详细，审计如何严密，庄头总有一些弄虚作假的余地。13世纪曾经有一位名叫罗伯

---

① Ralph Evans, Merton College's Control of its Tenants at Thorncroft, in Zvi Razi and Richard Smith eds., *Medieval Society and the Manor Court*, Oxford: Clarendon Press, 1996, p. 212.

② J. S. Drew, Manorial Accounts of St. Swithun's Priory, Winchester, *The English Historical Review*, Vol. 62, No. 1, 1947, pp. 38 – 39.

特·卡蓬特（Robert Carpenter of Haslett）的人编写了一个小册子，专门指导庄头们如何在账簿中弄虚作假。比如，将羊皮用盐浸过，使其看起来不值钱，在审计官面前骗一个较低的折价，随后再将其高价售出。① 另外，运用生产指标来控制庄头也存在漏洞。由于领主对庄头超额完成生产指标没有任何奖励，庄头们就将超额部分恶意隐匿，中饱私囊。在14世纪20年代温彻斯特主教座堂修道院的庄园上，当时的生产指标是：每头猪每年产15头猪仔；每只母鸡每年生60个鸡蛋，孵12只小鸡。按理，猪和鸡的产出应或上或下，略有差异，但奇怪的是，几乎在该领主所有的庄园账簿中，账面登记的产出不多不少正好符合这个指标，没有任何超额的产出。②无疑，庄头隐匿和侵吞了超过指标的产出。另外，审计官在审计时会提高某些出卖产品的收入，压缩某些支出（比如雇工工资），有时改动的项目多达30项。这一方面体现了审计的严厉，另一方面说明庄头弄虚作假的严重。在庄头卸任时，领主通常要派人清算其积欠，有的庄头在卸任时积累了高额债务，有的甚至高达数十英镑。尽管如此，不少庄头竟然能够一次性地清偿，还有一些虽然逐年分期偿还，但每年偿还的数额也接近1英镑。这远远高于当时普通佃农的年收入。③ 乔叟在其《坎特伯雷故事》中也对庄头作了如下描述："无论羊倌和雇工还是管事，在他跟前一个个都怕得要死，他们的诡计花招都骗不过他。在他牧场上有个很漂亮的家……私下里已积累起相当一笔财产。他手段高明，很会讨主人喜欢；拿主人东西借给或送给主人，换来衣帽的赏赐和道谢之声。"④ 可见，庄头在任职期间有一些自谋私利的空间。

以上分析表明，庄头原本是村社的首领（村长），但随后被领主改造为庄园生产的负责人。庄头由庄民推选，领主在利用这种村社内生力量的

---

① N. Denholm-Young, *Seignorial Administration in England*, London: Oxford University Press, 1937, p. 121.

② J. S. Drew, Manorial Accounts of St. Swithun's Priory, Winchester, *The English Historical Review*, Vol. 62, No. 1, 1947, p. 39.

③ J. S. Drew, Manorial Accounts of St. Swithun's Priory, Winchester, *The English Historical Review*, Vol. 62, No. 1, 1947, p. 37.

④ ［英］杰弗里·乔叟著，黄杲炘译：《坎特伯雷故事》，南京：译林出版社1998年版，第31页。

同时，也非常注意对其进行监督和控制。其监控手段有如下几种：

首先，外来管理者的经常性监督。领主除了偶尔亲自光临庄园外，还派遣总管、管家、财务审计员等庄园外部管理者专门负责地产管理事宜。总管负责整个领地的管理，每年要巡视各庄园两三次，并决定庄园的重大事务。管家常年居住在自己分管的几个庄园上，是领主派到庄园上直接监督庄头的人。审计员则每年定期对庄头进行财务审查。

其次，领主还通过庄园法庭来监督庄头。① 庄园法庭由代表领主利益的总管或管家主持，但裁决主要是由全体出席者或陪审团作出的。庄头、护林员、收租人、割草监工、十户联保组组长、庄园法庭的陪审员等庄官村官都要在庄园法庭上选举。庄头对拒服劳役、拖欠地租、私自买卖土地、践踏自营地庄稼、砍伐领主林木等损害领主利益的行为不能直接处理，而是要在庄园法庭上提出，由法庭来裁决，损害的轻重和罚金的数额也由专门的侵害评估员来确定。② 庄头的工作只是收取相应的罚金，并将其登记在账簿中，如实上交领主。他在法庭上只不过是一名普通的庄民。另外，庄园法庭还鼓励佃农揭发庄头损害领主权益的行为，比如出卖谷物价格过低、雇工工资过高、牲畜无端死亡、私用劳役，等等。在14世纪初期《论领地法庭》（*On the Baron Court*）的小册子中，作者在揭发一位经常光顾集市和酒馆的庄头时建议“应当将其撤职……并绑在畜棚内的一个松木凳子上，让邻居们严加看管……随后，总管应当命令被撤职的庄头前往酒馆，让庄头助理（beadle）宣布，若有人要揭发他，就应马上进行”③。在许多庄园法庭的卷宗中都不乏庄民揭发庄头，或庄头同其他佃农争诉的记录。1340年瓦尔舍姆-勒-威洛（Walsham-le-Willows）庄园的法庭卷宗中记载：“庄头威廉·兰伯里（William Rampolye）被罚款3先令4便士，因为他将价值3先令的干草从领主的磨坊拉到了自己的房屋中。

---

① 我们将在本章第三节中专门分析庄园法庭的组织、运作和功能。

② 比如，在1333年汉普郡的布兰姆贝尔苏特（Brambelshute）庄园的法庭卷宗末尾，就登记着两位侵害评估员的名字。该法庭卷宗全文参见：J. Z. Titow, *English Rural Society, 1200–1350*, London: Allen & Unwin Ltd., 1969, Document 11, p. 179.

③ 转引自 Edward Miller and John Hatcher, *Medieval England Rural Society and Economic Change, 1086–1348*, London: Addison-Wesley Longman Limited, 1978, p. 194.

威廉·怀特（William Wyther）因用自己的马车运送这些干草到威廉·兰伯里的房屋而被罚款12便士。威廉·兰伯里还因将庄宅中的一个大木桶、一块马毛编织的垫布和一个黄铜碗带回家中自用而受罚款处罚。”① 由此可见，领主通过将原有的村社会议改造为庄园法庭，通过庄民的广泛参与和见证，能够减少庄头中饱私囊、欺上瞒下的机会。

再次，领主还通过设立其他专门人员来分化庄头的职责，限制其权力的膨胀。除了庄头外，庄园上还有一些护林员、收租员、割草监工、秋收监工等辅助管理人员，其职责是协助庄头看护山林、征收地租、征用劳役、收取代役金、征收罚款、组织收割打场等事宜。但是，他们并不是由庄头选任，而是同庄头一样，由庄民选举，来自习惯佃农之中，并获得部分地租或劳役的减免作为报酬。他们各自分管某项事务，并就相应事务向领主负责。比如，护林员负责看护领主的山林，若有人私自砍伐林木、进入林区放牧，其侵害行为都应当由护林员而不是庄头在庄园法庭上提出。《无名氏的田庄管理》中就说：“如果领主安置了停放车辆的人、听差、农场管家等的，则不管是谁，只要因为他们的所作所为使领主蒙受损失了，领主都必须要求这些人赔偿损失，而不是向庄头索赔，因为是领主把这些人安置在那里的。”② 由此可见，不同庄官之间的分工和制衡限制了庄头的权力，使其难以独霸庄园、截留农民向领主上交的地租和各种杂费。

最后，从13世纪初期开始，庄民的地租、劳役、杂费等各项义务都被作为习惯确定下来，并且日渐精确化，从而为领主、庄头和庄民之间的互动提供了一定的规则和框架。12、13世纪之交许多领主都进行了详细的地产调查，佃户姓名、占地多寡、地租数额、交租时间、劳役数量、出工时间和折价都明确地登记在地租册、惯例册或资产估价册中。比如，在威斯敏斯特修道院的地产上，收获季节每个工折价为2便士，春季和夏季每周三天的周工折价为1便士，冬季每两周三天的周工折价为0.5便士，其他

---

① Mark Bailey, *The English Manor, c. 1200 – c. 1500*, Manchester: Manchester University Press, 2002, p. 200.

② ［英］伊·拉蒙德、W. 坎宁安编，高小斯译：《亨莱的田庄管理》，北京：商务印书馆1995年版，第62页。

杂役也都有明确的折算价格。[1] 如前所述，在拉姆齐修道院的地产上，13世纪的劳役清册极其详细地从劳动量和劳动时间两个方面规定了“一个日工”的具体内容。[2] 佃农义务的精确界定体现了庄园管理的逐渐制度化，减少了庄头对佃农额外索取和对领主欺诈隐瞒的机会。

当然，领主也可能选择在庄园上不设庄头。在19世纪后期和20世纪初期，维诺格拉道夫等学者认为，“每个庄园中均有两人当权”[3]，即管家和庄头。这主要是从19世纪后期整理出来的地产管理小册子中得出的结论。随着学者们对庄园账簿、法庭卷宗等资料的研究，这种“双重管理”的观点已经得到修正。管家通常管理着若干庄园，而有些庄园并没有庄头。对本地情况了如指掌，是庄头的一个优点，也是一个缺点。由于庄头自幼生长在庄园上，自然同其他佃农有着复杂的社会关系，难免因照顾亲朋而损害领主。因此，有些领主并不利用庄园上的本地人作为庄头来管理自营地，而是派遣一个外来的人常驻庄园，称之为监庄（serjeant）。总体来看，监庄一般只管理一个庄园，不像管家一样负责若干庄园；他在社会地位上也没有管家高。不过，有时监庄同管家只有名称的不同，而无实质的区别。在14世纪上半期，默顿学院的托克罗夫特庄园就不再用本地人担任庄头，而是选用其他庄园上的佃农来担任监庄。[4] 在该学院的其他庄园上，通常只有一个人负责庄园的管理，要么是本地的庄头，要么是外地的

---

① Barbara Harvey, *Westminster Abbey and its Estates in the Middle Ages*, Oxford: Clarendon Press, 1977, p. 228.

② 在庄园斯图克雷（Stukeley），佃农在“树栅栏、挖沟渠、粉刷墙壁，以及除了在林地劳动外的其他劳动，都应当从早干到晚，才能算一天的工。如果他是在林地中砍柴伐木，那么干到中午就可以算一天的工，如果领主提供饭食，那么干一整天才能算一天的工”。引自拉姆齐修道院的惯例册，参见：Georges Duby, *Rural Economy and Country Life in the Medieval West*, translated by Cynthia Postan, Columbia: University of South Carolina Press, 1968, pp. 480 – 481.

③ P. Vinogradoff, *Villainage in England: Essays in English Medieval History*, Oxford: Oxford University Press, 1927, pp. 317 – 318.

④ Ralph Evans, Merton College's Control of its Tenants at Thorncroft, in Zvi Razi and Richard Smith eds., *Medieval Society and the Manor Court*, Oxford: Clarendon Press, 1996, p. 216.

管家或监庄，并不存在管家和庄头相互监督、共同负责的双重管理体制。① 在温彻斯特主教座堂小修道院，14 世纪初期开始，不少庄园的庄头被监庄所代替。在 1330 年之后，多数庄园只有一个管理者，要么是本地的庄头，要么是外来的监庄。② 造成这种现象的原因一方面是随着经济环境的逆转，领主开始精简领地管理人员；另一方面则是有些领主觉得外来的监庄比庄园内部的庄头更能秉承自己的意旨，无所顾忌地压榨庄民。1389 年瓦尔舍姆－勒－威洛庄园的法庭卷宗中登记道："约翰·鲍曼（John Boman）因其占有的土地而在上一次法庭中被推选为庄头，他为免任此职而交纳了 40 先令的罚款。"但法庭并没有说明谁被替补为庄头，大概由于管家的存在，庄头暂时出缺，因为卷宗中多次提到管家被罚款，原因是他没有及时收割燕麦，没有看管好长工，没有让其他人按其安排耕地等。③

由于反映乡村日常生活情景的资料主要来自领主管理庄园所留下的地产清册、法庭卷宗和庄园账簿，因此我们很容易将庄园及其领主置于乡村生活的中心。实际上，村庄才是农民日常交往的真正场所。根据罗德内·希尔顿以世俗辅助金征收资料为依据所进行的研究，13 世纪 70 年代伍斯特郡超过三分之一的村庄中没有乡绅，甚至没有特别富裕的村民；在 1332 年沃里克郡的基尼顿（Kineton）百户区，至少有四分之一的村庄中根本没有世俗领主的住所；1327 年格罗斯特郡高达三分之二的村庄中没有世俗领主的住所。④ 即使在有领主住所的村庄，除了管家可能居留较长时间外，领主本人、总管、审计员最多不过偶尔光临。村社生活主要是由农民的相互交往构成的，而农民可依其法律和经济地位分为不同层次。法律上不自由的佃农通常被称为维兰（villain），他们负担的义务通常由习惯确定，因此又被称为习惯佃农。习惯佃农通常负担周工、帮工等繁重的劳役，还负

---

① T. H. Aston, The External Administration and Resources of Merton College to Circa 1348, in J. I. Catto ed., *The History of University of Oxford*, *Vol. I*, *The Early Oxford Schools*, Oxford: Clarendon Press, 1984, pp. 324－325.

② J. S. Drew, Manorial Accounts of St. Swithun's Priory, Winchester, *The English Historical Review*, Vol. 62, No. 1, 1947, pp. 22－23.

③ Mark Bailey, *The English Manor, c. 1200 – c. 1500*, Manchester: Manchester University Press, 2002, p. 204.

④ R. H. Hilton, *The English Peasantry in the Later Middle Ages*, Oxford: Clarendon Press, 1975, p. 89.

担任意税、婚姻费、死手费等象征农奴身份的杂费，以及出席法庭等杂役。由于习惯佃农的劳役对自营地的生产至关重要，因此领主对其人身和土地的控制比较严厉。习惯佃农的流动性较低，土地也不易被分割或出让，经济地位比较稳定。他们易于控制，是领主在庄园上利用和依靠的主要力量。自由佃农通常只负担货币地租，除了农忙季节为领主提供几天帮工外，一般不负担周工等繁重的劳役。然而，法律地位未必同经济地位一致。少数自由佃农占有较多土地，地租负担又相对较轻，属于富户，但多数自由佃农占地很少，不足以维持生计，不得不靠充当雇工或从事其他副业来养家糊口，其经济地位比占地较多的维兰还差。[①] 由于自由佃农很少负担劳役，领主对其人身和土地的控制不严，其土地也容易被分割继承、抵押、出卖。他们流动性较强，不是庄园上最稳定的力量。

在这种略微分层的村社中，经常担任村官和庄官的是那些占地较多、世代居住在村社的维兰农户。瑞夫茨将这些骨干农户比喻为“维兰贵族”（villain aristocrats）。[②] 他指出，庄头通常是村中的上等户，而且往往任职时间较长。其他职位通常也被这些农户占据。[③] 在1449年约克郡耶顿（Yeadon）庄园的法庭上，威廉·耶顿被推选为庄头，同时他还是三位民宅督察员（overseers of dwellings）之一，也是三位侵害评估员之一。在三年之后的1452年，威廉·耶顿不再担任庄头，只保留民宅督察员这个职务。三年之前，任村规民约保护人（guardian of the by-laws，通常有四位）和侵害评估员（通常有三位）的威廉·瓦崇（William Watson）则被推选为庄头。1459年的法庭卷宗表明，威廉·瓦崇仍然担任村规民约保护人，而威廉·耶顿仍然担任民宅督察员。这一年担任庄头的约翰·威卡列斯（John Wykares）在1449年和1452年并无公职。埃尔文·德温特（Erwin Dewindt）的研究表明，在那个庄园上，1288年到1457年的法庭卷宗中共有222人担任村官（法庭陪审员、品酒员、十户组组长、治安队长）或庄

---

① 参见：J. Hatcher, English Serfdom and Villeinage: Towards a Reassessment, *Past and Present*, No. 90, 1981, pp. 3 – 39.

② J. A. Raftis, Social Structures in Five East Midland Villages: A Study of Possibilities in the Use of Court Roll Data, *The Economic History Review*, Vol. 18, No. 1, 1965, p. 98.

③ J. A. Raftis, Social Structures in Five East Midland Villages: A Study of Possibilities in the Use of Court Roll Data, *The Economic History Review*, Vol. 18, No. 1, 1965, p. 85.

官（庄头、监庄、收租人、割草监工、秋收监工等），其中 212 人来自 79 个主要的农户。在该村庄已知的 140 个农户中，56% 曾经参与过村庄和庄园事务的管理。这说明村庄事务并没有被少数寡头农户控制，但这并不能说明这些农户都有相同的参与度，或者轮流任职。79 个农户中的 32 个（41%）仅任职一次，同时，47 个农户（59%）任公职从 2 次到 9 次不等。[①] 影响农户担任陪审员等公职的主要因素包括居住在村庄的时间长短，是否担任过十户组组长、任职者的年龄（主要是 30 岁以上的人）等。不过，其中最重要的因素是农户的经济地位。在该庄园 1288 年到 1457 年的 176 位陪审员中，147 位（84%）来自庄园的习惯佃农，而且大多数是富裕的习惯佃农（218 位）。其他庄官和村官也显示出同样的情况。这些骨干农户大多数都是习惯佃农，长期居住在村庄，他们很少逃避任职。

庄头一般来自习惯佃农，而不是自由佃农，甚至担任庄头被视为佃农不自由身份的标志之一。自由佃农坚持自己免于担任庄头的权益，如果一个农民被证明曾经担任过庄头，就等于从法律上证明了他的农奴地位。1251 年伊里主教在诺福克郡的哈泰斯特（Hartest）庄园的调查册中登记说："只要领主愿意，他可任命任何占地 15 英亩的佃农为庄头。该佃农随后可免交母鸡、鸡蛋、饲料用粮，免服所有周工，在收割季节以外不必翻耕土地，在收割季节不必提供帮工。他还可在收割庄稼时得到半英亩小麦和半英亩燕麦，因为他要骑马视察各处田地，因此他的马可在牧地上固定放牧。他可以带走草地上能提起的最大一捆干草。因为他同时担任庄头和监工，所以在 8 月 1 日到 9 月 29 日的米迦勒节之间可以获得饭食。他可在庄宅中喂养他的马，若为领主办事而去市场或其他地方，还可得到饲草和谷糠"；"只要领主愿意，可选派任何占地 8 英亩的佃农为护林员。该佃农随后仅可免交母鸡、鸡蛋、饲料用粮以及其他习惯性的杂费，免服周工"。[②] 格罗斯特郡比斯利（Bisley）庄园的自由农民

---

① 以上数据和资历来自：E. B. DeWindt, *Land and People in Holywell-cum-Needingworth: Structures of Tenure and Patterns of Social Organization in an East Midlands Village, 1252 – 1457*, Toronto: Pontifical Institute of Medieval Studies, 1972, pp. 210 – 211.

② Mark Bailey, *The English Manor, c. 1200 – c. 1500*, Manchester: Manchester University Press, 2002, pp. 57 – 58.

有一次被总管命令推选一位庄头，但他们却抗议说："根据古老的习惯，庄头应当生来就是维兰的人。"① 霍曼斯的研究也表明，庄头多来自庄园上占地较多的习惯佃农。②

最后值得补充的是，庄头有时也维护庄民的利益，组织庄民与领主对抗。在1294年克兰菲尔德庄园的十户联保会上，26位佃农因没有为领主耕地而受罚。在1307年的休顿庄园上，有18位佃农，包括庄头，因没有应召运送领主的干草而受罚，在次年的同一个庄园上，又有15位佃农因午饭后耕自己的地而不是为领主提供帮工而受罚。③ 在这种集体抵制活动的背后，很可能有庄头等庄官的组织和领导。罗德内·希尔顿就为我们找到了一个这样的例子。在格罗斯特郡的托恩伯雷（Thornbury）庄园上，庄头极力隐瞒佃农拒服劳役的事情，还拒绝召集佃农们为领主收割庄稼，拒绝说出他召集或未召集的人员。随后领主试图撤换庄头，但佃农们还是选择了原来的庄头。④

领主任命庄头的做法有时会受到佃农们的反抗和抵制。当1280年庄园主普列斯顿（Preston）的总管希米昂·德·皮尔庞（Simion de Pierrepoint）试图迫使雷恩伯特（Reynberd）担任庄头的时候，雷恩伯特坚决拒绝。他纠集了五十多人，前往总管的住处，在该住处的三个位置点了火，杀死他的猎鹰，虐待他的马匹，然后抓住他，并在他的面前烧毁他的房屋，用短刀和斧子威胁他，最终迫使他承诺不再违背他们的意愿勒索他们。伯尔顿修道院的维兰们也举行过类似的反抗，总管撤换了一位庄头，并打算用另一位代替，但是佃农们集体拒绝。他们的理由是，领主刚刚剥夺了一些专门为庄头等职位保留的牲畜和土地，而"没有土地，不当庄头"是他们的

---

① William Page, *The Victoria History of the County of Gloucester*, *Vol. II*, London: Archirald Constable and Company Limited, 1907, pp. 136－137.

② 霍曼斯认为，在敞田制地区，"庄头来自持有一亚德兰土地的农户，割草监工来自持有半亚德兰土地的农户，而长工来自茅舍农"。G. C. Homans, The Rural Sociology of Medieval England, *Past and Present*, No. 4, 1953, p. 39.

③ R. H. Hilton, *A Medieval Society*: *The West Midlands at the End of the Thirteenth Century*, the second edition, London: Cambridge University Press, 1983, p. 127.

④ Peter Franklin, Politics in Manorial Court Rolls: The Tactics, Social Composition, and Aims of a pre-1381 Peasant Movement, in Zvi Razi and Richard Smith eds., *Medieval Society and the Manor Court*, Oxford: Clarendon Press, 1996, pp. 184－185.

口号。[①]

通常认为“庄头应唯领主之命是从”（Et erit prepositus ad volumtatem domini），这是从当时留下来的一些地产管理小册子中得出的结论。[②] 庄头有时也处理一些庄园和村庄的对外事务。亨利一世的法律中就规定，庄头应当同村庄中最可靠的四名村民一起参加百户区的会议。贝内托认为：“庄头有时是农民的头领，经常可以发现有些庄头不是和平地带领村民们到王室法庭中应诉，而是鼓励他们反抗当权者。”[③] 贝内托接着举出了一些这样的例子。其一，卡尔列顿（Carleton）庄园的庄头领导庄民前去推倒拜兰德（Byland）修道院在威尔顿（Wyldon）所堆起的堤坝。其二，在国王的护林员抓走农民的一些牲畜作为扣押物之后，一批农民夺回了这些牲畜。据领主的管家拉尔夫说，他的“庄头罗伯特·德·拜汉姆（Robert de Byham）召集属于其领主以及普拉提（Pratis）女修道院院长、伦敦圣巴索罗梅（St. Bartholomew）医院院长和斯特列顿（Streton）的所有维兰，让他们操起家伙。他们还结成一个联盟，派人到风磨和教堂的高塔中去放哨，看国王的官吏何时前来赴任。当赴任的官员到来时，所有的维兰相互呼喊着聚集到一起，夺回他们的牲畜，还打击、伤害和虐待前述管家”[④]。贝内托据此认为：“在庄头手中遭到侵害的不是农民，而是领主。”[⑤]

庄头在村社中的这种组织领导能力在13世纪的法学文献中也有所体现。比如，13世纪的著名法学家伯拉克顿（Bracton）就多次论述到庄头作为村长履行公务的事情。比如，当王室巡回法庭到达某郡审理诉案时，每

---

① H. S. Bennett, *Life on the English Manor: A Study of Peasant Conditions, 1150–1400*, Cambridge: Cambridge University Press, 1956, p. 170.

② H. S. Bennett, *Life on the English Manor: A Study of Peasant Conditions, 1150–1400*, Cambridge: Cambridge University Press, 1956, p. 166.

③ H. S. Bennett, *Life on the English Manor: A Study of Peasant Conditions, 1150–1400*, Cambridge: Cambridge University Press, 1956, p. 173.

④ H. S. Bennett, *Life on the English Manor: A Study of Peasant Conditions, 1150–1400*, Cambridge: Cambridge University Press, 1956, p. 173.

⑤ H. S. Bennett, *Life on the English Manor: A Study of Peasant Conditions, 1150–1400*, Cambridge: Cambridge University Press, 1956, p. 174.

个村庄都应当有村长和四位品行端正的村民作为代表出席。[①] 当某地发生凶杀案件的时候，案发地附近的四个村庄都应当派出村庄和另外六位品行端正的村民作为代表接受验尸官的询问。[②]

总之，从以上几个方面来看，庄头的推选制、庄头并不优厚的报酬、总管等高层管理者和庄园内部其他庄官的存在、庄园法庭的约束、庄民对庄园管理的广泛参与、佃农负担的精确化等诸多因素都限制了庄头和领主的恣意勒索，使庄头难以成为异化于庄民的特权者，成为驯服于领主的爪牙。由此观之，我们过去可能过高估计了西欧中世纪领主对庄民的剥削程度，而侯建新等学者强调领主剥削的有限性也是很有见地的。当然，中世纪英格兰农民所享有的宽松环境是否能引导他们进行较高程度的积累和投资，是否能形成“现代化的第一基石”则是另外一个问题。如果像杜赞奇先生那样将异化于农民的外来压榨力量视为“赢利型经纪”，而将农民自愿推选出来的内部管理者视为“保护型经纪”，[③] 那么中世纪英格兰的庄头应当更多地归于后一类型。

三、庄园管理的进步及其问题

复杂的地产管理组织的运作成本是很高的。1273 年，格洛斯特伯爵（Earl of Gloucester）就花费 31 英镑用于其地产管理委员会的开支，他给予所有地产管理者的报酬远不止此。[④] 1284 年，林肯郡的男爵埃利斯比（Eresby）的各种地产管理者有 25 人之多，其耗费一定很大。[⑤] 这是管理机构复杂化所带来的消极影响。领主地产管理组织的成本包括总管、管

---

① Bracton, *On the Laws and Customs of England*, *Vol. II*, translated by Samuel E. Thorne, Cambridge: The Belknap Press of Harvard University Press, 1977, p. 310.

② Bracton, *On the Laws and Customs of England*, *Vol. II*, translated by Samuel E. Thorne, Cambridge: The Belknap Press of Harvard University Press, 1977, p. 423.

③ ［美］杜赞奇著，王福明译：《文化、权力与国家——1900—1942 年的华北农村》，南京：江苏人民出版社 1996 年版，第 37 页。

④ Edward Miller and John Hatcher, *Medieval England Rural Society and Economic Change*, *1086 – 1348*, London: Addison-Wesley Longman Limited, 1978, p. 192.

⑤ N. Denholm-Young, *Seignorial Administration in England*, London: Oxford University Press, 1937, p. 7.

家、审计官的工资、他们在庄园之间穿梭往来的交通费用、他们在庄园上滞留期间所消费的物资、庄头的地租和劳役减免、制作账簿的费用等。在13世纪诺福克伯爵的芬塞特庄园，常驻庄园的管家的货币工资每年为52先令，另外他还能得到价值20先令的衣物补贴。后来，管家的工资增加到每年104先令。除此以外，领主要为管家提供房屋、供养马匹，还要发给他一定的谷物供其食用。[①] 笔者根据达文波特对该庄园的研究资料进行了计算，该庄园在13年内平均每年有5英镑11先令6便士属于管理支出，这13年内该庄园每年的开支为19英镑14先令11便士，每年的收入为93英镑。管理支出占全部庄园支出的28%，占全部庄园收入的6%。如果加上高层管理组织的开支和总管等人的工资，管理成本在总成本和总收入中的比重将会更高。[②] 14世纪初期许多领主裁减了一些地产管理人员，比如取消庄园上庄头和管家的双重管理，合并管家区。他们这样做就是为了减少管理支出。

管理组织的官僚化是13世纪的巨大进步，但是也带来了新的问题。不管监督管理如何严密，庄头和管家还是拥有一定的活动自由。一些庄头用自营地上的劳役地租来耕种自己的土地，还有的庄头在账簿上低价记录出卖谷物的收入，而高价记录买进物资的支出。卡蓬特曾在13世纪编写过一本介绍如何制作假账的册子，[③] 这说明地产管理者还有以权谋私的余地。而一些庄头、管家等管理者的暴富也说明了领主监督约束的有限性。领主除了向地产管理者支付公开的工资外，还不得不承受他们自谋私利的行为，这使地产管理的成本进一步增加。实际上领主们面临着一个两难困

---

① F. G. Davenport, *The Economic Development of a Norfolk Manor, 1086 – 1565*, Cambridge: Cambridge University Press, 1906, p. 22.

② 整理自达文波特的数据表。这里的管理费用包括总管和管家滞留在庄园上所造成的庄园支出、管家的工资、制作和审计账簿的费用，但不包括总管的工资，以及总管和管家的交通费用，因为这些项目不由庄园支付。庄园的全部开支中包括庄园生产和管理中的各种货币支出。庄园收入采用了庄园的实际收入（87英镑），即账面收入加上庄园直接向领主交纳的谷物和牲畜的折价。参见：F. G. Davenport, *The Economic Development of a Norfolk Manor, 1086 – 1565*, Cambridge: Cambridge University Press, 1906, pp. 37 – 43.

③ Edward Miller and John Hatcher, *Medieval England Rural Society and Economic Change, 1086 – 1348*, London: Addison-Wesley Longman Limited, 1978, p. 197.

境。一方面，直接经营需要强化监督和管理，有效的监督管理将减少管理者自谋私利的行为，增加领主的收入。这是13世纪大多数领主的经历。另一方面，随着直接经营的扩大，管理组织逐渐膨胀。虽然领主减少了每个管理者自谋私利的空间，但管理人员增多了，领主向他们支付的报酬总额也相应增加了。这使管理成本逐渐上升，进而侵蚀了直接经营的盈利空间。这是14世纪领主们所面临的问题。领主如何在二者之间作出选择，在很大程度上还要看经济环境的好坏。13世纪谷物价格较高，劳动力比较丰富，自营地直接经营获利丰厚，因此领主们能够承受较高的管理成本。但是，当14世纪中期以后谷物价格下降和劳动力短缺造成不利的经济环境，直接经营的盈利空间缩减时，领主就无法承受直接经营中不可避免的高昂管理成本。因此，在14世纪中期以后他们往往通过出租自营地来压缩管理成本，确保自己的收入。

第二节 账簿的编制和审核

一、账簿的出现和发展

诺曼征服后，因为英格兰领主们占有的土地数量很多且很分散，因此他们需要对整个地产进行详细调查，以便掌握资产的数量和每年可以获得的收入。《末日审判书》是征服者威廉对英格兰地产的一次全面调查，是后来领主们地产调查的范例。12世纪的领主们多将庄园的整个地出租。为了避免承包人减损自营地及其附属资产，领主对这些资产的调查特别详细，甚至在出租契约中明确登记各项资产，并在期满收回时仔细核查。① 新上任的主教和修道院院长通常要通过地产的重新调查来确定自己管理的资产数量，因此教会领主的地产调查相当多。不同领主的地产调查清册有

① Reginald Lennard, *Rural England, 1086 - 1135: A Study of Social and Agrarian Conditions*, Oxford: Clarendon Press, 1959, pp. 189 - 196.

不同的名称和侧重点。比如，地租册主要登记佃农（包括习惯佃农和自由佃农）的数量以及他们所负担的地租额；惯例册主要登记习惯佃农的劳役数量以及他们占有的土地，同时附带记录庄园的一些习惯和规约；资产估价册则对各种资产的年收入进行估算。

12、13 世纪之交，英格兰领主通过购买、开垦新土地、收回出租地等方式扩大了地产的直接经营，建立了阶层化的地产管理组织。尽管领主可以通过选择忠心耿耿的管理者、经常进行巡视或者要求管理者口头汇报等方式加强对管理者的监督，但领主要想进一步控制地产的经营，掌握地产的收支，还需要一种以清晰的文字表述的、以明细数字登记的账簿。这个时期领主们普遍对地产展开了调查，但地产调查所获得的资产清册不能满足直接经营的需要，因为它不能反映资产增减和收支变化。资产估价册中的年收入是根据往年平均收入得来的，而实际收入会因气候、物价等因素不断变化。在这种情况下，生产经营账簿应运而生。

保存下来的最早的生产经营账簿是温彻斯特主教地产上 1209 年的账簿。[①] 根据保罗·哈维的研究，1250 年之前仅有十几个领主采用了地产经营账簿，其中绝大多数是教会领主，特别是本笃会的大修道院。13 世纪中期以后，生产经营账簿从温彻斯特附近和东盎格利亚向英格兰各个地区扩散，从大教会领主向小领主和世俗领主传播，很快就被普遍采用。到 14 世纪中期，甚至拥有一两个庄园的领主也开始制作账簿了。[②] 1238 年到 1450 年，仅诺福克郡就留下 220 多个庄园的 2 000 多份（每个庄园每年为一份）账簿。[③]

保罗·哈维将账簿的发展分为三个阶段。[④] 从 13 世纪初期账簿的出现到 1270 年属于第一阶段。这个时期的账簿内容比较简单，形式不太固定，

---

① 账簿的年度通常从上年米迦勒节到当年米迦勒节，本书以制作年份来标志账簿，因此 1209 年的账簿实际上是 1208 年米迦勒节到 1209 年米迦勒节的账簿。

② R. H. Britnell, Minor Landlords in England and Medieval Agrarian Capitalism, *Past and Present*, No. 89, 1980, pp. 3 – 22. B. M. S. Campbell, *English Seigniorial Agriculture, 1250 – 1450*, Cambridge: Cambridge University Press, 2000, pp. 27 – 28.

③ B. M. S. Campbell, *English Seigniorial Agriculture, 1250 – 1450*, Cambridge: Cambridge University Press, 2000, p. 30.

④ P. D. A. Harvey ed., *Manorial Records of Cuxham, Oxfordshire, Circa 1200 – 1359*, London: Her Majesty's Stationery Office, 1976, pp. 17 – 34.

多数由领主的最高地产管理机构编写。各个庄园的管家或者庄头集中在固定地点进行口头汇报，同时出示相应的符木[①]等收据。审计官根据他们的汇报编写账簿，然后将各个庄园的账簿连接在一起组成卷宗，统一保管起来，以便日后查阅。最早的温彻斯特主教账簿、13 世纪 40 年代出现的拉姆齐修道院和彼得伯罗修道院账簿、50 年代出现的坎特伯雷大主教座堂修士团账簿都属于这个阶段。1270 年到 1349 年为第二阶段。此时各个庄园分别编写账簿，然后到统一地点接受审计，或者等待巡回视察的审计官前来审计。审计之后各庄园的账簿同往年的账簿一起仍然保存在庄园上。负责管理几个庄园的管家和负责管理整个地产的总管以庄园账簿为基础编写各自的总账，从而形成了不同层次的账簿。这个时期账簿内容更加详细，格式逐渐固定，编写更加连续。黑死病之后账簿的发展进入第三阶段。随着领主逐渐出租自营地，生产经营账簿日益减少。到 15 世纪中期，领主们已经很少编写庄园账簿了。保罗·哈维同时指出，以上三个阶段的划分是相对的。有的领主，比如牛津大学的默顿学院和彼得伯罗修道院，在 13 世纪中期直接采用了当时已经出现的第二阶段的账簿。温彻斯特主教等较早采用账簿的领主表现得很保守，直到 14 世纪中期他们仍然维持着第一阶段的账簿形式。[②]

留存至今的账簿绝大多数属于第二阶段。其特点是具有比较固定和统一的格式。中世纪英格兰的账簿不同于近代以来的表格式账簿，它是文字叙述式的。庄园账簿一般包含标题、货币收支账、谷物、牲畜等资产增减账。标题一般说明账簿汇报者和审计官的名字、账簿审计的时间和地点以及账簿内容所包含的时间。货币收支账罗列征收地租、出卖产品等收入，工资、采买、维修等各项支出，并将收支相减得出剩余数额。谷物和牲畜账罗列每种谷物或牲畜的上年余额、当年增减等情况。各个领主的庄园账簿尽管在登记的详细程度和项目的归类上有所差异，但基本内容是一致的。在大约一个世纪的时间内，账簿制度能够迅速普及，在当时信息传播比较缓慢的条件下，这是难得的进步。许多领主占有的土地广阔而分散，在地产上推行统一的账簿便于地产的管理。领主之间也经常取长补短，效

---

① 用以标记货币收付数量的木条，其上刻有不同宽度和深度的刻痕，表示不同数量的货币。这种木条可以沿对角线分为两半，由收方和付方各执一半，作为凭据。

② P. D. A. Harvey ed., *Manorial Records of Cuxham, Oxfordshire, Circa 1200 – 1359*, London: Her Majesty's Stationery Office, 1976, pp. 32 – 33.

仿学习。有些领主的地产资料中夹杂有不属于自己地产的账簿，这很可能是为了学习和参考而从其他领主那里抄写或者索取来的。[①] 牛津大学专门开设了指导如何写作书信、草拟司法文书以及编写账簿的课程。[②] 在 13 世纪出现了一些专门指导如何制作账簿的小册子，以及许多账簿范本。[③] 这些都促进了账簿的普及和统一。

这个时期的账簿在账目登记方面更加明细，分类更加合理。账簿的每一部分都分为不同的段落，每一段落的左边都有一个类别词来表明该段落的内容，而每一段落的结尾都有该段落项目的总和。保罗·哈维对拉姆齐修道院的伯罗顿（Broughton）庄园、牛津大学默顿学院的库克翰庄园以及约克郡布里丁顿小修道院（Bridington Priory）的弗莱姆伯罗（Flamborough）的账簿中各个部分的段落数量进行了统计，他发现这些账簿中货币收支账的细目从最初的几段增加到了二三十段，谷物账增加到了十几段，牲畜账增加到了二三十段。有些庄园的账簿中还出现了登记劳役使用、转卖等情况的劳役账，以及登记土地使用状况的土地账。[④] 账目的分类和细化可以使审计官迅速了解某些项目的情况，便于同往年账簿进行对比，借此评价管理者的表现。

中世纪英格兰的生产经营账簿存在了两百多年。它是领主扩大直接经营的副产品，是直接经营的重要辅助工具，但还不是必要条件。尽管许多领主在 12、13 世纪之交就扩大了直接经营的范围，但是账簿的大量出现在 13 世纪中期以后才发生，二者之间还有一个时间上的差异。在账簿尚未出现的情况下，领主通过经常的巡视、任命忠心耿耿的管理者、听取管理者的口头汇报等方法也可以加强对管理者的监督和控制。当账簿在 13 世纪末 14 世纪初普及时，直接经营的高峰期已经过去。因此，不宜过分夸大账簿对领主地产直接经营的作用。

---

① P. D. A. Harvey ed., *Manorial Records of Cuxham, Oxfordshire, Circa 1200 - 1359*, London: Her Majesty's Stationery Office, 1976, pp. 21 - 22.

② H. G. Richardson, Business Training in Medieval Oxford, *The American Historical Review*, Vol. 44, 1941, pp. 259 - 280.

③ D. Oschinsky, Medieval Treatises on Estate Accounting, *The Economic History Review*, Vol. 17, No. 1, 1974, pp. 52 - 61.

④ P. D. A. Harvey ed., *Manorial Records of Cuxham, Oxfordshire, Circa 1200 - 1359*, London: Her Majesty's Stationery Office, 1976, pp. 64 - 66.

二、影响账簿发展的几个因素

虽然经营账簿是领主地产直接经营的产物，但账簿的出现还是有一定的渊源和基础的。

首先，对生产经营账簿的发展影响最大的是王室财政署的账簿。后者出现于12世纪30年代，到70、80年代已经形成比较健全的制作程序、格式和内容。亨利二世时期担任国库长的理查德·菲茨·尼杰尔（Richard fitz Nigel）根据自己的亲身经历，撰写了《财政署对话集》，详细介绍了财政署的运作程序。① 财政署账簿是各个郡守向财政署交纳和汇报本郡王室资产收入的记录。它通常卷起来形成卷册，所以被称为卷档。许多领主的地产直接领自国王，因此在他们犯有重罪、无人继承、继承人年幼，以及主教或修道院院长空缺等情况下，国王可以监护或者接管他们的领地。王室通常设立专门的保管员代表国王来暂时管理这些地产，而财政署一般要求各个保管员制作账簿，并汇报其收支情况。这为后来领主们采用账簿制度打下了基础。

财政署的工作人员同主教、修道院院长等领主之间存在一定的流动性。有些主教或者修道院院长往往临时参与财政署的工作，而财政署的官员可能曾经担任过主教、修道院院长或其他教会职务，也可能在离开财政署后担任教会组织的职务。这种人员的流动性促进了制度传播。有机会熟悉财政署工作制度的主教或修道院院长会积极在自己的地产上学习效仿。温彻斯特在12世纪是财政署的办公地，许多财政官员都在这里办公，他们对当地其他领主产生了很大的影响。温彻斯特主教布罗瓦的亨利（Henry of Blois，1129—1171年在任）在主教区内建立了每年进行审计的财务制度。他的继任者伊尔切斯特的理查德（Richard of Ilchester）曾经是财政署的要员。1205年担任温彻斯特主教的罗切斯的彼得（Peter des Roches）也深受国王信赖和重用，常常参与财政署的工作。② 温彻斯特主教地产的账

① D. C. Douglas and G. W. Greenaway eds., *English Historical Documents*, *Vol. II*, *1042 - 1189*, the second edition, New York: Oxford University Press, 1981, pp. 523 - 609.

② Nicholas Vincent, The Origins of The Winchester Pipe Rolls, *Achieves*, Vol. 21, 1994, pp. 25 - 42.

簿正是在他的任内出现的，这同财政署的影响有很大的关系。除了温彻斯特主教外，温彻斯特主教座堂小修道院、温彻斯特的圣玛丽修道院也在1250年之前采用了账簿制度。这些较早采用账簿制度的领主都分布在温彻斯特的周围并非偶然。而且，领主地产经营账簿中的许多制度都源自财政署，比如，以符木等作为凭证的票据制度、以格子布作为算筹的计算方法、以两个米迦勒节之间的时间作为一个核算年度的制度、年度中期交纳和审察的制度。① 这些都反映了财政署对其他领主地产经营账簿的影响。领主庄园经营账簿的出现（13世纪初）比财政署账簿的出现（12世纪30年代）晚70多年，这一方面是因为制度的扩散需要一个过程，另一方面是因为12世纪末期前领主们尚未扩大直接经营的范围，因此也就没有采用经营账簿的迫切需要。

其次，经营账簿也是领主府内财务管理制度进一步发展的产物。有些领主为了控制府内的收支，至少从12世纪末期就开始制作府内账簿了。这种账簿主要登记领主及其府内仆人的日常开支。它是按月，甚至按周来登记的，接近于流水账，但在年终时要汇总成年度账簿。② 针对修道院院长和各个部门的僧侣滥用权力营私舞弊的状况，12世纪的许多修道院都加强了内部的财务管理，采用了集中管理、定期审计的制度。许多修道院设立了账房（cellarer或者treasurer），由其对财务收支直接负责。各个部门不再直接以自己的“职田”收入作为本部门的经费来源，而是将“职田”收入如数上交账房，由账房根据各个部门的合理需要分配经费。账房通常要制作自己的收支账簿，每年定期向修道院的最高管理委员会汇报，接受后者的审计。这个最高委员会通常由院长、副院长，以及若干高级僧侣组成。现留存下来的最早的修道院高层管理账簿是坎特伯雷大主教座堂修道院1199年的账簿。③ 不过，此前有些领主已经建立了自己的财务核算制

---

① 财政署要求各个郡守分别在复活节和米迦勒节汇报一次生产交纳情况，但郡守们在复活节仅仅交纳应交数额的一半，全年的款项则在米迦勒节后的审计中结清。其他领主也往往会在年度中间对各个庄园进行一次视察，并要求庄头们作初步的汇报。

② C. M. Woolgar ed., *Household Accounts from Medieval England*, Oxford: Oxford University Press, 1992, p. 10.

③ R. A. L. Smith, The Central Financial System of Christ Church, Canterbury, 1186 – 1512, *The English Historical Review*, Vol. 60, No. 119, 1940, p. 354.

度。比如，格拉斯顿伯雷修道院在12世纪中期已经有了专门负责会计工作的官员。格罗斯特伯爵和莱斯特伯爵在12世纪中期设立了各自的财务处。① 基层庄园是领主收入的源泉，领主加强对高层财务收支的控制，也必然会加强对基层庄园收支的控制。基层庄园账簿的出现是高层管理账簿进一步发展的结果。最初的庄园账簿是在庄头集中汇报的基础上，由高层制作，归高层保管的。这也说明庄园账簿是由高层账簿发展而来的。

最后，地产经营账簿的出现也是当时政治经济管理中文字化、数字化潮流的一部分。12、13世纪是西欧历史上思想文化相当活跃的时期。这个时期西欧出现了最早的大学，比如波伦亚法学院、巴黎大学、牛津大学、剑桥大学等。教育的变革促进了文化的创新和传播。在重新发现、研究、注释古典法学著作的基础上，法学开始复兴。修辞、会计成为大学的课程。② 文化知识的创新和传播促进了整个社会生活的文字化和数字化。官僚体制的建立依赖于大量公私文书进行信息传递。教皇和国王的各种饬令、宪章、书信、令状等大量出现。1226年到1271年，英王亨利三世的中书省（Chancery）用于密封文件的蜡从每周的1.63公斤增加到了每周的14.18公斤。12世纪教皇、英王、法王平均每年发出的书信增加了至少三倍。③ 英格兰除了财政署的卷档外，中书省不仅草拟各种文书，还要将这些文书转抄、存档。王室的巡回法庭也要记录详细的法庭卷宗。除了生产经营账簿外，领主也保留了大量的地产调查清册和庄园法庭卷宗。社会上出现了一批专门以写作各种文书为职业的群体。他们或者在大学受过良好的教育，或者在实践中掌握了写作技巧，所以经常出入大小领主的府邸，为他们记账查账、撰写公文、代理诉讼。一些学者将这种现象称为“12世纪的文艺复兴”④，这并非溢美之词。领主地产经营账簿的出现和发展不过

---

① Nicholas Vincent, The Origins of the Winchester Pipe Rolls, *Achieves*, Vol. 21, 1994, pp. 25 - 42.

② ［美］哈罗德·J. 伯尔曼著，贺卫方、高鸿钧等译：《法律与革命：西方法律传统的形成》，北京：中国大百科全书出版社1993年版，第120—199页。

③ M. T. Clanchy, *From Memory to Written Record: England, 1066 - 1307*, the second edition, Oxford and Cambridge: Wiley-Blackwell Publishers, 1993, pp. 59 - 60.

④ R. N. Swanson, *The Twelfth-Century Renaissance*, Manchester: Manchester University Press, 1999, pp. 1 - 11, 207 - 213.

是整个时代潮流中的一部分。

总之，领主地产经营账簿的发展经历了一个从王室到其他领主，从大领主到小领主，从府内账簿到整个地产账簿，从高层管理账簿到基层庄园账簿的过程。账簿作为一种创新性的制度，首先是由王室财政署使用，经过大领主的改造和推广，逐渐成为一种普遍采用的制度。

三、账簿的制作、内容及其审计

账簿的内容可以分为两部分，一是货币收支账，二是谷物、牲畜、劳役等资产增减账。货币账的总体结构是三柱式的，即货币收入、货币支出和货币盈亏（见表 5－1）。在货币收支账中，上年积欠计入当年收入或者应交纳项目，而向上送交的款项计入开支或者可扣除项目中。这是大多数领主所采用的登记方法，但少数领主的账簿在计算了当年的盈亏后才列出这两个项目，并再次计算盈亏。14 世纪中期切斯特伯爵地产（由国王或者太子兼领）的账簿就是这种结构（见表 5－2）。这种账簿的特点是，在第一次计算盈亏的时候，它不包含上年的债务和当年的货币送交，因此能在某种程度上反映当年的经营状况。

表 5－1　账簿中货币收支账的结构①

<table>
<tr><td rowspan="2">①应交纳项目（收入项目）</td><td>上年积欠</td><td>上年未交清的钱款</td></tr>
<tr><td>当年收入</td><td>地租收入、出卖农畜产品收入、法庭收入</td></tr>
<tr><td rowspan="3">②可扣除项目（支出项目）</td><td>必要支出</td><td>管理者、长工、雇工的工资；修缮房屋、维修和购买农具等费用</td></tr>
<tr><td>地租减损</td><td>佃农死亡或土地无人租佃而减少的地租</td></tr>
<tr><td>向上送交</td><td>向上级管理者和领主移送的钱款</td></tr>
<tr><td>③盈亏</td><td colspan="2">①减去②，是下一年的“上年积欠”</td></tr>
</table>

货币收支账之后是谷物账。它对每种谷物分别进行登记，其基本结构

① 温彻斯特主教的账簿就是这种结构。1209 年和 1325 年该主教陶顿庄园的账簿参见：J. Z. Titow, *English Rural Society, 1200 – 1350*, London: Allen & Unwin Ltd., 1969, pp. 106 – 136.

是：上年库存 + 当年入库 - 当年出库 = 当年库存。当年入库通常包括收获、买进、外部运来等细目，而当年出库包括种子、饲料、工资用粮、出卖、向外送交等细目。谷物收支账的后边是牲畜增减账。它对每一种牲畜分别登记，其基本结构是：上年存栏 + 当年增加 - 当年减少 = 当年存栏。当年增加的牲畜包括购买、繁殖和从其他庄园转入等项目。当年减少的牲畜包括死亡、宰杀、出卖、移出等项目。随着账簿日益详细，一些账簿还登记了劳役账和土地使用账。劳役账详细登记不同佃农在冬季、夏季和秋季所负担的劳役总量，以及在这些劳役中减免、使用和出卖的数量，还要具体说明劳役被用来完成了何种劳作。土地使用账登记各块土地的大小及其使用状况。

表 5-2　1364 年切斯特伯爵的德莱克罗（Drakelow）庄园的货币收支账①

<table>
<tr><th colspan="3">项目</th><th>英镑</th><th>先令</th><th>便士</th></tr>
<tr><td rowspan="4">①应交纳项目</td><td colspan="2">地租</td><td>46</td><td>6</td><td>8.75②</td></tr>
<tr><td colspan="2">法庭收入</td><td>1</td><td>9</td><td>4</td></tr>
<tr><td colspan="2">草地出卖</td><td>2</td><td>4</td><td>0</td></tr>
<tr><td colspan="2">总计</td><td>50</td><td>0</td><td>0.75</td></tr>
<tr><td rowspan="4">②可扣除项目</td><td colspan="2">出让给钱多斯（Chandos）的地租</td><td>40</td><td>0</td><td>0</td></tr>
<tr><td colspan="2">地租的减损</td><td></td><td>12</td><td>9.5</td></tr>
<tr><td colspan="2">管家的工资</td><td></td><td>10</td><td>0</td></tr>
<tr><td colspan="2">总计</td><td>41</td><td>2</td><td>9.5</td></tr>
<tr><td>③盈亏</td><td colspan="2">①减去②</td><td>8</td><td>17</td><td>3.25</td></tr>
<tr><td rowspan="2">④总债务</td><td colspan="2">上年债务</td><td>10</td><td>19</td><td>2</td></tr>
<tr><td colspan="2">总计（上年债务加本年盈亏）</td><td>19</td><td>16</td><td>5.25</td></tr>
<tr><td rowspan="4">⑤已交数额</td><td rowspan="2">送交收支官的数额</td><td>清偿去年债务</td><td></td><td>0</td><td></td></tr>
<tr><td>本年送交</td><td>8</td><td>9</td><td>4.25</td></tr>
<tr><td colspan="2">因佃农空缺而扣除的地租</td><td></td><td>7</td><td>4</td></tr>
<tr><td colspan="2">以上总计</td><td>8</td><td>16</td><td>8.25</td></tr>
<tr><td>⑥剩余债务</td><td colspan="2">④减去⑤</td><td>10</td><td>19</td><td>9</td></tr>
</table>

① P. H. W. Booth, *The Financial Administration of Lordship and County of Chester, 1272-1377*, Manchester: Manchester University Press, 1981, p. 23.

② 便士又被进一步分为半便士和1/4便士，为了方便，本书将用小数而不是分数来表示。

资产增减账同货币收支账有着内在的关联。谷物、牲畜和劳役的买进卖出所花费或者换回的货币同货币收支账中的登记必须一致，而货币账中所买卖的谷物、牲畜和劳役数量必须同资产增减账中的登记一致。这样，整个账簿形成一个统一体。账簿中总是首先登记货币收支情况，这说明货币是领主最关心的东西。资产账中遵守谷物、牲畜、劳役这样的排列顺序，而在谷物账中总是先登记小麦，然后才登记其他谷物。在牲畜账中一般按照马、牛、羊、猪、各种家禽这样的顺序来登记。这说明不同价值的资产在领主的心目中有不同的分量。

账簿的编制年度一般以收获季节进行划分。多数账簿的年度是从每年收获结束后的米迦勒节到次年的米迦勒节，因为收获结束后农事较少。但也有一些账簿是从收获之前开始的。比如，牛津大学默顿学院的地产账簿就是从每年收获之前的七月到次年七月。伯尔顿小修道院的地产处于纬度较高的位置，收获季节来得较晚，所以账簿年度从每年的圣马丁节（11月11日）开始。有些庄园账簿干脆以上次审计开始到本次审计之间的时间作为年度，账簿所包含的时间可能不是正好一年。另外，在庄头或者管家更替和账簿交接时，账簿所包含的时间也可能不是一年。①

账簿的制作可以分为审计前的准备、审计中的计算修改和审计后的汇总转抄三个步骤。在年度结束时，庄头或者管家要亲自或者雇用会计员来参阅往年的账簿、整理当年的凭据资料、编写账簿草稿。他们要准备羊皮纸，在羊皮纸上画出边框和横格，或者折出横线，以便书写整齐，有时还要将几块羊皮纸缝在一起。庄头或者会计员要根据记忆，参阅有关记录，收集票据，清点货币、谷物、牲畜的留存数量。比如，地租收入要参阅庄园的地租清册，法庭收入要参阅法庭卷宗。盘查清点之后，他们按照一定的格式写出账簿草稿。他们在书写之前还要事先核算，以免留下漏洞。这些工作需要几周时间。期间会计员的工资多数情况下由庄园支出。值得注意的是，在账簿草稿中并不汇总各个部分或者细目的总量，而是在其后留出一定的空间，准备在将来审计时填入。制作好账簿草稿后，庄头或者管家就要等着领主派来的审计官前来审计，或者在接到领主命令后到固定地

---

① P. D. A. Harvey ed., *Manorial Records of Cuxham, Oxfordshire, Circa 1200 - 1359*, London: Her Majesty's Stationery Office, 1976, p. 23.

点接受审计。

有时审计在年度结束时立即进行，有时则会拖延到下一年的春夏之交。有的领主会派遣审计官到各个庄园巡回审计，但有的领主会召集各个庄园的管家和庄头到某个地方集中审计。比如在伊莎贝拉的地产上，1266年各个庄头都要到卡里斯布鲁克（Carisbrooke）接受审核。切斯特伯爵地产的各个庄头则要在指定时间到切斯特城堡接受审计。事实上，审计官要将全部庄园挨个审计一遍是费时费力的事情。比如，在伊莎贝拉孀居的初年，审计官要在霍尔德内斯停留三周，在德文郡停留两周，在其他地方也要停留几周。审计官要花费四个月的时间才能将整个地产审计一遍。[①] 所以，许多大领主将自己的地产分为若干管家区，各个庄园的庄头们到本管家区内的某个庄园集中审计。

在审计开始前，审计官要参阅庄园资产清册和往年账簿，做到心中有数。在审计过程中，审计官对账簿中的每一项都要详细核查，看谷物收成和出卖谷物的价格是否过低，采买物资的价格和雇工工资是否过高，雇工是否太多，送交领主的款项是否有符木作凭据，牲畜的减少是否有合理的理由，等等。在填补缺漏的项目、纠正无法通过的项目后，审计官计算出各个细目的总和，填入相应的空缺位置。账簿草稿中各项总量的空缺就是为了避免因审计中有些项目无法通过而涂涂改改，影响账簿的清晰整洁。审计官往往直接在账簿草稿中填写、修改，而不是由账簿的起草人来填写。[②] 审计官最后应当根据货币收支的差额确定汇报者应当向领主交纳的数额，或者相反，确定领主在庄园超额支出的数额。

值得注意的是，对于审计中无法通过的项目，审计官常常作一些变通处理。比如，审计官可能认为，在牲畜账中登记的因病死亡的牲畜中，有些是由于庄头疏于管理造成的，但他如果直接减少账簿所记录的牲畜死亡数，那么账簿中当年牲畜存栏数就会增加，将不符合实际的存栏数。于是审计官将因庄头疏于管理而死亡的牲畜登记为“审计中的出卖”，记录在牲畜账的

---

① P. H. W. Booth, *The Financial Administration of Lordship and County of Chester, 1272 – 1377*, Manchester: Manchester University Press, 1981, p. 16.

② 保罗·哈维从笔迹上判断，添加总量或者涂改某些项目的人多数情况下并不是最初起草账簿的人。P. D. A. Harvey ed., *Manorial Records of Cuxham, Oxfordshire, Circa 1200 – 1359*, London: Her Majesty's Stationery Office, 1976, p. 51.

左边框内，同时在货币收入项目的左边框中加注相应的收入。这些加注的收入应当计入货币收入总量中。由于审计中难免有一些项目无法通过，因此庄头渐渐在账簿草稿中货币收入账后空出一段，以便审计时添加“审计中的出卖”这一项。在1325年温彻斯特主教的陶顿庄园的账簿中，共有9处“审计中的出卖”，其中包括小麦、燕麦、羊毛和劳役等，价值总额达到了4英镑11先令7.5便士。[①] 在1329年牛津大学默顿学院的库克翰庄园的账簿中“审计中的出卖”高达4英镑4先令4.25便士。[②] 这些“审计中的出卖”是审计活动的直接成果，它是领主从庄头和管家所截留的经营收入中追索回来的。审计结束后，汇报者可以就审计中未获通过的项目向领主申诉，请求减免。一些获得减免的项目有时会补充记录在账簿的底部，有时会作为附件夹在账簿的末尾。

大领主的地产往往划分为若干管家区来管理，每个管家区设立管家一名，负责管理若干庄园，而总管则负责管理整个地产。因此在对庄园账簿的审计结束后，管家应当以庄园账簿为基础制作自己的账簿。庄园送交的货币计入管家的收入，从庄园运送来集中出卖的谷物、羊毛等物资计入收入项目，管家直接购买的物资等开支计入支出项目，然后将收支相减，确定自己应当交纳的钱款。总管则以管家的账簿为基础制作自己的账簿。[③] 在汇总和转抄庄园账簿的过程中，他们有时会对每个庄园的经营情况进行一些分析，比如计算庄园经营的利润。他们的账簿比较概括简略，但是能够反映一些总体情况。

四、从账簿看领主的利润观念

领主制作账簿的首要目的是约束总管、管家、庄头等各级地产管理

---

① 数据为笔者根据该庄园账簿统计，该账簿见：J. Z. Titow, *English Rural Society, 1200－1350*, London: Allen & Unwin Ltd., 1969, pp. 124－129.

② T. H. Aston, The External Administration and Resources of Merton College to Circa 1348, in J. I. Catto ed., *The History of University of Oxford, Vol. I, The Early Oxford Schools*, Oxford: Clarendon Press, 1984, p. 345.

③ P. H. W. Booth, *The Financial Administration of Lordship and County of Chester, 1272－1377*, Manchester: Manchester University Press, 1981, pp. 31－33.

者。货币收支账中所计算的货币盈亏实际上是汇报者所负担的责任，它所反映的是汇报者同领主之间的债务关系，而不是生产经营的利润。根据我们现在的利润观念，庄园的生产利润应当是收入和成本的差额，其中收入应当包括货币收入和资产增量。庄园账簿中没有一项直接反映经营的利润，即使通过账簿间接计算利润也是相当困难的。第一，账簿中的货币收入是汇报者当年应当获得的收入，而不是实际获得的收入。在庄头最后的债务中，有相当一部分并不是庄头中饱私囊了，而是一些地租或出卖谷物等款项没有收到。① 在大多数领主的账簿中，上年债务计入当年收入，因此当年收入更不真实。第二，利润不仅包括货币收入，还应当包括资产增量。但是在账簿中，谷物库存量或者牲畜存栏数的增加分别登记在谷物账和牲畜账中，而且这个增量难以折算成统一的货币，同货币收入汇总在一起。第三，在领主的整个地产中，庄园并不是完全独立的，它同外部发生的经济关系影响到利润的计算。比如，庄园向领主或者其他庄园供应的物资属于收入的一部分，但它是在领主的指令下完成的，不属于货币交易，因此不计入货币收入，也难以折算成货币。庄园的支出项目中每年都会有一部分用于接待途经庄园或者在庄园上滞留的领主、管理者和其他客人。这些支出中有些属于必要的管理支出，有些完全是庄园承担的非生产性负担，因此不应当全部作为必要的经营支出扣除。账簿中对利润的忽视和对汇报者责任的重视说明了编制和审计账簿的目标：不是增加生产经营的纯收入，而是控制各级管理者对这种收入的截留。②

这种账簿有其内在的缺点。由于账簿最终确定的是汇报者应当交纳的款项，而不是庄园真正的盈利状况，因此它不能反映庄头或者管家经营管理的成败优劣。有时，尽管庄头将全部收入如数上交，对领主没有任何债

---

① 比如前引 1364 年切斯特伯爵的德莱克罗庄园的管家账簿表明，管家欠领主 10 英镑 19 先令 9 便士。其中斯蒂芬·默顿（Stephen Merton）未交纳的地租就高达 10 英镑 15 先令 3 便士，另外某人还拖欠着 4 先令 6 便士的法庭罚金。P. H. W. Booth, *The Financial Administration of Lordship and County of Chester, 1272 - 1377*, Manchester: Manchester University Press, 1981, p. 23.

② 同样的观点见：N. Denholm-Young, *Seignorial Administration in England*, London: Oxford University Press, 1937, p. 127. A. E. Levett, The Financial Organization of the Manor, *The Economic History Review*, Vol. 1, No. 1, 1927, pp. 66 - 68. J. Z. Titow, *English Rural Society, 1200 - 1350*, London: Allen & Unwin Ltd., 1969, p. 25.

务，但是由于管理不善，整个庄园的实际收入可能很低。相反，有时尽管庄头没能将全部应当交纳的项目征收上来，并如数上交，因而审计的结果表明他仍然欠领主债务，但他可能管理出色，因而庄园年度利润丰厚。随着账簿的发展，这种缺点日益明显，从13世纪末期开始，有些领主也采取了一些措施来评价庄园的经营绩效。

某些账簿开始单独罗列送交外部或从外部接受的物资，有时还将其折算成货币。① 比如，1325年温彻斯特主教的陶顿庄园的账簿中登记了总管在庄园上滞留期间所消费的谷物、家禽，他的牲畜所消费的饲料，以及为接待他而雇用的雇工工资，总管所消费的物资还折算成了货币。不过，它对送交领主的羊毛、谷物和奶酪仍然没有折算成货币。② 从13世纪后期开始，温彻斯特主教座堂修道院的账簿就专门列了一段，将庄园送交领主或者其他庄园的物资折算成货币。③ 这种做法将外部收支同内部收支区分开来，有助于计算庄园的盈利状况。

13世纪后期，一些领主根据往年的生产情况确定了一些硬性的生产指标，比如每种谷物收成应当是种子的多少倍，一定数量的牲畜每年应当繁殖多少，一定数量的羊每年应当生产多少羊毛，以及一定数量的奶牛和奶羊应当生产多少奶酪，等等。④《无名氏的田庄管理》中也详细叙述了这些生产指标。⑤ 如果庄园的生产未达到预定指标，庄头又不能给出令人信服的理由，那么审计官就将所缺少的数额计入应收项目，算作庄头的债务。

---

① N. Denholm-Young, *Seignorial Administration in England*, London: Oxford University Press, 1937, pp. 126 – 127.

② J. Z. Titow, *English Rural Society*, *1200 – 1350*, London: Allen & Unwin Ltd., 1969, p. 127.

③ P. D. A. Harvey ed., *Manorial Records of Cuxham*, *Oxfordshire*, *Circa 1200 – 1359*, London: Her Majesty's Stationery Office, 1976, p. 57.

④ 比如，温彻斯特主教座堂修道院对其庄园的庄头们所规定的生产指标如下：120只羊应当产出1韦（wey，即182磅，约合82公斤）羊毛；每头奶牛应当产出65磅（1磅等于0.45公斤）的奶酪，每只奶羊应当产出3.75磅的奶酪；每年每头猪应当产出15头猪崽，每只鹅应当产出7只小鹅，每只鸡应当产出12只小鸡和60个鸡蛋。参见：J. S. Drew, Manorial Accounts of St. Swithun's Priory, Winchester, *The English Historical Review*, Vol. 62, No. 1, 1947, p. 28.

⑤ ［英］伊·拉蒙德、W. 坎宁安编，高小斯译：《亨莱的田庄管理》，北京：商务印书馆1995年版，第64—69页。

在 1325 年以后温彻斯特主教座堂修道院的 227 份账簿中，庄头们共有 102 人次因生产未达到指标而遭受惩罚。[①] 温彻斯特主教地产在 13 世纪 50 年代采用了这种管理方法。牛津大学默顿学院的库克翰庄园在 1304 年和 1328 年的账簿中也出现了类似的指标，而且此后成为账簿不可缺少的内容。[②] 1354 年切斯特伯爵的佛罗德山姆（Frodsham）庄园的账簿记载说："应当在豆类谷物的收入中额外增加 3 夸脱 2 蒲什尔，以便使收成达到种子的两倍。"同时在"审计中的出卖"这一项中写道："管家按照每蒲什尔 4 便士的价格出卖了 3 夸脱 2 蒲什尔豆类谷物。"[③] 这种管理方法加强了管理者的责任。他不仅要组织庄园的生产活动，代理领主在庄园上收纳支付，还肩负着使生产达到一定效益的直接责任。这有助于克服账簿注重管理者个人债务而不关心庄园经营效益的弊端。但它是一种单方面的安排，加重了管理者的责任，却没有提高他的权益。如果生产超出预定的指标，领主将获得全部超出部分，但是如果生产没有达到预定指标，不足部分就要由管理者补足。它显示了庄头责任固定化的趋势，是直接经营向出租经营转变的征兆。[④]

最能反映 13 世纪后期领主利润观念有所加强的事实是，一些账簿，特别是一些高层管理账簿对庄园利润进行了计算和登记。账簿中计算利润的做法从 1225 年就在坎特伯雷大主教座堂小修道院出现了，到 13 世纪后期更加普遍。诺里奇小修道院最早的利润计算出现于 1257 年。[⑤] 在马歇尔伯爵地产的 300 多份庄园账簿中，有 35 份计算了利润，这些账簿分布在

---

① J. S. Drew, Manorial Accounts of St. Swithun's Priory, Winchester, *The English Historical Review*, Vol. 62, No. 1, 1947, pp. 32 – 33.

② P. D. A. Harvey ed., *Manorial Records of Cuxham, Oxfordshire, Circa 1200 – 1359*, London: Her Majesty's Stationery Office, 1976, p. 55.

③ P. H. W. Booth, *The Financial Administration of Lordship and County of Chester, 1272 – 1377*, Manchester: Manchester University Press, 1981, p. 19.

④ P. D. A. Harvey ed., *Manorial Records of Cuxham, Oxfordshire, Circa 1200 – 1359*, London: Her Majesty's Stationery Office, 1976, p. 55.

⑤ Edmund Stone, Profit-and-Loss Accountancy at Norwich Cathedral Priory, *The Transactions of the Royal Historical Society*, the fifth series, Vol. 12, 1962, p. 26.

1274 年到 1304 年之间。[①] 在牛津大学默顿学院的库克翰庄园，13 世纪末期和 14 世纪初期也出现了对利润的计算。[②] 威斯敏斯特修道院也在 13 世纪后期出现了同样的现象。[③] 对庄园利润的计算通常是由领主地产的高级管理人员进行的。一些总管或者管家在汇总自己管理的各个庄园的账簿时，会计算这些庄园的利润。

不同领主对庄园利润的计算方法有很大的区别，其中坎特伯雷小修道院的利润计算方法如图 5 - 1 所示。[④] 这种计算方法把庄园的对外支付算作收入，把从外部获得的东西从收入中扣除，并把牲畜的净增数额算作收入，把用于扩大和改善庄园生产的投入也算作庄园收入，因此利润的计算比较合理。但它并没有考虑这些收入具体从何而来，也没有把佃农交纳的地租和其他杂费、法庭收入等从庄园利润中扣除。这说明，在领主看来，庄园的利润大致就是自己当年从庄园所获得的收入（货币和实物），不论这种收入来源于自营地的生产，还是来源于佃农交纳的地租和杂费、法庭收入等。埃德蒙·斯通研究了 13、14 世纪诺里奇小修道院的利润计算情况。该修道院从庄园总收入中扣除佃农交纳的地租和杂费、经营开支，以及并非来源于土地的收入，比如磨坊收入、什一税和法庭收入，其余额实际上是庄园自营地农牧业生产的收入。该修道院的利润计算方法还经历了几个发展阶段，呈现出一个逐渐改进的过程。13 世纪 50 年代他们所计算的是庄园利润，即领主从庄园获得的全部收入。13 世纪 60 年代发展到对自营地经营利润的计算，即从庄园收入中扣除地租收入、法庭收入、磨坊收入、羊毛收入、什一税收入及其他一些小额收入。也就是说，自营地利润包括自营地种植业收入和除羊毛之外的其他畜牧业收入。到 1289 年，他们又从自营地经营利润中扣除了几个项目，包括牲畜出卖价款超过牲畜购

---

① N. Denholm-Young, *Seignorial Administration in England*, London: Oxford University Press, 1937, pp. 129 - 130.

② 出现于 1292 年、1297 年到 1309 年之间的每一年，1314 年到 1355 年共 41 年中的 9 年。P. D. A. Harvey, *A Medieval Oxfordshire Village: Cuxham, 1240 to 1400*, Oxford: Oxford University Press, 1965, p. 95.

③ Barbara Harvey, *Westminster Abbey and its Estates in the Middle Ages*, Oxford: Clarendon Press, 1977, p. 149.

④ Edmund Stone, Profit-and-Loss Accountancy at Norwich Cathedral Priory, *The Transactions of the Royal Historical Society*, the fifth series, Vol. 12, 1962, p. 28.

买的部分、牛的出租收入、劳役的折价、自营地经营过程中所使用的草地和牧地、自营地出租应收到的什一税。如此计算出来的实际上是自营地种植业的纯收入。另外，这个时期他们还根据自营地的耕地面积进一步计算出每英亩土地的收入，并将其同地产估价册中的资产年收入进行对比。从1294年开始，利润不再直接登记在庄园账簿的底部，而是专门登记成庄园利润册。到1340年修道院不再编写庄园利润册，重新恢复到了简单的庄园利润计算，即仅仅考察庄园利润，而不进一步考察自营地种植业的经营利润。[①] 这样，诺里奇小修道院的利润计算曾经发展到一个比较精制的阶段，但后来又恢复到粗略的计算方法。

	送交坎特伯雷的货币和实物
加：	扩大和改善庄园生产的投入
加：	审计后庄头对领主的欠债
加：	牲畜的增加
减：	从其他庄园或者坎特伯雷获得的东西
减：	牲畜的减少
等于：	该庄园的利润

图5－1　坎特伯雷小修道院的利润计算方法

威陶德·库拉在分析波兰领主经济的特点时曾经说，由于对经济资源作出不同使用的替代方案很少，领主缺乏机会成本的观念。比如，由于佃农的劳役不能出卖并转化为货币，因此在领主看来劳役几乎是一种免费的

① Edmund Stone, Profit-and-Loss Accountancy at Norwich Cathedral Priory, *The Transactions of the Royal Historical Society*, the fifth series, Vol. 12, 1962, pp. 30－39.

资源。[①] 从诺里奇小修道院的利润计算方法来看，领主已经有了机会成本的初步观念。比如，领主在计算自营地种植业的纯收入时扣除了劳役的折价。这是因为，虽然领主没有为自营地生产所使用的劳役支付报酬，但如果领主出租自营地，那么佃农的劳役也可折价出卖给承包人。计算纯收入时扣除牛的出租收入、草地和牧地的出租收入也是出于同样的原因。这表明，由于领主们可以在出租和直接经营之间作出选择，他们已经意识到直接经营过程中使用的“无偿资源”并非真正无偿。

诺里奇小修道院的僧侣们之所以不辞劳苦计算庄园自营地农牧业的纯收入，主要是为了同出租经营进行比较，以决定自营地是应当继续直接经营还是转为出租。在计算纯利润时扣除直接经营中使用的无偿资源，计算出纯利润后再进一步计算每英亩土地的纯利润，都是为了同资产估价册（它反映的是出租经营所能够获得的地租）进行比较，以决定何种经营方法更加有利。事实说明，利润计算的结果对领主的经济决策起了一定的指导作用。诺里奇修道院的院长威廉（William of Kirby）购买了许多土地，积极扩大自营地的直接经营。1286 年的利润计算表明，在威廉上任的五年内，自营地种植业利润不断增加，各年利润分别为 200、311、302、366 和 415 英镑。尽管他在重新编制资产估价册时提高了自营地的估价（出租经营所能获得的地租），但自营地种植业生产的利润仍然高于估价。在后来亨利（Henry of Lakenham）担任院长时，自营地已不再扩大，种植业利润也不再增加，有的庄园自营地利润已经低于资产估价。尽管如此，1289 年以来一直处于直接经营中的自营地都没有出租。到 14 世纪初期，在克拉克斯顿的威廉（William of Claxton）担任院长时，有三个庄园由于连年利润不抵估价而被出租。在出租的最初几年，租金都高于直接经营时的利润，但在出租第八年的时候，有一个庄园自营地 45 英镑的租金实际收到的只有 18 英镑 6 先令 8 便士。于是，次年该庄园被收回直接经营，另外两个出租的庄园也在黑死病之前收回直接经营。其他几个庄园的利润一直高于估价，所以始终在直接经营之中。[②] 温彻斯特主教座堂修道院的僧侣们也常

---

① W. Kula, *An Economic Theory of the Feudal System*: *Towards a Model of the Polish Economy 1500 – 1800*, London: NLB, 1976, p. 34.

② Edmund Stone, Profit-and-Loss Accountancy at Norwich Cathedral Priory, *The Transactions of the Royal Historical Society*, the fifth series, Vol. 12, 1962, pp. 41 – 46.

常根据审计账簿时所获得的信息作出决策，比如，某个庄园的牲畜过多，而某个庄园的牲畜过少，等等。[①] 这说明，少数账簿已不仅是领主对地产管理者的监督工具，还是领主作出合理生产决策的指导工具。

在13世纪的英格兰，领主们能够在小小的庄园上事无巨细地登记其收支状况，这已是难得的进步。但是总体来看，中世纪英格兰的庄园账簿还很不完善、很不科学，领主的利润观念还比较淡薄，同近代企业家的利润观念还相去甚远。由于市场尚未渗透到经济生活的每一个角落，许多资源的配置还不是通过市场交易的方式来进行的，而是在“指令和习俗”[②] 的指导下完成的，因而许多流动中的资源还没有被贴上一个明确的价格标签。而现代利润核算的基础是任何资产的损益都必须有明确的价格，封建领主在其庄园上还远远不能做到这一点，他们也就不可能具有近代企业家那样强烈的利润观念。

中世纪英格兰领主庄园是一个不同于资本主义企业的生产组织，运用资本主义企业的利润计算方法去度量和评价封建庄园会产生许多谬误。威陶德·库拉对此已经有详细的论述。库拉指出，领主自营地生产中所消耗的一些资源并不是通过市场交换来获取的，领主不为此支出货币，而且这些资源可能并没有其他的用途，不具有机会成本，因此对领主来说，这种资源是无偿的，不应当计入自营地的生产成本。如果不计算这些资源的成本，领主自营地的利润率是很高的，但如果将其按照市场价格折算成货币，计入自营地生产的成本，则自营地的利润率是很低的，甚至是亏损的。[③] 这种从16—18世纪波兰的领主经济中总结出来的理论是否适用于中世纪的英格兰呢？德里克·斯特恩对威斯敏斯特修道院在赫特福德郡的金伯内庄园的研究可以为我们回答这个问题。

德里克·斯特恩完全按照我们现在的利润观念和利润计算方法，对金伯内庄园的利润进行了计算。他把庄园自营地生产的各种物资（包括向外

---

① J. S. Drew, Manorial Accounts of St. Swithun's Priory, Winchester, *The English Historical Review*, Vol. 62, No. 1, 1947, p. 24.

② ［英］约翰·希克斯著，厉以平译：《经济史理论》，北京：商务印书馆 1999 年版，第 11—17 页。

③ W. Kula, *An Economic Theory of the Feudal System: Towards a Model of the Polish Economy 1500 - 1800*, London: NLB, 1976, pp. 29 - 35.

输送的物资）都按照市场价格折算成货币，算作自营地的收入；把生产过程中消耗的佃农劳役、长工和短工（包括长工被减免的地租和劳役、长工和短工在庄宅中吃饭所消费的谷物）都折算成货币，算作生产成本；并由此计算出自营地的利润。他将种植业和畜牧业生产分开来计算，还把黑死病前后分开来计算。我们只选取其中1286—1307年的数据来分析（见表5－3）。根据德里克·斯特恩的计算，金伯内庄园在1286—1307年之间的21年内（1294年除外），只有9年盈利，而亏损12年，21年中盈余总额为负6英镑7便士。难道领主在这21年中不但一无所获，还亏损了6英镑7便士吗？既然庄园在多数年份是亏损的，领主又怎么会长期对其直接经营呢？显然这并不是事实，威斯敏斯特修道院的僧侣不会如此愚蠢无知，造成这种荒谬结论正是德里克·斯特恩所采用的利润计算方法。即使在表5－3中纯利为“负”的年份，领主仍然能够从庄园获得货币收入，而不是由他向庄园支付货币来弥补经营的“亏损”。领主事实上并没有为佃农的劳役支付任何形式的报酬；在庄头和长工的工资中，有相当一部分是地租和劳役的减免，以及分配给他们收获的部分自营地庄稼；雇工得到的工资中也有相当一部分是他们在庄宅中吃饭所消耗的谷物。如果把这些非货币形态的工资支出从自营地的经营成本中扣除，那么许多“亏损”的年份实际上都是盈余的。

表5－3　1286—1307年金伯内庄园的盈亏状况①

年份	总收入	马、修建、设备	雇工	劳役	庄头和长工	管理支出	总支出	纯利
1286	27－10－6	8－15－11	5－8－6	3－7－0	9－12－4	0－2－2	27－5－11	正0－4－7
1287	21－6－10	9－12－1	5－5－7	3－10－10	9－6－9	0－4－4	27－19－7	负6－12－9
1288	19－16－4	8－8－1	4－18－9	3－15－2	5－12－5	0－8－1	23－2－6	负3－6－2
1289	17－6－2	8－2－3	3－19－10	3－15－5	5－5－6	0－6－3	21－9－3	负4－3－1
1290	22－8－6	8－0－1	4－16－3	3－16－6	7－3－7	0－1－4	23－17－9	负1－9－3

① D. V. Stern, *A Hertfordshire Demesne of Westminster Abbey*: *Profits*, *Productivity and Weather*, Hertfordshire: University of Hertfordshire Press, 1999, pp. 224－225.

（续上表）

年份	总收入	马、修建、设备	雇工	劳役	庄头和长工	管理支出	总支出	纯利
1291	39 – 2 – 1	10 – 11 – 3	5 – 9 – 8	3 – 15 – 9	11 – 4 – 5	1 – 6 – 1	32 – 7 – 2	正 6 – 14 – 11
1292	39 – 15 – 11	11 – 6 – 8	5 – 4 – 11	4 – 2 – 0	10 – 4 – 6	0 – 14 – 9	32 – 3 – 1	正 7 – 12 – 10
1293	18 – 14 – 4	12 – 3 – 10	5 – 9 – 0	4 – 1 – 1	8 – 8 – 3	0 – 18 – 1	32 – 14 – 5	负 14 – 0 – 1
1294								
1295	43 – 5 – 8	12 – 8 – 9	4 – 9 – 4	3 – 13 – 11	15 – 13 – 4	0 – 3 – 9	36 – 9 – 8	正 6 – 16 – 0
1296	62 – 1 – 1	11 – 6 – 4	5 – 16 – 6	2 – 18 – 6	13 – 19 – 2	0 – 3 – 11	34 – 4 – 5	正 27 – 16 – 8
1297	36 – 18 – 9	10 – 2 – 1	5 – 11 – 5	3 – 1 – 6	8 – 15 – 0	0 – 10 – 5	27 – 1 – 9	正 9 – 17 – 0
1298	48 – 0 – 5	10 – 4 – 2	6 – 2 – 2	3 – 1 – 2	12 – 10 – 10	1 – 2 – 7	33 – 0 – 11	正 14 – 19 – 6
1299	50 – 3 – 10	12 – 7 – 9	6 – 8 – 11	3 – 0 – 6	9 – 18 – 11	1 – 4 – 10	33 – 0 – 11	正 17 – 2 – 11
1300	32 – 3 – 10	10 – 17 – 8	6 – 1 – 2	3 – 3 – 8	9 – 15 – 0	0 – 17 – 11	30 – 15 – 5	正 1 – 8 – 5
1301	21 – 6 – 10	8 – 13 – 5	7 – 8 – 4	3 – 3 – 7	7 – 12 – 1	0 – 17 – 5	27 – 14 – 0	负 6 – 8 – 0
1302	20 – 14 – 2	8 – 18 – 10	6 – 18 – 2	2 – 14 – 4	7 – 7 – 10	1 – 5 – 4	28 – 4 – 7	负 7 – 10 – 5
1303	16 – 7 – 8	11 – 6 – 9	4 – 17 – 10	2 – 18 – 0	7 – 11 – 2	0 – 12 – 7	27 – 6 – 4	负 10 – 18 – 8
1304	18 – 10 – 6	8 – 15 – 0	5 – 0 – 7	2 – 16 – 0	6 – 16 – 5	0 – 9 – 6	23 – 17 – 6	负 5 – 7 – 0
1305	10 – 18 – 10	9 – 15 – 5	4 – 8 – 4	3 – 0 – 10	8 – 11 – 11	0 – 6 – 2	26 – 2 – 8	负 15 – 3 – 10
1306	18 – 2 – 0	9 – 18 – 4	4 – 12 – 9	2 – 18 – 9	8 – 16 – 8	0 – 10 – 0	26 – 16 – 6	负 8 – 14 – 6
1307	9 – 1 – 6	9 – 6 – 8	5 – 1 – 5	3 – 13 – 6	5 – 15 – 5	0 – 4 – 2	24 – 1 – 2	负 14 – 19 – 8

说明：表中数据之间用“ – ”号隔开，分别表示英镑、先令和便士，比如 5 – 8 – 6 表示 5 英镑 8 先令 6 便士。

从表 5 – 3 中我们可以看出，造成经营利润波动的主要因素是收入的变化，因为支出项目相对稳定，而收入波动很大，最高可达 50 英镑，最低只有 9 英镑。即使出卖谷物的收入很低（受年景、收成和价格的影响），不能抵偿各种开支，也并不意味着领主要掏自己的腰包来补贴庄园，因为庄园上还有地租、法庭收入等其他收入，完全可以弥补自营地经营的损失。这说明，威陶德 · 库拉对波兰领主自营地利润计算问题的论述同样适用于中世纪的英格兰。自营地的许多生产投入并不是通过市场交易来获取的，许多产品也不向市场出卖，因此这些投入和产出很难折算为货币。把自营地生产中所消耗的“无偿”资源按照现代的利润计算方法折算为货币，计入成本，并进一步计算自营地的盈利，这必然产生偏差，甚至得出荒谬的结论。

第三节 庄园法庭

中世纪英格兰的庄园法庭是领主为控制和盘剥庄民而组织的，是领主与佃农冲突和妥协的舞台。13 世纪中期以后，英格兰出现了大量的庄园法庭记录，其中很多得以保存下来，这为我们考察中世纪英格兰领主与佃农的关系提供了资料。国外学界在评价领主与佃农的关系时表现出两种不同倾向。梅特兰将庄园归于私法范畴，即一种“财产权”[①]，奥尔特则说领主有时只是村庄最大的农民。[②] 罗德内·希尔顿、克里斯托弗·戴尔、茨维·拉奇等人比较强调庄园法庭在领主盘剥庄民时的作用，而以拉夫提斯为首的多伦多学派则强调村社的团结和独立性，倾向于强调庄园法庭在加强村社团结方面的作用。[③] 类似的分歧也存在于国内学界。马克垚先生较早对庄园法庭作了考察，他倾向于强调庄园法庭对领主权益的维护，指出不能因为农民是庄园案件的裁决者就把庄园法庭误认为是农民的法庭。[④] 近年来，侯建新、徐浩等学者在考察中世纪英格兰的乡村体制时也对庄园法庭作了研究，他们认为庄园法庭具有二重性，它既是领主“实现其权力意志的工

---

① Frederick Pollock and Frederic William Maitland, *The History of English Law, before the Time of Edward I, Vol. I*, the second edition, Cambridge: Cambridge University Press, 1968, p. 607.

② W. O. Ault, Village By-Laws by Common Consent, *Speculum*, Vol. 29, No. 2, Part 2, Medieval Representation in Theory and Practice, 1954, p. 389.

③ Zvi Razi, The Toronto School's Reconstitution of Medieval Peasant Society: A Critical View, *Past and Present*, No. 85, 1979, pp. 141 - 157.

④ 马克垚：《西欧封建经济形态研究》（第二版），北京：人民出版社 2001 年版，第 187—191 页。

具”，又“保护了农民的利益”。[①] 这种“二重性”的观点提醒我们，领主或其总管并非庄园法庭的裁决者；领主对佃农的索取有时会遭到失败，但它未能说明：庄园法庭为何有时是领主控制佃农的工具，有时又为农民提供保护？哪些因素影响着庄园法庭对佃农的控制力？看来，我们还应当对庄园法庭再作些深入的考察。这里我们先分析庄园法庭存在的内外环境，然后依次考察庄园法庭在参与者、主持者、裁决者、裁决依据、裁决执行等方面的制度，最后总结庄园法庭的性质。我们的结论是，庄园法庭并不具有两重性，它是领主控制佃农的工具，对佃农具有保护作用的不是庄园法庭，而是其背后的村社组织。

一、庄园法庭的内外环境

在讨论庄园法庭之前，首先应简要说明它所处的内外环境。中世纪英格兰王国的整个司法体系是由王室法庭、领主法庭、教会法庭和城市法庭等组成的多元系统。其中，王室法庭包括中央三大法庭（普通诉讼法庭、财政署法庭、王座法庭）、巡回法庭，以及代表国王利益的地方行政法庭（郡政会议、百户区法庭、十户联保会）等。教会法庭处理涉及教会人士，或与宗教、风化有关的事务。领主法庭包括解决领主与其封臣之间问题的领地法庭，以及解决领主与佃农、佃农与佃农之间问题的庄园法庭。上述诸种法庭之间呈现出牵制、渗透和竞争的复杂关系。国王作为最大最高的领主，也拥有自己的庄园和庄园法庭；代表国王利益、属于司法行政系统的百户区、十户联保会可能因各种原因落入私人领主之手；教会组织也是封建领主，它不仅同国王争夺涉及教士的诉讼，而且拥有自己的庄园和庄

---

① 侯建新指出中世纪英格兰乡村有多元的权力系统，乡村、庄园和教区之间的牵制和竞争为农民提供了更宽的自由空间。参见侯建新：《中英封建晚期乡村组织比较》，《史学理论研究》2000 年第 3 期。徐浩则认为中世纪英格兰农民“并不是完全处于被动地受裁处地位，维护权利拥有制度保障。总的来看，庄园法庭具有二重性：一方面是领主实行权力意志的工具，剥夺了王庭对农民的公法保护；另一方面由于习惯法至上的法律精神和特定司法程序，判决决不是领主意愿的结果，限制了领主的恣意妄为，保护了农民的利益”。徐浩：《农民经济的历史变迁——中英乡村社会区域发展比较》，北京：社会科学文献出版社 2002 年版，第 115 页。

园法庭。在这个多元竞争的系统中，王室法庭发挥着越来越大的作用，逐渐排挤和蚕食着其他法庭的管辖权。这使其他领主的司法管辖权大为缩减。就连处于领主司法活动底层的庄园法庭，也同样受到王室法庭的挤压。

从封建地产的结构来看，中世纪英格兰封建制度的一个重要特点是，领主们虽然占有广阔的地产，但这些地产往往分散各地，且不同领主的地产相互交错间隔。大领主在其住所附近拥有一批庄园，不过许多庄园都是远离住所的。比如，牛津大学默顿学院就有几个庄园位于英格兰北部的达勒姆郡，距离学院所在地牛津城有 200 多英里，领主及其地产管理人乘马车从牛津到达勒姆郡通常要一周时间。[①] 这种空间障碍和不同领主的相互牵制使得领主在通过庄园法庭控制佃农方面存在一定的困难。

从乡村经济社会环境来看，庄园是领主地产的基本单位，是外部力量人为划分的产物。它与作为农民自然聚落形态的村庄可能一致，也可能不一致。有时庄园包含若干村落，有时只是村落中属于不同领主的若干庄园之一。科斯敏斯基的研究表明，即使在庄园制比较发达的地区，多数情况下庄园与村庄也是不一致的。[②] 封建地产的分割继承、再分封和转让使得庄园变得更加复杂。一个庄园的自由佃农可能有自己的维兰和庄园法庭，其地产构成次级庄园。有时次级庄园之下还有次级庄园，甚至多达四个层次。地租收入的转让使得一个领主的佃农可能要向另一个，甚至多个领主交租。有时某个佃农（甚至维兰）也可能从两个或更多属于不同领主的不同庄园租佃土地。这种庄园之间以及庄园与村庄的复杂关系同样不利于庄园法庭的组织和运作。

庄园通常由领主自营地、佃农份地、公共林地和牧场构成。领主自营

---

① T. H. Aston, The External Administration and Resources of Merton College to Circa 1348, in J. I. Catto ed., *The History of University of Oxford*, *Vol. Ⅰ*, *The Early Oxford Schools*, Oxford: Clarendon Press, 1984, pp. 337 - 339.

② 在 1279 年百户区调查档案中，剑桥郡的 112 个村庄中与庄园一致者仅有 12 个，在贝德福德郡的 25 个村庄中仅有 7 个，亨廷顿、白金汉和沃里克郡有一半村庄与庄园一致，牛津郡的 302 个村庄中与庄园一致的有 191 个，在全部 650 个村庄中，336 个村庄是与庄园不一致的。E. A. Kosminsky, Services and Money Rents in the Thirteenth Century, *The Economic History Review*, Vol. 5, No. 2, 1935, p. 30.

地主要依靠佃农的劳役来耕作，但也雇用一些长工和短工。佃农份地可以分为自由民租佃地和维兰份地，前者通常负担货币地租；后者除了负担劳役地租外，还要负担死手费、婚姻费等杂费。公共林地和牧场则是领主和佃农都可使用的公共资源，不过领主在使用公共资源方面更有发言权。领主往往在庄园上拥有庄宅，以供领主或其总管、管家、宾客等居留、中转和休闲，同时也是长工食宿和存储自营地产品的地方。除此以外，领主还有一些垄断性的磨坊、酿酒房、面包坊等资产。需要指出的是，领主自营地通常并不是连成一片、集中分布的，而是分成条田与佃农份地交错分布的，在实行敞田制的地方更是如此。这就使领主与农民在维持有序的轮作制度、维护路桥沟渠等公共设施方面具有共同利益，表现出一定的共生和合作关系。另外，由于有自营地的领主要直接使用佃农劳役，因而需要对佃农进行人身控制和监督。庄园法庭不仅是领主地产生产经营的组织工具，而且其司法活动能直接为领主带来丰厚的收入。领主与佃农的关系既有共生共存的一面，也有盘剥控制的一面，这使二者既经常冲突，又不时妥协。

如何在王室法庭的渗透下确保自己的司法权益，如何有效地管理与其他领主地产相互交错且分散各地的众多庄园，如何利用原有的村社组织维护自己的权威和利益，同时又防止来自村社的集体抵制和反抗，这些问题都深深影响着庄园法庭的组织和运作。

二、参加者和主持者

庄园法庭一般每隔三周召开一次，不过多数庄园举行法庭并不规则，且没有如此频繁。① 领主的庄宅内、村庄的大树下、堂区的教堂里都可能用来召开法庭。出席法庭是维兰的义务，他们在生病或领主安排有另外的工作时可获准缺席，但缺席者需委托某位出席者代其请假。无故缺席或迟到早退都会遭受罚款。不过，不同庄园的情况有所不同。在王室的哈福林庄园，占有标准份地的佃农应当参加所有的法庭，而占有新垦地的佃农仅需参加每年两次的庄园全会，即已满 12 岁的男子都应参加的十户联保会。② 在另外一些庄园，只有直接从领主手中租佃土地的佃农才须参加法庭，而从上述佃农手中转租土地的农民则可不参加。③ 有些富裕的维兰在向领主交纳一笔豁免费后，可以免除全年出席法庭的负担。多数庄园都有一些占地很少或不占有土地的自由民和外来户，他们通常没有出席法庭的义务。有时庄园法庭还禁止外来户参与庄园事务的处理。1396 年奥克斯希尔（Oxhill）庄园的佃农们就约定在解决纠纷和订立契约时不诉诸外来帮

---

① 格罗斯特伯爵的索恩伯雷庄园在 1328 年召开法庭时尚不规则，但在 1333 年后一般每 3～4 周召开一次。Peter Franklin, Politics in Manorial Court Rolls: The Tactics, Social Composition, and Aims of a Pre-1381 Peasant Movement, in Zvi Razi and Richard Smith eds., *Medieval Society and the Manor Court*, Oxford: Clarendon Press, 1996, p. 165. 王室在埃塞克斯郡的哈福林庄园于 14 世纪后期和 15 世纪也是每三周召开一次。M. K. McIntosh, *Autonomy and Community: The Royal Manor of Havering, 1200 – 1500*, Cambridge: Cambridge University Press, 1986, p. 185. 约克郡的维克菲尔德（Wakefield）是一个大庄园，其土地扩展到 52 个村庄，通常每年举行 16～17 次法庭，大约每三周一次。Judith Cripps, Rodney Hilton, and Janet Williamson, A Survey of Medieval Court Rolls in England, in Zvi Razi and Richard Smith eds., *Medieval Society and the Manor Court*, Oxford: Clarendon Press, 1996, p. 637. 默顿学院在牛津郡的索恩克罗夫特庄园在 1279—1343 年留下了几乎不间断的庄园法庭档案，平均每年召开 2～3 次，但有的年份多达 8 次，有的年份却根本不召开。Ralph Evans, Merton College's Control of its Tenants at Thorncroft, in Zvi Razi and Richard Smith eds., *Medieval Society and the Manor Court*, Oxford: Clarendon Press, 1996, p. 204.

② M. K. McIntosh, *Autonomy and Community: The Royal Manor of Havering, 1200 – 1500*, Cambridge: Cambridge University Press, 1986, p. 188.

③ 比如坎特伯雷大主教座堂修道院在伯金庄园的佃农们就控诉说，每位占有一维尔格特土地的佃农有一份出席法庭的义务，可是当这种份地被分割后，总管仍要求分割后的每位占有者均出席法庭，对未出席者罚款。John F. Nichols, An Early Fourteenth Century Petition from the Tenants of Bocking to their Manorial Lord, *The Economic History Review*, Vol. 2, No. 2, 1930, p. 306.

助。1422 年布劳德威（Broadway）庄园的佃农们也请求总管发布类似的规约。①

领主通常不但要求维兰必须参加本庄园的法庭，还严禁他们参加其他法庭。在伯克郡的大霍尔伍德（Great Horwood）庄园，领主就制定了这样的规约："在总管面前，经各方和包括自由佃农和习惯佃农在内的全部佃农的一致同意，特规定，无论何事，只要领主法庭能予以解决，佃农就不得到外边的法庭起诉其他佃农，否则应交纳 13 先令 4 便士的罚金，其中一半上交大霍尔伍德的教堂，另一半分毫不少地上交领主。"兰开夏郡的巴林顿（Barrington）庄园的规约则规定："无论因何种理由，每个佃农都不能到百户区法庭和其他法庭起诉、打击或扰乱其他佃农，而只能在本法庭中解决，违者罚款 40 便士。"② 达勒姆主教也通常禁止佃农到庄园法庭以外的法庭针对其邻居进行诉讼。③ 1377 年沃尔沃雷（Wolverley）庄园对一个佃农给予 40 先令的处罚，因为他通过外来人员调解与其邻人的纠纷。1398 年艾尔姆雷堡（Elmley Castle）的两个佃农分别被罚款 12 便士，因为他们在其他法庭起诉邻人。④ 圣埃德蒙兹修道院的辛德克莱（Hinderclay）庄园（诺福克郡北部）上的一个维兰就曾在王室法庭和执事长法庭起诉另一维兰而分别向领主交纳了 4 英镑和 10 先令的罚款。⑤ 不过，领主上述禁令的发布也恰恰说明，庄园法庭并非佃农解决争端的唯一法庭。有的村庄包含若干庄园，当不同庄园的佃农之间发生纠纷时，佃农就可能需要到本领主庄园法庭以外去诉讼。有的佃农占有来自不同领主的土地，因而需要

---

① R. H. Hilton, *The English Peasantry in the Later Middle Ages*, Oxford: Clarendon Press, 1975, p. 56.

② 以上两个例子引自：W. O. Ault, Manor Court and Parish Church in Fifteenth-Century England: A Study of Village By-Laws, *Speculum*, Vol. 42, No. 1, 1967, pp. 59 - 60.

③ R. H. Britnell, Feudal Reaction after the Black Death in the Palatinate of Durham, *Past and Present*, No. 128, 1990, p. 39.

④ R. H. Hilton, *The English Peasantry in the Later Middle Ages*, Oxford: Clarendon Press, 1975, p. 56.

⑤ P. R. Schofield, Peasants and the Manor Court: Gossip and Litigation in a Suffolk Village at the Close of the Thirteenth Century, *Past and Present*, No. 159, 1998, pp. 22, 33.

参加不同领主的庄园法庭。另外，一些诽谤、伤风败俗、婚姻等方面的诉讼则属于教会法庭的管辖范围，执事区法庭在乡村也发挥着一定的作用。王室法庭，特别是其巡回法庭为自由佃农解决纠纷提供了一种途径，甚至还有少数维兰也可能到王室法庭进行诉讼。可见，尽管领主极力通过庄园法庭垄断对维兰的司法管辖，但有时难以成功。

自由佃农是否参加庄园法庭是一个比较复杂的问题。早些时候占有土地的自由佃农一般也出席庄园法庭，但从12世纪60、70年代开始，王室法庭逐渐通过签发令状把一些涉及自由民的诉讼转移到王室法庭，同时，通过采用比神命裁判、共誓涤罪和决斗更有效率、更合理的陪审制作为审查和裁判制度，从而吸引其他领主的自由民到王室法庭或在其巡回法庭解决纠纷。1267年王室发布的马尔伯罗敕令（the Statute of Marlborough）确立了如下原则：自由民可到王室法庭诉讼；自由民是否负担出席庄园法庭的义务，应依其承佃土地时与领主的协议来确定。① 同一时期的著名法学家伯拉克顿也说，当领主向自由民封授或租佃土地时，应当明确规定受封者或租佃者所负担的义务，“其他未明确规定的义务均推定为已被解除”，只有当“领主法庭处理涉及国王的事务，比如裁决权利令状、审判盗贼，或其他危害国王之和平的事件时，（自由）佃农应当出席”，“若领主欲使佃农出席其他法庭，比如，每隔两周、三周或其他时间举行的法庭，则应明确写入赐地文书”。② 这个时期一些领主的地产调查册也表明上述原则并

---

① 该敕令第一条规定：“任何人无论占地多寡，均可到国王的法庭寻求正义；若其遭受损失或侵害，欲从其邻人那里得到补救，均不得未经国王法庭之裁决而随意报复或剥夺该邻人，不论该邻人占地多寡。”第二条规定：“任何人无论占地多寡，对不从其领有土地者，或不受其所享有的百户区或管家区的司法管辖者，均不得剥夺财产以强迫出席其法庭；亦不得在其拥有司法管辖权的地方扣押不从其领有土地者的财物。”第九条规定：“关于出席贵族或其他领主法庭的义务，此后应遵从如下规定：任何以令状领有土地者，今后均不得因未出席领主法庭而被剥夺财产，除非其令状的条款中明确规定他受此种义务约束，或其先辈或本人自从国王跨海来到不列颠，即从国王跨海到本敕令颁布的39年半以前，就一贯出席其领主法庭。”D. C. Douglas ed., *English Historical Document*, *Vol. III*, *1189 - 1327*, London: Eyre and Spottiswoode, 1975, pp. 385 - 387.

② Bracton, *On the Laws and Customs of England*, *Vol. II*, translated by Samuel E. Thorne, Cambridge: The Belknap Press of Harvard University Press, 1977, pp. 112 - 113.

非一纸空文，领主们通常会在地产调查册中明确登记自由佃农是否应当出席庄园法庭。比如，1324 年诺丁汉郡的霍德索克（Hodsock）庄园的资产估价册就明确登记，某位名叫亨利的佃农“应参加领主在霍德索克每隔三周召开的法庭，此外没有其他义务”。该庄园另一名叫罗伯特的自由佃农则“应每年参加两次法庭，分别在米迦勒节和复活节”。显然，前者有义务参加庄园法庭，而后者只有参加治安督察会的义务。① 有的领主虽不要求自由佃农出席庄园法庭，但要求他们参加其他法庭。比如，达勒姆郡主教地产上的维兰应参加庄园法庭（hallmote），但自由佃农只需参加监理区会议（ward，相当于其他地区的百户区法庭）和在达勒姆等地举行的郡政会议。② 这些说明，自由佃农参加庄园法庭的义务要比维兰少，领主更难垄断对自由佃农的司法管辖。另外，虽然普通法规定自由民可参加王室法庭，但并未规定其不能参加庄园法庭。事实上，由于庄园法庭经常处理庄园治安或公益事务，为了避免自身利益受到损害，自由农民通常也参加庄园法庭。当庄园法庭可能维护自身利益时，他就参加庄园法庭；当庄园法庭可能危害自身利益时，他就考虑是否到王室法庭解决问题。尽管巡回法庭会深入乡村，但它所代表的王室法庭毕竟没有庄园法庭那样近便。总体来看，自由民在参加法庭方面具有一定的选择空间。

庄园法庭由领主或其总管主持。13 世纪的一份地产管理小册子就建议总管应当“通晓国法，以保护领主的事业和指导下属管家，并在他们遇到困难时给予帮助”，“应当一年巡视两三次，遍访他管理下的庄园”，还应当“执行法庭宣判的惩罚和罚款。他在法庭上主持其他人的诉讼，没有人能够取代他成为法官”。③ 根据奥钦斯基的研究，13 世纪出现的几种地产管理小册子有很多抄本，这些抄本多数都夹杂在一些法律著作中。这说明研习法律的人对地产管理事务颇有兴趣，因为他们要想担任领主们的总管

① 该地产估价册原文见：J. Z. Titow, *English Rural Society, 1200 - 1350*, London: Allen & Unwin Ltd., 1969, Document 6, pp. 151 - 160.

② R. H. Britnell, Feudal Reaction after the Black Death in the Palatinate of Durham, *Past and Present*, No. 128, 1990, p. 30.

③ ［英］伊·拉蒙德、W. 坎宁安编，高小斯译：《亨莱的田庄管理》，北京：商务印书馆 1995 年版，第 70—71 页。

等要职，就应具备司法诉讼和地产管理两个方面的知识和技能。[①] 13 世纪还出现了专门指导总管如何主持法庭的名为“论领地法庭”（*Le Court de Baron*）的小册子，其前言这样写道：“这里将对领地法庭的一切事宜作周全完备的说明，包括法庭的出席、财产的扣押、冤屈的申诉、诉讼的程序、缺席的事由、损失的评估、指控与申辩、裁决的延缓、私下和解，以及总管在主持法庭时应当说些什么。”[②] 这些都说明，总管通常是庄园法庭的主持者。不过，有些大领主拥有的庄园很多，根本不可能让总管亲自主持各庄园的每一次法庭，因此，总管仅在巡视时（通常每年两次）主持法庭，而其他法庭则由负责管理某个区域内若干庄园的管家主持。比如，在1324—1325 年温彻斯特主教的陶顿庄园账簿在登记庄园法庭的收入项目时就做了如下记录：“73 先令 1 便士得自总管的两次巡视，8 英镑 4 先令 2 便士得自管家主持的 9 次法庭。”[③] 无论总管还是管家主持法庭，其作用都是相同的，即代表领主本人维护领主权威和利益。

当举行庄园法庭时，总管首先清点到场人数，了解替人请假者是否提出了合理事由，缺席者名单要登记下来，无故缺席者要受罚。陪审团在总管面前宣誓如实汇报、秉公裁决；总管还鼓励庄民揭发庄头等庄官有无徇私舞弊的不良行为，查看领主利益是否得到维护。陪审员们先汇报庄园上有无重要事情发生，再处理涉及领主权益、农民纠纷和公共利益的事务。书记员一般是在开庭时做记录草稿。[④] 事后再整理成简洁清楚的档案，写在羊皮纸上，到年终时再把全年档案连接起来，卷成卷轴存放妥当，这种档案也因此被称为法庭卷宗。书记员还应当把庄园法庭的罚金等各项收入列成清单，如数上交庄园管家，作为管家或总管向国王汇报庄园账簿的一部分。

---

① Dorothea Oschinsky, Medieval Treaties on Estate Management, *The Economic History Review*, Vol. 8, No. 3, 1956, pp. 297 – 300.

② N. J. Hone, *The Manor and Manorial Records*, the third edition, London: Methuen & Company Limited, 1925, p. 132.

③ J. Z. Titow, *English Rural Society, 1200 – 1350*, London: Allen & Unwin Ltd., 1969, Document 2, p. 124.

④ 王室在埃塞克斯郡的庄园哈福林就留下了这样的草稿。M. K. McIntosh, *Autonomy and Community: The Royal Manor of Havering, 1200 – 1500*, Cambridge: Cambridge University Press, 1986, p. 187.

三、裁决者

总管是庄园法庭的主持人，但不是裁决者。裁决通常由全体出席者共同作出，重要的裁决还可能因出席人数过少而推迟。[①] 在法庭档案中经常可以看到“根据全体庄民的意愿”、“经全体庄民的调查”[②] 等诸如此类的记录。领主或其总管在庄园法庭上擅自决断会导致庄民的不满。比如，1336—1337 年坎特伯雷大主教座堂修道院在埃塞克斯郡的庄园伯金霍尔（Bocking Hall）就发生了这种情况。庄民们向修道院递交了请愿书，他们列举了总管的诸多不轨行为，其中第一条便是：“您圣马太节（9 月 21 日）在您的庄园伯金召开了治安督察会。根据庄园习惯，佃农们应在那天的会议上，针对涉及国王的事务，如刑事控告和侵占公共财产，以及其他有争议的事件，通过 36 位忠诚宣誓的十户组组长来检举，这些事件应当并且一直推迟到三周以后的法庭上再行裁决。可是约翰·勒·杜奥（John le Doo），您的管家，竟擅作主张，没有询问检举者们，违背事理，未经讨论就认定他们是刻意隐瞒，妄加处罚，使其深受冤屈。”[③] 这说明，尽管庄园法庭的裁决应当由参与人全体作出，但这些习惯有时会遭到领主或其管家的破坏。

13 世纪英格兰不少庄园法庭采用了陪审制，用陪审团取代全体法庭参与人来进行事实调查和作出裁决。陪审制被视为英国法制史上的一大创举。不论其是由大陆的法兰克人经诺曼人输入的，还是由北欧的入侵者带来的，亦或是盎格鲁-撒克逊人的传统做法，[④] 可以肯定的是，它在 12 世

---

① H. S. Bennett, *Life on the English Manor: A Study of Peasant Conditions, 1150 - 1400*, Cambridge: Cambridge University Press, 1956, p. 208.

② 比如庄园布兰姆贝尔苏特在 1333 年 2 月的法庭记录，参见：J. Z. Titow, *English Rural Society, 1200 - 1350*, London: Allen & Unwin Ltd., 1969, Document 11, p. 179.

③ 领主对这一条的答复是：“此事非我所为，亦非出于我之意愿，从此以后，庄园内的任何佃农都不应受此损害，从而使我亦不受损害，而应在各方面维护他们的习惯。”John F. Nichols, An Early Fourteenth Century Petition from the Tenants of Bocking to their Manorial Lord, *The Economic History Review*, Vol. 2, No. 2, 1930, pp. 305 - 306.

④ 参见：Ralph V. Turner, The Origins of the Medieval English Jury: Frankish, English, or Scandinavian? *The Journal of British Studies*, Vol. 7, No. 2, 1968, pp. 1 - 10.

纪王室的司法行政活动中已司空见惯。1166 年亨利二世颁布的《克拉伦敦敕令》（*The Assize of Clarendon*）和 1176 年颁布的《北安普敦敕令》（*The Assize of Northampton*）① 确立了陪审制在刑事调查审理中的核心地位，随后陪审制又被推广到民事诉讼的调查审理中。王室法庭用比较公平快捷的陪审制取代以前的神命裁判、共誓涤罪和武力决斗，从而吸引了其他领主庄园上的自由佃农，这给后者造成了改进庄园法庭的压力。另外，其他领主采纳陪审制也没有太大困难，因为 12 世纪后期许多领主在地产调查中就依靠了由各村若干忠实佃农所组成的调查团，地产清册、地租册和庄园惯例册就是在此基础上制定的。领主们吸收了王室司法行政和自身地产调查中的陪审制因素，逐渐在庄园法庭上用陪审团来进行事实调查和争议裁决。陪审团人数因案件轻重、庄园大小而有所差异。在涵盖几个村庄的庄园，陪审团通常包含来自各村的陪审员，但有时各个村庄分别组织陪审团，负责处理涉及本村的事宜。② 陪审员由选举产生，自由佃农和维兰均可担任，但通常是由维兰担任，而维兰中比较富裕、世代居住在庄园上、很少外出务工的人有更多机会成为陪审员。③ 在裁决农民纠纷时，陪审员不应当是某一方的亲友，纠纷一方可以提请某位陪审员回避。在裁决过程中，陪审团必须作出全体一致的决议，否则把裁决推迟到下次开庭。如果陪审团未能作出全体一致的裁决，或者后来的情况表明他们作出了不恰当的裁决，

---

① 《克拉伦敦敕令》第一条就规定："地方郡法庭和百户区法庭应从各百户区最知晓法律的人中选择 12 位，从各村中最知晓法律的人中选择 4 位，召集他们宣誓如实汇报，本百户区或村庄中是否有人被控诉或被众人怀疑抢劫、凶杀、偷盗，或容留抢劫、凶杀、偷盗者。"《北安普敦敕令》第一条规定，对类似案件的调查和审判应当根据"各郡的 12 位骑士，若骑士无法出席，则由 12 位知晓法律的自由人，以及该百户区各村的 4 人的誓言"作出。G. B. Adams and H. M. Stephens ed., *Selected Documents of English Constitutional History*, London: Macmillan, 1926, pp. 15, 20 - 21.

② 这种情况在东盎格利亚比较多，比如在诺福克郡。Jane Whittle, *The Development of Agrarian Capitalism: Land and Labour in Norfolk 1440 - 1580*, Oxford: Clarendon Press, 2000, pp. 34 - 35.

③ E. B. DeWindt, *Land and People in Holywell-cum-Needingworth: Structures of Tenure and Patterns of Social Organization in an East Midlands Village, 1252 - 1457*, Toronto: Pontifical Institute of Medieval Studies, 1972, pp. 211 - 218. Sherri Olson, Jurors of the Village Court: Local Leadership before and after the Plague in Ellington, Huntingdonshire, *Journal of British Studies*, Vol. 30, No. 3, 1991, p. 248.

或者隐匿了某些损害领主权益的行为，陪审员们就会集体遭受罚款。有时为了维护庄民的团结，还禁止陪审员向当事人透露各位陪审员在裁决中的意见，否则会受到处罚。① 不过，陪审制只是一种大体的趋势，它并没有完全排除全体法庭参与人的共同决定，有些庄园并未采用陪审制，而采用陪审制的庄园有时也仍会由全体参与人来共同裁决问题。比如，默顿学院的索恩克罗夫特庄园，调查和裁决有时由陪审团作出，但有时则由全体参与人共同作出。②

有的庄园除了由陪审团进行案件裁决外，还设立专门的侵害评估员，负责对侵害者造成的侵害进行评估，确定补偿金或罚金的数额，他们通常就是庄园的头面人物。比如，1333 年 2 月庄园布兰姆贝尔苏特的法庭案卷在登记了各项罚金收入后，总结说："侵害评估员罗伯特·艾特·李（Robert ate Lee）和威廉·勒·福格尔（William le Foghel）汇报，各项罚金总额 12 先令。"该庄园法庭共有 13 项宽恕费（mercy）和 1 项进入费（fine）。而罗伯特和威廉在该法庭中分别充当担保人 4 次和 3 次，其中威廉为罗伯特担保一次，而罗伯特为威廉担保一次。威廉因其 50 只羊进入领主林地吃草而应交纳的"宽恕费"被免除了。这说明二者在法庭中发挥着重要作用。③

关于庄园法庭采用陪审制的原因，除了前述来自王室法庭的压力外，学界还提出了两种解释。一种观点认为，全体出席法庭者共同裁决很不方便才产生了陪审制。另一种观点认为农民中发生的阶层分化使富裕农民不愿同维兰一起参加法庭，而维兰也把参加法庭视为一项义务，设法逃避，由于没有足够的人参加法庭，庄园法庭才从郡法庭和百户区法庭引入陪审

---

① 在 1388 年海尔索文的庄园法庭和 1432 年布劳德威的庄园法庭均有陪审员因向当事人透露其他陪审员在裁决时的意见而受到处罚。R. H. Hilton, *The English Peasantry in the Later Middle Ages*, Oxford: Clarendon Press, 1975, p. 57.

② Ralph Evans, Merton College's Control of its Tenants at Thorncroft, in Zvi Razi and Richard Smith eds., *Medieval Society and the Manor Court*, Oxford: Clarendon Press, 1996, p. 226.

③ 宽恕费是佃农为寻求领主宽恕而向领主交纳的费用，实即罚金。进入费是佃农首次租佃（进入）土地而向领主交纳的费用。该庄园法庭案卷全文参见：J. Z. Titow, *English Rural Society, 1200 - 1350*, London: Allen & Unwin Ltd., 1969, Document 11, pp. 178 - 179.

制。也就是说，是出席法庭人数过少而不是过多才产生了陪审制。① 其实，不同的庄园采用陪审制有不同的原因。在人口众多的庄园，全体庄民共同作出决议的确比较困难。在包括若干村庄的庄园，由于各村之间有一定空间距离，集中各村农民到其中某一村庄开会非常不便。但在较小的庄园，庄民较少，采用陪审制的压力不大。值得注意的是，采用陪审制是一场由领主发起的变革，因此，我们首先应当分析领主的动机。通过安排部分佃农担任陪审员，给予其参与庄园管理和获得其他利益的机会，② 领主能够以少制多，分化利用，达到控制佃农之目的。这才是领主采用陪审制的动机所在。陪审团多由维兰组成，而维兰是庄园上最易为领主所控制的群体，陪审团对领主集体负责。这些都说明，尽管陪审团利用了村社组织的形式，但实质上却是维护领主利益的工具。正如罗伯特·莱顿所说，英国村庄实行陪审制，导致了农民间的分化，使其在外部权力下屈服。③ 可见，陪审制的实行有利于领主的控制，而不利于佃农的团结。

四、裁决依据和执行手段

庄园习惯是庄园法庭处理农民纠纷和公共事务的依据，在很多情况下也构成领主与佃农之间的关系准则。习惯是村民在长期村庄共同生活中形成的用于调节资源利用和相互交往的规则。但是，习惯既不能包罗万象，

---

① 徐浩：《中英封建社会农村的行政、司法和教化体制的比较》，《世界历史》1988 年第 3 期，第 186 页。

② 法官的活动不仅反映他对公益的维护，同时也反映他对从属于自己的人（比如妻子、亲属）的维护，同时也带有私人的利益。Shannon McSheffrey, Jurors, Respectable Masculinity, and Christian Morality: A Comment on Marjorie McIntosh's Controlling Misbehavior, *The Journal of British Studies*, Vol. 37, No. 3, 1998, pp. 269 - 278. 德文特也认为庄园陪审员有很多获利的机会，比如购置田地等。E. B. DeWindt, *Land and People in Holywell-cum-Needingworth: Structures of Tenure and Patterns of Social Organization in an East Midlands Village, 1252 - 1457*, Toronto: Pontifical Institute of Medieval Studies, 1972, pp. 231 - 232.

③ Robert Layton, Functional and Historical Explanations for Village Social Organization in Northern Europe, *The Journal of the Royal Anthropological Institute*, Vol. 1, No. 4, 1995, pp. 703 - 723.

也无法一成不变，总有些新问题不能按老习惯解决，即使老问题也可能尚未成为固定习惯，而习惯本身也有如何解释和运用的问题。领主与佃农之间的冲突往往就表现为某种行为是否属于习惯的争执。领主为了减少庄园习惯模糊不清引起的大量纠纷，同时也为了把自己的权益纳入庄园习惯，往往召集庄民共同议定庄园惯例册。有的领主在制定习惯册时会选择庄园上各个阶层的佃农，并征求村庄中“最年老、最明智的人的意见”，让其参阅往年的庄园法庭档案，拟定惯例草案，再经全体庄民认可，有时甚至历时七年之久。①

如此形成的庄园习惯的确增进了佃农义务的固定化，但不利于领主伸张其模糊的权益。佃农地租水平的高低就体现了习惯的作用。占有标准份地的维兰被称为习惯佃农，其份地被称为习惯份地，就是因其份地占有以及相应负担是由习惯确定的。习惯佃农的劳役负担对领主自营地的生产至关重要，领主积极阻止习惯份地的分割，以免影响劳役的数量；相反，自由佃农的份地在13世纪人口增长的压力下被分割细化，其地租水平表现出明显的竞争性而被逐渐提高，甚至高于不自由的维兰的地租负担。② 最近神坂顺一的研究表明，在人口压力、市场环境和庄园习惯三种因素中，庄园习惯对佃农地租水平的影响最大，大大抑制了其他两种因素的作用。尽管维兰的货币地租受到人口压力和市场环境的影响，但他们的劳役量几乎没有变化。不过，习惯对不同佃农有不同的意义。部分自由佃农很久以来就占有大块土地，其地租水平不像哈切尔所说的那样具有竞争性；只有占有小块土地的自由佃农的地租水平具有很强的竞争性，几乎不受习惯的约束。③

另外，领主积极组织佃农制定惯例册，目的在于将自身权益纳入庄园习惯。13、14世纪很多庄园上的佃农负担着在农忙季节为领主提供帮工的

---

① W. O. Ault, Village By-Laws by Common Consent, *Speculum*, Vol. 29, No. 2, Part 2, Medieval Representation in Theory and Practice, 1954, pp. 388 – 389.

② J. Hatcher, English Serfdom and Villeinage: Towards a Reassessment, *Past and Present*, No. 90, 1981, pp. 3 – 39.

③ Junichi Kanzaka, Villein Rents in Thirteenth-Century England: An Analysis of the Hundred Rolls of 1279 – 1280, *The Economic History Review*, Vol. 55, No. 4, 2002, pp. 615 – 617.

义务，有时还要全家出动。这种帮工最初只是佃农应领主的请求，出于对领主的爱戴而提供的，但领主后来成功地将其写入庄园惯例，成为不可拒绝的义务。比如，在拉姆齐修道院的许多庄园上，12 世纪初期的地产调查中还没有这种帮工，但 13 世纪它却出现在该领主大多数庄园的惯例册中。[①] 可见，惯例册的制定也有使领主的索取“合法化”的作用。

除了将自己的权益纳入习惯外，领主在习惯的成文化过程中还另有所获。英格兰的大领主们为了有效控制和管理分散各地的众多庄园，建立了由总管、管家、庄头、审计官等组成的阶层化的管理组织，采用了明细的收支账簿来实施财务约束。他们既要利用总管、管家、庄头等人来控制佃农，又要利用佃农来监督作为代理人的管理者。庄园法庭就体现了这样一种关系。为了减少管理者中饱私囊的行为，领主需要准确掌握地租、劳役、杂费等各项资产每年能带来多少收益。比如，领主通过精确规定佃农的劳役量，不同季节、不同种类劳役的具体折价，就可以确定庄头等管理者在经营自营地过程中使用了多少劳役，有多少剩余，剩余劳役量应折算成多少货币，这样庄园管理者就不太容易将劳役挪作他用、恶意隐瞒或私自减免。在管理制度化的压力下，领主们才召集庄园忠实守信的佃农制定极其详细的惯例册，作为庄园管理的依据。习惯的成文化带来一个副产品，即佃农义务的精确化。它使领主失去了伸张某些模糊权益的机会，但这是领主实施管理制度化所必须付出的代价。学者们认为庄园法庭对佃农具有保护作用，实际上往往强调的就是习惯对佃农的保护，而我们的分析表明，习惯的成文化在将佃农义务固定化的同时，也将领主的一些权益纳入习惯，而且它是领主实现管理制度化必须付出的代价。

领主迫使佃农服从庄园法庭的手段通常有担保、扣押和夺佃三种。领主通常要求佃农为自己的某种行为寻找担保人，比如，担保在涉及本人的诉讼中按期出庭、如数交纳罚金、停止侵占别人财产、按时偿还债务、承诺不再违反村规民约、与邻人和解后不再发生争执，甚至不再殴打妻子，等等。如果被担保人不履行上述义务，应由担保人代为履行，或交纳约定罚金。在有些庄园上，佃农也可交纳担保物，在不履行义务时丧失其担保

---

① N. Neilson, Boon-Services on the Estates of Ramsey Abbey, *The American Historical Review*, Vol. 2, No. 2, 1897, pp. 221 - 224.

物。有时担保人还不止 1 人，有时多达 6 人。这种担保关系由担保人和被担保人针对特定事情临时结成，并非长久固定的关系。尽管各个阶层的庄民都能够充当担保人，但经常担任担保人的是庄头、收租人、陪审员、面包督察员以及其他庄园内的头面人物。[①] 在拉姆齐修道院的霍利维尔庄园，亲属之间提供担保的较少，多数担保发生在不同家庭之间。富裕佃农不仅是担保人的主要来源，而且他们的被担保人范围很广；贫穷佃农较少提供担保，且主要为亲属提供担保；外来户虽然也偶尔担任担保人，但他们自身则主要依靠世代居住在庄园的佃农提供担保。[②] 这种担保关系虽然体现了村民之间的互助，但它的作用不在于加强村庄的团结，[③] 而在于确保法庭对佃农的强制力。担保制度把被担保人纳入担保人的监督之下，通过庄民的相互监督来实现领主和庄园法庭的控制和约束。

拒不出席法庭或拒不服从法庭裁决的佃农会被庄园法庭扣押财产，主要是牲畜等动产，直到他履行相应义务后才能取回被扣押的财产。如果他一再拒绝履行义务，则被扣押的财产会不断加重。比如，在默顿学院的索恩克罗夫特庄园，1301 年 4 月法庭就扣押了一位名叫阿佩德勒（Aperdele）佃农的一匹马，除此以外还应当被扣押别的东西，这很可能是因为此前法庭已经对他作出过扣押财产的决定，而同年 11 月，他的确又被扣押了 6 头

---

① 马丁·皮姆斯勒（Martin Pimsler）和谢里·奥尔森分别研究了拉姆齐修道院在亨廷顿郡的庄园埃尔顿和埃林顿的法庭档案。两人都发现，各种庄官是担保人的主要来源。根据奥尔森的研究，在所有担保人中，69% 是陪审员。而且，陪审员不仅为亲属提供担保，还经常为非亲属提供担保，而其他人主要是为亲属提供担保。在法官担任担保人的情况下，61% 是为非亲属提供担保的；而其他人所提供的担保中只有 40.67% 是为非亲属提供的，其中有相当一部分是丈夫为妻子提供担保。Martin Pimsler, Solidarity in the Medieval Village? The Evidence of Personal Pledging at Elton, Huntingdonshire, *Journal of British Studies*, Vol. 17, No. 1, 1977, pp. 1 – 11. Sherri Olson, Jurors of the Village Court: Local Leadership before and after the Plague in Ellington, Huntingdonshire, *Journal of British Studies*, Vol. 30, No. 3, 1991, pp. 246 – 247.

② E. B. DeWindt, *Land and People in Holywell-cum-Needingworth: Structures of Tenure and Patterns of Social Organization in an East Midlands Village, 1252 – 1457*, Toronto: Pontifical Institute of Medieval Studies, 1972, pp. 247 – 249.

③ Martin Pimsler, Solidarity in the Medieval Village? The Evidence of Personal Pledging at Elton, Huntingdonshire, *Journal of British Studies*, Vol. 17, No. 1, 1977, p. 11.

小公牛。[①] 财产的扣押通常由庄头、收租人、保长等庄官执行，他们有时会因执行不力而遭受处罚。比如，在 1279 年 6 月汉普郡南维克（Southwik）庄园的法庭就作了这样的登记："庞尔伦德的约翰（John of Porslonde）应当交纳 3 便士的罚金，因为他没有扣押庞尔塞西的约翰（John of Porcesie）因多种错误而应被扣押的财产。"[②] 有时扣押财产的决定未能得到很好的执行，庄园法庭不得不一再重申扣押决定，一再加重扣押力度，有时甚至会拖延两三年。因此，不能仅从庄园法庭存在扣押决定就说扣押都如实执行了。

领主对佃农最有效的强迫手段莫过于夺佃，因为失去土地对佃农来说很可能意味着失去生计。在人口不断增长和土地日益匮乏的 13 世纪，佃农人均占有的土地量大幅下降。这种经济环境无疑加重了夺佃对佃农的强制力。前述 1279 年汉普郡的南维克庄园就对一位名叫约翰·斯洛佩（John Sloper）的佃农作出了剥夺土地的决定，原因是他未经允许就砍掉了其租佃地上的 14 棵橡树，而这些橡树应当是属于领主的。[③]

上述三种手段都是由庄民来执行的。有时，特别是在庄民集体反对领主时，领主不得不动用更强的暴力资源。不少领主除管理庄园法庭外，还可通过十户联保组和治安督察会处理轻微治安事件，监督当地面包和酒类质量，绞杀带着赃物并当场被抓的盗贼，甚至设有自己的监狱和绞刑架。根据 1290 年对私人占有司法权状况的"以何为凭"调查（Quo Warranto），仅格罗斯特和沃里克郡就有约 100 个私人绞刑架。[④] 这些暴力资源成为领主压制佃农反抗的制胜法宝。13 世纪海尔索文修道院院长因加重佃农负担而遭到佃农的屡次抗争（向王室法庭控诉），1282 年院长命一帮武装的仆

① Ralph Evans, Merton College's Control of its Tenants at Thorncroft, in Zvi Razi and Richard Smith eds., *Medieval Society and the Manor Court*, Oxford: Clarendon Press, 1996, p. 228.

② 该法庭档案见：J. Z. Titow, *English Rural Society, 1200 – 1350*, London: Allen & Unwin Ltd., 1969, Document 9, p. 169.

③ J. Z. Titow, *English Rural Society, 1200 – 1350*, London: Allen & Unwin Ltd., 1969, Document 9, p. 172.

④ R. H. Hilton, *A Medieval Society: The West Midlands at the End of the Thirteenth Century*, the second edition, London: Cambridge University Press, 1983, p. 230.

从抓捕了几名反抗的首要分子，并将其中一人打死，从而迫使佃农屈服。[①] 1309 年埃克塞特主教在德文郡的派恩顿（Paignton）庄园的管家要求 60 名佃农到主教的自营地上收割燕麦和大麦，并将其打捆。而佃农们称根据习惯他们并不负担为领主捆扎谷物的义务，所以拒绝了管家的要求。管家接着雇用短工将谷物打捆，而佃农们竟然将捆好的谷物拆散，还威胁将打死再次前来捆庄稼的雇工。几周之后，主教前来召集佃农们到教堂中开会，指出佃农、他们的子女以及动产都是主教的财产，都是根据主教的意愿领有的。后来，佃农们承认应负担为主教捆扎庄稼的义务，并交纳了 10 英镑的罚金。虽然我们不清楚主教是如何迫使佃农们屈服的，但领主的司法行政权力无疑发挥了重要作用。沃伦内（Warenne）伯爵的总管在主持法庭时遭到佃农们的顶撞，他命令把门关起来，召进了几名武装随从，有三位佃农被杀死。[②] 这些事件说明，领主一方面通过担保制、财产扣押和夺佃等常规途径迫使佃农服从庄园法庭的裁决，另一方面在与佃农发生严重冲突时又动用各种暴力迫使其就范。当然，有些小领主因缺乏足够的暴力强制手段而不能使佃农服从，比如，前述格罗斯特郡索恩伯雷庄园就属于一个小领主，他有时甚至不能成功撤换佃农们选出的庄头。[③]

五、庄园法庭的性质

以上对庄园法庭具体运作方式的探究表明，它首先是领主控制和盘剥庄民的工具。领主是以自己人为划分的庄园而不是以农民自然聚落的村庄为单位来举行法庭，千方百计地迫使庄民出席法庭，耗费大量的羊皮纸来

---

① Zvi Razi, The Struggles between the Abbots of Halesowen and their Tenants in the Thirteenth and Fourteenth Centuries, in T. H. Aston, P. R. Coss, C. Dyer and J. Thirsk eds., *Social Relation and Ideas: Essays in Honor of R. H. Hilton*, Cambridge: Cambridge University Press, 1983, pp. 162 – 163.

② 以上例子转引自：W. O. Ault, Village By-Laws by Common Consent, *Speculum*, Vol. 29, No. 2, Part 2, Medieval Representation in Theory and Practice, 1954, pp. 386 – 388.

③ Peter Franklin, Politics in Manorial Court Rolls: The Tactics, Social Composition, and Aims of a pre-1381 Peasant Movement, in Zvi Razi and Richard Smith eds., *Medieval Society and the Manor Court*, Oxford: Clarendon Press, 1996, p. 184.

详细制作法庭卷宗并妥善保存，这些事实就足以说明庄园法庭的性质。对此学者们并无异议，而存在争议的是，庄园法庭是否具有保护庄民的一面。

庄园法庭由陪审团或全体参与者裁决，而不是由领主或其总管裁决；裁决主要以庄园习惯为依据；有时领主的索取会在庄园法庭上遭到庄民的抵制和拒绝，这些事实的确容易让人产生庄园法庭保护佃农利益的印象。但是，这种印象只是一种表象，甚至是假象。陪审团的采用主要是由领主推动的；陪审团主要由易为领主所控制的、富裕的维兰组成；陪审团对领主集体负责，裁决有误或集体隐瞒要共同受罚，它只不过是领主对庄民分化利用的产物。庄园习惯虽然确立了领主与佃农之间的一些关系规则，将佃农义务限定下来，但领主在习惯成文化的过程中也将自己的权益纳入习惯，使其权益有了更“合法”的依据，同时这样做也有利于控制和约束庄头等庄官，增进庄园管理的制度化。这里领主只不过是用一种更加隐蔽的形式来实现自身的目的罢了，庄园法庭并非农民保护自身利益的手段。

在理清庄园法庭的性质之后，我们还需进一步思考，为何有的学者会把“领主实现其权力意志的工具”和“对农民利益的保护”这两种相互矛盾的属性归于庄园法庭？何种因素在影响着领主对佃农的控制力？从庄园法庭的具体运作过程可以看出，对村社组织的吸收和利用正是中世纪英格兰庄园法庭的特点。庄头、收租人、护林员、保管员、陪审员、十户长等都要靠庄民来推选；领主控制和监督总管、管家、庄头等庄园管理者也依赖于庄民的揭发和配合；庄园法庭处理大量农民纠纷和公共事务，而且在处理农民纠纷时强调调解，注重情理；庄园法庭的裁决由全体庄民或陪审团作出，裁决的执行依赖于庄民的相互担保，习惯成为解决纠纷的重要依据，这些都体现了村社组织的特点。但是，领主对村社组织既有利用，也有改造，其改造之处大致有四。其一，参与者为一庄园之庄民，而非一村社之村民，并存在自由与否的区分。其二，作为领主代表的总管和管家成为强化庄园法庭的外来力量，它使出席法庭成为强制性的义务，并使法庭的召开趋于规则化。其三，在保留村社集体裁决传统的基础上，用陪审团的调查和裁决来提高庄园法庭的效率。其四，在村社组织解决村民纠纷、处理公共事务的功能之外，加入了维护领主权益的新内容。可以说，庄园法庭就是被领主改造过了的村社会议。

如果我们考虑到庄园法庭运作所受的多种制约，比如不同法庭之间的竞争（尤其是王室法庭的渗透和挤压）、不同领主之间的牵制、庄园之间的空间阻隔、庄园与村庄之间的复杂关系，那么我们就不会因领主采用一些村社组织的形式来运作庄园法庭而感到奇怪了。庄园是在村社自然聚落的基础上由外来力量人为建立起来的，这本来就使庄园法庭先天不足，何况还有其他多种制约因素。采用部分村社组织的形式，尊重一些村社的习惯，是领主不得不作出的妥协。庄园法庭虽然吸收了村社的一些原有功能，但不能完全取代村社，相反，还必须依靠村社组织来运作。在庄园法庭及其案卷记录之外，潜藏着村社的力量。在村庄包含若干领主的庄园或庄园包含若干村庄的情况下，村社的力量尤为强大。正是由于庄园法庭对村社组织的利用和保留，才为庄民集体抵制领主留下了一块阵地，一种“农民反抗封建主的现成组织手段”①。理解了这一点，才不会对有的学者把相互矛盾的“二重性”同时归于庄园法庭而感到意外。

总之，庄园法庭本质上是领主控制佃农的工具，对佃农具有保护作用的不是庄园法庭，而是潜藏在庄园法庭背后的村社。领主不得不利用原本属于农民自己的村社组织来控制和盘剥农民，这种矛盾性可以说是我们理解中世纪英格兰领主与农民关系的一把钥匙。

① 马克垚：《西欧封建经济形态研究》（第二版），北京：人民出版社 2001 年版，第 274 页。

第六章

领主在庄园的收入、消费和投资

第一节　领主的收入

一、领主的收入来源

中世纪英格兰的领主既是领地的领主，又是领地上居民的领主。领主不仅占有以土地为主的自然资源，而且享有部分领地居民的劳力资源，以及针对领地居民的其他封建特权。领主的收入是直接或者间接地从土地以及土地上居民手中得来的，最终来自直接生产者（主要是各种农民）所创造的剩余财富。领主的收入大体可以分为封君权益、司法行政权益、庄园收入和其他收入四类。表6－1说明，领主的收入有多种来源，自营地经营只是其中之一。

表6－1　领主的收入来源

封君权益	封臣军事义务（骑士军役、护卫、守卫城堡等）转化为货币后的交纳、领主法庭收入、辅助金、继承金、决定封臣的婚姻以及对年幼的封臣行使监护权所获得的收入
司法行政权益	抓捕窃贼、维持十户联保组织、在领地内代替或者协同郡守履行政务、管理面包和酒的质量（引申为维护经济秩序的权益，即 assize of bread and ale）、百户区法庭收入
庄园收入	自营地农业生产收入
	地租收入
	磨坊、面包坊、酿酒坊等垄断性经营收入
	其他自然资源所带来的收入（出卖林木、草地和林地放牧权所获得的收入）
	庄园法庭收入①
其他收入	城镇收入（集市或者市场的贡纳、市场交易税、城镇房地产租金等）
	教会领主的宗教收入：教堂什一税、圣物朝拜收入、宗教服务收入等

① 庄园法庭收入本质上属于司法行政收入，但这项收入通常登记在庄园清册或者庄园账簿中，列为专门的一类收入项目，即庄园的产出，这里将其归入庄园收入中。

封君权益是领主对其封臣行使封君权力所获得的收益。有些领主自己分封出去的骑士领多于他应当向国王负担的骑士义务，因此他可以从多余部分的骑士领中获得额外的收入。比如诺福克伯爵毕戈德应当向国王提供60个骑士的军事义务，但他分封出去162个骑士领。如果按照每个骑士领交纳20先令的盾牌钱来计算，该伯爵可以从这个渠道获得102英镑的收入。封臣应当为领主守卫城堡，并为领主提供武装护卫。在12世纪后期，这些军事义务中有相当一部分转化成了货币交纳。领主向上级封君交纳继承金、晋封自己的儿子为骑士或出嫁女儿的时候，可以要求封臣交纳辅助金。按照习惯，一个年收入20英镑左右的骑士一次应当向封君交纳20先令的辅助金。辅助金不是经常性收入，因为根据习惯，领主在一代人的时间内只有三次机会向封臣收取辅助金。当封臣的继承人继承封土的时候，封君通常要求该继承人交纳继承金。在12世纪，一个骑士领一般要交纳5英镑的继承金。① 当封臣妻子孀居或者封臣继承人未婚时，领主有权决定她（或他）的婚姻。在封臣的继承人未成年时，封君还对其享有监护权。为了保证领地不转移到异己手中，封君行使这些权力是必要的，但这种权力也可为封君带来特别的收益。比如国王作为最高的封君，就经常运用这种权力来奖赏信臣、随从和仆人。②

中世纪欧洲的许多领主，特别是势力强大的领主，还享有广泛的司法行政权益。在英格兰，各郡郡守是代表国王在地方上行使政务的人，实际上一些地方的领主可以在自己的领地内代行郡守权力。③ 当郡守持国王的令状到这些领主的领地内执行公务时，该领主可以拒绝，而由自己或者自己的管家代为执行，这种权力被称为回复令状之权利（return of writ）。有的领主不能完全拒绝郡守进入自己的领地，但可以要求自己的管家陪同郡守执行公务，这种权力称为协同执行令状之权利（extract of writ）。一些领主可以在领地内行使治安警务权力，可以惩处除重罪之外的普通犯罪行为

① 以上关于封君权益的资料分别引自 S. Painter, *Studies in the History of the English Feudal Barony*, New York: The John Hopkins Press, 1943, pp. 125, 133, 143, 147.

② S. D. Church, The Rewards of Royal Service in the Household of King John: A Dissenting Opinion, *The English Historical Review*, Vol. 110, No. 436, 1995, pp. 277 – 302.

③ 这些领地被称为巴拉丁领地，即 palatinate。详细分析参见蔺志强：《中古英国政府对地方特权的政策初探》，《中山大学学报》2010年第3期，第99页。

人，可以抓捕带着赃物的窃贼。百户区是郡之下的行政组织，本归郡守管理，实际上不少百户区落入地方领主之手。他们可以代替郡守巡视百户区，管理十户联保组织，维持地方治安。1275 年的百户区调查表明，英格兰的 628 个百户区中有 358 个归私人领主管理。① 格罗斯特郡的 30 个百户区中有 20 个归私人管理；在伍斯特郡，全部百户区都落入私人之手。② 由于面包和酒是中世纪非常重要的消费品，许多领主还有权督察面包和酒的质量，这种权力常常扩展为维持经济秩序的权力。上述司法行政权力能为领主带来丰厚的收入。在西米德兰地区，很多百户区都归地方领主管理。1300 年康沃尔伯爵埃德蒙（Edmund）从管理沃林福德（Wallingford）和圣瓦勒里（St. Valery）两个地方的十户联保组织中分别获得 16 英镑 6 先令和 6 英镑 14 先令 4 便士的收入。③ 1214 年，达勒姆主教庄园自营地的收入为 1 255 英镑，法庭收入有 600 英镑。1212 年，切斯特警务长的自营地收入为 346 英镑，法庭收入有 158 英镑。当然，只有享有很多特权的大领主才能获得如此高的司法行政收入，小领主从司法行政中获得的收入远低于此。④

庄园收入是领主收入中最重要的一部分，它可以分为自营地产品收入、佃农的地租以及其他交纳、领主的特权性经营收入、从占有庄园的自然资源中所获得的收入和庄园法庭收入。在大多数庄园上，领主保留着或大或小的自营地。领主在自营地上利用长工、短工以及佃农劳役种植谷物，牧放牲畜，饲养家畜。各种农畜产品除用于维持再生产外，部分被领主直接消费，部分被售卖。佃农所占有的土地被视为领主的土地，要向领主交纳地租。地租的具体形态可以是货币、实物和劳役。庄园中还包括许多林地和草地，其中有些属于领主的自营地，有些属于庄园内的公共用

---

① H. M. Cam, *Hundred and the Hundred Roll: An Outline of Local Government in Medieval England*, London: Methuen & Ltd., 1930, p. 137.

② R. H. Hilton, *The English Peasantry in the Later Middle Ages*, Oxford: Clarendon Press, 1975, p. 234.

③ S. Painter, *Studies in the History of the English Feudal Barony*, New York: The John Hopkins Press, 1943, p. 102.

④ S. Painter, *Studies in the History of the English Feudal Barony*, New York: The John Hopkins Press, 1943, pp. 121 – 122.

地。领主除了自己利用这些资源牧放牲畜外，还出租自营地中的部分草地，出卖林地中的木材。比如，出卖木材是温彻斯特主教一项可观的收入。① 农民进入林区牧猪，要向领主交纳牧猪费；在草地上牧放羊和牛也要向领主交费。② 除此之外，领主在庄园中还有不少垄断性的经营收入。他们占有或者修建磨坊、面包坊、酿酒坊等，禁止佃农私自设立作坊，并且规定庄园内的居民必须到领主的磨坊中磨面，不能出卖面包，更不能酿酒和卖酒。磨坊收入是最常见的垄断性经营收入。佃农在领主的磨坊中磨面，通常要交纳所磨谷物的1/16 给领主。

庄园法庭收入包括领主在庄园内的行政收入、通过庄园法庭收取的其他封建收入等等。比如，佃农继承父母所占有的土地要向领主交纳进入费；佃农之间转让和租佃土地时，出让者要向庄园法庭交费以获取领主的批准，而接收土地者要向法庭交纳进入费；佃农把自己的女儿出嫁到庄园之外要向领主交纳婚姻费；佃农侵入领主的草地放牧，或者在公共草地上牧放的牲畜超过一定的数额，都要向领主交纳罚金；拒绝服劳役的佃农，或者在服劳役时懒散怠惰的佃农都会受到处罚。此外，庄园上的佃农还要向领主交纳任意税。尽管任意税往往也是固定的，但其数额可能会很高。在诺福克伯爵的芬塞特庄园上，十三年中有八年的任意税收入为 9 英镑 13 先令 4 便士，有两年为 8 英镑，有一年为 6 英镑 13 先令 4 便士，有一年为 10 英镑 13 先令 4 便士，还有一年任意税的数量不确定，任意税在该庄园

---

① 该主教在 1282—1293 年从出卖林木中获得 76 英镑 18 先令 9.5 便士，在 1296—1311 年获得 75 英镑 16 先令 0.5 便士，在 1311—1328 年获得 177 英镑 2 先令 0.25 便士。参见 D. L. Farmer, Woodland and Pasture Sales on the Winchester Manors in the Thirteenth Century, Disposing of a Surplus, or Producing for the Market? in R. H. Britnell and B. M. S. Campbell eds., *A Commercialising Economy: England 1086 to c. 1300*, Manchester: Manchester University Press, 1995, p. 106.

② 其中在公地上牧放牲畜所交纳的是 herbage，在领主独占的草地上牧放牲畜所交纳的称为 foldage。实际上，许多领主在庄园账簿中将出卖这些自然资源的收入包括在“庄园的产出”项目中，同庄园法庭收入登记在一起。这里将其单独列为一类，只是因为它在本质上同庄园法庭收入不同。

的年收入中大约占 1/10。[①] 温彻斯特主教的陶顿庄园在 1209 年的收入为 265 英镑 1 先令 5.5 便士，其中法庭收入为 50 英镑 11 先令 6 便士，而法庭收入中各种税费和罚金只有 10 英镑 11 先令 6 便士，任意税却高达 40 英镑。[②]

城镇和市场是领主收入的另一来源。整个英格兰 2/3 的城镇属于私人领主，在西米德兰，这个比例达到了 85%。[③] 领主往往对其领地内的城市、市场和集市享有领主权。他们除了收取城市作为封臣所交纳的辅助金、任意税和年金（farm）外，还可以在城市和市场上收取交易税、摊位租金以及出租房产的房租。有些乡村市场（周市，即每周一次的集市）就设在庄园内，庄园的管家或庄头同时负责管理庄园内的市场，其收入登记在庄园账簿中。领主通常在较大的集市（fair，每年举行一两次，但持续时间较长，达两三周以上）和城镇设立专门的管家，有专门的账簿。在 1086 年，至少有 17 个城市每年向王室交纳 50 英镑以上的货币。有一些城镇向领主交纳的年金甚至达到了三位数，比如伦敦应当交纳 300 英镑，约克和林肯城的交纳数额也达 100 英镑。在 1163—1167 年，坎特伯雷大主教座堂修道院每年在坎特伯雷城中大约收取 34 英镑的房租。[④]

有些领主管理着很多乡村教堂，可从宗教活动中获得很高的收入。教堂不仅有什一税收入，还可在为教徒提供各种宗教服务（婚礼、葬礼、弥撒等）的过程中获得收入，而且教堂的主持人或者其代理人（rector 或 vicar）还占有一些职田（glebe）。[⑤] 这些收入除了用于支付教堂人员的薪

---

① 整理自达文波特的数据表。这 13 年并不连续，分别是 1273、1275、1278、1279、1280、1284、1286、1290、1293、1300、1303、1304、1306 年，参见 F. G. Davenport, *The Economic Development of a Norfolk Manor, 1086 - 1565*, Cambridge: Cambridge University Press, 1906, pp. 37 - 43.

② 该庄园当年的账簿见 J. Z. Titow, *English Rural Society, 1200 - 1350*, London: Allen & Unwin Ltd., 1969, p. 109.

③ R. H. Hilton, Medieval Market Towns and Simple Commodity Production, *Past and Present*, No. 109, 1985, p. 13.

④ R. H. Britnell, *The Commercialisation of English Society, 1000 - 1500*, the second edition, London: Manchester University Press, 1996, pp. 46 - 47.

⑤ N. J. G. Pounds, *A History of the English Parish*, Cambridge: Cambridge University Press, 2000, pp. 200 - 223.

俸、维持教堂宗教活动、维护教堂建筑外，其剩余往往落入修建、占有和管理教堂的领主之手。管理教堂和任命教堂主持人的权力被领主视为一种财产权利，它可以被继承、转让、分割、封赐。最初的教堂多是由所在地世俗领主设立的，因此其收入多数归世俗领主享有，但在11—12世纪教会的改革运动中，许多由世俗领主管理的教堂转入教会领主之手，或者教会领主取得了教堂收入的一部分。① 根据1291年教皇税收调查的资料，伍斯特主教区全部乡村教堂的收入为5 355英镑，其中1/4归各种教俗领主（特别是教会领主）享有。② 伍斯特主教座堂小修道院在伍斯特郡的布罗斯格罗夫（Bromsgrove）和王之诺顿（King's Norton）分别占有一个乡村教堂。1291年这两个教堂带来的收入为33英镑6先令8便士，比该修道院占有的任何一个庄园的年收入都高。西米德兰地区的西伦塞斯特修道院在13世纪中期的一次地产调查表明，它在8个郡占有乡村教堂，这些教堂每年可以带来370英镑的收入（其中支付给堂区代理主持人的只有80英镑），另外该修道院还拥有9个乡村教堂主持人的任命权，由此每年可以获得90英镑的收入。也就是说，它每年从这些教堂获得的收入为380英镑，而它当时所占有的庄园每年仅能带来182英镑的收入。③ 有些主教和修道院教堂拥有圣徒的遗迹，吸引了大批朝圣者，这也会给主教或修道院带来丰厚的收入。比如坎特伯雷大主教座堂修道院从朝圣者中获得的收入在其收入中占有重要的份额。在14世纪初期的大饥荒中，该修道院为了不损害圣地的名誉，在经济紧张的时候坚持为朝圣者提供食物。在饥荒过后，来自朝圣者的收入猛增，仅1320年就高达670英镑。④

以上就是封建领主的主要收入来源，其中有些是惯常的收入，比如自营地生产收入和法庭收入；有些则是偶然的收入，比如辅助金、继承金和

---

① C. H. Lawrence, The English Parish and its Clergy in the Thirteenth Century, in Peter Linehan and J. L. Nelson eds., *The Medieval World*, New York: Routledge, 2001, pp. 648 - 670.

② R. H. Hilton, *A Medieval Society: The West Midlands at the End of the Thirteenth Century*, the second edition, London: Cambridge University Press, 1983, p. 31.

③ R. H. Hilton, *A Medieval Society: The West Midlands at the End of the Thirteenth Century*, the second edition, London: Cambridge University Press, 1983, pp. 32, 38.

④ W. C. Jordan, *The Great Famine: North Europe in the Early Fourteenth Century*, Princeton: Princeton University Press, 1996, p. 78.

监护权益，这些封君权益只有在特定的情况下才能收取。辅助金、继承金、任意税、市场年金等收入项目的数额相对固定，而庄园收入随年份的不同有较大的波动。封建性的政治和宗教特权是领主相当重要的收入来源，庄园收入只是领主诸多收入来源之一，甚至不是主要的收入来源。即使庄园收入也是以特权为基础的，庄园中的法庭收入、垄断性的经营收入、独占林地和草地等自然资源所获得的收入、针对佃农的各种杂费，都是这种特权的直接体现。庄园中的自营地虽然由领主直接经营，但其中使用了大量的佃农劳役，而领主无须为这些佃农劳役支付报酬。因此，领主的收入其实都是直接或间接地来自其所享有的封建特权，都是其封建特权在经济上的实现。

不同领主占有的地产大小不同，享有的特权不同，其收入差异也很大。国王是英格兰其他领主的最高封君，他不仅占有广阔的王室地产，而且享有最高的司法行政权力。从某种程度上讲，关税、土地税、动产税等国家公共税收也是他的私人收入，因此他无疑是收入最高的领主。13 世纪王室的收入每年大约在 10 万英镑。兰开斯特伯爵是仅次于国王的大领主，14 世纪初期他的年收入超过了 1 万英镑。格罗斯特的伯爵克莱尔和诺福克的伯爵毕戈德分别从其地产上每年获得 3 000 ~ 4 000 英镑的收入。中等伯爵每年可以获得一两千英镑。13 世纪坎特伯雷大主教的年收入有 2 128 英镑，1299 年伊里主教的总收入达到 3 500 英镑。伯尔顿小修道院在 14 世纪初期从其地产上获得的收入为 900 ~ 1 000 英镑。[①] 骑士、教士等人的收入要低得多。13 世纪骑士的平均收入为 20 英镑左右。[②] 这种收入的差异反映了领主地位的高低。

二、领主的收入变化

随着物价的上升、人口的增加，以及领主直接经营范围的扩大和经营

---

① J. L. Bolton, *The Medieval English Economy, 1150 - 1500*, London: J. M. Dent, 1980, p. 95.

② R. H. Hilton, *A Medieval Society: The West Midlands at the End of the Thirteenth Century*, the second edition, London: Cambridge University Press, 1983, p. 56.

管理的加强，13 世纪领主的货币收入大幅增长。戴尔对 11—14 世纪初期伍斯特主教收入的研究表明，该主教地产在 12 世纪的收入变化不大，仅仅从 1066 年的 246 英镑和 1086 年的 269 英镑增加到 1212 年的 345 英镑。13 世纪该主教地产的总收入几乎翻了两番，1266 年至少达到 580 英镑，1290 年则达到 1 170 英镑。进入 14 世纪，其增加速度放慢了，但到 1313 年仍然增加到了 1 307 英镑（见图 6－1）。

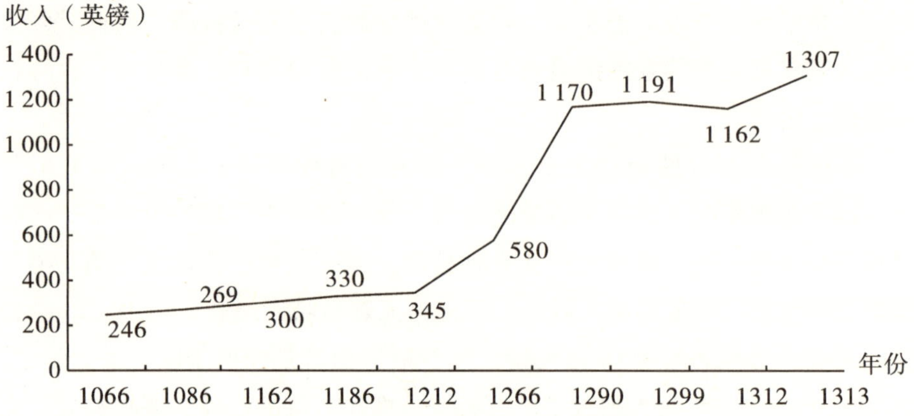

图 6－1　伍斯特主教的收入变化图①

说明：此处年份仅供示意，未严格按照年份间隔长短绘制。

威斯敏斯特修道院地产的收入在 13 世纪也经历了一个上升的过程。据 1086 年《末日审判书》的记载，其地产收入为 515 英镑。1175 年该修道院的地产调查表明，其年收入增加到 739 英镑。经过一个多世纪的发展，1300 年其年收入增加到 1 641 英镑。② 伊里主教地产的收入从 1172 年的 920 英镑上升到了 1298 年的 2 550 英镑。彼得伯罗修道院的收入从 1125 年的 350 英镑上升到了 1300 年的 1 700 英镑。③ 巴特尔修道院的收入从 1211

① 数据来源：Christopher Dyer, *Lords and Peasants in a Changing Society*, Cambridge: Cambridge University Press, 1980, p. 53.

② Barbara Harvey, *Westminster Abbey and its Estates in the Middle Ages*, Oxford: Clarendon Press, 1977, p. 63.

③ J. L. Bolton, *The Medieval English Economy, 1150 - 1500*, London: J. M. Dent, 1980, p. 95.

年的不足500英镑，增加到了1 346年的1 568英镑。坎特伯雷大主教座堂修道院的地产收入从1200年的1 406英镑，增加到1292年的2 063英镑，到1331年进一步增加到2 540英镑。①

西德尼·佩特（Sidney Painter）对11世纪后期到14世纪中期英格兰272个男爵领的收入变化进行了研究。他将其分为四个阶段：11世纪后期到1150年、1150—1220年、1220—1250年、1250—1350年。他对不同阶段均有资料进行收入比较的男爵领数量及其收入变化的平均幅度作了统计研究，其研究结果见表6－2。1220年英格兰男爵领的名义收入大约比《末日审判书》中的估价高出60%；到1250年，又有大致相同幅度的增长；在1250—1350年，男爵领的收入增长放慢，一个世纪中增长幅度只有28%。这反映了普遍的情况：从11世纪后期到14世纪初期，领主的货币收入大约增长了两倍，其中增长最快的是在13世纪初期。

表6－2　11—14世纪英格兰男爵领收入的增长②

阶段	可以进行收入比较的男爵领数量	收入增长的平均幅度
阶段一到阶段二	141	60%
阶段一到阶段三	36	163%
阶段一到阶段四	112	240%
阶段二到阶段三	23	51%
阶段二到阶段四	83	100%
阶段三到阶段四	19	28%

以上所说的领主收入增长是以货币来度量的，只是名义收入。由于这个时期物价在上涨，货币的购买力降低，因此名义收入的增长并不能反映实际收入（名义收入扣除物价上涨因素）的变化。1180—1330年，谷物价

---

① Christopher Dyer, *Standards of Living in the Later Middle Ages*, Cambridge: Cambridge University Press, 1989, p. 36.

② 根据西德尼·佩特的论述整理，参见：S. Painter, *Studies in the History of the English Feudal Barony*, New York: The John Hopkins Press, 1943, p. 160.

格翻了两番。[①] 同期各种消费品，包括布匹、铅、酒、蜡等物品的价格都同谷物的价格一样迅速上升。[②] 因此，这个时期领主实际收入的增长远远低于名义收入的增长，甚至名义收入的增长会被物价的上涨抵消。如此看来，不宜过分夸大13世纪领主经营兴盛的效果，因为它并没有使领主们的实际收入有很高的增长，只是使他们的货币收入跟上了物价上涨的步伐而已。

三、领主的收入结构

所谓收入结构是指不同收入项目在总收入中所占的比重。在这里，我们将领主的收入分为自营地农畜产品收入、地租收入和其他收入三大项。这样区分是为了从自营地生产收入和地租收入两个项目相对比重的变化中考察领主经营政策转变对收入结构所产生的影响。

当然，领主的收入结构既同其地产的大小、分布、自然禀赋以及经营政策有关，也同领主的权力和地位有关。领主的地产越大，分布范围越广，其自营地的比重就越低，因此出卖自营地产品在总收入中的比重也就越低。即使地产的大小相近，其内部结构也可能有很大差异。有些领主的地产相对集中，直接经营的土地较多，而有些领主的地产十分分散，大部分土地被租出去。由于自然禀赋的差异，有的庄园比较适宜发展畜牧业，有的比较适宜发展种植业，因此在出卖农产品的收入中，有的侧重于谷物的出卖，有的侧重于畜产品的出卖。1273—1275年，伊莎贝拉在霍尔德内斯的地产上，出卖谷物的收入只有100英镑，而出卖羊毛的收入高达460英镑。但在温彻斯特主教的地产上，出卖羊毛的收入很少超过10%。[③] 牛津大学默顿学院的库克翰庄园以耕地为主，草地很少，因此它基本上是一

---

① D. L. Farmer, Prices and Wages, in H. E. Hallam ed., *The Agrarian History of England and Wales, Vol. II, 1042 - 1350*, Cambridge: Cambridge University Press, 1988, p. 718.

② Paul Latimer, Early Thirteenth-Century Prices, in S. D. Church ed., *King John: New Interpretations*, Woodbridge: Boydell & Brewer, 1999, pp. 41 - 73.

③ Edward Miller and John Hatcher, *Medieval England Rural Society and Economic Change, 1086 - 1348*, London: Addison-Wesley Longman Limited, 1978, p. 225.

个生产谷物的庄园，1290—1300年出卖谷物所获得的收入是出卖牲畜、奶酪和羊毛收入的5~8倍。[①] 12世纪新建立的一些修道院的地产多数在荒芜之地，发展畜牧业的条件较好。比如，1298年莱斯特修道院的总收入为612英镑，其中出卖羊毛的收入为220英镑，占35%，而出卖谷物的收入仅占27%，况且这些出卖的谷物中有相当一部分是从什一税中获得的。[②]在12世纪新建立的修道院中，西多会是特殊的一类。他们多分布在英格兰北部各郡的高地，有得天独厚的畜牧条件，羊毛是他们出卖的大宗产品。[③]

由于上述差异，很难对不同领主的收入结构进行统计研究。笔者摘录了西方学者对不同领主地产（或庄园）收入结构的研究（见表6-3）。这些例子有的包括领主的整个地产，有的只是某个领主的个别庄园；大多数只是某一年的收入结构，少数是不同年份的平均数字。这些资料还比较零散，难以得出一个总体的结论。在有些领主的地产上，自营地产品收入比重比较低。1297年康沃尔伯爵从分散各地的庄园中得到4 700英镑的收入，但是来自自营地的收入仅占15%，而来自佃农地租和各种封建性收入所占的比例分别为63%和22%。1299年，伍斯特主教的地租收入为670英镑，各种封建性收入为222英镑，这些来自农民的收入总计为892英镑，占当年领主总收入1 191英镑10先令7便士的75%，自营地产品收入比重只有25%。[④] 在1299年伊里主教的空缺期内，该主教地产总共3 500英镑的收入中有1 400英镑来自自营地的经营，1 700英镑来自佃户交纳的地租，400英镑来自进入费、任意税、法庭罚金等各种封建性收入，而这些封建性收入最终也是来源于农民。因此在领主的整个收入中自营地所占的比重仅为40%。当然，也有少数领主和少数庄园的收入大部分来自自营地产品的出卖。在谷物价格较低的1288年，温彻斯特主教的总收入为3 600英

---

① P. D. A. Harvey, *A Medieval Oxfordshire Village: Cuxham, 1240 to 1400*, Oxford: Oxford University Press, 1965, p. 63.

② Edward Miller and John Hatcher, *Medieval England Rural Society and Economic Change, 1086-1348*, London: Addison-Wesley Longman Limited, 1978, p. 183.

③ R. H. Hilton, *A Medieval Society: The West Midlands at the End of the Thirteenth Century*, the second edition, London: Cambridge University Press, 1983, p. 82.

④ Christopher Dyer, *Lords and Peasants in a Changing Society*, Cambridge: Cambridge University Press, 1980, pp. 53, 72-74.

镑，来自自营地的收入仅占47%，而佃农的贡献占53%。但是当谷物价格上涨的时候，温彻斯特主教就能从出卖自营地的产品中获得更多的收入。比如1258年，该主教总收入达到了6 100英镑，其中自营地的收入占72%，来自佃农的收入仅占28%。同样，1317年谷物奇缺时，该主教的收入为6 400英镑，其中自营地的收入占65%，其他收入占35%。①

表6-3　一些领主地产的收入结构②

领主及其地产	时间	自营地产品收入	地租收入	其他收入
伍斯特主教座堂小修道院	1292年	49%（谷物、羊毛）	地租和辅助金占45%，其他占6%	
莱斯特修道院	1298年	62%（谷物、羊毛）	32%	6%
贝齐修道院	1289年	57%（谷物、羊毛）	43%	
马歇尔伯爵在剑桥郡的肯内特（Kennett）庄园	1271年	77%		
	1306年	86%		
斯特拉顿亚当（Adam de Stratton）的塞温汉普敦（Sevenhampton）庄园	1272—1283年间平均	42%	24%	34%
康沃尔伯爵地产	1297年	15%	63%	22%

① Edward Miller and John Hatcher, *Medieval England Rural Society and Economic Change, 1086-1348*, London: Addison-Wesley Longman Limited, 1978, pp. 201-203.

② 资料来源：伍斯特主教座堂小修道院、莱斯特修道院和贝齐修道院的资料来自J. L. Bolton, *The Medieval English Economy, 1150-1500*, London: J. M. Dent, 1980, p. 98；马歇尔伯爵在剑桥郡的肯内特庄园的资料来自Edward Miller and John Hatcher, *Medieval England Rural Society and Economic Change, 1086-1348*, London: Addison-Wesley Longman Limited, 1978, p. 225；塞温汉普敦庄园、康沃尔伯爵地产和克罗兰修道院的维灵伯罗庄园的资料来自R. H. Hilton, *The English Peasantry in the Later Middle Ages*, Oxford: Clarendon Press, 1975, pp. 180-190；兰西的警务长的地产资料来自Edward Miller and John Hatcher, *Medieval England Rural Society and Economic Change, 1086-1348*, London: Addison-Wesley Longman Limited, 1978, p. 179；伍斯特主教地产的资料来自Christopher Dyer, *Lords and Peasants in a Changing Society*, Cambridge: Cambridge University Press, 1980, p. 73.

（续上表）

领主及其地产	时间	自营地产品收入	地租收入	其他收入
克罗兰修道院的维灵伯罗（Wellinborough）庄园	1293—1303 年间平均	14%	46%	40%
由王室暂管的属于兰西的警务长（the Lacy constables）的地产	1212 年	19%	26%	55%
伍斯特主教地产	1299 年	25%	56%	19%

大致来说，修道院的地产中往往自营地收入的比重较高。比如，伍斯特主教座堂小修道院、莱斯特修道院和贝齐修道院的自营地收入比重都接近或者超过一半。这一方面是因为他们的自营地在整个地产中比重较高，另一方面是因为他们在执行直接经营的政策方面更为彻底。世俗领主和主教们的地产中自营地收入比重相对较低，比如康沃尔伯爵地产和伍斯特主教地产。在伍斯特主教的地产上，自营地产品收入比重较低的主要原因是，自营地在整个地产中所占的比重本身比较低，只有 21%，而习惯佃农和自由佃农的份地分别占 61% 和 18%。① 上述差异只是一种大致的结论，也有一些例外的情况。比如马歇尔伯爵的肯内特庄园的自营地产品收入比重很高，而克罗兰修道院的维灵伯罗庄园的自营地产品收入比重很低。

随着 13 世纪直接经营的扩大，领主的收入结构也发生了变化，出卖自营地产品所占的比重增加了。但是，很难找到同一领主地产在不同时期的收入结构进行比较研究。凯瑟琳·比迪克对彼得伯罗修道院的研究为我们提供了一个难得的例子。在 1125 年、1177 年和 1211 年彼得伯罗修道院的三次院长空缺期内，王室保管人对该修道院地产分别进行了调查，其调查结果反映了经营政策变化所带来的收入结构变化（见表 6－4）。从表中可以看出，彼得伯罗修道院的地租收入变化很小，1211 年仅比 1177 年增长约 8%。但是出卖谷物、畜产品和草地使用权的收入却大幅增加。1211 年同 1177 年相比，出卖谷物的收入增长到了原来的 15 倍多，其原因既包括

① Christopher Dyer, *Lords and Peasants in a Changing Society*, Cambridge: Cambridge University Press, 1980, p. 72.

谷物价格的上涨，也包括种植面积的扩大。比较而言，种植面积扩大的贡献更大，因为谷物价格上涨到了原来的 3 倍，但种植面积增加到了原来的 5 倍。13 世纪初期羊的数量、出卖畜产品的收入和出卖草地的收入分别是 1125 年的 135%、150% 和 544%。另外，在马歇尔伯爵的肯内特庄园上，自营地产品收入在总收入中的比重在 1271 年为 77%，到 1306 年增长到 86%。[1] 以上两个例子说明，随着领主向直接经营政策转变，自营地收入的比重确实有所加大。

表 6-4　彼得伯罗修道院地产的收入结构变化[2]

年份		1125	1177	1211
地租（先令）		5 693.33	5 626.83	6 070
谷物出卖（先令）			245	3 744.5
谷物种植面积（英亩）	两圃制	1 755	694	3 586
	三圃制	1 317	521	2 690
谷物的出卖价格（每夸脱）			1 先令 2.5 便士	3 先令 7 便士
羊的数量（只）		1 701	1 421	2 297
羊毛出卖（先令）			192.33	300.67（加奶酪和羊皮）
必要支出（先令）			910.42	1 043.83
出卖草地使用权（先令）			151.58	824.83

总之，随着 13 世纪领主地产经营政策的转变，其货币收入有了大幅增长，但其实际收入的增长并不明显。在领主的收入结构中，出卖自营地产品的收入比重有所上升，但不同领主、不同地产之间差异很大。13 世纪直接经营兴盛的主要意义在于使领主的货币收入跟上了物价上涨的步伐。这说明，不应过分夸大直接经营的兴盛为领主带来的益处。

---

① Edward Miller and John Hatcher, *Medieval England Rural Society and Economic Change, 1086 - 1348*, London: Addison-Wesley Longman Limited, 1978, p. 225.

② Kathleen Biddick, *The Other Economy: Pastoral Husbandry on a Medieval Estate*, London: University of California Press, 1989, p. 56.

第二节　领主的消费

一、领主的消费项目

领主最基本的消费是府邸的日常开支。领主本人的生活非常奢华，肉和鱼在其食物消费中占重要份额，酒和香料更是奢侈的消费品，不过只有大领主才能消费得起从欧洲大陆进口的葡萄酒和各种香料。除此之外，领主还供养着大批仆人和随从。领主府邸的规模随其地位的高低有很大差异。13 世纪 80 年代英格兰国王爱德华一世的宫廷中有 570 人领取衣物补贴。[①] 伯克利的托马斯（1281—1321 年）的家人、骑士、乡绅、仆役、佣工不下 200 人。[②] 公爵和伯爵的府邸大致有 40～200 人，主教和富裕的修道院院长的府邸也有 40～80 人，男爵的府邸中通常有 20 人左右，富裕骑士的府邸则从 12 人到 30 人不等。[③] 领主的仆人和随从也可分为不同的层次。最高层包括领主的亲戚、重要的门客、官吏、其他亲近仆人。在他们之下则是男仕（grooms）和听差（pages）。仆人们还组成不同的部门负责不同的事务，有的准备面包（pantry），有的准备酒水（buttery），有的准备饭菜，还有的照料马匹。在大领主的府邸里甚至还有专门准备调料（saucery）、保管酒水（cellar）以及准备肉食（larder）的仆人。贵族还向其仆人发放带有专门徽章和具有统一款式的制服，以显示领主的尊容。林肯主教格罗斯泰斯特在为林肯伯爵夫人所写的《条例》中说："为对你表示敬意，尤其在你用餐或者你到场时，你的骑士和侍从平时就穿你特制的

---

① R. H. Britnell, *The Commercialisation of English Society, 1000 - 1500*, the second edition, London: Manchester University Press, 1996, p. 132.

② R. H. Hilton, *A Medieval Society: The West Midlands at the End of the Thirteenth Century*, the second edition, London: Cambridge University Press, 1983, p. 24.

③ Christopher Dyer, *Standards of Living in the Later Middle Ages*, Cambridge: Cambridge University Press, 1989, p. 50.

制服，更要一律穿上制服，不许穿旧战袍、脏外衣和仿制短裤。”① 维持庞大的府邸要耗费很多资财。约克伯爵多林顿的约翰（John de Thorenton）在1218年花费100马克为其15位随从发放制服。13世纪后期英格兰国王给每个贴身骑士（knight banneret）的制服需要4~8英镑，给每个普通骑士的制服也需要这个数字的一半。1284—1286年克莱尔的伯格（Bogo de Clare）为每个骑士提供的制服也需4英镑。② 兰开斯特伯爵托马斯1314年在食物和饮料方面花费了3 405英镑，占其当年收入11 000英镑的31%。③ 除此之外，领主的府邸还需要照明、取暖，需要给予各种仆役人员货币和实物报酬。

领主为了视察庄园、执行公私事务，还要经常出行，因此交通费是领主支出中相当重要的一部分。根据戴尔的估算，对大多数世俗贵族来说，交通费占消费支出的1/10左右，其中包括马匹的购买和饲养、车辆和马具的购买和维修等。1320年休·奥德雷（Hush Audley）经常出行，每天养着30~50匹马。④ 伍斯特主教吉法德则养着100多匹马。⑤ 领主还要不时修建城堡、府邸和庄宅。中小领主所用的建筑材料主要是木头和泥土，而大领主所用的往往是昂贵的石材。当然，并不是所有的修建项目都属于消费，其中有些属于投资，比如修建谷仓、磨坊等。建筑开支一般都比较高，根据戴尔的估算，多数领主在建筑方面的开支占总支出的5%左右。⑥

除了国王，其他领主都属于其封君的封臣，需要履行封臣义务，比如交纳继承金、辅助金等。在领主的妻子孀居、继承人年幼时，其领地归封

---

① ［英］伊·拉蒙德、W. 坎宁安编，高小斯译：《亨莱的田庄管理》，北京：商务印书馆1995年版，第93页。

② F. Lachaud, Liveries of Robes in England: c. 1200 - c. 1300, *The English Historical Review*, Vol. 111, No. 441, 1996, pp. 279 - 299.

③ Christopher Dyer, English Diet in the Later Middle Ages, in T. H. Aston, Peter Coss, Christopher Dyer and Joan Thirsk eds., *Social Relation and Ideas: Essays in Honor of R. H. Hilton*, Cambridge: Cambridge University Press, 1983, pp. 191 - 192.

④ Christopher Dyer, *Standards of Living in the Later Middle Ages*, Cambridge: Cambridge University Press, 1989, p. 71.

⑤ R. H. Hilton, *A Medieval Society: The West Midlands at the End of the Thirteenth Century*, the second edition, London: Cambridge University Press, 1983, p. 24.

⑥ Christopher Dyer, *Standards of living in the Later Middle Ages*, Cambridge: Cambridge University Press, 1989, p. 80.

君监护；在领主去世后妻子再嫁、继承人娶亲或者女儿出嫁时，其封君可以决定婚事的安排。在主教和修道院院长的空缺期，国王有权监管其地产。封君行使这种权力往往会对领地造成损害。另外，许多领主在享有司法行政权益的同时，也要承担各种司法行政责任。比如，一些小领主被列为骑士后，应当担任郡法庭的陪审员。而在 12、13 世纪地方陪审员的工作负担加重，许多骑士设法逃避这种责任。[①] 一些领主为了获得政治升迁，极力向国王或者教皇贿赂捐献，甚至参与司法诉讼。比如，国王理查德时期的政法官胡伯特·瓦尔特在 1190 年向国王捐献了 800 马克，以获得对三位地产继承人的监护权。他从宰相职位上退下来之后，为获得对一个地产继承人的监护权还向国王理查德捐献了 4 000 马克。[②] 伍斯特主教吉法德为了获得克利夫庄园的教堂主持人的圣俸收入（高达 96 英镑），积极贿赂英格兰国王爱德华一世和教皇，但最终仅获得了终生占有庄园的权力。吉法德抱怨说，他在整个过程中花费了 200 英镑。[③] 参与司法诉讼是许多领主的重要负担。除了差旅费外，他们还要向国王及其近臣贿赂。而许多主教或修道院为了争夺占有教堂的权力，为了获得教皇赐予的特权，往往要在罗马教廷进行诉讼，其开支更是高昂。1166 年圣阿尔班修道院院长罗伯特去世时留下了 600 马克的债务，这主要是因为他在罗马同阿伦德尔（Arundel）伯爵进行了艰难的诉讼。50 年后，当这场诉讼结束的时候，该修道院欠了罗马高利贷放债人 1 100 马克。[④]

最后，教会领主还有一些特殊的支出。比如，修道院经常要接纳一些过往的客人，如主教、王室官吏以及其他世俗贵族。如果修道院坐落在交通要道上，这种接待开支可能很高。有些修道院还保存着圣徒的遗物，吸引着大批的朝圣者。尽管这种朝圣活动可以为修道院带来许多捐助收入，

---

① Scott L. Waugh, Reluctant Knights and Jurors: Respites, Exemptions, and Public Obligations in the Reign of Henry III, *Speculum*, Vol. 58, No. 4, 1983, pp. 937 – 986.

② Ralph V. Turner, *English Judiciary in the Age of Glanvill and Bracton, c. 1176 – 1239*, Cambridge: Cambridge University Press, 1985, p. 114.

③ Christopher Dyer, *Lords and Peasants in a Changing Society*, Cambridge: Cambridge University Press, 1980, p. 59.

④ D. D. Knowles, *The Monastic Order in England, A History of its Development from the Times of St. Dunstan to the Fourth Lateran Council*, Cambridge: Cambridge University Press, 1950, p. 303.

但修道院必须花费财物来接待这些朝圣者。修道院还要从事一些慈善活动，比如赈济和救助孤寡贫病者、设立医院等。许多修道院设有专门的赈济房，由专门的赈济官负责慈善事业。根据希尔顿对1314年伍斯特主教座堂小修道院账房账簿的研究，这一年账房花在待客、贿赂、支付小费以及司法诉讼方面的开支高达250英镑。①

以上就是英格兰领主的各种主要支出项目，其中的衣食消费是最基本的项目，而且衣食消费的数量、时间、方式是可以完全由领主决定的。相反，其他方面的支出受到当时政治规则的约束，不能完全反映领主的经济行为。下面对领主消费方式的考察主要集中在食物消费方面。

二、领主的消费方式及其对自营地生产的影响

由于领主所消费的物资数量很大，所以这些物资要从一个较大的范围内来获取。而且，由于领主地产比较分散，自营地产品的生产同领主的消费之间存在较大的空间距离。为了克服这种空间上的障碍，领主可以通过两种途径来满足消费的需要，一种是直接消费自营地上的农畜产品，另一种是从市场上购买。直接消费又可以分为两种形式。有的领主实行巡回就食的政策，即每年在分散于各地的庄园上巡回旅行，在每个庄园逗留一段时间，直接消费该庄园上的产品，然后再转移到别的庄园。在这种政策下，领主及其仆人要在庄园之间不停移动，因此领主的交通成本很高。另外，由于领主要在庄园上逗留，所以他们通常在各地的庄园上都修建了舒适宽敞的庄宅，这些庄宅在他们离开后实际上是闲置的，其修建和维护成本很高。采取这种政策的主要是世俗领主，他们负担着各种军事和政治义务，并为履行这些义务而奔走于各地。国王约翰在执政期间平均每月旅行12次，亨利三世在执政期间平均每年旅行80次，爱德华一世平均每年旅行107次。1296—1297年女伯爵让·德·瓦伦斯（Joan de Valence）在她的庄园之间不断旅行。她在古德里奇（Goodrich）城堡中度过五个半月，在斯温顿和赫特福德伯雷（Swindon 和 Hertingfordbury）两个庄园中分别度

① R. H. Hilton, *A Medieval Society: The West Midlands at the End of the Thirteenth Century*, the second edition, London: Cambridge University Press, 1983, p. 84.

过两个月。她在一年多的时间里经过了自己的13个庄园。主教为了巡视教区常常要旅行。赫里福德主教斯威菲尔德（Swinfield）在1289—1290年的300天中旅行了大约80次。[①] 领主们在出行时往往顺路到自己的庄园上留宿，这不仅可以视察和监督庄园的生产，还可以在庄民面前显示自己高贵的地位。坎特伯雷大主教安塞姆（Anselm）就曾经面临这样的困境：一方面他乐于同教士和僧侣们待在坎特伯雷，另一方面他又不得不巡行各地。"也许由于受他庄园过于偏远，也许受他前任的习惯行为的影响，也许由于大主教的尊荣和当地的习俗使他无法舍弃大批随从，他只得不断地巡行各地，并在庄园上生活。而且，如果他总是待在坎特伯雷，他的佃农们就不得不承受将物资送到坎特伯雷的沉重负担。再者，如果他不亲临庄园，听取佃农们的怨言，庄头们就会以各种方式压榨他们。当压榨越来越严重，越来越恶劣的时候，佃农们最终将无法维生。"[②] 这说明领主巡行各地有两个作用：其一，就地享用衣食等物资，避免物资长途流动所造成的沉重负担；其二，领主亲自光临庄园，可以监督、约束庄头或者承包人，减少他们的营私舞弊、恶意欺诈等不良行为。

与世俗领主和主教们不同，修道院不仅人数众多，而且院规要求僧侣们过特殊的修道生活，必须待在修道院中，所以他们只能实行实物供应体制，要求各地的庄园把物资送到修道院。为了获得稳定的物资供应，同时又不至于使某些庄园负担过重，修道院往往将一年的消费量化分为不同的时间单位（比如一周、双周、一个月等）。各个庄园根据生产能力轮流向修道院供应一个时间单位内所需的物资。比较大的庄园可能独自承担一个单位的物资供应，若干较小的庄园则组合起来共同承担一个单位的物资供应。在这种制度下，物资要在生产消费品的庄园与领主的消费地之间大量流动，因此运输成本比较高。为了大量运输消费物资，拥有充足的佃农劳役是非常必要的。正是由于这个原因，修道院等教会领主的地产上往往维兰份地比重较高，劳役地租比较繁重。

巡回就食和实物供应政策并不相互排斥。在大多数领主的消费中，两

① C. M. Woolgar, *The Great Household in Late Medieval England*, New Haven and London: Yale University Press, 1999, pp. 46 – 48.

② 转引自：H. E. Hallam, *The Agrarian History of England and Wales, Vol. II, 1042 – 1350*, Cambridge: Cambridge University Press, 1988, p. 96.

种直接消费自营地产品的因素同时存在。领主并不是在所有的庄园上都有住所，但也不是只在一个地方有住所。领主的地产往往可以分为几个区域，每个区域包括一个领主经常光临的住所。该住所往往在交通要道上，是领主从事政治和社会活动的一个歇脚点。领主到该住所歇脚时直接消费其庄园的产品，附近若干庄园则把自营地产品运送到这个住所。这样，领主不必在每个庄园上都修建庄宅，也不必为巡回就食而待在一些偏僻的庄园上，同时又缩短了各个庄园向领主运输物资的距离。可以说，这是巡回就食和实物供应政策的有效结合。

巡回就食要求领主及其大批随从的流动，而物资供应则要求大量消费物资的流动。不论是人员的流动还是物资的流动，都是由领主自己来组织的，其成本由领主直接负担。相反，在依赖市场获取消费物资的情况下，物资的运输是由中间商人来完成的。各地庄园将自营地产品出卖给当地商人，并把货币送交领主，然后领主在住所附近的市场上向当地商人购买所需的消费品。从市场上获取物资的最大优点是便利，领主借此可以摆脱巡回各地的艰辛，可以随时购买自己所需的物资，不必局限于庄园生产或者送交来的数量和质量。其缺点是风险较大、成本较高。市场上的物资有时充盈有时匮乏，其价格有时高涨有时低落，完全依赖市场获取物资必然面临着较高的不确定性和风险。另外，中间商人的利润无疑会增加领主从市场上购买物品的成本。

在 11—12 世纪，以及更早的时候，尽管领主总要从市场上购买自己不能生产的少量消费品，市场从未完全消失，但相对来说商品货币关系不是很发达，领主不能依赖市场来获取消费物资。对于自营地上能够生产的消费品，领主尽量不购买。也就是说，领主侧重于直接消费自营地上的产品。在 11 世纪，英格兰王室的消费中就有相当一部分来自王室地产的实物供应。由于王室消费量很大，一个庄园通常仅承担一昼夜或者几昼夜的物资供应。[1] 在诺曼征服一个世纪之后出现的《财政署对话集》中，作者理查德·菲茨·尼吉尔对这种政策及其变化作了如下描述：

---

① P. A. Stafford, The "Farm of One Night" and the Organization of King Edward's Estates in Domesday, *The Economic History Review*, Vol. 33, No. 4, 1980, pp. 491 – 502.

> 据我们的父辈们说，在征服之后的最初王国里，国王在各地的地产不是向他支付金银，而是向他供应各种物资。王室日常所需要的物资就是从这些地产中获取的，被派遣负责此事的官员知道从每块地产获取多少物资。除此之外，为了向骑士们支付报酬和赏钱，并满足其他需要，渐渐形成向王国的法庭、由国王建立的修道院以及市镇和城堡等不事耕作的地方征收货币的习惯。这种制度从国王威廉一世一直延续到他的儿子，国王亨利。而且，我曾遇到一些人，他们记得曾经目睹过王室的各个庄园在固定的时候把各种谷物送到宫廷之中。王室的官员清楚地知道，小麦应当由哪个郡交纳，肉、马饲料，以及其他必需品应当由哪个郡交纳。①

这段话说明了两个问题。其一，在威廉一世以及亨利一世统治时期，即 11 世纪和 12 世纪初期，王室庄园通常是向国王交纳实物的。国王所需的货币主要来源于一些“不事耕作的地方”，比如法庭诉讼、修道院，以及市镇和城堡。其二，到亨利二世统治时期，即 12 世纪的中后期，王室已经放弃这种政策，因为当时在财政署工作的理查德·菲茨·尼吉尔本人并未见过王室庄园送谷物到王宫，只是遇到过一些曾经目睹这种事情的人。由于王室地产最广泛，王室的消费量最大，而且国王经常外出行军作战，消费地点很不固定，所以国王是较早向市场采买政策转变的领主。一些向王宫供应实物的庄园转而交纳货币。比如，12 世纪初期剑桥郡一个曾经向王室供应三天物资的庄园后来转而提供 13 英镑 8 先令 4 便士的货币。埃塞克斯郡的一个庄园原本负担八天的实物供应，后来转而交纳 17 英镑的货币。②

许多教会领主都采用了物资摊派的政策。这种政策在 11—12 世纪尤其流行，坎特伯雷大主教座堂修道院、罗彻斯特主教座堂修道院、圣保罗修道院、伊里主教、拉姆齐修道院、圣埃德蒙兹修道院、圣乌尔班修道院、威斯敏斯特修道院、伍斯特主教以及阿宾顿（Abingdon）修道院都实行这

① Richard fetz Neal, The Dialogue of the Exchequer, in D. C. Douglas and G. W. Greenaway eds., *English Historical Documents*, *Vol. II*, *1042 - 1189*, the second edition, New York: Oxford University Press, 1981, pp. 551 - 552.

② Reginald Lennard, *Rural England*, *1086 - 1135*: *A Study of Social and Agrarian Conditions*, Oxford: Clarendon Press, 1959, p. 128.

种制度。[①] 11 世纪圣埃德蒙兹修道院的地产调查册表明，该修道院的 25 个庄园分为 13 组。每组庄园按月轮流向修道院供应食品。每月的食品是固定的，包括一定量的小麦和大麦、1 头小牛、2 头猪、4 只鹅、20 只鸡和其他一些东西。[②] 12 世纪拉姆齐修道院的一个条令规定了其庄园应当为僧侣们供应的衣物和食品。每一个或若干个庄园为一组，负担修道院僧侣一周的生活所需，包括面粉、面包、酿酒用的大麦、蜂蜜、猪油、奶酪、羊、鹅、蛋、黄油以及一定数量的钱币。每年从 10 月 1 日开始新的供应，埃林顿（Ellington）庄园首先单独负担第一周，10 月 8 日开始由提菲尔德（Therfield）庄园负担，10 月 15 日由布维尔（Burwell）庄园接过来，10 月 22 日则转到休顿庄园，以后依次轮流负担，每年 52 周均由庄园供应僧侣们的衣食所需。[③]

随着商品货币关系的发展和城镇生活的繁荣，从 12 世纪中期开始，一些领主逐渐减少对自营地农产品的直接消费，越来越多地从市场上购买自己需要的物资。一些原来交纳实物的庄园转而交纳货币。在威斯敏斯特修道院 1117 年院长吉尔伯特·克里斯皮（Gilbert Crispin）去世后的空缺期内进行的调查表明，修道院的一些地产已经转而交纳货币地租了。其僧侣们每周除了需要一定的小麦、燕麦和黑啤酒外，还需要 3 英镑 7 先令的厨房费用，以及 13 先令 4 便士用于维持修道院仆人的生活。多数庄园就是按照相应的生产能力供应若干周物资，但是距离修道院较远的庄园通常不送实物，而是将每周应当交纳的实物折合为 8 英镑 10 先令的货币。修道院的其他需要主要是按照货币来计算的。比如，济贫和僧侣的津贴每年需要 32 英

① Reginald Lennard, *Rural England, 1086 – 1135: A Study of Social and Agrarian Conditions*, Oxford: Clarendon Press, 1959, pp. 130 – 133.

② 25 个庄园中，3 个大庄园分别为一组，有 16 个庄园每两个为一组，其他 6 个庄园每三个为一组。向修道院供应食品的庄园是 13 组而不是 12 组，这可能是由于 12 月份圣诞节消费量大，需要两组庄园来供应。D. C. Douglas and G. W. Greenaway eds., *English Historical Documents, Vol. II, 1042 – 1189*, the second edition, New York: Oxford University Press, 1981, pp. 883 – 884.

③ Edward Miller and John Hatcher, *Medieval England Rural Society and Economic Change, 1086 – 1348*, London: Addison-Wesley Longman Limited, 1978, p. 205.

镑，购买僧侣们的衣物需要 70 英镑，这些都是由专门的庄园直接供应货币。[①] 1125 年彼得伯罗修道院的 27 个庄园中只有 10 个交纳谷物。该年修道院获得的实物供应的价值占地产总收入的 25.5%（382 英镑 5 先令中的 97 英镑 12 先令）。[②] 有时庄园的货币交纳同实物供应结合在一起。在拉姆齐修道院，亨利一世时期有 13 个（或者组）庄园出租，其中 9 个交纳货币，3 个既交纳货币又供应实物，只有 1 组庄园完全供应实物。12 世纪初期格拉斯顿伯雷修道院的 32 个庄园中有 29 个交纳货币。[③] 总体来看，领主从庄园上获取的实物减少，货币增加。

13 世纪仍然有人提倡巡回就食和实物供应政策。比如，13 世纪林肯主教格罗斯泰斯特在为林肯伯爵夫人所撰写的《条例》中就说：

> 每年在米迦勒节你知道各种谷物总收成的时候，即可安排你全年的旅行，视一年各季节的情况和各处庄园吃肉吃鱼的时机，确定在每处庄园各逗留几周，无论在哪处庄园逗留，都不要一住就是很长时间，或给当地造成沉重债务，而要安排得待你离开某庄园时，当地不至于负债，且要给庄园留下点什么，使它得以由牲畜，尤其是牛和羊来增加筹款，从而抵偿你逗留期间的衣食住行一应开支。[④]

尽管有少数人提倡直接消费自营地上的农产品，但 13 世纪的领主们仍逐渐从市场上获取消费品。一方面，市场的兴起降低了从市场获取物资的风险和成本，另一方面城镇的繁荣使得许多领主更加不愿意待在简陋的乡村庄宅上。11—12 世纪以后许多修道院内部组织发生了变化，院长与修士团分割了修道院的地产，各以自己的地产来安排生活。修士团为了确保僧

---

① Barbara Harvey, *Westminster Abbey and its Estates in the Middle Ages*, Oxford: Clarendon Press, 1977, p. 140.

② Kathleen Biddick, *The Other Economy*: *Pastoral Husbandry on a Medieval Estate*, London: University of California Press, 1989, p. 37.

③ Reginald Lennard, *Rural England*, *1086 – 1135*: *A Study of Social and Agrarian Conditions*, Oxford: Clarendon Press, 1959, pp. 176 – 180.

④ ［英］伊·拉蒙德、W. 坎宁安编，高小斯译：《亨莱的田庄管理》，北京：商务印书馆 1995 年版，第 98 页。

侣们的日常饮食，仍然强调物资供应政策，但是院长却接近于世俗领主了。他可以离开修道院，长时间待在自己的庄园内，或者因各种事务经常出行。因此，在分配给修道院院长的地产上，实物供应政策往往被放弃，取而代之的是市场采买和巡回就食政策。比如，13 世纪的威斯敏斯特修道院院长就采取了巡回就食政策，而修士团仍然采用实物供应政策。13 世纪后期该修道院院长温洛克的瓦尔特如果想吃新鲜的牛羊肉，总会向市场上的屠夫购买。修士团也向市场购买部分消费品，他们每周的需求既包括食品，也包括货币。他们每周除了需要小麦、大麦、燕麦和一些肉食外，灶房每周还需要 3 英镑 7 先令货币，另外还需要 13 先令 4 便士来支付仆人的工资。每个庄园根据其大小向修士团供应若干星期的生活物资和货币。距离修道院较远的庄园不送交实物，而将每周的供应折合为 8 英镑 10 先令的货币。威斯敏斯特修道院灶房每周所获得的货币是用来从市场上购买食品的。在该修道院所消费的谷物中，由自营地供应的仅占 40%。① 13 世纪后期牛津大学默顿学院也主要通过市场来获取其消费物资。当时该学院最少有 46 名教师和 9 名仆役，每年大约消费 137 夸脱小麦和 297 夸脱大麦。而当时它从其庄园上获取的谷物每年只有 40 ~50 夸脱。② 由此可见，13 世纪不少领主已经转向以市场采买为主的消费政策。

尽管 13 世纪领主加强了市场采买政策，但是在许多领主的地产上，特别是在一些修道院的地产上，实物供应体制仍然残留着。圣马丁节（11 月 11 日）是屠宰牲畜、准备冬季肉食的传统节日。威斯敏斯特修道院在这个节日里所屠宰的大批牲畜主要是从庄园运来的。尽管他们从市场上购买用于酿酒或者作为饲料的谷物，但是用于烤制面包的谷物则大部分由庄园供应，甚至距离修道院 40 英里的赫特福德郡的阿什维尔（Ashwell）庄园也

---

① Barbara Harvey, *Westminster Abbey and its Estates in the Middle Ages*, Oxford: Clarendon Press, 1977, pp. 132 – 145.

② 阿斯顿是这样估算消费量的，每人每年 2. 5 夸脱小麦；每人每天 1 加仑酒，每夸脱大麦粉产 60 加仑酒，每夸脱大麦产 1. 12 夸脱大麦粉。T. H. Aston, The External Administration and Resources of Merton College to Circa 1348, in J. I. Catto ed., *The History of University of Oxford*, *Vol. I*, *The Early Oxford Schools*, Oxford: Clarendon Press, 1984, p. 362.

要输送小麦到修道院。① 温彻斯特主教在其住所附近的 9 个庄园上，主教的府内人员、庄园上的各种人员消费掉燕麦产量的 72%、大麦产量的 65%，即使商品化程度最高的小麦也有 44% 被直接消费。② 圣保罗修道院是一个比较保守的领主。尽管该修道院位于伦敦的心脏地区，但仍然采取古老的实物供应制度来满足自己对谷物等基本生活物资的需要，只有在很少的情况下才从市场上购买一点谷物。少数世俗领主也采取了类似的政策。13 世纪末，诺福克伯爵毕戈德也从在东部盎格利亚的庄园向索福克郡的居住地供应物资。③ 克罗兰修道院每年生产 900 ~ 1200 夸脱的谷物，其中大部分成为僧侣们的面包，也有一部分被长工吃掉。修道院酿酒每年要消耗 600 ~ 900 夸脱的谷物。尽管如此，该修道院每年还要购买所需谷物的 20%。④

在领主向市场采买政策转变的过程中，距离领主住所较远的庄园较早地减少或者停止了物资供应，而距离领主住所较近的庄园则继续向领主供应实物。牛津大学默顿学院的地产可以分为两个部分。北部的庄园集中在萨里郡和达勒姆郡，距离牛津大约有一周的路程，所以它们不向牛津供应实物，仅交纳货币。距离学院比较近的霍利维尔、库克翰、伊尔斯通（Ilstone）和柴丁顿（Cheddington）四个庄园则向学院供应部分农畜产品。

---

① Barbara Harvey, *Westminster Abbey and its Estates in the Middle Ages*, Oxford: Clarendon Press, 1977, p. 135.

② Kathleen Biddick, Agrarian Productivity on the Estates of the Bishopric of Winchester in the Early Thirteenth Century: A Managerial Perspective, in B. M. S. Campbell and M. Overton eds., *Land, Labour and Livestock: Historical Studies in European Agricultural Productivity*, Manchester and New York: Manchester University Press, 1991, p. 106.

③ B. M. S. Campbell, Measuring the Commercialisation of Seigneutial Agriculture, 1300, in R. H. Britnell and B. M. S. Campbell eds., *A Commercialising Economy: England 1086 to c. 1300*, Manchester: Manchester University Press, 1995, p. 186.

④ M. Wretts-Smith, Organization of Farming at Croyland Abbey, 1257 - 1321, *The Journal of Economic and Business History*, Vol. 4, 1931, p. 174.

它们距离学院分别有 0.5、11、17 和 26 英里。[①] 在坎特伯雷大主教座堂修士团的地产上，距离坎特伯雷 10 英里范围内的几个庄园受到领主的严密管理，它们将大部分谷物直接供应领主消费，而将领主不太需要的牲畜和畜产品出卖。距离坎特伯雷 10 英里以外的庄园则很少向修道院输送物资，而是将其产品出卖后向修道院交纳货币。[②]

对不同的消费品，领主有不同的消费策略。有些消费品是自营地可以生产的，比如谷物、肉类、乳制品等。对这类消费品，领主可以直接从自营地上获取，也可以从市场上购买。有的消费品往往是自营地不能生产，或者生产起来非常不方便，比如香料、酒、布匹、蜡等。对于此类消费品，领主必须通过市场来获取。不同谷物也有不同的用途和特点。小麦是高品质面包的来源，价格比较高，即使从较远的地方运到消费地也是合算的，因此小麦通常是庄园向领主输送的主要谷物。相反，燕麦主要是供牲畜食用的，价格比较低，长距离运输很不合算，因此领主的马匹所消费的燕麦通常是在附近的市场上购买的，而庄园上生产的燕麦除用作庄园上的牲畜饲料和长工食粮外都出卖了。肉食方面，日常的消费通常是从市场上购买的，遇到重要节日和消费量特别大的时候才由自营地供应，因为平常日子消费量较小，从自营地上运送不合算。从 1303 年 9 月 29 日到 1304 年 6 月 24 日，威斯敏斯特修道院的账房购买了很多大麦和燕麦，但仅仅购买

---

① 这四个庄园向学院供应的物资较少。伊尔斯通在 1304 年到 1326 年被承包出去，承包人只交纳货币租金。1278 年它由领主直接经营的时候也仅交纳 18 只鹅和 23 只小鸡，此后就不再向学院供应实物。柴丁顿也不交纳谷物，只交纳羊、猪、家禽等肉食和奶酪。距离学院最近的庄园霍利维尔每年都向学院供应谷物，但在 14 世纪 30 年代中期前它所供应的谷物很少超过 20 夸脱。库克翰在 13 世纪后期供应的实物并不比柴丁顿和霍利维尔多，14 世纪最初三十年它向学院供应的实物增加，但仍然不超过产量的 20%。参见：T. H. Aston, The External Administration and Resources of Merton College to Circa 1348, in J. I. Catto ed., *The History of University of Oxford*, *Vol. I*, *The Early Oxford Schools*, Oxford: Clarendon Press, 1984, pp. 361 – 362. P. D. A. Harvey, *A Medieval Oxfordshire Village*: *Cuxham*, *1240 to 1400*, Oxford: Oxford University Press, 1965, p. 93.

② B. M. S. Campbell, Measuring the Commercialisation of Seigneutial Agriculture, 1300, in R. H. Britnell and B. M. S. Campbell eds., *A Commercialising Economy*: *England 1086 to c. 1300*, Manchester: Manchester University Press, 1995, p. 186.

了6夸脱小麦，因为小麦主要是由自营地供应的。[①] 面包、奶酪等制成品保质期短，只能在本地消费，不适合远距离买卖。而且领主对这类食品的消费量比较大，适宜自己加工制作，因此它们主要是在领主居住地的面包坊和奶酪坊制作的。酒也可以分为不同的档次，小领主通常在自己的酿酒坊用大麦生产啤酒，而大领主则从欧洲大陆，特别是加斯科尼（Gascony）进口价格昂贵的葡萄酒。[②]

领主还可以根据环境和需要的变化适当调整消费策略。12 世纪末期上任的圣埃德蒙兹修道院院长萨姆森因手头拮据，减少了从市场购买物资，倾向于在自己的庄园上接待客人。他本人经常待在庄园上，而不是住在修道院中。[③] 威斯敏斯特修道院尽管在 13 世纪增加了从市场购买的物资，但从 14 世纪上半叶开始，他们又回归到对自营地的依赖。其原因是，14 世纪中期以后谷物价格较低，工资较高，修道院因收入下降而被迫减少了从市场采买的数量。到 50、60 年代，威斯敏斯特修道院副院长和修士团购买的谷物仅占消费量的 20%，1362 年到 1369 年院长从市场购买的谷物只占消费量的 18%。[④]

总之，领主不可能完全依赖自营地的供应来获取消费物资，也不会完全从市场购买。他们总是综合考虑自身的需要、地产的远近、运输的成本、获取物资的便利程度、不同消费品的特点等多种因素，既直接消费某些庄园自营地的部分产品，又从市场上购买部分消费品。但 13 世纪的总体趋势是，他们越来越多地通过市场采买来获取消费品。这反映了整个社会经济生活中商品经济因素的不断加深。另外，不同领主在消费方式上有所不同。国王的地产分布十分广泛，王室消费的物资很多，而且由于国王经常在海外或者边疆征伐，难以维持一种稳定的物资供应体制，因此王室地

---

① Barbara Harvey, *Westminster Abbey and its Estates in the Middle Ages*, Oxford: Clarendon Press, 1977, p. 145.

② Christopher Dyer, *Standards of Living in the Later Middle Ages*, Cambridge: Cambridge University Press, 1989, pp. 57 – 58, 62.

③ Jocelin of Brakelond, *Monk of St. Bury Edmunds*, translated and edited by L. C. Jane, London: Chatto & Windus, 1907, p. 55.

④ Barbara Harvey, *Westminster Abbey and its Estates in the Middle Ages*, Oxford: Clarendon Press, 1977, pp. 137, 147.

产较早放弃了实物供应体制。大贵族比较固定地居住在城堡中，围绕着这些城堡较早地兴起了一批商业发达的城镇，因此这些大领主也转向比较便利的市场采买政策。但是，他们因各种军事、政治事务或者单纯的爱好，也经常出行各地，视察各地的庄园，因此巡回就食的制度在一定程度上得以维持。许多修道院尽管在13世纪增加了市场采买的数量，但确保大批僧侣的饮食始终是其地产管理的首要目标，因此他们在较长时间内保留了实物供应政策。拥有一两个庄园的小领主有比较固定的居住地，其消费地距离庄园很近，甚至就在庄园上，而且他所消费的物资数量也比较小，因此只要是庄园能够直接生产的消费品，他们就尽量不从市场上购买。

确保食物需求往往是领主地产经营的首要目标，领主或多或少要直接消费某些庄园的部分产品。林肯主教格罗斯泰斯特劝告林肯伯爵夫人要根据谷物的净收入安排全家食物和啤酒的消费，要从粮食总量中扣除直接消费的数量、酿造啤酒所需的粮食数量以及用作施舍的粮食数量，最后剩下的才是可以出售的粮食。他还强调说："要根据粮食、地租、法庭诉讼和家畜所得的全部收入来安排你一家人衣、食、住一应开支和雇工工钱的支付。"《亨莱的田庄管理》也强调："请你定依土地每年可产出多少为准来安排生活，做到量入为出。"① 因此，领主的消费需求必然影响到自营地的生产。近代以来，由于社会分工高度复杂，企业家生产的商品通常并不是自己消费所需要的，因此他们的消费一般不会对生产造成直接影响。虽然近代的农场主和种植园主也会消费其农产品中的一部分，但由于其产品绝大多数是用来出卖的，用于消费的只是极少的一部分，所以他们很少会因消费需求而改变产品的数量和品种，他们的生产完全是根据市场对其产品的需求来安排的。从这个意义上说，封建领主的自营地生产同农民的小生产有一定的相似性，两者的生产都主要是为了满足自身的消费需求，只不过领主的消费量大，需要较大的地产来生产。正如许涤新和吴承明所说："封建的经营地主，其生产也是为了生活，不过是在较高水平上的生活罢了。"② 当然，封建领主的生产同农民的小生产也有重要的区别。封建领主

① ［英］伊·拉蒙德、W. 坎宁安编，高小斯译：《亨莱的田庄管理》，北京：商务印书馆1995年版，第42、89页。

② 许涤新、吴承明主编：《中国资本主义发展史》第一卷《中国资本主义的萌芽》，北京：人民出版社1985年版，第77页。

的地产很大，其产品超出自身消费较多，因此他们向市场出卖的比率较高。而且，由于他们的消费更加多样化，需要的货币更多，因此其从市场购买的消费品比重也大于农民。这样看来（从逻辑上看而不是从历史上看），封建领主大地产的生产是介于农民的小生产和近代企业家的大生产之间的。

第三节　领主的投资

一、投资的含义

同近代以来的资本主义经济相比，前资本主义时期经济发展很缓慢，其中一个重要的原因就是投资低下。领主（或地主）通过地租剥削了直接劳动者（绝大多数为农民）所创造的大部分社会财富，从而剥夺了农民改善和发展生产的条件，而领主又把剥削来的财富用于奢侈性和炫耀性的消费而不是生产性的投资，从而阻碍了生产的发展。20 世纪 60 年代罗德内·希尔顿和波斯坦分别对中世纪英格兰领主的投资行为进行了研究。两人都以翔实的历史资料为基础得出结论：封建领主的投资率是很低的。[①] 罗伯特·布雷纳 1976 年在《过去与现在》杂志上发表了一篇引起广泛争论的文章《前工业时期欧洲农村的阶级结构和经济发展》。他发展了希尔顿和波斯坦的观点，进一步指出，农村的阶级结构对经济发展有决定性的作用；领主越有能力通过超经济强制获取收入，就越缺乏发展生产和通过

---

① R. H. Hilton, Rent and Capital Formation in Feudal Society, in R. H. Hilton, *The English Peasantry in the Later Middle Ages*, Oxford: Clarendon Press, 1975, pp. 174 – 214. M. M. Postan, Investment in Medieval Agriculture, *The Journal of Economic History*, Vol. 27, No. 4, 1967, pp. 576 – 587.

经济渠道获取收入的积极性。[1] 但有些学者认为，投资率不是评价中世纪领主进取精神的恰当尺度，不应当因为封建领主的投资率低就怀疑和批评他们的投资积极性。[2] 如何评价封建领主的投资积极性，对于认识封建经济的运行具有重要意义。

造成学者们对封建领主投资积极性评价不同的部分原因是，不同学者对“投资”这个概念有不同的理解和运用。希尔顿在研究中直接放弃了投资这个概念，而借用了发展经济学中的一个概念，即“资本形成”。希尔顿所说的“资本”是指同土地、劳动力等并列的生产要素。在他看来，添置生产工具和设备、修建房屋、圈围土地、挖掘沟渠、修整田堰、修筑道路和桥梁、购买生产性的牲畜、新建磨坊、开采矿山等都能够形成资本，而购买土地虽然增加了购买者的收入，但无助于“资本形成”。[3] 波斯坦将投资分为两类。一类是用于扩大生产范围（规模）的投资（investment in the width），比如购买土地。这类投资只造成了资产的转移，增加了购买者个人的总资产和总收入，但不会增加社会的总资产。另一类投资在于提高单位面积土地上的资产量，增加土地的生产能力，属于集约型的投资（investment in the depth）。[4] 瑞夫茨、罗伯特·斯塔塞（Robert C. Stacey）、麦维斯·麦特（Mavis Mate）等人在研究中也采取了与波斯坦大体相同的

---

① Robert Brenner, Agrarian Class Structure and Economic Development in Pre-Industrial Europe, in T. H. Aston and C. H. E. Philpin eds., *The Brenner Debate*: *Agrarian Class Structure and Economic Development in Pre-Industrial Europe*, Cambridge: Cambridge University Press, 1985, p. 31.

② 比如蒂托说：“重要的问题不是13世纪的领主将多少（收入）返还给地产，而是他们是否把足够的收入返还，是否在当时的情况下扩大生产或者将生产维持在一个较高的水平。”“他们（至少是其中最积极进取的人）的确把足够的资金返还给地产，他们并没有因过度获取资金而使地产毁坏。” J. Z. Titow, *English Rural Society*, *1200 - 1350*, London: Allen & Unwin Ltd., 1969, p. 50.

③ R. H. Hilton, Rent and Capital Formation in Feudal Society, in R. H. Hilton, *The English Peasantry in the Later Middle Ages*, Oxford: Clarendon Press, 1975, pp. 174 - 175.

④ M. M. Postan, *The Medieval Economy and Society*, Harmon & Sworth: Penguin Books, 1972, pp. 47 - 48.

投资概念。[①] 戴尔对“投资”的理解则更加宽泛。在他看来，领主豢养大批随从，实行奢侈性和炫耀性消费的行为可以间接节省支出或者增加收入，因此属于一种“人力资源投资”。[②] 现代经济学认为，“投资是指为了得到回报而购买一种资产”[③]。领主的奢侈性消费属于政治和社会行为，获取经济收益不是其直接目的，因此不宜将其视为投资。而对领主来说，购买土地是扩大生产、增加收入的重要途径，完全属于现代经济学中的投资范畴，但它对整个社会经济发展的影响较小。

实际上，从庄园账簿所列的支出项目来看，领主的支出是用于简单再生产的维持费用还是扩大再生产的投资，很难明确区分开来。比如，在领主购买的牲畜中，有些是为了增加地产上的牲畜数量和规模，有些仅仅是为了替代衰老或死亡的牲畜，以便维持原有的生产规模。领主有时挖掘新的沟渠、树立新的篱笆，有时仅仅修整已经损坏的沟渠和篱笆。领主在修建磨坊和房屋方面的支出有时也难以区分是新建支出还是维修支出。也就是说，在领主的支出中有些仅仅是维持简单再生产所必需的，属于生产成本和资产折旧，而有些是为了提高地产的生产能力和获得更高收入，属于为扩大再生产而进行的投资。

二、投资的热潮

13 世纪是英格兰领主们的一个投资高峰期。物价的不断上涨，使得货币相对贬值。同时人口的迅速增加，使得人均资源（特别是土地）减少，资源的相对价值上升。货币不再是保值的财富，而土地等资源不但能够保

---

① J. A. Raftis, *The Estates of Ramsey Abbey: A Study in Economic Growth and Organization*, Toronto: Pontifical Institute of Medieval Studies, 1957, p. 103. Robert C. Stacey, Agricultural Investment and the Management of the Royal Demesne Manors, 1236 – 1240, *The Journal of Economic History*, Vol. 46, No. 4, 1986, pp. 919 – 934. M. Mate, Property Investment by Canterbury Cathedral Priory 1250 – 1400, *Journal of British Studies*, Vol. 23, No. 2, 1984, pp. 1 – 21.

② Christopher Dyer, *Standards of Living in the Later Middle Ages*, Cambridge: Cambridge University Press, 1989, p. 90.

③ ［美］斯蒂格利茨著，梁小民等译：《经济学》，北京：中国人民大学出版社 1997 年版，第 210 页。

值，还能增值。因此，许多领主纷纷拿出贮藏的货币，甚至举借债务，用于购买和开垦新土地、收回出租地。购置田产是封建领主主要的投资形式，前文已有论述，这里不再赘述。

除了购买土地之外，领主还注意添置生产工具和设备，增加土地上的资产配置，加大对土地的投入。1308 年，彼得伯罗修道院将当年 22% 的劳役地租用于田地的整理、除草以及肥料的积累和施用。他们还花费 2 英镑 6 先令 9.5 便士从城镇购买粪肥，在施用这些粪肥的过程中又花了 6 先令 6 便士，在雇工除草的过程中又花费了 1 英镑 13 先令 8 便士。① 温彻斯特主教积极购买外地的种子来种植谷物。在他的利普敦庄园，种子的购买率比较高。在有账簿可以查证的年份，小麦和黑麦种子的 20%、大麦种子的 15%、燕麦种子的 1% 来自购买，尤其是商品化程度比较高的小麦种子的购买率上升更快，1209—1214 年和 1224—1237 年小麦种子的购买率从 7% 上升到了 73%。② 在该庄园上，随着自营地面积的增加，长工和佃农劳役的投入量都增加了。不仅如此，平均每英亩土地上所投入的劳动力数量也增加了（见表 6 - 5）。

表 6 - 5　1209—1403 年利普敦庄园的劳动力投入变化③

年份	年均长工	年均劳役	年均种植面积（英亩）	每英亩投入劳动
1209—1249	2 071	1 179	223	14. 57
1225—1275	2 407	2 083	266	16. 88
1250—1299	2 168	2 709	260	18. 76

---

① Kathleen Biddick, *The Other Economy: Pastoral Husbandry on a Medieval Estate*, London: University of California Press, 1989, p. 69.

② Christopher Thornton, The Determinants of Land Productivity on the Bishop of Winchester's Demesne of Rimpton, 1208 - 1403, in B. M. S. Campbell and M. Overton eds., *Land, Labour and Livestock: Historical Studies in European Agricultural Productivity*, Manchester and New York: Manchester University Press, 1991, p. 204.

③ 数据来源：Christopher Thornton, The Determinants of Land Productivity on the Bishop of Winchester's Demesne of Rimpton, 1208 - 1403, in B. M. S. Campbell and M. Overton eds., *Land, Labour and Livestock: Historical Studies in European Agricultural Productivity*, Manchester and New York: Manchester University Press, 1991, p. 205.

（续上表）

年份	年均长工	年均劳役	年均种植面积（英亩）	每英亩投入劳动
1275—1324	2 169	2 967	252	20. 38
1300—1349	1 983	2 214	230	18. 25
1325—1374	1 727	1 445	208	15. 25
1350—1403	1 652	1 139	176	15. 86

领主们还在庄园内部积极维修和新建磨坊等资产。约翰·兰顿对 1086 年到 1500 年西米德兰地区庄园中磨坊数量变化的研究表明，13 世纪的磨坊数量最多，远远高于 12 世纪和 14 世纪后期的磨坊数量（见图 6 - 2）。1189 年在格拉斯顿伯雷修道院的 20 个庄园上共有 31 个磨坊，其中只有 1 个由领主直接经营，其他 30 个承包给佃农。到 1260 年，1189 年调查所涉及的 20 个庄园中有 3 个庄园情况不明确。在其余的 17 个庄园上，1189 年佃农所租佃的 28 个磨坊到 1260 年减少为 20 个。而通过新建和收回磨坊，领主将直接经营的磨坊从 1 个增加到了 12 个。①

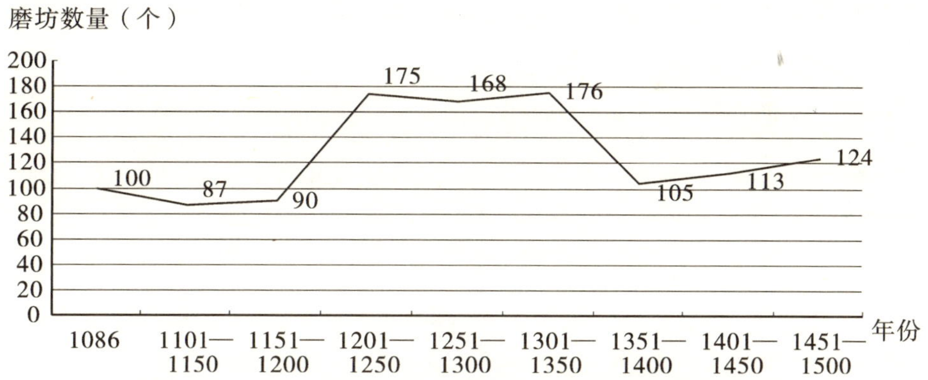

图 6 - 2　1086—1500 年西米德兰地区庄园中磨坊数量的变化②

注：以 1086 年的数量为基数 100。

① Richard Holt, Whose Were the Profits of Corn Milling? An Aspect of the Changing Relationship between the Abbots of Glastonbury and their Tenants 1086 - 1350, *Past and Present*, No. 116, 1987, pp. 7 - 9.

② 数据来源：J. Langdon, Water-mills and Windmills in the West Midlands, 1086 - 1500, *The Economic History Review*, Vol. 44, No. 3, 1991, p. 430.

还有一类投资不属于农业投资，但同样属于领主经济行为的一部分，反映了其投资的积极性，值得稍加论述。一些领主在领地内积极设立市场或集市，以便从出租城镇房屋、收取市场交易税和城镇法庭罚金等方面获取收入。在设立市场的过程中，领主们要向王廷交费，以便取得相应的特许状（charter）。他们还要划出一片地方作为交易场所，甚至设立一些店铺和摊位以便向商贩出租。根据理查德·布瑞内尔的研究，在1200年到1349年的一个半世纪中，英格兰21个郡共设立市场1 003个，其中13世纪上半期是新增市场最多的时期。[①] 由于领主们兴起了一股投资设立市场的热潮，市场迅速饱和。到1300年，整个英格兰平均每五六个村庄就有一个小市场。[②] 由于市场密集，相互之间的竞争也日益激烈。领主之间经常为此对簿公堂，甚至引发暴力事件。[③]

实际上，许多领主都在综合使用各种投资途径。1236年到1240年王室地产管理的改革和13世纪后期到14世纪初期坎特伯雷大主教座堂修道院的积极投资很好地说明了这一点。

罗伯特·斯塔塞对1236年到1240年的王室地产管理改革进行了详细的研究，为我们认识封建领主的投资行为提供了很好的参考资料。[④] 在13世纪初期，王室地产或者由国王的宠臣负责，或者由郡守负责，或者由庄

---

① 数据来源：R. H. Britnell，The Proliferation of Markets in England，1200 - 1349，*The Economic History Review*，New Series，Vol. 34，No. 2，1981，pp. 209 - 221.

② R. Mortimer，*Angevin England*，*1154 - 1258*，Oxford：Wiley-Blackwell，1994，p. 175.

③ 1201年，伊里主教在拉肯希斯（Lakenheath）设立了一个市场，而在这个地方同样拥有地产的圣埃德蒙兹修道院也从国王那里获得了设立市场的特许状。圣埃德蒙兹修道院院长萨姆森请求伊里主教撤销他们的市场，并提出愿意补偿他们获取市场特许状时支付的15马克，但双方互不相让。圣埃德蒙兹修道院向国王支付了40马克，获得了在该地设立市场的排他性权利。1202年，在萨姆森的命令下，拉肯希斯百户区管家带领圣埃德蒙兹修道院的众多仆人，带着棍棒捣毁了伊里主教的市场。参见：Jocelin of Brakelond，*Monk of St. Bury Edmunds*，translated and edited by L. C. Jane，London：Chatto & Windus，1907，pp. 207 - 209.

④ Robert C. Stacey，Agricultural Investment and the Management of the Royal Demesne Manors，1236 - 1240，*The Journal of Economic History*，Vol. 46，No. 4，1986，pp. 919 - 934.

园上的佃农集体负责，但他们都只交纳固定的收入。[①] 1236 年亨利三世在御前会议上作出了一项激进的决定。他任命了三位王室地产的管理人（custodians），让他们直接经营、管理王室的庄园，将其收入全部上交财政署，同时从财政署获得固定的佣金。其中一位管理人是伯格的瓦尔特，他负责分布在埃塞克斯郡等南方各地的王室庄园。财政署为了监督瓦尔特，评价其改革成效，在账务管理方面作了一些相应的调整。在早些时候，财政署账簿在登记王室庄园的收支情况时，总是把王室对庄园的减免、从庄园进行的各种支付以及庄园自身的开支混合记录在一起。这种登记方法虽然比较方便，但是很难看出每个庄园的经营效益。与此不同，财政署将瓦尔特所管理的每个庄园的农业收入与其经营支出登记在一起，先将每个庄园的收支和盈余分别计算，然后算出所有庄园的总盈余。所有与庄园生产活动没有直接联系的开支，比如主要的建筑项目、向王室债权人支付的款项、个别庄园的慈善支出、瓦尔特及其下属管家们的工资等都留到账簿的最后。这样，财政署就可以清楚地掌握和评价瓦尔特经营管理的绩效了。

瓦尔特积极提高出租地的地租，扩大直接经营的范围，但他在这方面取得的成效不大。[②] 他注重增加庄园的生产投入。在上任的两年中，他在所有庄园上的投资占总收入的 30.6%。在其中的三个庄园上，这个比例超过了 50%。这些新增的投资主要用在购买牲畜、增加施肥、雇用雇工以及从外地购买种子等方面。他在 1236 年到 1238 年将牲畜总数增加了 33%。在他上任的第一年中，有 30% ~40% 的种子是从外地购买的，第二年降低

---

① M. K. McIntosh, Land, Tenure, and Population in the Royal Manor of Havering, Essex, 1251 -1352/3, *The Economic History Review*, Vol. 33, No. 1, 1980, p. 22.

② 他将北安普敦郡的三个庄园杰丁顿、国王的克里夫和索普（Geddington、King's Cliffe 和 Thorpe）按照固定地租出租，不过将前一个庄园的地租提高了 50%，将后两个庄园的地租提高了 25%。他将另外三个庄园费顿、博里格斯托克、西尔维斯通（Finedon、Brigstock、Silverstone）收归直接经营，虽然前两个庄园内有部分土地继续出租，但租佃者要交纳进入费。他将原先出租的新开发土地收回来直接经营，这些土地以前的地租收入为每年 13s. 11d.。他还收回了西尔维斯通庄园上的 42 英亩出租地，在另外两个庄园科克汉姆和索默顿（Cookham 和 Somerton）上也分别有 14 英亩和 78 英亩出租地被收回来。Robert C. Stacey, Agricultural Investment and the Management of the Royal Demesne Manors, 1236 - 1240, *The Journal of Economic History*, Vol. 46, No. 4, 1986, pp. 923 -925.

到了 5% ~13%，但两年的平均数仍然达到了 25%。他在改善土地肥力方面也作了努力，施用泥灰的费用达到了每英亩 3 ~4 先令。从 1236 年到 1238 年，瓦尔特花费了 28 英镑给 139 英亩土地施用泥灰。[①] 由于直接经营扩大，劳动力需求也相应增加。虽然瓦尔特努力增加佃农的劳役负担，但是成效甚微，于是他不得不大量雇用雇工。1237 年，在埃塞克斯的哈特菲尔德（Hatfield）庄园，瓦尔特用折价为 4 英镑的佃农劳役收获了 600 夸脱谷物。第二年，谷物的收获量增加到 900 夸脱，同时他在雇用雇工方面的开支高达 10 英镑 15 先令 2 便士。在埃塞克斯郡的另一个庄园，瓦尔特花费 14 英镑 19 先令 9 便士从附近其他领主那里购买劳动力。[②]

通过这些措施，瓦尔特使地产收入大幅增加。在他直接经营的庄园上，扣除投资和成本后的总净收入在 1238 年比 1236 年提高了 50%。到 1240 年直接经营的试验结束时，净收入比 1236 年高 70%。在他没有直接经营的那些庄园上，同一时期收入的增加仅有 19.5%。[③] 尽管瓦尔特的改革措施取得了成功，但是未能持久。一方面是因为这种政策遭到了一些此前按照固定租金承包王室地产的王室宠臣的反对；另一方面，详细登记每个庄园各项收支的政策也增加了财政署的工作负担。因此，在 1240 年的御前会议上，国王决定放弃直接经营的政策，包括瓦尔特在内的三位王室地产管理人被撤职，他们管理的庄园被重新承包出去。导致改革结束的主要是政治上的原因，而不是经济上的原因。不过，有一点罗伯特·斯塔塞并未注意到，即瓦尔特的成功并不意味着其他领主的地产也有同样的潜力可挖。因为王室地产一向投入较低，起点比较低，因此只要增加投入，收入就会大幅增加。但是，即使继续维持同样的投资力度，收入的增长幅度也会降低。事实也正是如此，瓦尔特在后两年内的投资率并没有降低，但投资的回报已经降低。1238 年的收入比 1236 年的增加 50%，而 1240 年只比

---

① Robert C. Stacey, Agricultural Investment and the Management of the Royal Demesne Manors, 1236 –1240, *The Journal of Economic History*, Vol. 46, No. 4, 1986, pp. 928 –931.

② Robert C. Stacey, Agricultural Investment and the Management of the Royal Demesne Manors, 1236 –1240, *The Journal of Economic History*, Vol. 46, No. 4, 1986, p. 925.

③ Robert C. Stacey, Agricultural Investment and the Management of the Royal Demesne Manors, 1236 –1240, *The Journal of Economic History*, Vol. 46, No. 4, 1986, p. 927.

1238 年增加 13%。其他领主地产上的投资一直比较高，牲畜等资产一直比较充分，因此即使增加投入，收入也未必有很大的增加。这种现象就是经济学上的边际报酬递减律，即在技术不变的情况下，增加某种生产要素的投入虽然能够带来报酬的增加，但其增幅呈递减趋势。

13、14 世纪之交坎特伯雷大主教座堂修道院的院长伊斯特里的亨利（Henry de Eastry）是经营兴盛时代的又一位典型领主。他在担任院长期间（1285—1322 年），积极通过各种途径增加投资，扩大地产的生产能力，使修道院的耕地面积和牲畜数量都翻了两番。1291 年犹太人被驱逐出英格兰后，亨利用 73 英镑低价购买了犹太人在坎特伯雷的 13 处房产。此后，修道院又购买和修建了许多房屋。1285—1290 年，修道院的账房每年从出租房屋和店铺中获得 78 英镑的收入，而 14 世纪 30 年代该项收入达到了 125 英镑。此外，修道院还积极修建和购买磨坊。亨利新建或购买了 8 处磨坊，年收入可达 20 英镑。有时修道院还在土地市场上投机。比如，14 世纪初期修道院账房花费 166 英镑 13 先令 4 便士租佃了一个庄园，后将其以更高的租金（230 英镑）转租出去。1298 年他们花费 200 英镑将一个教堂租佃了 6 年，6 年之中他们共从这个教堂取得 320 英镑 19 先令的回报。在亨利的任内，修道院共花费 1 343 英镑 6 先令 8 便士用于购买土地和增加地租收入，这些投资每年为修道院带来约 202 英镑的收入。[①] 亨利在任的 37 年中，该修道院在新修建筑、修缮磨坊以及修建其他房屋等方面花费了3 739 英镑，在用作肥料的泥灰方面花费了 111 英镑，在开拓土地上花费了 360 英镑。这些支出共计 4 210 英镑，平均每年投资 114 英镑。[②]

总之，同其他时期相比，13 世纪英格兰领主投资的积极性还是比较高的。他们不仅积极收回和购买土地，提高地产上的资产配置，增加领地的农业收入，而且投资设立市场、修建房屋，努力增加非农业性的收入。

---

① M. Mate, Property Investment by Canterbury Cathedral Priory 1250 - 1400, *Journal of British Studies*, Vol. 23, No. 2, 1984, pp. 1 - 21.

② R. H. Hilton, Rent and Capital Formation in Feudal Society, in R. H. Hilton, *The English Peasantry in the Later Middle Ages*, Oxford: Clarendon Press, 1975, p. 186.

三、投资率

投资量和投资率是两个不同的概念，前者指投资数量，后者指投资在收入中的比重。即使在13世纪这个领主投资的高峰期中，投资在领主收入中所占的比重（投资率）仍然是很低的。虽然大领主每年的投资数量比较高，但是由于其地产广泛，地产年收入很高，所以投资率并不高。比如彼得伯罗修道院在13世纪平均每年投资100英镑，但它在1300年的年收入为1 700英镑，因此投资率不足6%。[①] 如前所述，在伊斯特里的亨利担任院长的37年中，坎特伯雷大主教座堂修道院平均每年在新修建筑、修缮磨坊、购买泥灰、开垦土地和修建房屋方面支出114英镑。这看起来是一个很高的数字，但当时该修道院的年收入约为2 540英镑，因此用于添置资本的投资在收入中仅占4.4%。即使加上37年中花费在购买土地方面的1 343英镑，投资率也不足6%。[②] 温彻斯特主教地产的年收入大约为3 000英镑，但是所有庄园在修缮磨坊和修建房屋等方面的总开支平均每年仅150英镑。也就是说，投资率只有5%。如果减去其中用于维持简单再生产的开支，投资率只有1.5%。温彻斯特主教座堂修道院的总投资率更低，不超过3%。英格兰西南部的格拉斯顿伯雷修道院地产的投资率也有2%～4%。[③] 根据麦维斯·麦特的研究，13世纪80年代伊莎贝拉在霍尔德内斯的易辛顿、凯英汉姆和小胡伯尔（Easington、Keyingham和Little Humber）三个庄园上的生产费用和维持费用（用于简单再生产和扩大再生产的投资的总和）在收入中分别占4%、8%、9.9%，而其中用于扩大再生产的投

① 希尔顿引用了该修道院在16世纪初期被解散时的年收入（大约为2 000英镑），认为其投资率为5%，但该修道院在1300年的收入见于伯尔顿的著作，采用1300年的收入数字应当更为可靠。R. H. Hilton, Rent and Capital Formation in Feudal Society, in R. H. Hilton, *The English Peasantry in the Later Middle Ages*, Oxford: Clarendon Press, 1975, p. 186. J. L. Bolton, *The Medieval English Economy, 1150 – 1500*, London: J. M. Dent, 1980, p. 95.

② R. H. Hilton, Rent and Capital Formation in Feudal Society, in R. H. Hilton, *The English Peasantry in the Later Middle Ages*, Oxford: Clarendon Press, 1975, p. 186.

③ M. M. Postan, Investment in Medieval Agriculture, *The Journal of Economic History*, Vol. 27, No. 4, 1967, p. 579.

资一定更低。[1] 罗德内·希尔顿还分别研究了1296年康沃尔伯爵全部9个管家区地产、克罗兰修道院在北安普敦郡的维灵伯罗庄园、爱德华一世的宠臣斯特拉顿亚当在维尔特郡的塞温汉普敦庄园上的资本形成情况。希尔顿的研究表明，英格兰领主用于添置资本的支出在总收入中的比重只有5%左右（见表6－6）。

表6－6　三个领主地产的资本形成情况[2]

庄园	时间	地租（英镑）	产品（英镑）	总收入（英镑）	资本支出（英镑）	资本/总收入（英镑）	货币上交（英镑）
康沃尔伯爵地产	1296年	2 002	488	3 214.5	96.2	3%	2 499
维灵伯罗	1293—1303年间平均	51	105	200	8	4%	77
塞温汉普敦	1272—1283年间平均	51	115	212	12	5.7%	177

如前所述，在领主们购置资本的支出中有相当一部分属于生产成本和资产折旧，而不属于真正用来扩大再生产的投资。也就是说，中世纪英格兰领主的收入中用于扩大再生产的投资其实远低于5%。根据西蒙·库兹涅茨对近代各国经济增长的研究，18世纪英国的资本形成率（新增资本在总产值中的比率）达到了5%～6%，到20世纪初期欧美多数国家的资本形成率达到了10%～15%。[3] 与此相比，13世纪英格兰领主的投资率是比

① M. Mate, Profit and Productivity on the Estates of Isabella de Forz (1260－92), *The Economic History Review*, Vol. 33, No. 3, 1980, p. 330.

② 在该表中，地租收入加上产品收入要低于总收入，因为总收入中还包括法庭收入等其他各种收入；资本支出加上货币送交也低于总收入，因为除了资本支出和货币送交外，还有其他支出，比如总管等人在庄园滞留期间的开支。根据希尔顿的相关数据编制，参见：R. H. Hilton, Rent and Capital Formation in Feudal Society, in R. H. Hilton, *The English Peasantry in the Later Middle Ages*, Oxford: Clarendon Press, 1975, pp. 185, 189－190.

③［美］西蒙·库兹涅茨著，常勋等译：《各国的经济增长：总产值和生产结构》，北京：商务印书馆1985年版，第71页。

较低的。

需要说明的是，领主在维持和扩大再生产的过程中，总是尽量节省开支，尽量使用一些无须购买的资源，比如佃农的劳役、属于自己的林木、石头等。13 世纪温彻斯特主教在自营地上曾经通过提高种子的播种率来抑制杂草的生长，但 13 世纪末期以后，随着劳动力的日益丰富，该主教就转为投入更多的佃农劳役来除草，因为佃农的劳役不直接耗费其资金。① 越是占有大量劳役和其他资源的领主，其维持和扩大再生产的货币支出在总收入中的比重就越小。这可以从大小领主的不同投资率中反映出来。小领主往往仅拥有一两个庄园，他们占有的佃农劳役和其他资源比较少，用于维持和扩大再生产的各种资源都要靠购买来获取，因此他们用于维持和扩大再产生的货币支出在总收入中的比重较大。布瑞内尔对四个小领主庄园的研究清楚地说明了这一点（参见表 6－7）。这些庄园的领主在维持和扩大再生产的过程中消耗掉了其收入的 20% ~50%，而领主从这些庄园上收取的只是毛收入中的 50% ~80%。

表 6－7　四个小领主庄园的货币支出情况②

庄园	年份	地租	资本支出	生产成本	上交
庞特斯(Pontes)	1341/1342	7.2%	9.2%	30%	53.6%
	1342/1343	6.5%	13.1%	26.5%	53.9%
凯尔夫顿厅(Kelvedon Hall)	1334/1335	3.2%	27.8%	53%	16.1%
卡伯内斯(Carbonels)	1343/1344	0.7%	18.2%	28%	53.1%
	1346/1347	0.6%	21.9%	33.3%	44.2%

① Christopher Thornton, The Determinants of Land Productivity on the Bishop of Winchester's Demesne of Rimpton, 1208－1403, in B. M. S. Campbell and M. Overton eds., *Land, Labour and Livestock: Historical Studies in European Agricultural Productivity*, Manchester and New York: Manchester University Press, 1991, p. 203.

② R. H. Britnell, Minor Landlords in England and Medieval Agrarian Capitalism, *Past and Present*, No. 89, 1980, p. 16.

（续上表）

庄园	年份	地租	资本支出	生产成本	上交
朗根霍伊（Langenhoe）	1324/1325	0	14.8%	22.9%	62.2%
	1338/1339	0	11.1%	20.2%	68.7%
	1342/1343	0	2.9%	24.9%	72.2%
	1344/1345	0	3.2%	15.3%	81.6%
	1347/1348	0	5.1%	27.6%	67.3%

罗伯特·布雷纳曾说，由于封建领主能够通过行使各种超经济强制获取收入，因此他们不注重通过改善和发展生产来增加收入。显然，大领主拥有更多的超经济强制手段，按照罗伯特·布雷纳的观点，大领主应当没有小领主那样注重发展经济，通过经济手段获益。上述大、小领主在投资率方面的差异从表面上看似乎能够说明罗伯特·布雷纳的论述，其实不然。小领主的投资主要是货币投资，而在大领主的投资中有相当一部分不折算成货币的资产，比如佃农的无偿劳役、木材、石头等。也就是说，小领主的投资积极性未必比大领主的高。

除了上述大、小领主之间的差异外，一些政治、社会因素也会导致领主投资率的短期波动。世俗领主的地产常因婚姻、继承等而分割、转移，因此很不稳定，缺乏连续性，其地产上的各种生产性资产和设施容易遭受这些非经济因素的干扰和破坏。女公爵伊莎贝拉刚刚接过在霍尔德内斯的地产时，其生产支出很高，包括修缮房屋、购买谷物、牲畜、修整田堰、挖掘沟渠，等等。她最初两年在小胡伯尔庄园的收入还抵不上支出。其原因是，此前王室地产管理人在暂时监管地产的时候采取了竭泽而渔的政策。当13世纪80年代其地产的生产条件有所改善、收入也有较大增长的时候，其投资也相应放慢了步伐。如前所述，在她的易辛顿、凯英汉姆、小胡伯尔三个庄园上，生产费用和维持费用在收入中分别只占4%、8%和9.9%。教会领主的地产虽然不会受到婚姻和继承问题的干扰，但教会组织内部对出让教会地产有比较严格的约束，因此教会领主的地产在稳定性和连续性方面要高于世俗领主地产。但是，教会领地也存在不稳定的因素。主教、修道院院长等作为教会领主的“法人代表”是需要更替的。他们有的为了获取更好的职位而向国王或者教皇贿赂，有的为了筹措新教职的授任费，常常在离开旧教职前变卖其地产上的资产（生产性的和非生产性的）。在主教或修道院院长去世后的教职空缺期，国王有权暂时监管其地产，并获取其收入。在此期间，国王委派的管理人常常执行竭泽而渔的政策，不顾地产的长远利益，将地产上的牲畜、谷物等资产出卖，导致其生产能力遭到破坏。比如，1313 年伍斯特主教瓦尔特·雷诺兹（Walter Reynolds）在被选为坎特伯雷大主教时，命令其下属尽快出卖主教地产上的谷物、牲畜等资产。继任的主教托马斯·科汉姆（Thomas Cobham）抱怨自己接收过来的是一个被毁坏的领地。他说："我什么都没有，既没有钱币，也没有其他东西。"为了恢复自营地的生产，他不得不重新购买大量的牛羊。① 这种因政治性因素而导致的投资变化是很常见的。在恢复被破坏的地产时，领主投资率很高，但这不能说明他们具有更高的投资积极性。

当然，13 世纪一些领主地产的资产配置还是较高的。在女公爵伊莎贝拉的地产上，1261 年出卖羊毛的收入在总收入中占 1/4，但到 1277 年增加将近一半，原因是羊毛的价格上升了。1271 年她从出卖 38 包羊毛中获得 215 英镑 6 先令 8 便士，而到 1277 年，她出卖的羊毛几乎没有增加（37.5 包），但出卖羊毛的收入却达到了 275 英镑。尽管如此，伊莎贝拉却没有进行任何投资，以便扩大羊毛的生产规模，原因是她的草地资源已经不足。1275 年，伊莎贝拉的牲畜管理人（stock-keeper）为购买干草花费了 4 英镑 2 先令 4 便士，并因在临近的其他领主的草地上放牧羊群花费了 1 英镑 14 先令 2 便士。② 牛津大学默顿学院的库克翰庄园是一个耕地富饶、草地不足的庄园。尽管如此，13 世纪后期他们还是在这个庄园上放牧羊群，但必须从附近其他领主的地产上购买草地来放牧。③ 13 世纪 60 年代坎特伯

---

① Christopher Dyer, *Lords and Peasants in a Changing Society*, Cambridge: Cambridge University Press, 1980, p. 81.

② M. Mate, Profit and Productivity on the Estates of Isabella de Forz (1260 - 92), *The Economic History Review*, Vol. 33, No. 3, 1980, pp. 327 - 328.

③ P. D. A. Harvey, *A Medieval Oxfordshire Village: Cuxham, 1240 to 1400*, Oxford: Oxford University Press, 1965, pp. 98 - 104.

雷大主教座堂修道院也要通过租佃一些草地来放牧。[①] 13 世纪在许多西多会修道院的地产上，羊群的数量也达到了草地资源承载力的上限，羊群的规模已经难以进一步扩大。[②] 由于许多领主地产上的资本配置已经较高，进一步增加投入所获得的收入增长已经不大，这约束了他们的投资。

四、投资不足的原因

封建领主投资不足的原因是多方面的。首先，他们把大量的财富用于奢侈性和炫耀性的消费。这虽然有助于维持和提高领主们的社会地位，巩固他们同随从的关系，获得国王的恩宠或者一桩有利的政治婚姻，进而间接带来各种经济收入，但这还不是戴尔所说的“人力资源投资”。对有闲阶级奢侈消费背后的心理动机，凡勃伦分析得非常精辟。他指出，有闲阶级之间炫耀财富的奢侈消费是在身份和社会地位方面不断升级的竞赛，“取得财富和积累财富的动机是企图在金钱地位上力争上游，胜过别人，从而猎取荣誉，赢得同僚的妒羡”，“仅仅保有财富和权力还是不够的，有了财富和权力还必须提出证明”，而歧视和不参与劳动、非生产性地消耗时间、豢养奴仆、声色犬马、繁文缛节、宴饮聚会等奢侈消费都是此类证明。这种夸富竞赛的结果是，有闲阶级用以证明财富和权力的消费水平不断提高，而且随着时间的延续和习惯的形成，放弃炫耀性的消费日益困难。[③] 封建领主的夸富消费是巨大的财富浪费，消耗了农民所创造的剩余财富，消耗了可以用于改进和发展生产的物质资源。

其次，领主们缺乏投资的积极性还与生产技术的停滞不前有关。在中世纪的英格兰，可以用于促进生产发展的技术知识非常有限。在种植业方面，除了增加泥灰的施用量、扩大苜蓿等豆类作物的种植、勤于除草外，领主们在改进生产技术方面所知道的和能够做的很少。在畜牧业方面，领

---

① M. Mate, Property Investment by Canterbury Cathedral Priory 1250 - 1400, *Journal of British Studies*, Vol. 23, No. 2, 1984, p. 3.

② R. A. Donkin, Cattle on the Estates of Medieval Cistercian Monasteries in England and Wales, *The Economic History Review*, Vol. 15, No. 1, 1962, p. 45.

③ ［美］凡勃伦著，蔡受百译：《有闲阶级论——关于制度的经济研究》，北京：商务印书馆 1964 年版，第 21、37 页。

主们的技术改良只不过是扩大羊毛的生产、选择性地饲养牲畜，除此之外他们无能为力。在当时的条件下，节约劳动力而花费资本的技术比较少，而且在劳动力比较丰富的13世纪，这种技术即使有也不会被领主们接受。增加犁队、购买种子和改变播种率所能带来的收益增加并不明显。有些技术革新需要更多的牲畜，但是牲畜本身却因耕地增加和草地匮乏而受到限制。[①] 从两圃制向三圃制的转变虽然提高了播种率，但它并不需要很多的资金来支持，况且有些地方的土壤条件根本不能承受这种复种指数的提高，而有些地方的习惯则阻碍了两圃制向三圃制的转变。[②] 圈围土地虽然能够提高生产效率，但需要较多的资金，而且由于敞田制下村民公地使用习惯的存在，在13、14世纪圈围土地的现象还比较少。[③] 这些因素使领主们难以打破边际报酬递减率所造成的瓶颈，限制了他们投资的热情和渠道。与此不同，日新月异的近代科学技术不断为企业家们开拓了新的投资领域和利润空间，使他们能够表现出较高的投资积极性。封建领主同近代企业家处于不同的时代，尽管封建领主也希望从地产上获得更多的收入，但他们所能做的往往只是维持地产的生产能力，使其不致因自己的过度攫取而遭受损害。蒂托对这个问题的论述有一定的合理性。他指出，不能单纯以投资率来评判封建领主的投资积极性，他们也有扩大生产、增加收入的愿望，但技术知识和社会制度对他们有很大的约束力。与生产领域的投资相比，再分配领域的投资获利更高，难怪购置田产是领主们主要的投资途径，也难怪他们会把大量的财富消耗在政治投资或投机活动中。领主们只是希望从现有的经济成果中获得更大的份额，而不是致力于扩大生产和创造更丰富的经济成果。这的确是封建经济发展缓慢的一个重要原因，但这种现象并不是封建社会所独有的，即使在今天的某些国家也是司空见惯的。只要社会制度不能确保生产领域的投资收益率高于再分配领域的投资收益率，这种现象就会存在。

---

① M. M. Postan, Village Livestock in the Thirteenth Century, *The Economic History Review*, Vol. 15, No. 2, 1962, pp. 219 – 249.

② H. S. A. Fox, The Alleged Transformation from Two-Field to Three-Field Systems in Medieval England, *The Economic History Review*, Vol. 39, No. 4, 1986, pp. 526 – 548.

③ M. M. Postan, Investment in Medieval Agriculture, *The Journal of Economic History*, Vol. 27, No. 4, 1967, p. 581.

最后，封建领主在生产上并未像近代的企业家那样受到优胜劣汰、你死我活的竞争压力。在近代股份制的企业中，经理人员如果不积极进取、为股东们的资本创造回报，他们就会被免职。企业之间的竞争非常激烈，一个企业如果不积极投资、扩大生产能力、开拓市场，就会遭受无情的优胜劣汰法则的惩罚。他们不能故步自封、停滞不前，因为激烈的竞争意味着不进则退。在竞争中失败的企业会遭受破产厄运，业主（或股东）的资产可能血本无归。这种外部的压力与企业家追求利润的内部动力结合在一起，成了资本主义经济迅猛发展的强大引擎。相反，封建领主们来自地产的收入比较稳定，即使其自营地的生产因风不调雨不顺而歉收，他们仍然可以强迫佃农如数交纳地租，可以依靠各种封建特权把灾祸转嫁到佃农头上。尽管封建领主之间也存在竞争，也有人兴旺有人败落，但他们的竞争主要是在政治领域。对封建领主来说，经济收入不过是政治特权的副产品。只要在政治上不失势，他们就能够维护和扩大自己的地产。难怪封建领主们把大量的财富用于政治投机而不是扩大和发展生产。

总之，与 11、12 世纪和 14 世纪中期之后相比，13 世纪英格兰的领主们表现出了较高的投资积极性。他们在购置地产、增加牲畜、新建和维修磨坊房屋、增加劳动力和其他生产投入及设立集市等方面掀起了一股投资热潮。这在封建时代算得上是一个较大的进步，但是同近代的企业家相比，封建领主的投资积极性还是比较低的。他们把直接或间接来自农民的大量财富用于奢侈性的夸富消费，而不是生产性的投资。他们有限的投资主要用于购置田产，而不是提高原有地产的生产能力，这对整个经济的发展非常不利。只要技术尚未发生重大改进，尚未给生产领域带来更高的获利机会，同时社会制度又不能降低非生产领域的收益率，并保障生产领域的收益率，那么生产领域的低投资率就难以改变，经济就难以加速发展。这不仅是 13 世纪英格兰存在的问题，而且是大多数封建社会存在的问题。

第七章

庄园与村社

第一节　庄园制度的村社基础

村社是影响农奴制兴衰的一个重要因素，但学界对二者关系的认识却存在很大分歧。罗伯特·布伦纳在一篇引发广泛争议的论文中分析了近代早期西欧农奴制瓦解而东欧农奴制强化的根本原因。他认为，在西欧，强大的村社集体力量使农民能够团结起来抵制领主的盘剥，最终导致农奴制的瓦解，而东欧村社力量较为弱小，领主居于主宰地位，从而使农奴制得以强化。① 国内学界也已经注意到了强大村社对农奴制的阻碍作用。比如马克垚曾指出，“公社是农民反抗封建主的现成组织手段”②。侯建新和徐浩也认为，庄园、村社和教区等多股力量的相互牵制为中世纪西欧的农民留下了较为宽广的自主空间和积累余地。③

有一种相反的观点认为，村社是农奴制顺利运行的基础。彼得·陶马诺夫认为，俄国村社中出现土地定期重分、阶层化管理等制度，是因为它有助于实现外部力量对村社的控制，加强对农奴化农民的管理。④ 曹维安在考察俄国农奴制的形成和发展时强调，领主在领地管理中通过村民大会推选村长、副村长、收税员等人员，由其处理村内公务，完纳国家和领主摊派的各项义务。他认为农村公社在16世纪末以后被改造为“维护和加

① Robert Brenner, Agrarian Class Structure and Economic Development in Pre-Industrial Europe, in T. H. Aston and C. H. E. Philpin eds., *The Brenner Debate: Agrarian Class Structure and Economic Development in Pre-Industrial Europe*, Cambridge: Cambridge University Press, 1985, pp. 40 - 43.

② 马克垚：《西欧封建经济形态研究》（第二版），北京：人民出版社2001年版，第274页。

③ 侯建新：《中英封建晚期乡村组织比较》，《史学理论研究》2000年第3期，第110—120页；徐浩：《农民经济的历史变迁——中英乡村社会区域发展比较》，北京：社会科学文献出版社2002年版，第119页。

④ Peter Toumanoff, The Development of the Peasant Commune in Russia, *The Journal of Economic History*, Vol. 41, No. 1, 1981, pp. 197 - 184.

强俄国农奴制的有力工具”①。谢拉格·奥杰尔维在研究了近代早期波希米亚农奴制的复兴与村社的关系后说，村社制度降低了领主实施农奴制的成本，村社与庄园的协调合作是农奴制复兴的重要条件。② 马克·布洛赫在谈到村社份地制度与庄园制度的时候也说，“庄园绝对没有扼杀村社”，“两种体制共生共存”，村社是庄园“赖以取得权力以及收入的一个非常重要的来源”。③

村社究竟是领主实施农奴制的障碍还是工具？如何理解这两种相反的观点呢？笔者认为，这两种观点并不矛盾。村社与农奴制庄园本身就既有冲突对抗的一面，也有协调合作的一面。两种观点各自强调了其中的一面。学界对村社与领主之间的对抗已有颇多论述，相比之下对二者之间的合作却鲜有探讨。村社与领主的合作协调可以分为两个侧面：一是村社借领主的权威强化内部管理，二是领主通过培育村社内部管理和监督来降低农奴制庄园的管理成本。本书尝试以资料较为丰富的中世纪英格兰为例，对村社制度在领主实施农奴制过程中的辅助作用略加考察，领主权威满足村社需要的功能留待日后探讨。

一、村社、庄园和农奴：管理的困境

庄园是领主地产管理的基本单位，它既是一个生产单位，又是一种社会组织。庄园一般包含领主自营地和佃农份地，领主依靠佃农劳役来耕种自营地。自营地越大，领主就越要加强对庄民人身、劳力和土地的控制，以确保自营地的生产。庄园生产和各项收支由庄头统一组织和负责。领主往往在庄园内举行由其本人或总管主持的法庭，以此来维护自身权益，解决佃农纠纷和处理公共事务。中世纪英格兰的领主们有很多庄园，不过往

---

① 曹维安：《俄国史新论：影响俄国历史发展的基本问题》，北京：中国社会科学出版社 2002 年版，第 266—272 页。

② Sheilagh Ogilvie, Communities and the "Second Serfdom" in Early Modern Bohemia, *Past and Present*, No. 187, 2005, pp. 110, 117.

③ ［法］马克·布洛赫：《依附耕作的兴起和庄园制度》，载于［英］波斯坦主编，郎立华、黄云涛、常茂华等译：《剑桥欧洲经济史》第一卷《中世纪的农业生活》，北京：经济科学出版社 2002 年版，第 243、249 页。

往分散于各地，不同领主的庄园相互交错穿插。大领主在其住所附近拥有一批庄园，但许多庄园都远离住所。这种空间障碍和不同领主的相互牵制不利于领主对庄园的管理。

村庄是农民的自然聚落形态。它受到自然禀赋、耕作制度和传统习惯的影响，有聚居的大村和分散的小屯两种形态，并因人口变动和土地垦辟而变化。在处理集体事务、协调资源利用、履行国家和领主等外部力量规定的义务时，村民逐渐形成了一些特有的组织，比如全体村民共同参与共同决议的村民大会，以及互助合作的亲属、邻里关系。从起源上讲，村庄大多是先于庄园而存在的，庄园则随着封建地产的封授、捐赠、分割、继承和转让等因素而聚合或裂变，它是外部力量对乡村社会进行人为划分的产物。这使得庄园和村庄之间的关系颇为复杂。有的庄园与村庄一致，有的则包含若干村落，还有的只是村庄中属于不同领主的若干庄园之一。科斯敏斯基的研究表明，即使在庄园制比较发达的地区，多数情况下庄园与村庄也并不一致。① 一个庄园的自由佃农可能有自己的维兰和庄园法庭，其地产构成次级庄园。有时次级庄园之下还有次级庄园。地租收入的转让使得一个领主的佃农可能要向另一个，甚至多个领主交租。有时某个佃农可能从两个或更多属于不同领主的庄园租佃土地。这种庄园之间以及庄园与村庄之间的复杂关系同样不利于领主对庄园的管理。

领主利用佃农劳役来耕作庄园自营地，并向佃农索取死手费、婚姻费等杂费，无疑会导致二者的冲突。另外，领主与农民在维持有序的轮作制度、维护路桥沟渠等公共设施方面具有共同利益，表现出一定的共生合作关系，因为领主自营地通常并不连成一片集中分布，而是分成条田与佃农份地交错分布。这使领主与农民既经常冲突，又不时妥协。

此外，庄园管理还存在时空两个维度的障碍。时间方面，农业生产周期长，环节多。翻耕土地、施肥播种、耙地除草、收割打场、入仓保管，历时一年。庄园绝对是多种经营的，除了谷物种植外，还有家畜家禽的饲养，磨坊、面包坊、酿酒坊等的管理，林木保护和售卖，野果采摘和捡拾，等等。空间方面，领主自营地与佃农份地分散交错在一起，即使领主

---

① E. A. Kosminsky, Services and Money Rents in the Thirteenth Century, *The Economic History Review*, Vol. 5, No. 2, 1935, p. 30.

为管家配备马匹，以便亲临田地督察劳作（庄头通常没有这样的待遇），但可以肯定，除了割草、收割打场等少数环节外，绝大多数劳作都是在无人监督的情况下分散进行的。在周期长、环节多、空间广的情况下，领主根据生产成果来评价农奴劳动的绩效是非常困难的。某块土地的歉收是因为翻耕土地不够深，播种不足，除草不细，收割不全，还是因为打场不尽，抑或只是风不调雨不顺的结果呢？某只羊的死亡是自然原因还是因为羊倌照顾不周呢？在这种信息不对称的状态下，劳作者是否尽心竭力只有其本人清楚。另外，天气变化等偶然因素不可预测，领主或其代理人不得不允许佃农在各自劳作中即时决断。然而，劳动者大多是农奴，他们将服劳役视为身份不自由的象征，其劳动积极性自然大打折扣。领主拥有的暴力强制手段足以打压那些拒服劳役和聚众闹事的佃农，但佃农的抵制和反抗更多情况下并非这种公开的、暴力的形式，而是希尔顿所说的“低度反抗”和“游击战”。[①] 他们侵占领主自营地，劳动时迟到早归、消极怠工，锄草播种时粗心大意，收割时故意遗漏以便随后自己捡拾，甚至趁着夜色小偷小摸。领主对这类无处不在、无时不有的麻烦防不胜防。

上述诸多实施农奴制的困难决定了领主只能从村社内部寻找组织资源，略加改造后为己所用。

二、从村长到庄头

庄头是庄园最重要的管理者，是连接领主与庄民的中介和纽带。如前所述（参见第五章第一节），庄头这个重要的角色就是从以前的村长转变而来的。在庄园制度兴起之前，村庄就因内部管理的需要或外部索取的压力而形成了一些组织机构。领主在建立庄园时很自然地运用了已有的村官，要求他们承担新的责任，随着这种负担的日益加重，村长转化为庄头，职位变成了役务。此后，担任庄头成为习惯佃农的强制性义务，担任过庄头成为佃农属于习惯佃农的标志之一。

庄头等各种管理者都由村社来推选和监督，这正是村社的特点。除偶

---

① R. H. Hilton, *A Medieval Society: The West Midlands at the End of the Thirteenth Century*, the second edition, London: Cambridge University Press, 1983, p. 154.

尔光临的总管、管家、审计官等外来监督管理人员外，庄园本地的管理者包括庄头、各种事务员、陪审员和十户长等。各种事务员中，有收租人（beadle）专门负责向佃农收取地租；监工（hayward）专门负责组织和安排夏季割草和秋季收割等工作；护林员（woodward）专门负责看护林地，防止有人私自入林放牧、砍柴；看田人（warden of the field）则负责看管田地，特别是防止秋收季节有人偷盗庄稼。在农忙季节，这些事务员也会协助庄头安排劳役、收取代役金、征收罚款、组织收割打场等事宜。法庭陪审员在庄园法庭上负责检举揭发、调查事实和裁决争议。十户长则负责监管本十户组成员的言行，在十户联保会议上检举和处罚危害地方治安的轻微事件。这些人员都是由村民推选的。《无名氏的田庄管理》中说庄头是由全体庄民推选的，《田庄总管的职责》中也说，“庄头应当是教区全体居民一致选出且一致认为是他们中间最好的庄稼人和最老实的人”①。虽然也存在一些领主任命庄头的例子，但多数情况下庄头都是由村民推选的，其他庄官更是如此。比如，1333 年 2 月 8 日汉普郡布兰姆贝尔苏特庄园的法庭卷宗就记载说：“辛德鲁普村的亨利（Henry atte Synderlupe）被推选为十户长，并宣誓上任。”② 领主要求庄民推选庄官，其实质是无偿地向村庄摊派一项新的义务——免费提供一批管理庄园人员。这种做法采取了村社自治的形式，却把村社原有的管理者转变成为领主服务的庄官。

三、从村社会议到庄园法庭

领主管理庄园最重要的工具是每隔几周就举行一次的庄园法庭。出席法庭是维兰的强制性义务，自由佃农虽然理论上可以根据他们租佃领主土地时的契约决定是否出席法庭，但多数情况下他们都会出席。负有出庭义务者若迟到早退或无故缺席，都要受到罚款处罚。法庭虽然由领主本人或其总管、管家主持，但事务多数由全体出席者共同处理，或者由庄民选出

---

① ［英］伊·拉蒙德、W. 坎宁安编，高小斯译：《亨莱的田庄管理》，北京：商务印书馆 1995 年版，第 61、67 页。

② J. Z. Titow, *English Rural Society, 1200 - 1350*, London: Allen & Unwin Ltd., 1969, p. 179.

的陪审团处理。法庭的职责包括维护领主权益、处理公共事务和解决庄民纠纷三个方面。惩处拒服劳役、拖欠地租、侵占领主土地、私自到领主的林地或草地上砍柴放牧等行为无疑直接保护了领主的利益，而严惩各种违反村规民约的行为也间接体现了领主的利益，因为领主自营地也属于整个敞田中的一部分，严格的村规民约和有条不紊的乡村秩序亦有利于领主自营地的经营。解决佃农纠纷也与领主的利益密切相关。比如，领主需要确保佃农之间的土地买卖和租佃不至于减损其可能收取的地租和劳役，佃农婚嫁不至于导致庄园劳力的减少和土地的流失，等等。而且，所有这些事务都会带来罚金、杂费等收入。拒不执行法庭决议者会被罚款、扣押财产或收回土地。

从这些方面来看，庄园法庭是领主控制佃农的工具，不过它却是从原先的村社会议转变而来的。我们对庄园兴盛前村社会议的情况知之甚少，在 13、14 世纪庄园兴盛的时期，领主们留下了大量调查册（地租册、惯例册等）、庄园账簿和法庭卷宗，这些资料可以使我们间接地观察到村社会议的一些情况。比如，有时村社集体制定村规民约，租佃领主土地，甚至将村社土地由两田制改为三田制。北安普顿郡的哈勒斯通（Harlestone）村庄是一个很好的例子。15 世纪初期该村庄曾将土地由两田制变更为三田制，但其中有一田过小。于是 1410 年，经分割占有该村庄的 6 位领主会同 6 位村民共同商议，在全体村民同意的情况下决定将过小的大田扩大，一些土地要用栅栏围起来，一些田间通道被拓宽，还有一些新的通道要开辟。村民会议选出一个 9 人委员会来具体处理此事，而且特别规定他们应当以少数服从多数的原则来工作。① 虽然这个例子出现得比较晚，但早期的村社也具有类似特点。村社会议的重要特点是全体村民共同参与和决策，处理与村民集体生活密切相关的事务。如下三个方面体现了庄园法庭对村社会议的吸收和包容。其一，庄园法庭处理大量村社的公共事务，调解和裁决村民之间的各种纠纷；其二，绝大多数村民都应参与法庭，而且主要是由他们在法庭上进行检举、调查和裁决；其三，庄园法庭处理事务所依据的主要是村社的习惯法。

① Joan Wake, Communitas Villae, *The English Historical Review*, Vol. 37, No. 147, 1922, pp. 406 - 413.

不过，庄园法庭对村社会议既有吸收又有改造，其改造之处大体有五个方面。其一，由领主委派的总管或管家成为会议的主持人，其职责在于维护领主的权益，利用领主的权威强化法庭的执行力，同时裁决庄民们争议不休难以裁决的问题。其二，庄民出席法庭成为一项严格的义务，无故缺席或迟到早退都要受到罚款处罚。除收取罚金外，这项规定也有通过提高村民的参与率来增强法庭合法性的意义。其三，村社会议原本是根据实际事务的需要随时召开的，但庄园法庭的召开却有了明确的规则，比如每三周召开一次，甚至上次法庭就安排了下次法庭的时间，或者根据总管对庄园有规律的巡查而召开。其四，原先的村社会议是由全体村民共同决议的，但领主在庄园法庭上积极引入了陪审制度，以少数（通常为 12 名）陪审员进行事实调查和争议裁决，这提高了庄园法庭的效率及其对庄民的控制力。其五，领主不仅对拒不执行庄园处罚的庄民采取扣押财产、夺佃甚至拘捕等强制措施，还要求庄民在庄园法庭上相互担保，这些都强化了法庭的执行力。

四、从份地制度到户等管理

所谓日耳曼公社的共产主义平等传统在很早的时候就已经被打破了。不论村民之间的分化是源于恰亚诺夫式的人口分化、马克思主义式的阶级分化，还是市场关系所产生的分化，村民在土地占有、草地利用和牲畜牧养、公共影响力以及封建负担等方面都存在明显差别。盎格鲁－撒克逊时代晚期出现的《人民的权利和等级》的文献就对此作了明确的叙述。此后的《末日审判书》以及教俗领主的地产调查册都采用了分层登记的方法，农户按照占有土地和封建负担的多寡划分为几个阶层，包括全份地佃农、半份地佃农和无地少地的茅屋农等。这种户等差异对领主的庄园管理有诸多好处。

不同阶层在份地占有和封建负担方面的差异较大，但属于同一阶层的农户则相差无几。教俗领主的地产调查册在登记佃农占地和负担情况时，通常按佃农户等分别登记。比如，在 1251 年哈泰斯特庄园（属伊里主教，位于索福克郡）的调查册就先登记占有 1 维尔格特土地的名叫约翰的佃农，将其占有土地以及负担劳役、地租、杂费等情况详细描述，然后在登记其他全份地佃农时仅写“某某情况同约翰”。接下来以同样的方式登记占有半维尔格特土地和1/4维尔格特土地的佃农。[1] 而且，佃农的负担轻重与其占地多寡大致成比例。比如，根据陶顿庄园（属温彻斯特主教，位于威尔特郡）1324年到1325年度的账簿，该庄园占有1维尔格特、半维尔格特和1/4维尔格特土地的佃农在冬季的劳役负担分别为106天、53天和24天，夏季则分别为73天、36.5天和17天。[2] 这种制度的好处在于，可以对佃农按照户等实行标准化的管理。领主或其庄园管理人员只要清楚某一佃农属于哪个户等，就可以知道他占有多少土地，应缴纳多少地租和杂费，负担几天劳役。这样就大大简化和便利了庄园管理。领主在庄园法庭中尽量控制佃农土地的买卖和租佃，目的就在于避免标准化的份地变得千差万别，从而导致佃农义务含混不清、隐匿脱漏，特别是避免佃农因土地缩减而丧失履行相应义务的能力。然而，这种份地制度并不是领主全新创设的，而是源自村社所实行的敞田制度。每个农户在各片大田中占有几乎标准化的长条田，由此构成其份地，进而根据份地多寡确定其所承担的修筑栅栏沟渠、看护田地等义务的多寡，以及公共林地和草地的用益权等权益的多寡，权益和义务与占地多寡大致成比例。可见，领主只是对村社敞田制中原本就有的规则作了有利于自己的拓展和利用而已。

全份地的富裕佃农是领主依靠的主要力量，他们在村社和庄园管理方面起着骨干作用。西方学者（尤其是以瑞夫茨为首的多伦多学派）已经根据庄园法庭卷宗对中世纪英格兰村社内部的结构进行了精深的研究。这些研究表明，占有全份地的佃农属于村社的上等户，他们经常出任庄头、收租人、监工、谷仓保管员、护林员、十户联保组长等庄官以及陪审员、违规和侵害行为的罚金评估员、面包啤酒质量监督员、村规民约监督员等村官，还经常充当佃农纠纷的调解员、佃农在庄园法庭上的担保人等。他们借此机会从土地租佃、产品售卖、民间借贷等方面获得物质好处，从保护

---

① Mark Bailey, *The English Manor, c. 1200 – c. 1500*, Manchester: Manchester University Press, 2002, pp. 46 – 48.

② J. Z. Titow, *English Rural Society, 1200 – 1350*, London: Allen & Unwin Ltd., 1969, pp. 115 – 136.

其他佃农的行为中获得社会声望和象征资本。[①] 坎贝尔最近则论述说，占有全份地的佃农地租较低而且稳定，因而经济地位居上。对领主而言，这些境况较好的佃农很少拖延地租和耽误劳役，从而降低了征收和管理地租的成本；他们乐于保持和改善土地，确保敞田制的各种规则得以维护；他们积极参与村社和庄园管理，从而确保了乡村社会与领主之间的合作关系。这一切对领主颇有好处。[②] 可见，正是这一阶层积极参与村社和庄园的管理，领主才能在很少利用外来力量的情况下有效地组织农奴制的庄园生产。

五、庄园与村社的互强模式

上述考察表明，村社的原有组织和制度对领主加强庄园管理非常有用。这样，村社与农奴制之间就并非单纯对立冲突、此消彼长的关系。力量强大的村社和管理严密的农奴制庄园完全可以同时存在。中世纪英格兰的历史实际表明，这种情况不是例外而是常态。

我们可以不太严格地将村社的强大等同于实行敞田制。在实行敞田制的地区，村落通常是聚居的大村，耕地分为严整的大田和规则的条田。为了维护敞田的规则轮作和耕牧的合理平衡，村庄通常制定有非常详细的村规民约，内容涉及农作的时间、路桥沟渠栅栏河堤等公共设施的维护、不同农户的牲畜牧养数量、收割时节的用工、拾穗、看田、保管等方方面面，往往专门设有村规民约监督员负责督察这些规定是否得到遵守，违规者是否得到惩处。为了维护这些制度，村民积极参与村社会议，并形成了较为强大的集体组织。在中世纪的英格兰，实行敞田制的主要是中部自北向南，从北海经米德兰地区到南部海峡的一个纵向带状区域。在这个带状区域以西的康沃尔、德文，西北的柴郡、兰开夏、威斯特摩兰、库伯兰，东南部的埃塞克斯、米德尔塞克斯、肯特，以及索福克、赫特福德和萨里

---

① E. B. DeWindt, *Land and People in Holywell-cum-Needingworth: Structures of Tenure and Patterns of Social Organization in an East Midlands Village, 1252 – 1457*, Toronto: Pontifical Institute of Medieval Studies, 1972, pp. 242 – 275.

② B. M. S. Campbell, The Agrarian Problem of the Early Fourteenth Century, *Past and Present*, No. 188, 2005, pp. 3 – 70.

郡的部分地区，都更多地呈现出分散的小屯、不规则的耕牧和松散的村社组织。[①]

同时，我们可以采用领主自营地与佃农份地的比例和劳役负担的轻重这两个相互关联的指标来衡量庄园的强大与否。科斯敏斯基根据1279年的百户区卷档所作的统计研究表明，领主自营地比重较大、佃农劳役负担较重、庄园与村庄较为一致的地区主要是英格兰中部的亨廷顿、剑桥、白金汉、贝德福德、牛津等郡，[②] 其他地区虽然也有不少庄园，但在这些庄园中领主自营地比重较小，佃农劳役负担较轻，佃农在土地买卖、外出务工、经营副业等方面享有较大的自由度。如果按照罗伯特·布伦纳的推理，把村社与农奴制庄园视为此消彼长的对立力量，那么我们似乎应当观察到在庄园兴盛的地方村社弱小，而在村社强大的地方庄园弱小，但实际情况却是，强大的庄园和严酷的农奴制大多分布在因实行敞田制而具有较强村社集体力量的地区。这表明，在村社与庄园之间存在着一种互强模式；强大的村社为领主管理庄园和向乡村渗透提供了一种组织手段，而村社则借领主权威强化着内部的控制。

实际上，这并非笔者的新观点。20年前孔令平就曾论述说，“英国的农奴制度是建立在农村公社的土地分配和占有方式的基础上的”，其基础是“份地制”，而中国历史上较少出现农奴制庄园，是由于从商鞅变法以来就破坏了“马尔克公社对土地的最高统治权”。[③] 笔者在这里只不过摆脱了对马克思主义经典作家语录的过分依赖，并分析了村社制度对领主农奴制管理的具体辅助机制。

农奴制研究中一个不可回避的问题是，既然农奴缺乏劳动积极性，监督管理困难，那么它为何在某些地区的历史上能广泛流行和长期存在呢？多数学者侧重于从经济角度予以诠释，认为只有在商业不发达、劳力匮乏、技术落后等特定的条件下，较高的监督成本才可以通过降低其他成本

---

① G. C. Homans, *English Villagers of the Thirteenth Century*, Cambridge, Mass.: Harvard University Press, 1941, pp. 14 – 22.

② E. A. Kosminsky, Services and Money Rents in the Thirteenth Century, *The Economic History Review*, Vol. 5, No. 2, 1935, pp. 24 – 45.

③ 孔令平：《中世纪前期英国的田制与北魏均田制的比较研究》，《世界历史》1981年第5期。

或增加其他收入得以弥补。当地广人稀、劳力匮乏时，生产中的稀缺资源是劳力而非土地。若领主采用租佃制，则地租很低；若采用雇佣制，则工资很高。农民容易开垦土地或投奔其他领主。领主不能仅靠占有土地来剥削农民，只得采用超经济强制手段施行农奴制。在商业很不发达时，不存在供应消费品的市场，领主为获取稳定的物资供应只能直接组织自营地生产。由于农奴缺乏劳动积极性，因而只能用于技术落后、农具笨重、耕种粗放的生产之中。这些观点构成了我们解释农奴制的理论圭臬，但它们都没有正面思考农奴制如何实施、领主能否降低监督成本的问题。

还有一种观点认为，农奴制下农奴也得到了军事保护、法律秩序等“公共产品”以及困难时期的救济和节日礼物等经济实惠，因而大部分农奴是自愿接受农奴制的。甚至有学者认为，农奴虽然缺乏人身自由，但经济地位却比占地很少、靠充当雇工维持生计的自由农民更高、更安全。也就是说，农奴并不缺乏劳动积极性，监督管理也未必特别困难。倘若果真如此，领主又何必通过严酷的法律来限制农奴迁移和买卖土地、追捕逃亡农奴，农奴又何必反抗领主呢？这无疑过分拔高了农奴的经济地位。

还有的学者侧重于探讨何种政权结构更有利于实施农奴制。有人认为，中央军权虚弱时，地方领主势力膨胀，从而得以恣意役使和盘剥农民。但另一些学者则提出完全相反的观点，认为只有强大的王权才能制定和实施追捕农奴的严酷法律，才能限制领主之间的劳力竞争。除了这种解释的混乱外，单纯从上层政权结构来解释农奴制还存在一个不足之处，即不论农奴主如何获取超经济强制的权力和手段，他都只能在村社的层次上付诸实施。罗伯特·布伦纳虽然强调领主与农奴在村社层面的阶级力量对比，但他仅看到村社与农奴制的冲突，而忽视了二者之间协调合作的一面。

中世纪英格兰的历史实际表明，村社的内部管理有助于领主解决农奴制下庄园监督管理困难的问题。这或许可以补充上述各种理论阐释的不足。只是在世界历史的范围内，中世纪英格兰的情况是否具有典型性，是否流行农奴制的地方村社都较为强大，或者是否不流行农奴制的地方村社都较为松散，还需要进行进一步的实证研究。

第二节　十户联保制度

在西欧中世纪政治史研究领域，近来围绕王权问题出现了一系列论著，总体趋势是批判早些时候认为贵族割据下王权孱弱的旧说，强调王权的公权性质，对国王的社会干预和控制能力给予更高评价。① 这些成果反映了研究的逐步深入，只是大体上局限于社会上层，以国王与贵族、教会、城市的关系为中心，对王权是否触及普通民众的日常生活涉猎不多。实际上，中世纪英格兰的国王们在乡村和城镇广泛推行了类似于中国古代什伍连坐的十户联保制度。这体现了王权向基层社会的成功渗透。对此详加考察，可以为近来有关王权问题的探讨作些补充。

即使在国外学界，有关十户联保制度的研究成果也并不多。除了斯塔布斯、梅特兰等人在各自法制史论著中的论述外，只有莫里斯的著作可谓全面。② 这些 19、20 世纪之交的学者或受当时方兴未艾的公社学说的影响，关注十户联保制（frankpledge）起源于日耳曼人还是诺曼人的问题；或受宪政主义的影响，强调地方贵族对十户联保会的侵占。国内学者虽然

---

① 孟广林从历史事实和学术理路方面批判了宪政主义倾向下王权私有的观点，蔺志强以 1258—1276 年的贵族叛乱为视角强调了王权强大的历史连贯性，黄春高则分析了 12 世纪路易六世时期法国王权的成长及其国家公共权力的性质。孟广林：《英国封建王权论稿——从诺曼征服到大宪章》，北京：人民出版社 2002 年版；蔺志强：《一二五八年至一二六七年英国贵族改革运动》，《历史研究》2004 年第 6 期；黄春高：《"国王们都有长长的手臂"——法国路易六世时期的王权》，《历史研究》2006 年第 2 期。

② W. Stubbs, *The Constitutional History of England*, *Vol. I*, the sixth edition, New York: Barnes & Noble Inc., 1967, pp. 91 - 96. Frederick Pollock and Frederic William Maitland, *The History of English Law*, *before the Time of Edward I*, *Vol. I*, the second edition, Cambridge: Cambridge University Press, 1968, pp. 568 - 571. W. A. Morris, *The Frankpledge System*, New York: Longmans, Green, and Co., 1910.

有所涉猎，但尚未有详细考述。[1] 实际上，相关资料已允许我们对此略作梳理。盎格鲁－撒克逊晚期和诺曼征服之后的王国法令大多已编译于《英国历史文献》和《英国宪政史资料选编》等，12、13 世纪格兰维尔和伯拉克顿的著作在国内则均有英文译本收藏。13 世纪以后在很多地方领主庄园的法庭卷宗中都包含着十户联保会案卷，甚至十户组的详细名单。霍恩、蒂托和拜雷所编译的庄园文献[2]虽然仅是其中很少的一部分，但至少提供了一些具体的例子。本书就以这些文献为主，结合相关论著，粗略探讨了十户联保制度的形成发展、组织管理、衰落遗存等问题。

一、起源、形成和推行范围

十户联保制是一种强制性的集体担保制度。它规定已满 12 岁的男子，除非有身份、财产或其他人可做担保，否则均应一律编入十户组，推选一人为十户长；在维护乡村治安、履行外部义务方面，组内成员相互承担连带责任；一人违例，十人共担。据莫里斯考证，“frankpledge” 这个词源于法语 “*franc plege*”，意为 “自由人的担保”。之所以称为 “自由人的”，一方面是因为盎格鲁－撒克逊后期自由的上层人士由领主担保，奴隶由主人担保，而需为自己寻找担保人的是普通的自由平民；另一方面是因为只有纳入担保关系，一个人才可以被称为自由人，享受法律保护，享有法律权益。“自由人的” 这种习惯说法被沿袭下来，用于表示后来大多不自由的

---

① 马克垚：《英国封建社会研究》（第二版），北京：北京大学出版社 2005 年版，第 89 页。蔺志强：《亨利三世时代的英国王权研究》，北京大学博士学位论文，2001 年，第 58—59 页。

② N. J. Hone, *The Manor and Manorial Records*, the third edition, London: Methuen & Company Limited, 1925. J. Z. Titow, *English Rural Society, 1200 – 1350*, London: Allen & Unwin Ltd., 1969. Mark Bailey, *The English Manor, c. 1200 – c. 1500*, Manchester: Manchester University Press, 2002.

维兰参加的十户联保会，用于表示强制性的担保责任。[①]

在起源问题上，有日耳曼派和诺曼派两种观点。前者认为十户和百户的划分属于日耳曼公社制度的一部分，十户联保制在盎格鲁－撒克逊晚期就已形成。后者认为诺曼征服之后十户联保制度才真正确立，它与此前盎格鲁－撒克逊时期的十户组织和担保制度虽然有联系，却存在本质差异。其实，这两种观点的分歧主要是一个定义问题，即如何才算“形成”。日耳曼派并不否认诺曼征服后原先的十户制度有重大变化，而诺曼派也无法否认十户联保制有着明显的盎格鲁－撒克逊渊源。[②] 因此，我们这里不作非此即彼的判断，而着重梳理每个阶段的制度损益。

十户联保制度的盎格鲁－撒克逊渊源有二：一是民众结成十户组追捕盗贼的制度；二是在司法行政活动中广泛采用的担保制度。[③]

盎格鲁－撒克逊后期十户组（tithing）的最初功能在于通过邻里和亲属之间的共同行动来防范盗贼。比如，埃塞尔斯坦（Athelstan）时代伦敦

---

① 莫里斯正确地指出了这个词不是源于古英语 frithborg（peace-pledge），但是他认为之所以称为“自由人的”乃是因为“邻人之间自由提供的担保”，以区别于此前领主为仆从和家族为族人提供的强制性担保责任。W. A. Morris，*The Frankpledge System*，New York：Longmans，Green，and Co.，1910，p. 2. 早期法律中的一些词句并不支持这种说法。比如，《卡努特大王的法令》第 20 条规定：“任何已满 12 岁的自由人如果打算享有（在受到控诉时）为自己辩白和被人侵害时获得抚恤金的权利，就应当加入百户区和十户组，否则他不能享有自由人的权利。”《威廉一世之法》也规定：“任何人，若希望被视为自由人，就应当加入十户联保组织。” D. C. Douglas and G. W. Greenaway eds.，*English Historical Documents*，*Vol. II*，*1042 – 1189*，the second edition，New York：Oxford University Press，1981，pp. 432，457.

② 也有比较极端的观点认为，1086 年的《末日审判书》对十户联保会只字未提，因此它完全是由诺曼人带来的。这种观点很少被学界接受，一方面作为财政文献的《末日审判书》未提到十户联保制度并不能证明它不存在；另一方面在盎格鲁－撒克逊时期的文献中记载了不少与后来十户联保制度密切相关的制度，而在诺曼底却找不到它的蛛丝马迹。

③ 莫里斯认为渊源有三，分别是家族对族人提供担保的制度、司法行政活动中每个人都应当寻找担保人的制度，以及民众结成十户组追捕盗贼的制度。笔者认为家族对族人的担保只是担保制度的一种形式，所以将前两种制度合并起来作为十户联保的渊源之一。W. A. Morris，*The Frankpledge System*，New York：Longmans，Green，and Co.，1910，p. 8.

主教和长官颁布的法律就规定，伦敦市民应当编入十户组和百户区。[①] 10世纪中期可能由埃德加（Edgar）或埃德蒙（Edmund）国王制定的法令规定百户区每四周召开一次会议，并强化了十户组和百户区在追捕盗贼方面的作用。该法令第2条规定："如果情况紧急，就应当先通知百户长，然后再由百户长通知负责十户组的人，所有的人都应当出动，上帝会指引着他们找到盗贼。"[②] 卡努特大王的法令也特别强调百户区在追捕逃犯方面的作用。[③] 这种十户组和百户区同后来的十户联保制度显然有着密切的历史联系。区别在于，盎格鲁－撒克逊时期十户制度的主要功能在于共同追捕盗贼，组内成员虽然应当有各自的担保人，但担保人未必在同一十户组，更不存在组内成员集体互保的规定。

这个时期的司法行政活动广泛采用担保制度，比如保证履行婚约，保证偿还债务，甚至保证誓言属实，等等。其中国王法令中关注最多的自然是人们在维护社会治安方面的担保责任。这种担保可以由任何人提供，不过亲属是主要的担保者。家族应就其某一族人对其他家族造成的伤害和侵犯承担连带责任，比如支付赔偿金等。公元7世纪晚期威塞克斯国王伊尼制定的《伊尼法典》第21～23条规定，当有人被杀时，其亲属可以得到一定份额的赎杀金；有人杀死别人却不能交纳赎杀金时，若有亲属担任其担保人，则此亲属应当代为交纳。[④] 这表明当时亲属担保已纳入法律明文规定，只是尚未成为强制性的义务。公元9世纪晚期的《阿尔弗列德大王

---

① 该法令第3条规定："我们应10人编为一组，由组长负责其他9人履行我们一致同意的各种义务，然后将100人编为一百户区，设一百户长为我们的共同利益督察10位十户长，他们11位掌管百户区的财务，弄清他们应支付什么，何时支付，或者在诉讼带来收入时知道他们应收纳什么。" Dorothy Whitelock, *English Historical Documents, Vol. I, c. 500 – 1042*, the second edition, New York: Oxford University Press, 1979, p. 424.

② Dorothy Whitelock, *English Historical Documents, Vol. I, c. 500 – 1042*, the second edition, New York: Oxford University Press, 1979, p. 430.

③ 该法令第20条规定："任何人不论拥有自己的家庭还是跟随着别人，都应当被编入百户区，处于担保之下，担保人应当将他缉拿归案，让他履行法律义务。" Dorothy Whitelock, *English Historical Documents, Vol. I, c. 500 – 1042*, the second edition, New York: Oxford University Press, 1979, p. 457.

④ Dorothy Whitelock, *English Historical Documents, Vol. I, c. 500 – 1042*, the second edition, New York: Oxford University Press, 1979, p. 401.

之法》第29条和第30条规定，杀人后潜逃者，若无父系亲属，仅有母系亲属，则母系亲属应当支付1/3的赎杀金，其邻人1/3，剩余1/3保留向该逃犯追讨；若他亦无母系亲属，则邻人支付一半，另一半保留追讨；如果没有亲属的人被杀，则赎杀金一半交给国王，一半交给死者的邻人。① 这里血缘性的亲属和地缘性的邻人共同承担着担保责任。926—930年国王埃塞尔斯坦在夏普郡发布的法令似乎又倾向于强调亲属的责任。它规定，被释盗贼的亲属应当担保其永不再犯；伤害别人且使之致残的人，其亲属应当负责将其缉拿归案。②

960年左右国王埃德加发布的法令首次推行了普遍的担保制度，淡化了其中的亲属责任。该法令第6条规定："每个人都应当为自己寻找担保人，担保人应当确保被担保人履行法律义务。如果有人在犯法后潜逃，其担保人就应当承担犯法者应当承担的责任。若潜逃者是盗贼，且担保人能在12个月内将其缉拿，并将其送交惩处，则可以取回自己先前偿付的财物。"③ 这种普遍性的担保制度分为两个层次。一般人有一名担保人即可，有过劣迹而声誉不佳的人则应提供数名担保人。比如，肯特国王埃塞尔斯坦就规定，有过劣迹而不值得信任的人应提供12位亲属作为担保人。④ 这个时期的担保制度虽然已经普遍化，但它并不像后来的十户联保制那样，要求每一个人都有多名担保者。可以说，后来的十户联保制度就是把仅适用于有过劣迹者的规定推广到了普通人身上。

同时，集体担保的兴起也与领主对其仆从的担保责任的减轻密切相关。早在7世纪晚期肯特国王罗泰列（Hlothere）和伊德里克（Eadric）发布的法令（第15条）就规定："任何人容留来自域外的陌生人、商人或其

---

① Dorothy Whitelock, *English Historical Documents*, *Vol. I*, *c. 500 - 1042*, the second edition, New York: Oxford University Press, 1979, p. 413.

② Dorothy Whitelock, *English Historical Documents*, *Vol. I*, *c. 500 - 1042*, the second edition, New York: Oxford University Press, 1979, pp. 417 - 419.

③ 962—963年国王埃德加再次规定："任何人不论居住在城镇内还是城镇外，都应当处于担保之中。" Dorothy Whitelock, *English Historical Documents*, *Vol. I*, *c. 500 - 1042*, the second edition, New York: Oxford University Press, 1979, pp. 433, 435.

④ 从法律所要求的12位亲属来看，这可能源于亲属为嫌犯共誓涤罪的誓证制度。转引自：W. A. Morris, *The Frankpledge System*, New York: Longmans, Green, and Co., 1910, p. 21.

他人在其房屋里度过三个晚上，给其饭食，倘若此人给他人造成任何伤害，容留者都应当将被容留者捉拿归案，承担被容留者应负之责。”① 国王埃塞尔斯坦的法令更是强调领主的责任，它规定有领主的人应由领主为其提供担保。② 稍后的《卡努特大王之法》（第 31 条）规定，每个领主都应当担保其府邸的人员。③ 后来，领主为了摆脱为有过劣迹者或领地上的普通民众提供担保的责任，便要求后者相互担保。同时，由于平民较为贫弱，无力单独支付可能出现的高额赔偿金，故而领主要求他们集体互保。这样，到诺曼征服后，在民众普遍纳入集体联保的同时，领主却把其担保责任从领地上的居民减少到仅限于府邸内靠其供养的仆从。

诺曼人征服英格兰后，征服者与被征服者之间的对立比较突出，外来的诺曼人迫切需要确保人身财产的安全。于是，他们将盎格鲁－撒克逊时期的担保制度和十户制度结合起来，形成十户联保制。其主要变化体现在如下三个方面。其一，将原有的、适用于有过劣迹之人的集体（多人）担保，推广到所有平民。其二，将以前每个人在亲属和邻里中寻找各自担保人的制度嫁接到十户制度中，要求十户组内部集体互保。其三，在功能上，将司法行政担保与十户制度维护治安的功能结合起来，并将其扩展到其他内外义务的履行上。这样，自愿性、偶然性、以血缘关系为纽带的担保制度便演化成强制性、普遍性的以邻里关系为纽带的十户联保制度。这些变化主要是通过“征服者”威廉及其继承者的一系列立法实现的。《威廉之法》规定：“任何人，若希望被视为自由人，就应当加入十户联保组织。”④ 最初威廉规定其随从若被杀，当地居民又不能找出凶手，那么整个

---

① Dorothy Whitelock, *English Historical Documents*, *Vol. I*, *c. 500 – 1042*, the second edition, New York: Oxford University Press, 1979, p. 395.

② 该法令第 2 条规定：“对无法加以惩处的无领主的人，受害人可以要求其亲属将其缉拿归案，并在公众召开会议时为其寻找一位领主。”第 3 条规定了领主为其府邸的奴隶所犯的罪行承担责任。Dorothy Whitelock, *English Historical Documents*, *Vol. I*, *c. 500 – 1042*, the second edition, New York: Oxford University Press, 1979, pp. 417 – 418.

③ Dorothy Whitelock, *English Historical Documents*, *Vol. I*, *c. 500 – 1042*, the second edition, New York: Oxford University Press, 1979, p. 459.

④ D. C. Douglas and G. W. Greenaway eds., *English Historical Documents*, *Vol. II*, *1042 – 1189*, the second edition, New York: Oxford University Press, 1981, p. 432.

百户区就应当集体受罚。此后又规定若有不明尸体被发现，应当由四个相邻的村庄集体负责，他们如果不能证明死者为英格兰人，就推定为诺曼人。随后又把村庄确定为更小的治安保障单位，以村长、神父和四名村民作为村庄代表。到亨利一世时期十户联保制度已很成熟了。

有关十户联保的法律规定能够得以贯彻落实，有赖于亨利二世的司法行政改革。这体现在三个方面。其一，他派遣王室巡回法庭定期前往各地审理案件、督察法纪，基层十户联保会检举出来的刑事案件借此得以按照施行于王国各地的普通法准则及时有效地处理。其二，他整饬了郡政，派遣郡守巡查辖内各百户区和十户联保会的落实情况。其三，他在司法行政活动中广泛采用陪审制度，规定各十户组的十户长们组成检举团，负责在十户联保会上检举揭发违规违法行为，并审理其中的轻微治安事件，这使十户联保会具备了有效的内部管理机制。这些改革使12、13世纪成为十户联保制度的鼎盛时期。

诺曼王朝还利用其强大的军政力量将原先施行于少数地域王国的十户制度推行到更广泛的地区。根据莫里斯的研究，在13世纪的鼎盛时期，约克郡以南，柴郡、什罗普郡和赫里福德郡以东的30个郡都实行十户联保制，而且在这些地区，鲜有例外情形。[①] 除了布里斯托尔、伍斯特和伊尔切斯特等少数城镇外，绝大多数城镇也都实行十户联保制。它未能推行到英格兰西部和北部边疆各郡，包括北方四郡（库伯兰、威斯特摩兰、兰开夏和约克）以及威尔士边境两郡（什罗普和赫里福德）。其原因是这些地区承担着很重的军事负担，实行着军事化管理，享有较高程度的自治。当然，十户联保制度也未能推行到苏格兰、威尔士、爱尔兰和诺曼底。

概括起来，十户联保制度源于盎格鲁－撒克逊后期的十户制度和担保制度，但只有在诺曼征服后二者才被结合和推广起来。其发展演变的规律是，担保责任由自愿性向强制性转变，由个人担保向集体担保转变，由血缘性的亲属担保向地域性的邻里担保转变，由追捕盗贼、支付赔偿金等少数职能向更广泛的司法行政职能转变，由少数地区向更广的地区推广。

---

① W. A. Morris, *The Frankpledge System*, New York: Longmans, Green, and Co., 1910, p. 45.

二、十户组

在实行十户联保制度的地区，已满 12 岁的男子均应编入十户组。妇女、未满 12 岁的男子以及聋哑、疯癫、痴呆等残疾人均受丈夫、父亲等亲属的监护和担保，所以不必编入十户组。作为宾客、仆人、雇工而寄居他人住所者，应由主人提供担保；居住满三个晚上，就应编入十户组。伯拉克顿曾说："任何已满 12 岁的男子，皆须在十户联保会上宣誓既不行窃，亦不助人行窃。任何保有土地和房屋的人，即所谓'户主'，皆须编入十户联保组。为其服役者，即所谓'仆从'，亦当如此。任何仆从倘若被判受罚，或遭受控诉，在其未清偿罪责前，户主不得将其驱逐。从户主那里获取衣食的宾客，或仅从雇主那里以工资形式获取饭食的人，皆应视为户主家庭之一员，因为依据古老习惯，居留他人住所达三个晚上者便为主人之家人。第一晚尚可视为陌生人，第二晚便当视为宾客，第三晚便成为家人。"① 流浪汉不属于任何地方，任何人都无法为其行为提供担保，因此处于十户联保之外。不过，倘若他们在某地居留超过一年，就应在该地编入十户组；倘若在某家寄居超过两晚，依照前述关于宾客的规定，在此期间他应当由主人提供担保。

大主教、主教、伯爵、男爵等教俗领主，普通的教士、修士和骑士都不必加入十户联保组。表面原因是他们分别受到教会法和封建法的约束，较高的身份本身意味着较高的道德水准。根本原因在于，他们拥有相当的财产，足以为其担保。按照伯拉克顿的说法，拥有自由持有地或在城镇中拥有房产的人也不必编入十户联保组，不过据 13、14 世纪诺里奇城内十户联保会卷宗来看，绝大多数有房产的人同样参加十户组。② 虽然是否编入十户联保组织更多地取决于财产多寡而非身份高低，但身份较低的人通常因财产微薄而必须编入，他们构成了十户联保组织中的绝大多数人，因此

---

① Bracton, *On the Laws and Customs of England*, *Vol. II*, translated by Samuel E. Thorne, Cambridge: The Belknap Press of Harvard University Press, 1977, p. 351.

② 参见利伯曼对这些卷宗的评论。F. Liebermann, Leet Jurisdiction in the City of Norwich during the Thirteenth and Fourteenth Centuries, *The English Historical Review*, Vol. 9, No. 36, 1894, pp. 750 – 754.

后来参加十户组逐渐被视为身份卑微的标志之一，与“自由人的担保”已相去甚远。

总之，按照伯拉克顿的说法：“任何人，不论自由人还是依附者，除非其流浪各地，且在任何地方居留时间都不比其他地方更久，或者其拥有足以取代十户联保的特征，如身份高贵者、教会人士、自由地产拥有者和无法迁移的城镇居民，否则必须或者编入十户联保，或者由主人提供担保。”①

理论上一个村庄②的农民分为数个十户组，每组由 10 名成年男子组成。不过实际上并没有如此规整，20 人甚至 30 人一组的现象也不鲜见。在肯特郡和原来属于西撒克逊王国的几个郡，惯例是整个村庄或小镇组成一个十户组。伍斯特郡的行政村凯普西（Kempsey）就由 10 个自然村组成，每个自然村编为一个十户组，共同组成一个十户联保会。③ 根据安德鲁·克拉克编译的几份 14 世纪初期埃塞克斯郡的十户联保组名单，④ 十户组的人数从 8 户到 15 户不等。笔者仔细察看其中 1329 年的名单后发现，在罗伯特·勒维里夫（Robert Levelif）任十户长的十户组中，还有约翰·勒维里夫（John Levelif）及其弟弟和儿子罗伯特·勒维里夫、威廉·勒维里夫、亚当·勒维里夫（Adam Levelif）和罗杰鲁姆·勒维里夫（Rogerum Levelif）等 6 位名叫勒维里夫的成员，其他十户组中也存在类似现象。这表明，虽然 13 世纪以后的正式法律中淡化了血缘关系的作用，以邻里原则来编组十户组，但事实上有亲属关系的人往往被编入同一十户组。亲属关系仍然是维系十户联保会的重要力量。城镇则划分为不同的街区，街区由几十个十户组组成。比如，13、14 世纪的诺里奇就划分为 15 个街区，共

---

① Bracton, *On the Laws and Customs of England*, *Vol. II*, translated by Samuel E. Thorne, Cambridge: The Belknap Press of Harvard University Press, 1977, p. 351.

② 当时的村庄有自然村与行政村之分。Vill 是行政村，为王国司法行政活动所确认的最小单位；hamlet 是自然村，为农民最小的自然聚落，可译为小屯。行政村可能是较大的单一自然村，也可能由一个较大自然村与周围的小屯共同组成。

③ Christopher Dyer, *Lords and Peasants in a Changing Society*, Cambridge: Cambridge University Press, 1980, p. 356.

④ Andrew Clark, Tithing Lists from Essex, 1329 - 1343, *The English Historical Review*, Vol. 19, No. 76, 1904, pp. 715 - 719.

设160个十户组，每个十户组有9~28人。①

每个十户组均有十户长（tithingman或chief pledge）。② 十户组一般只设一名十户长，但13、14世纪埃塞克斯郡的十户组通常有两名组长。十户长通常是在每年的十户联保会上被推选出来的，也有的是在地方领主的庄园法庭上被推选出来的。③ 任期一年，不过很多十户长实际上一再当选，任期较长。在英格兰西部和南部以村庄作为十户组的地区，十户长通常就是村长。十户长负责召集本组成员追捕盗贼，参加十户联保会，在会上对本组成员的违例行为予以检举。检举不当或恶意隐瞒都可能遭到处罚。十户长责任繁重，却无报酬，所以后来不少被选为十户长的人极力逃避责任。比如，在爱德华二世统治时期，索福克郡的村庄威丁顿（Westington）中一名被推选为十户长的农民就因逃避义务而被领主罚款2先令。④

三、十户联保会

在盎格鲁-撒克逊后期，实施担保制度和管理十户组的任务通过百户区进行。978—1008年国王埃塞尔雷德（Ethelred）颁布的法令规定，每个百户区都应当举行由12位塞恩（thegns）和村长出席的百户会议。⑤ 伦敦主教和长官发布的百户法令规定，百户区会议每月召开一次，由百户长召集其下辖的10个十户组的10名十户长参加。⑥ 卡努特大王同样要求在百

---

① F. Liebermann, Leet Jurisdiction in the City of Norwich during the Thirteenth and Fourteenth Centuries, *The English Historical Review*, Vol. 9, No. 36, 1894, pp. 750-754.

② 在肯特郡，十户组称为borh，组长称为borhsealdor。但在城镇中十户组有时称为ward，组长称为alderman。W. A. Morris, *The Frankpledge System*, New York: Longmans, Green, and Co., 1910, p. 103.

③ 比如1333年2月8日汉普郡的布兰姆贝尔苏特庄园法庭上就推选了一位十户长。该庄园法庭卷宗全文参见：J. Z. Titow, *English Rural Society, 1200-1350*, London: Allen & Unwin Ltd., 1969, Document 11, pp. 178-179.

④ W. A. Morris, *The Frankpledge System*, New York: Longmans, Green, and Co., 1910, p. 110.

⑤ Dorothy Whitelock, *English Historical Documents, Vol. I, c. 500-1042*, the second edition, New York: Oxford University Press, 1979, p. 440.

⑥ Dorothy Whitelock, *English Historical Documents, Vol. I, c. 500-1042*, the second edition, New York: Oxford University Press, 1979, p. 425.

户区内处理担保问题。① 大约编订于12世纪初期的《亨利一世之法》规定，除了每月召开一次由百户长和十户长参加的百户会议外，每年还应当召开两次百户全会，所有编入十户组的人都应参加，其任务在于“督察十户组是否完整，是否有人脱漏，是否有十户组过于庞大”；还说，至少从亨利一世时期开始，郡守就应当出席并主持这种百户全会。② 亨利二世正式规定，郡守应当每年两次前往辖区内各百户区巡查十户联保组织。③ 这两次郡守的巡查（sheriff's tourn）一次在春季复活节后，一次在秋季米迦勒节后。百户会议的制度化带来了其职能的扩展。亨利二世规定，郡守巡查百户区时，人们除了进行私人控诉外，还应当检举和控诉触犯集体利益的行为。1166年以后，由百户区和四个邻近村庄中12人组成的陪审团形成。他们向郡守宣誓检举当地的凶杀、抢劫、偷盗之事。郡守召开百户全大会时，在当地拥有地产的伯爵、主教等均应出席，而且他们不得阻止郡守前来主持会议。这意味着王权的扩展和其他领主权力的萎缩，自然遭到了后者的抵制。正因为如此，1217年第二次《大宪章》才规定，郡守对百户区的巡查每年不超过两次，而且只能在米迦勒节后的那一次处理十户联保事务，这次巡查被特别地称为十户联保会（view of frankpledge），在英格兰东部则被称为“leet”。

郡守巡查十户联保会的花费应当由十户组成员集体负责，有时为一笔固定的款项，④ 有时则每位十户组成员缴纳1便士，称为十户便士费（tithingpenny）。⑤ 除此以外，十户联保会还能产生罚金等不薄的收入。地

---

① Dorothy Whitelock, *English Historical Documents, Vol. I, c. 500 - 1042*, the second edition, New York: Oxford University Press, 1979, p. 457.

② 该法令编译于《英国历史文献》第一版，但并未选入第二版。D. C. Douglas and G. W. Greenaway eds., *English Historical Documents, Vol. II, 1042 - 1189*, the second edition, New York: Oxford University Press, 1981, pp. 459 - 462.

③ G. B. Adams and H. M. Stephens eds., *Select Documents of English Constitutional History*, London: Macmillan, 1926, pp. 9 - 10.

④ 比如1385年索福克郡布兰顿（Brandon）十户联保会卷宗中就登记了十户长们按照古老的惯例交纳了4先令。Mark Bailey, *The English Manor, c. 1200 - c. 1500*, Manchester: Manchester University Press, 2002, Document 45, p. 222.

⑤ 比如安德鲁·克拉克编译的14世纪初期埃塞克斯郡的几份十户联保组名单的一侧就登记了十户便士费。Andrew Clark, Tithing Lists from Essex, 1329 - 1343, *The English Historical Review*, Vol. 19, No. 76, 1904, pp. 715 - 719.

方领主为了获取这笔收入，同时也为了强化自己对平民的控制，抵制王权的渗透，便通过从国王那里购买、从郡守那里承包，或者私自侵占等手段获得管理百户区，特别是十户联保会的权益。这是私人领主占有公共权力的最普遍形式。在英格兰中部，大部分百户区和十户联保会都落入私人之手。比如，在格罗斯特郡，30 个百户区中有 20 个在地方领主之手，伍斯特郡的全部百户区都归地方领主管理。在西米德兰地区，大约有 150 个地方领主在 400 多个村庄或小屯中拥有管理十户联保会的权益。① 在什罗普郡的布拉德福（Bradford）百户区，13 世纪以后绝大多数地方领主都已经取得了管理十户联保会的权益。② 为此亨利三世和爱德华一世均展开调查，要求地方领主回答以何种凭据（*quo warranto*）享有应属国王之权益。多数地方领主被迫向国王交纳费用后得到国王令状的确认。虽然最终结果只是双方的妥协，但这确立了公共司法权益源于国王的法律原则。这给地方领主的十户联保管理带来了压力。地方领主只有切实地对十户联保会予以管理，才能证明自己拥有且没有滥用此项权益，而加强管理、保存卷宗就是最好的权益证明。13 世纪后领主们一般每隔几周举行一次庄园法庭，而拥有十户联保会管理权的领主往往在春秋两季举行庄园法庭时顺便举行十户联保会，这种会议也被称为庄园大会。庄园是领主领地管理的最小单位，十户联保会则是王权向基层社会渗透的神经末梢。虽然二者起源不同，但在实施过程中往往混合起来。

原则上，百户区由 10 个十户组构成，而这些十户组结成一个十户联保会，因此百户区应当就是一个十户联保会。然而实际情况却是一个百户区包括很多十户联保会。造成这种现象的原因有三：其一，百户区可能有多种起源，或源于 100 户家庭组成的行政区域，或源于应提供 100 名民兵的军事区域，或源于 100 海德土地的税收区域。其地域大小差异很大，有的郡包括数十个百户区，有的只有几个。相应地，百户区下包括的十户联保会数量也就差异较大。其二，百户区内通常有多个领主拥有领地，每个领主都不愿意让自己领地上的农民参加由其他领主管理的十户联保会，所以

---

① R. H. Hilton, *A Medieval Society: The West Midlands at the End of the Thirteenth Century*, the second edition, London: Cambridge University Press, 1983, pp. 234, 236.

② G. C. Baugh ed., *Victoria County History of Shropshire: Vol. II*, Oxford: Oxford University Press, 1985, pp. 93－104.

他们极力通过各种途径获取这项权益，这加速了百户区内十户联保会的分割转让。其三，11 世纪到 14 世纪中期，黑死病的暴发使英格兰人口大约增加到了原来的三倍。随着人口增长和土地垦辟，大批村庄涌现出来，这也要求增设十户联保会。十户联保会分割转让的结果是，它可能仅有五六个十户组，只包括一个村庄，甚至只是一个村庄中的一部分。为了防止过分细化，爱德华一世在 1289 年调查地方领主行使司法行政权益的凭据时，规定每个十户联保会至少应当包含由 12 位十户长组成的检举团（jury of presentment），不具备这一条件的十户联保会就不合法。① 于是，为了确保组成有效的检举团，就像前述埃塞克斯郡通行的做法一样，一些领主要求每个十户组设两名十户长。

1285 年的温彻斯特敕令（Statute of Winchester）罗列了十户联保会调查或处理的 34 项主要事项，按内容可以分为四类。② ①十户组的编制事宜。如十户组成员或十户长是否都出席会议，何人缺席；应该编入十户组的人是否都已编入，何人脱漏。②维护公共设施。如有无房屋、河堤、栅栏被不适当地修建或破坏；有无田界石标被推倒或移动；有无道路被开通或堵塞；有无河流被堵截或改道。③轻微治安事件。如有无偷盗公物、小偷小摸（专指偷盗鹅、鸡、谷穗、衣物等价值不足 12 便士的东西）；有无容留此类盗贼或为其通风报信等事情。④重罪。是否有人大声呼叫（hue and cry）；③ 其他人是否应声出动；是否有人打架斗殴；有无其他流血伤残之事；是否有盗贼或其他犯重罪的人逃跑；是否有妇女被强暴却没有向验尸官（coroner）汇报；是否有人切割或伪造钱币；是否有不明失物被发现；是否有人违反面包和啤酒的质量条例；是否有人在买卖中以次充好，或用不准的量具做缺斤短两的事情；是否有人一无所有，白天睡觉晚上出动；是否有卖布匹或毛皮的人住在坊市之外，等等。前三大项内容是十户

① W. A. Morris, *The Frankpledge System*, New York: Longmans, Green, and Co., 1910, p. 140.

② 相关条文选编参见：Mark Bailey, *The English Manor, c. 1200 – c. 1500*, Manchester: Manchester University Press, 2002, Document 45, pp. 221 – 222.

③ 此乃特定法律行为，专指在受到个人侵犯，发现有人正在偷盗或伤害他人，或发现不明尸体时呼喊邻里集体出动，以便追捕盗贼，制止伤害，或查看死者。应当呼叫时不呼叫，不该呼叫时呼叫，以及听到呼叫后不救援的人，均应受到惩处。

联保会可以直接处理的，而对犯重罪的人，十户联保会只是检举揭发，将罪犯捉拿归案，等候郡法庭或王室巡回法庭的审理。

与这一国王敕令相适应，一些领主也制定了相应的条规，要求其总管在主持十户联保会时以此为准进行调查和处理。我们有幸找到了两份这样的条规。一份是赫里福德郡的威斯顿庄园留下的，① 另一份是格罗斯特的圣彼得修道院在其领地惯例册中包含着的。② 这两份十户联保会调查条规包含的项目比1285年国王敕令更多，而且具体内容也更详尽。仔细比较这三份文献，可以发现虽然其中各项次序有所不同，但很多项目不论是内容还是文辞均十分相似。比如1285年国王敕令中的第15项，威斯顿条规中的第12项，均为“是否有人从窗外拉扯别人衣物”。三份文献都将盗窃行为区分为小偷小摸（偷盗鸡、鸭、鹅，谷穗，衣物等）和偷盗贵重财物（马、牛、羊等大牲畜）。后两份条规显然都参照了国王敕令，这表明国王政令能够落实为地方制度。当然，地方领主们在执行国王敕令时也顺便为十户联保会增添了额外的职责。比如，格罗斯特郡圣彼得修道院的条规就规定应当调查庄园管理者是否胜任职务，长工是否尽心尽力，牲畜是否看管妥当，土地是否被精心耕作，耕地、草地、林地是否保持良好，是否有人未经允许送孩子去做修士或教士，是否有人私自伐木、过多放牧牲畜而破坏草地、私自出嫁女儿、以贫穷为借口不修缮房屋任其倒塌，等等。③ 这些项目都是为了保障领主在庄园上的权益，加强其庄园管理。它们被列在整个十户联保会调查条规的末尾，也表明它们是领主额外附加的。这体现了十户联保制度推行过程中国王和地方领主的合作。

保留至今的十户联保会记录多是私人领主在其庄园上留下来的，有的直接与庄园法庭卷宗书写在一起，没有任何明确的区分，仅在卷宗开头写

---

① 该条规共39项，而且每项内容更详细。参见：Mark Bailey, *The English Manor, c. 1200 – c. 1500*, Manchester: Manchester University Press, 2002, Document 43, pp. 223 – 226.

② 该文献规定调查事项共40项，全文编译于：J. Z. Titow, *English Rural Society, 1200 – 1350*, London: Allen & Unwin Ltd., 1969, Document 15, pp. 189 – 190.

③ J. Z. Titow, *English Rural Society, 1200 – 1350*, London: Allen & Unwin Ltd., 1969, Document 15, p. 190.

明“附带十户联保会的庄园法庭”[①]；有的则书写成单独的卷宗，卷宗开头仅写“十户联保会”（leet court）。这些卷宗首先写明会议召开的时间、地点，登记缺席者的名单及其罚金，然后或者按照十户组的顺序，由十户长依次汇报本十户组有无各种违例事件发生；[②] 或者按照事件的不同性质，依次调查各十户组有无此类违规事件。每件违规之事均在其后标出处理结果，可以直接处理的轻微事件均标出罚金数目；需要进一步调查的，责令十户长予以调查并在下次开会时汇报，需要等待郡法庭或王室巡回法庭审理的重案，则令十户长对人犯严加看管，待相关法庭开庭时押送出庭。最后是各十户长宣誓，证明所言属实；登记罚金评估员的名字，汇总罚金收入总额。这些卷宗内容可以说是当时会议程序的反映。

从我们能够看到的一些卷宗来看，国王的敕令和领主们的条规并非一纸空文。安德鲁·克拉克对埃塞克斯郡查泰姆霍尔（Chatham-Hall）庄园卷宗的研究表明，上一次会议决定某人已满 12 岁，或者在当地居留已满一年，应当被编入十户组，而往往在下次十户联保会他们的名字就已如实被列入十户组；同时也有很多十户长因组内成员缺席十户联保会而受罚。[③] 1279 年在汉普郡的索威奇庄园，就有 32 人因违规售卖啤酒而遭受罚款处罚。[④] 国王的敕令和地方领主的条规都要求十户长宣誓如实汇报，而十户联保会卷宗的开头或结尾也总是有“检举者宣誓所言属实”的字句。

---

① 比如，1279 年汉普郡的索威奇（Southwik）就一并召开了庄园法庭和十户联保会，会议记录汇总在一起。只是在登记完庄园法庭的事务后，记录“十户长们应召前来，按照惯例交纳了 6 先令 8 便士”，然后便开始登记十户联保会的相关内容。最后庄园法庭的收入和十户联保会的收入也汇总在一起。该卷宗全文参见：J. Z. Titow, *English Rural Society, 1200 – 1350*, London：Allen & Unwin Ltd., 1969, Document 9, pp. 169 – 172.

② 比如 1441 年伯克郡费菲尔德（Fifield）的十户联保会就留下了独立的卷宗，由三个十户组依次汇报，分别代表一个自然村。该卷宗参见：Mark Bailey, *The English Manor, c. 1200 – c. 1500*, Manchester：Manchester University Press, 2002, Document 44, pp. 226 – 227.

③ Andrew Clark, Tithing Lists from Essex, 1329 – 1343, *The English Historical Review*, Vol. 19, No. 76, 1904, p. 719.

④ 值得注意的是，违规一次的人被罚款 3 便士，两次罚款 6 便士，屡次违规罚款 12 便士，最高的有 2 先令，但也有的因贫穷而免于处罚。J. Z. Titow, *English Rural Society, 1200 – 1350*, London：Allen & Unwin Ltd., 1969, Document 9, pp. 171 – 172.

四、衰落与遗存

13 世纪是十户联保制度的鼎盛时期，14 世纪中期以后它就逐渐衰落了。其衰落体现在以下几个方面。

首先是十户组的合并。根据斯科菲尔德的研究，埃塞克斯北部伯德布鲁克（Birdbrook，属于威斯敏斯特修道院）的十户联保会包含 2 个次级庄园，8 个自然村。它留下了 3 份十户联保名单，分别属于 1325 年、1340 年和 1420 年，分别包含 13 个、9 个和 3 个十户组。除去其中 2 个始终单独组成十户组的次级庄园外，其他 8 个自然村的十户组数由 11 个合并为 7 个，进而合并为 1 个大十户组，十户组的平均人数分别为 6 人、11.6 人和 58 人。[①] 虽然这是一个孤立的个案，但它有可能反映了总体的趋势。

其次，随着十户组数量的减少和单个十户组人数的增加，十户长的职责加重，而且由于十户组涵盖了一个甚至多个自然村，十户长履行职责就更加困难了。在这种情况下，没有人愿意担任十户长，领主不得不对逃避任职者加以处罚，采用轮流任职之法，或者划出一块专门的土地，用其保有权作为对担任十户长的诱惑和报酬。略有财势者自然不受利诱，而贫弱者往往为获得一块土地而扛起重任。其结果是十户长更加力不从心，难胜其任。这转而迫使领主减轻十户长职责。比如，在前述伯德布鲁克，14 世纪上半期若有人脱漏于十户组之外，十户长应受处罚，而 14 世纪后半期则直接处罚脱漏者。[②]

再次，十户联保会越来越难以惩处违例者，集体担保制度趋于失效。亨利二世时期，十户组不能追捕逃犯时应当缴纳半马克罚金，这在当时是一笔不小的数额，可是在爱德华一世时期物价大致上涨两倍的情况下，罚

---

① Phillipp R. Schofield, The Late Medieval View of Frankpledge and the Tithing System: An Essex Case Study, in Zvi Razi and Richard Smith eds., *Medieval Society and the Manor Court*, Oxford: Clarendon Press, 1996, pp. 418 – 419.

② Phillipp R. Schofield, The Late Medieval View of Frankpledge and the Tithing System: An Essex Case Study, in Zvi Razi and Richard Smith eds., *Medieval Society and the Manor Court*, Oxford: Clarendon Press, 1996, pp. 418, 420.

金数额却维持不变，这就不足以迫使十户组尽力追捕逃犯了。[①] 在伊丽莎白时期（第 21 年和第 27 年）斯塔福德郡杰诺索尔（Gnossall）的十户联保会记录中就几乎看不到联保的迹象，不再像以前那样有十户组成员相互提供担保，承担连带责任的记载。[②]

最后，十户联保会所处理的事务逐渐减少。在霍恩所编译的一些 16、17 世纪的十户联保会记录中，虽然继续登记脱漏于十户组的人员名单、十户长出席会议的情况，以及违反面包和啤酒质量标准等轻微违规行为，但有关偷盗、斗殴的记载却极少。可以说，防治和惩处刑事案件已经不再属于十户联保会的职责。

十户联保制度的衰落首先应当归因于人口下降引发的深层社会变革。1317—1319 年的大饥荒就造成了人口的轻微下降，而 1348—1349 年的黑死病则夺走了大约 1/3 的人口。随着村落人口的减少和村落的荒弃，十户组残缺不全。以前紧缺的土地现在变得宽裕起来。农民，特别是负担较重的农奴，为了租得更多土地或获得更好的租地条件，纷纷离开家乡，去承租其他领主的闲置土地。领主之间的劳力竞争又为农奴的解放提供了条件，即使国王强力推行限制工资的《劳工敕令》（*Statute of Labourers*）也于事无补。这一切使黑死病后英格兰基层社会的人口流动大大加速。十户联保制度的运作依赖于乡村社会中稳定的邻里和血缘关系，然而人口流动的加剧却剪断了其内部纽带。一方面原有十户组因人口死亡和迁出而缺编；另一方面新迁来的农户未能及时编入，或者虽然编入，但与原有居民无法建立有效的联保。就像农奴制瓦解和土地非继承性流转的增多一样，十户联保制的衰落也反映了中世纪后期社会经济的深层变化。[③]

另外，替代性治安机制的产生亦不可忽视。十户联保会通过郡法庭和

---

① W. A. Morris, *The Frankpledge System*, New York: Longmans, Green, and Co., 1910, p. 152.

② N. J. Hone, *The Manor and Manorial Records*, the third edition, London: Methuen & Company Limited, 1925, pp. 193 - 202.

③ 斯科菲尔德就持有这样的观点。他认为十户联保制度衰落的主要原因不是治安方面的，而是生态方面的，主要是人口下降引起人口流动和土地占有关系的变动。Phillipp R. Schofield, The Late Medieval View of Frankpledge and the Tithing System: An Essex Case Study, in Zvi Razi and Richard Smith eds., *Medieval Society and the Manor Court*, Oxford: Clarendon Press, 1996, p. 439.

王室巡回法庭而被纳入整个王国的司法行政体制。涉及重罪的刑事案件，十户联保会只负责检举揭发、初步调查、追捕嫌犯和暂时羁押，最后的处理通常要等待王室巡回法庭的到来。但13世纪末期以后，巡回法庭召开的次数减少，不少羁押的人犯不能得到及时处置。与此同时，国王也在创设新的治安机构。1285年国王颁布的威斯敏斯特第二敕令就规定了每个村庄和城镇都应当在夏季和秋季轮流派人巡夜，同时规定成年男子均须根据家庭财产状况自备相应武装，以便有效打击盗贼，为此每个百户区都应当推选两名巡警（constable）专门负责此事。① 1350年为了执行《劳工敕令》，国王要求地方法官每年在各郡召开四次会议。② 1361年的治安法官法令（Act Concerning Justice of Peace）规定从每个郡选任3~4名治安法官作为国王特派员，审理重罪和轻微治安事件，各郡治安法官须每年开会四次，③最终确立了以治安法官和四季法庭为核心的治安管理体制，蚕食或取代了原来十户联保制度的职能。15世纪初期以后，治安法官取代郡守成为国王在地方上的主要代理人，十户联保会不再处理由郡守巡查百户区方面的事务，郡守未经治安法官审理不能拘捕嫌犯。这样，原来以十户组、十户联保会和郡守为主的治安管理体制就让位于以治安法官、巡警和四季法庭为主的治安管理体制。中世纪晚期以后“十户”不再是十户，“联保”也不再是联保，严格意义上的十户联保制不复存在。

尽管如此，蜕变了的十户联保制却继续存在了很长时间。15世纪以后，很多城镇和乡村继续举行十户联保会，继续推选十户长，继续编制十户组名单，只是其治安管理的功能大大缩减，衰落为一个仅仅接受外部调查和向外部提供信息的机制。就像庄园法庭在领主自营地出租和作为经济组织的庄园瓦解之后以土地登记机构的形式继续存在一样，十户联保会也转变为一个登记人口增减和迁移的机构。十户联保会仍然在处理一些轻微纠纷，买卖中的不法行为，有关田地占有中的圈地、并地、移动地界石

---

① G. B. Adams and H. M. Stephens eds., *Select Documents of English Constitutional History*, London: Macmillan, 1926, p. 75.

② G. B. Adams and H. M. Stephens eds., *Select Documents of English Constitutional History*, London: Macmillan, 1926, pp. 116-117.

③ G. B. Adams and H. M. Stephens eds., *Select Documents of English Constitutional History*, London: Macmillan, 1926, p. 127.

标，忽视修缮房屋和挖掘沟渠等问题，在英格兰北部、西南部和南部尤其如此。17 甚至 19 世纪的乡村巡警，沿袭了十户长的名称，仍然在检举和揭发地方治安事件方面发挥着作用，只不过不是向郡守，而是向治安法官。直到 19 世纪初期在埃塞克斯的一些城镇中仍然召开十户联保会，推选巡警和品酒员，监督市场买卖。[①] 在威尔特郡的金沃德斯通（Kinwardstone）百户区，17—19 世纪一直存在着 33 个十户组，十户长们仍然每年开两次会。[②]

五、王权成功渗入基层的原因

在英格兰的 30 个郡，至少从诺曼征服到黑死病暴发的 300 多年里，十户联保制度能够推行到一个个村庄，国王的有关敕令能够化为地方贵族的领地管理条例和基层社会准则，英格兰强大的王权成功地渗透到了基层社会。王权不仅仅存在于国王与贵族、教会、自治市这样的上层社会，而且下达于乡村小屯的农夫牧人。那么，通过集体担保来维护治安的十户联保制度为何能在英格兰成功推行开来呢？我们不妨略加分析。

首先，它充分挖掘和利用了盎格鲁 - 撒克逊农村公社中的组织资源。根植于盎格鲁 - 撒克逊农村公社的各种法律和制度都渗透着团体主义的力量。[③] 亲属邻里之间的互助合作，村社集体的共同管理和共同防卫在当时的法律中屡见不鲜。十户联保中的担保制度源于亲属之间的相互担保，十户制度则源于共同追捕盗贼、维护治安的十户和百户组织。十户组以亲属邻里关系为纽带，以自然村为单位划分。十户联保会虽由郡守（或地方领主及其代理人）主持，但农民不但集体参加会议，而且负责在会上检举揭发、调查裁决、评估伤害赔偿金。各种村务人员，比如十户长、河道看管员、啤酒和面包的质量监督员、巡夜员、伤害赔偿金评估员等，也都由村

---

① Mark Bailey, *The English Manor, c. 1200 - c. 1500*, Manchester: Manchester University Press, 2002, pp. 188 - 189.

② R. R. Currie ed., *Victoria County History of Wiltshire, Vol. 16, Kinwardstone Hundred*, London: Oxford University Press, 1999, pp. 3 - 7.

③ 李秀清就将团体主义视为日耳曼法律制度的精髓之一。参见李秀清：《日耳曼法研究》，北京：商务印书馆 2005 年版，第 451—456 页。

民推选。国王敕令以及地方领主条例规定的十户联保会职责，有相当一部分旨在维护村社公共利益。这种强制性规定无疑强化了村社的团体精神。十户联保组织还确定了一个村社的社会边界。编入十户组的人与外部力量（国王或领主）发生冲突时，其他成员可以为其提供品行证明和经济担保。相反，外来者不能编入十户组，也就不能成为村社的一员，村社以此来排斥外来者。而外来者必须由容留其居住的户主提供担保则体现了村社对外来者的强烈不信任和积极防范。可以说，十户联保制度是在充分利用村社组织资源、满足村社集体需要的基础上得以广泛推行的。

其次，正是国王积极通过司法行政渠道伸张自己的公共管理权力，才使十户联保制度能够深入基层社会，推广到英格兰除边疆区域外的大部分地区。在盎格鲁－撒克逊时代后期，各个地方王国已经在相互争斗中确立了一定程度的王政体制，初步建立了郡、百户区和行政村这样的地方管理体制。① 与丹麦人的军事对抗大大加速了王政的成长，而诺曼底公爵威廉则用军事征服确立了更加强大的王权。随后，亨利二世又极力通过司法行政改革把王权奠基于法制之上。令状的发布、巡回法庭的派遣、郡政的整饬，为王权渗入基层社会提供了有效工具。国王就是利用这些工具来管理和推行十户联保制度的。郡守在巡回中专门负责督察十户联保会。巡回法庭定期光临，处理十户联保会检举揭发出来的严重刑事案件，惩处相关人犯，从而把国王的律令贯彻于基层民众。12 世纪以后在欧洲大陆复兴的罗马法也传播到英格兰，为王权扩张提供了学理支持。格兰维尔、伯拉克顿的法学著作就极力论证了国王制定和施行法律的特权。国王享有管理十户联保会特权的法理原则就是这样被确立起来的。十户联保制度的一些特点本身也体现了外部力量的强制性。村社是农户生产和生活的自然单位，然而人为创设的十户组却是介于村社和农户之间的。一个自然村往往被人为地划分为若干十户组。尽管亲属邻里关系是十户组的重要纽带，但在实际操作中父子和兄弟可能被拆分在不同的十户组里。② 村社内部自发形成的

① 有的王国包含若干郡，而有的王国只是后来的一个郡。

② 斯科菲尔德就从埃塞克斯郡伯德布鲁克的十户组名单中找到了这样的一些例子。Phillipp R. Schofield, The Late Medieval View of Frankpledge and the Tithing System: An Essex Case Study, in Zvi Razi and Richard Smith eds., *Medieval Society and the Manor Court*, Oxford: Clarendon Press, 1996, p. 421.

集体规则主要是依靠习俗和舆论来发挥作用的，但十户联保会却具有明显的强制性。按律编组、连带担保、出席定期会议、逐项调查、交纳罚金，都成了强制性的义务。而各地大体一致的施行规则就体现了来自国王的统一强制。

最后，十户联保会的推行也得益于国王与地方贵族之间的妥协与合作。十户联保制度虽然是国王统一推行的，体现了国王对地方领主和基层社会的积极干预，但它并非与地方领主的利益完全对立。地方领主在各地拥有田产、宅舍、林地草场等资产以及征发劳力的特权，而且很多领主在这个时期都直接经营其庄园自营地。良好的乡村治安同样是地方领主们维持各种资产并获取相应收益的保障，所以他们并不反对十户联保制的推行，只是极力将管理权益掌握在自己手中而不是让给国王。相当一部分十户联保会由地方领主管理；重罪由王室巡回法庭审理，而轻微治安案件则由地方领主处理；国王敕令与地方领主十户联保会调查条例的内容大同小异，这些事实都体现了双方的合作和妥协。地方领主不仅通过管理十户联保会获取收益，而且把保护领地权益的内容纳入其中。此外，国王通过对地方领主司法行政权益的调查，确立了十户联保会管理权源自国王的法律原则。地方领主只有切实管理十户联保会才能证明其权益，只有拥有12位检举人才能召开十户联保会，国王的这些规定加强而不是削弱了地方领主对十户联保会的管理。所以，十户联保制度的成功推行也是国王与地方领主合作妥协的结果。

总之，十户联保制度的推行体现了中世纪英格兰王权向基层社会的成功渗透，是当时国王和地方领主管理民众的重要工具。西方学者往往高度评价其历史影响。比如斯塔布斯认为十户联保制度就是一种早期的代议制度，十户长及部分十户组成员经常代表整个村庄参加王国的司法行政活动，从而培养起了一支熟悉外部政治规则的力量。[①] 维诺格拉道夫也认为，十户联保制度把民众带到了百户区这个王国自由司法制度的起点。[②] 莫里斯也认为，十户联保制度使民众懂得了如何处理地方事务，如何协助外来

---

① W. Stubbs, *The Constitutional History of England*, *Vol. I*, the sixth edition, New York: Barnes & Noble Inc., 1967, p. 95.

② P. Vinogradoff, *Villainage in England*: *Essays in English Medieval History*, Oxford: Oxford University Press, 1892, p. 66.

官员，而民众对司法行政管理活动的参与和熟悉使地方自治成为可能。[①]这些评论显示出明显的“宪政主义”学术倾向，强调十户联保制度对后来英国宪政的建立和地方自治的确立所产生的直接影响，颇有夸饰之嫌。不过，在西欧其他王国深处地方割据困境之时，在缺乏完备官僚体系的情况下，英格兰竟能广泛推行类似中国古代什伍连坐的十户联保制度。过去曾认为古代东方为皇权专制，而西方为封建割据，这种将二者简单对比的观点看来有必要进行更加深入的检讨了。

① W. A. Morris, *The Frankpledge System*, New York: Longmans, Green, and Co., 1910, p. 166.

余　论

一、主要的结论

在本书中，我们首先辨析了阐释农奴制兴衰的各种理论。有的学者认为地广人稀、劳力匮乏时领主需要施行农奴制，但有的学者认为人多地少、土地稀缺时才容易施行农奴制；有的学者认为市场的缺失导致领主只能组织庄园来生产自己所需的基本物资，而有的学者认为市场需求的旺盛促使领主为获利而组织庄园生产；有的学者认为农奴制只适应于落后的生产技术，而有的学者认为领主经营农奴制庄园是相信自营地上能进行生产革新从而带来更高的产出；有的学者认为农奴受到领主的超经济强制和盘剥，而有的学者认为农奴更多是自愿为奴的，目的在于从领主那里获取各种好处，二者之间是一种互惠关系；有的学者认为王权衰弱、社会秩序动荡不安是促发农奴制的政治、社会原因，而有的学者认为强大的王权是抑制地方领主劳力竞争、构建追捕逃亡农奴的严密网络的必要条件；有的学者认为强大团结的村社是抵制农奴制的工具，而有的学者则认为农奴制主要是借村社组织来实施的。造成这些分歧的原因在于，在不同地区、不同阶段，农奴制有不同的特征，而学者们总是以某个地区、某个阶段的农奴制为研究对象，然后又将其泛化为农奴制的一般规律。化解这些分歧的出路在于，将农奴制分为不同的阶段，分别用不同的理论来阐释。这也是我们研究中世纪英格兰农奴制庄园发展演变的基本思路。

中世纪英格兰农奴制庄园的发展经历了不同的阶段。从起源上讲，中世纪英格兰的庄园很少能上溯到罗马时代的维拉，它们多是从盎格鲁-撒克逊时代晚期逐渐发展起来的。但其形成并不一定像梅特兰、维诺格拉道夫和斯坦顿所说的那样是从自由而独立的村社发展而来的。也就是说，庄园不一定产生在村社之后。庄园与村社是一道发展起来的，有些村庄是在领主的住所附近（即内田），由领主招纳和安置流民而建立起来的，它一开始就表现出对领主的强烈依附性。距离领主住所较远的外围地区（即外田），农民对领主的依附较轻，通常只负担轻微的地租等义务。这便是琼斯、阿斯顿等人提出的复合地产理论（multiple estate）。随后这种由内田和外田构成的复合地产开始裂变，形成众多庄园，各有自己的内田（后来成为自营地）和外田（纳租地）。其结果是领主数量增加、自营地分散和更多外田农民开始承担劳役。而1066年的诺曼征服及其随后的“封建革命”大大加速了庄园裂变和农民沦落的进程。这个过程就符合梅特兰等人所说的自由村社遭受奴役的理论。因此，在解释庄园的起源时，两种理论是可以互补的。

11、12世纪以后西欧普遍出现了人口增加、土地匮乏、物价上涨、商品货币关系日益发达的局面，法国、意大利等地的领主们逐渐将原来用于直接生产自己所需谷物和牲畜的自营地出租，转变为坐食地租者。但是，英格兰的领主们在几乎相同的经济环境下却转向扩大庄园自营地的直接经营。其原因主要是两个地区的政治和法律方面的制度环境不同。在英格兰，强大的王权构成了对地方领主的有效约束；普通法在12世纪后期逐渐形成，佃户（尤其是承包领主整个庄园的人）的土地保有权得到了王室法庭的保护和救济。这使领主难以通过缩短租期、收回佃权等手段来提高习惯租金（承包金）。于是，领主们为防止出租地的流失，为使收入跟得上物价的上涨，不得不通过直接经营庄园来摆脱经济困境。与其说这是领主们主动趋利的结果，不如说是他们被动避害的出路。教会领主（尤其是大修道院）受到的压力最大，因为他们有大批的僧侣或教士需要供养。他们为摆脱经济困境所作的努力，吹响了“管理革命”的号角。其他领主纷纷效仿，掀起了一股直接经营的热潮。

领主们直接经营分散于各地的众多庄园后，往往组织起远远超过农民家庭经济的大规模农业生产，尤其是在畜牧业方面，甚至实现了不同地区的生产专业分工。但在种植业方面，除了割草、收割庄稼和打场等少数环节外，绝大多数生产环节仍然以分散劳作为主。与土地较少、劳力充足的农民经济相比，领主自营地上不仅土地较多、劳力不足，而且劳动者的积极性也不高，因此领主自营地的效益不可能超过农民经济。

在经营兴盛的时代，领主庄园自营地的商品化程度大大提高。影响农畜产品商品化程度的因素包括领主的类型和需求、庄园距离领主住所的远近、庄园附近是否有都市、水陆交通状况、不同类型农畜产品本身的特点。其中领主自身的消费需求仍然是第一位因素。我们在强调西欧领主制庄园生产的自给自足特征时，必须将其限定为11世纪之前的庄园。12世纪英格兰的庄园已经开始与市场建立联系，而13世纪的庄园则实现了较高程度的商品化。这时，就不能说领主制下庄园无法容纳商品经济的发展了。但是，国外商业化派将这个时期称为一个“商业化社会”的观点也不恰当。庄园自营地的商品化并不符合被商业化派视为理论根基的冯·杜能模型，不一定是越靠近城市，商品化程度就越高。相反，居住在城市的领主往往直接消费其住所附近庄园上的自营地产品，使其能向市场出卖的余粮很少，商品化程度很低，而偏僻的、距离领主住所较远的庄园因为既没有领主光临庄园直接消费农畜产品，也无须跋山涉水向领主运送物资，而是将剩余产品出卖，商品化程度反而更高。这并不是因为冯·杜能的经济模型错了，而是因为中世纪的经济现实不满足冯·杜能模型所隐含的前提条件。其一，市场仍然不够发达，价格并不能准确反映供需关系，各种经济资源也不能按照市场价格折算成统一的尺度进行度量；其二，很大一部分城镇居民仍然在城镇附近拥有地产，他们既是产品的消费者，也是产品的生产者，因此不存在冯·杜能所假设的生产者与消费者之间的分工；其三，领主往往拥有可以使用的佃农劳役，因此运输成本很低，而在冯·杜能的理论中，运输成本是影响各种农业生产区域分布和商品化程度的重要因素。其实，中世纪的经济仍然是一种短缺经济，微小的供给变化就可以导致物价的巨大波动。一旦歉收，市场谷物价格便会飞涨。此时，依赖市场的人便可能陷入极大的困境。领主即使居住在市场相对发达的城市，也往往不会完全依赖市场来购买自己所需的食品，而是在附近保留庄园，以便直接生产。这正是短缺经济下的常规对策。

除了佃农劳役外，庄园自营地生产还需要不少长工和临时雇工。我们过去过多地强调佃农劳役，对长工和临时雇工关注较少。不同类型的劳力各有优缺点，互为补充。虽然佃农劳役未必构成自营地劳力中的多数，但我们仍然称此时的庄园为农奴制庄园，因为佃农劳役仍然是庄园生产的关键要素，它在领主确保农忙季节的劳力需求方面具有无可替代的优势。此外，过去学界认为劳役地租向货币地租的折算对农民有利。我们在仔细分析劳役折算的方法和折价的高低后认为，黑死病前劳役折算虽然有助于农民实现更多人身自由，但经济上却未必实惠；能够得到实惠的主要是占地较多的上等农户；只有在黑死病之后，劳役折算才能在人身解放之外给绝大多数农民带来真正的经济实惠。

为了直接经营分散于各地的众多庄园，13 世纪以后很多领主建立了由总管、管家、庄头、审计员等组成的垂直分层的管理组织。各级管理者都有明确的职责和权限。明晰的庄园收支账簿也被创设出来，并迅速推广。不过，从账簿的内容来看，这时领主更关心的是减少管理者营私舞弊、中饱私囊的空间，而不是考核和评估庄园经营管理的业绩和利润的高低。

领主还大力强化了庄园法庭的作用。这一方面是为了抵制王室法庭的渗透和竞争，另一方面是为了保障庄园直接经营的实施。从庄园法庭卷宗的内容来看，它有维护领主权益、处理公共事务、解决庄民纠纷和履行王国义务等四种功能。不过，领主维护自身利益是其召开庄园法庭并撰写、保存法庭卷宗的根本目的。如果说庄园法庭中包含了一些村社的特点和内容，比如庄民的共同参与、庄民集体或由庄民组成的陪审团负责裁决、罚金多寡由庄民中的罚金评估员确定，那是因为只有借用已有的村社组织资源，只有兼顾农民的一些需要，只有把尽可能多的农民吸收过来，庄园法庭才能渗入乡村并存在下去，才能具有民意合法性，才能在领主不可能时时事事亲临庄园的情况下有效地运作。

领主的收入包括封君权益、司法行政权益、庄园收入和其他收入四类。越是大领主，依靠特权获取的收入在总收入中的比重就越大；越是小领主，便越是依赖地产的经营收入。13 世纪领主们的收入都普遍上涨，但扣除物价上涨因素后，涨幅并不明显。从收入结构来看，虽然不同类型的领主有很大差异，但是源于自营地生产的货币收入并没有明显上涨。这说明 13 世纪直接经营兴盛的主要意义在于使领主的货币收入跟上物价上涨的步伐，因此不宜夸大直接经营为领主所带来的益处。

消费方面，领主地位越高，消费越奢华。其满足消费的方式有实物供应、巡回就食和市场采买三种。不同类型的领主有不同的偏好。比如教会领主，尤其是修道院因有大批僧侣需要供养，且僧侣不宜四处奔波，其食物消费自然以实物供应为主。世俗领主经常为各种军政事务奔波各地，因此往往在途经各地庄园时直接消费自营地产品，但其家眷在府邸则多靠市场采买来满足衣食之需。从发展变化的趋势来看，13 世纪到 14 世纪中期市场采买的比重在不断上升。不过，对大多数教会领主来说，自营地产品仍然是食品消费的主要来源，其消费对自营地的生产安排仍然有决定性的影响。

投资方面，13 世纪英格兰领主们的兴趣的确大有提高，不过投资占收入的比重仍然很小（不足 5%），而且投资的去向仍然主要是通过购置土地增加地租收入。通常的观点认为，封建经济发展缓慢的原因在于，领主攫取了农业生产剩余中的大多数，但很少用于投资，而是用于炫耀财富和地位的奢侈消费。在不同时代的人看来，投资的概念有所不同。在技术变革极为缓慢的中世纪，增加投资所带来的收入增加微乎其微。热衷于这种投资的人自然寥寥无几。相比之下，购置土地所带来的收入最稳定，自然是投资的首选方向。另外，在我们今天看来纯属奢侈消费的行为，在中世纪领主眼中可能是奇货可居的投资。比如，在庄园上接待国王和贵宾，可能是为了博得政治的升迁；维持奢华的出行仪队，可能是为了赢得一桩即将带来丰厚嫁妆的婚姻。那时权力是获取财富的最好手段，而展开权力的角逐就是最好的投资。以现代企业家的投资动力和投资方向为参照来评价中世纪的领主是不合适的。

在庄园与村社不一致的情况下（多数如此），如果一个庄园包含若干村社，那么庄园的经营管理和日常生产在很多情况下是以村社为单位来分摊的。在一个村社内有若干庄园的情况下，通常有一个庄园居于主导地位，也有村民和若干庄园领主的代表共同议事的例子。这说明村社而非庄园构成了农民日常生活的主要边界。但是，存在庄园的地方，村社通常被领主加以利用和改造：村长成为庄头；村社会议被吸收到庄园法庭中；敞田制度下的份地制度被领主用来进行户等管理。十户联保组织一方面体现了国王对乡村社会的统一规制，另一方面领主利用执行王国政令的机会也维护了自己的利益。

尽管黑死病后，尤其是15世纪，领主们已经将庄园自营地整块或分割出租，庄园作为一个生产组织已经瓦解，但它作为一个收取地租的分配组织，作为一个登记土地和人口变动、维护村社秩序和庄园惯例、处理公益事务、调解乡民纠纷的机构仍然具有重要的功能。另外，领主们始终把拥有庄园、拥有对庄民的司法行政管辖权视为贵族身份的标志，故而刻意追求和维护庄园及其法庭。正因为如此，庄园制度才得以长期延续。18世纪末和19世纪的议会大规模圈地使大多数庄园法庭失去了存在的基础，趋于消亡。

二、研究的不足

以上所述是笔者在学习中世纪英格兰庄园制度和乡村社会史的时候所形成的一些观点。这些观点能否成立，还需要学界同仁的评判。笔者所能做的只是自我批评。作为一本研究“中古英国庄园制度与乡村社会”的专著，本书对四个重要的问题未能触及，或者考察得远远不够。

首先，本书选择12世纪末期到14世纪中期英格兰的庄园和村社为研究对象，因此对12世纪以前庄园的起源和发展以及中世纪晚期与近代早期庄园的长期遗存考察不够。如前所述，在庄园的起源问题上，学界有多种不同的观点，争论也非常激烈。虽然中世纪英格兰庄园起源于罗马统治时期维拉的观点现在已经不再流行，但是盎格鲁-撒克逊时期庄园发展到了何种程度却有很多争论。阿斯顿及其弟子罗萨蒙德·费斯认为，这一时期庄园不仅已经出现，而且已经相当普遍。[①] 这种观点同早些时候梅特兰、维诺格拉道夫、斯坦顿等人的观点有较大的差异，因为梅特兰等人认为盎格鲁-撒克逊时期自由的村社是乡村社会的主要特点，而庄园的发展是丹麦人的征服、诺曼人的征服等一步步强加于自由村社的奴役之轭。此外，学者们对这一时期庄园的形态是否与后世类似也有不同的看法。有的学者强调这一时期的庄园就是复合型的大地产，即包含众多村庄，由内田、外田所组成的庞大却松散的组织，与后世相当于一个村庄的庄园（即所谓典型的庄园）有较大的差异。有的学者则认为这种复合地产根本就不是一个庄园，而只是一个收租的单位，且复合地产存在的相关文字记载多半都产生于诺曼征服前后，甚至是12世纪，因此这些记载是否反映了盎格鲁-撒克逊时期情况值得怀疑。关于庄园的起源和发展，学界争议比较大的另一个问题是，诺曼征服究竟只是一场社会上层的政治更替，即来自欧洲大陆的诺曼人、法兰克人取代了盎格鲁-撒克逊的土地贵族，还是一场导致了

---

① T. H. Aston, The Origins of the Manor in England, *Transactions of the Royal Historical Society*, the fifth series, Vol. 8, 1958, pp. 59 – 83. Rosamond Faith, *The English Peasantry and the Growth of Lordship*, London and Washington: Leicester University Press, 1997.

庄园的普及、农奴制的加强、劳役的加重等底层社会的经济变革。学者们对这一问题的回答主要依赖于对《末日审判书》的研究，特别是依赖于对该文献产生的1086年的情况与该文献常常追忆的忏悔者爱德华王时期情况的对比研究。学术界对《末日审判书》的研究已经相当深入，相关论著非常丰富，统计研究也已经颇为细致，远远超出了笔者的阅读和学习范围。何况，学者们在如何解释该文献涉及不同地区时所用的不同术语方面有很大的分歧，而这又直接关系到相关统计研究的科学性问题。限于才学和能力，笔者对这些问题不敢轻易触碰。

同样，本书对庄园制度的晚期历史考察不够。黑死病之后，特别是16世纪之后，英格兰领主们纷纷出租了自营地，庄园作为一种经济组织趋于瓦解，但是庄园法庭作为一种土地登记、纠纷裁断的组织得以长久延续。这一时期的庄园文献（即庄园地产清册、庄园账簿、惯例册、法庭卷宗等）越来越少，越来越简略。这是笔者未能较多涉及庄园制度晚期历史的原因之一，但不是唯一的原因。中世纪晚期和近代早期随着普通法的发展，特别是衡平法的出现，英国的土地法越来越复杂，有关庄园组织和农民权益的问题越来越成为法律问题而不是经济问题，且土地法的梳理和庄园法的考察需要更加专业的法学知识，特别是法律史的学习和训练，这同样超出了笔者的知识积累。可喜的是，国内已经有越来越多的学者关注这些问题，[①] 相信他们会在这些问题上为笔者这样的门外汉提供日益清晰的描述。

其次，在庄园与村社的关系问题上，本书只考察了庄园制度的村社基础和十户联保制度两个方面，实际上二者之间的关系要复杂得多。就其与村社的关系而言，庄园大致可以分为三种：典型的庄园，即正巧是一个村

---

① 比如沈汉：《英国土地制度史》，上海：学林出版社2005年版。程汉大主编：《英国法制史》，济南：齐鲁书社2001年版。陈志坚：《试论中世纪英格兰贵族妇女的不动产继承权》，《首都师范大学学报》2005年第5期。陈志坚：《英国中世纪及近代早期的家产分配方案》，《世界历史》2007年第5期。陈志坚：《论“家产析分契约”的性质和作用——兼评英国家庭史研究中的“变革与延续之争”》，《世界历史》2008年第4期。陈志坚：《对中世纪英国财产继承制度的考察》，《首都师范大学学报》2009年第3期。陈志坚：《“为他人的利益而占有财产”——中世纪英国的地产托管、封土保有与家产继承》，《历史研究》2009年第3期。陈志坚：《中世纪英国地产托管制起源研究述评》，《世界历史》2010年第5期。

庄的庄园，包含多个村庄的庄园，一个村庄包含着的几个庄园。绝大多数情况下，庄园与村庄并不重合。不同类型的庄园在内部管理、生产组织等方面存在很大的差异。而且，不同类型的庄园也呈现出一定的区域分布特点，比如在英格兰北部，包含众多村庄的大庄园很常见，比如约克郡的维克菲尔德庄园就包含50多个村庄，其庄园法庭也在几个大村庄轮流举行，这几个大村庄同时也是地租收纳的中心。[①] 这种结构与学界所说的盎格鲁-撒克逊时期的复合地产颇有几分相似之处。在东盎格利亚，一个村庄包含属于不同领主的若干庄园的现象很普遍，同时单个庄园又往往由居住于不同村庄的佃农所组成。[②] 此外，庄园与村社的形成过程也颇为复杂。有些庄园确实像梅特兰、维诺格拉道夫等所说的那样，是由领主强加给原本自由的村社的，但有些庄园却是领主组织和招纳流民在村庄附近垦荒形成的，后来才发展成另一个独立的村庄。也有的村庄是农民自发垦荒和移居而形成的，几乎没有领主的参与。总体来看，庄园可能随着领主地产的分割、售卖、转让以及领主及其子女的婚姻、继承等原因变动不居，而村社则相对稳定一些。但村社也随着人口的增加、土地的垦辟等因素而缓慢变化。对于这些问题，本书也考察得不够深入。

再次，田制，即地块的形貌、地权的分配、休耕轮作的规则、作物品种的组合、耕牧的关系等构成了中世纪英格兰农业的基本生态基础。田制多种多样，国内学界目前研究较多的是敞田制，本书的很多论述也是基于敞田地区的情况而言的，这远远不能代表其他田制下的情况。更何况，田制往往与村庄聚落形态（是聚居的大村还是散居的小屯）、庄园结构和特征、佃农的地租形态和负担轻重等问题密切相关，且同样呈现出地区分布特点。如前所述，中世纪英格兰的敞田制分布在中部自北向南，从北海经米德兰地区到南部海峡的一个纵向带状区域。如何解释这种田制、聚落形态、庄园结构等的地域性，也是国外学术界热烈讨论的一个问题。学者们

---

① W. P. Baildon ed., *Court Rolls of the Manor of Wakefield*, *Vol. I*, *1274 - 1297*, Leeds: The Yorkshire Archaeological Society, 1901, introduction, pp. i - xix.

② Tom Williamson, Explaining Regional Landscapes: East Anglia and the Midlands in the Middle Ages, in Christopher Harper-Bill ed., *Medieval East Anglia*, Woodbridge: Boydell Press, 2005, pp. 11 - 32. Mark Bailey, *Medieval Suffolk*: *An Economic and Social History*, *1200 - 1500*, London: Boydell Press, 2010, pp. 29 - 35, 49 - 59.

相继提出了多种观点，比如种族倾向论认为盎格鲁－撒克逊人、丹麦人（特别是丹麦法区）、朱特人（移居于肯特郡）都有不同的聚落习惯，有各自偏爱的田制，即通过种族的偏好解释田制的起源。有的学者提出地质生态论，认为聚落形态和田制是因各地不同的地形、水文、气候、植被、土质等条件而发展出来的。有的学者强调领主的力量，认为不同地区或类型的领主拥有不同的权力并对农民有不同的强制力，他们在田制的形成和转变（特别是两圃制向三圃制的转变）、庄园的结构、劳役的强化等过程中发挥了重要的作用，留下了自己的烙印。也有的学者强调王国公共权力，特别是租税收纳和劳役征发对田制与聚落形态有深刻的影响。最后，也不乏学者强调田制和聚落由一个地区向另一个地区的传播与扩散，强调人口压力、商业化的加深、信息的传播等因素对田制转变和扩散的影响。① 本书未能充分地把这些讨论及其相关理论观点吸收进来。实际上国内学界近来对田制问题的关注越来越多，总体的趋势是，以圈地运动和近代农业为参照，认为敞田制缺乏效率、阻碍生产发展的观点受到了学界的批评，大家越来越强调敞田制在促进生产发展、降低农业风险、维护乡村的社会平等和团结互助，甚至塑造英国传统文化等方面的积极作用。② 沈琦还提出，三圃制的推广和马作为力役牲畜比重的增加，促进了中世纪英格兰的交通运输，甚至带来了一场运输革命。这或许是受到了英国学者约翰·兰顿的专门研究的启发。③ 国内学界对影响敞田制形成和扩散的因素还关注不够，这是值得我们今后继续努力探索的问题。

最后，庄园制度本身也有明显的地域差异性。比如，根据约翰·哈切尔的专门研究，在英格兰西南角的康沃尔郡，庄园结构松散，很少有自营地，庄民很少承担劳役，租佃制是领主地产经营管理的主要方法。而且，

---

① 对上述各种理论观点的详细综述和分析，参见：Carenza Lewis, Patrick Mitchell-Fox and Christopher Dyer, *Village, Hamlet and Field, Changing Medieval Settlement in Central England*, the second edtion, Bollington: Windgather Press, 2001, pp. 170－190.

② 文礼朋：《中世纪和近代早期英格兰敞田经营制度再认识》，《史学月刊》2006 年第 9 期。向荣：《敞田制与英国的传统农业》，《中国社会科学》2014 年第 1 期。

③ 沈琦：《三圃制与中古英国的运输革命》，《中国农史》2006 年第 3 期。J. Langdon, *Horses, Oxen and Technological Innovation: The Use of Draught Animals in English Farming from 1066 to 1500*, Cambridge: Cambridge University Press, 1986.

该地区在14世纪初期还发展出了独特的租佃习惯，比如每隔七年定期对地租重新评定，重新确定租佃关系。[①] 这与我们所描述的13世纪“庄园经营管理兴盛”的图景颇为不同。在东盎格利亚，马克·拜雷的研究也表明，这里呈现出劳役较轻、地租灵活、庄园较小、庄园与村社关系复杂等特点，与英格兰中部敞田区域有很大的不同。[②] 也有学者专门研究肯特郡的田制，认为这里同样劳役负担较轻，租佃制较为流行，农民的人身自由程度较高。[③] 忽视庄园制度和乡村社会的这种地域性，我们就难以准确定位和评价国外学者个案研究或区域研究。无论是从史料还是现代学者的论著中，我们几乎都可以找到各种观点和各种史实的例证，但是这些观点和史实具有多大的代表性，能否代表英格兰的总体情况，则很难判断，而考察英格兰田制、村落和庄园的地区差异性，无疑有助于我们形成自己的判断。国内学者也已经开始注意到庄园制度的这种地域性特点，这也是我们今后需要继续推进的一个研究方向。

上述几个问题既是本书的缺点，也是我们今后研究的方向。

三、方法的反思

经济史是经济学和历史学的交叉与结合，具体而言应当是经济学方面的理论、方法与历史学方面的史料、文献的结合。国外学界研究中世纪欧洲经济史的方法大致可以分为两种。一种是利用现代西方经济学的理论、概念和方法对历史学家们从史料中发现的问题予以解答，对历史学家们从文献中得出的结论予以再阐释。这种方法主要是由专门研究经济学的学者所采用的。道格拉斯·C. 诺思所著的《经济史上的结构和变革》就属于这方面的范例。比如，他们在该书中采用交易成本、契约、公共产品、均

---

① 约翰·哈切尔主要是通过对康沃尔公爵地产的研究得出这些结论的。参见：J. Hatcher, *Rural Economy and Society in the Duchy of Cornwall 1300 – 1500*, Cambridge: Cambridge University Press, 1970, pp. 52 – 60.

② Mark Bailey, *Medieval Suffolk: An Economic and Social History, 1200 – 1500*, London: Boydell Press, 2010, pp. 29 – 35, 49 – 59.

③ N. Neilson, Custom and the Common Law in Kent, *Harvard Law Review*, Vol. 38, No. 4, 1924, pp. 482 – 498.

衡等概念，对中世纪农奴制庄园的兴衰予以解释，即劳役制庄园的经济合理性体现于农奴在缺乏安全感的情况下用劳役（即不确定的义务）交换领主的保护（公共产品）这样一种“契约安排”中。在他们的框架中，农奴制庄园似乎成了领主和农民各尽所能、各取所需、平等交易的平台。他们在摘引了19世纪晚期和20世纪初期一些学者关于所谓“典型庄园”的过时的描述后，就开始建立自己长时段的、宏观的理论框架，这直接导致其宏观理论在历史事实方面的脆弱。或许，惯用经济学“新思维”的经济学家不愿或不能下苦功挖掘历史资料，甚至不愿意全面综合历史学家的研究结论。这是他们的薄弱之处。

另外一种方法是历史学家们所采用的。他们通过爬梳史料、整理文献，对相关文献进行艰苦的统计分析，有时采用回归法等新方法，但更多时候是采用非常传统的统计方法，如罗列年度变化、估算平均值等，从而得出一些有关历史变迁的计量分析结论。他们往往将这些分析结论用于佐证或证伪其他叙述性史料所描绘的情况，而并不是将这些结论上升为宏观的经济学理论分析。即使他们借用一些经济学的理论，通常也是“古典经济学”的理论。比如，布鲁斯·坎贝尔和理查德·布瑞内尔对英格兰中世纪盛期商品化水平的研究就只是采用了亚当·斯密的分工和增长理论以及冯·杜能的经济圈境理论。擅长挖掘史料、整理史料和对史料进行统计分析是这种方法的最大长处。

国内学界在研究欧洲中世纪经济史的时候，在史料利用和理论分析方面都面临着很大的挑战。从史料来看，经济史的史料要比政治军事史的史料更分散，其利用也需要更长期、更艰辛的统计工作。此外，国内学界研究欧洲中世纪经济史的时候还存在史料不易获取、语言障碍等困难。受限于这些客观条件，我们目前在研究欧洲中世纪经济社会史的过程中，所采用的主要方法仍然是借鉴和利用国外学者的统计数据和研究结论。在此基础上，若欲将我们的研究推进一步，我们至少可以从以下四个方面努力。

其一，直接阅读和引用一些国外编译出版的史料作为我们研究结论的例证。比如，《亨莱的田庄管理》、奥尔森所选译的中世纪英格兰的村规民约等就被不少学者援引。现在，随着图书数字化的推进和各种电子资源的增加，我们能够见到和利用的史料越来越多。

其二，国外学界的研究往往也分歧重重。学者们或是因为所研究的地区、时段的不同，或者是因为统计方法的差异，或者仅仅是为了证明各自的不同观点，往往在统计数据上存在较大的差异。在这种情况下，我们要选择出较为可信的、有说服力的数据和观点，形成对不同学者数据和结论的合理评判，就必须详细了解所引用的统计数据的史料来源、统计方法及该学者的主要观点。例举一两位学者的数据和结论是比较容易的，但是对这些学者在学术史中的地位和学术界内的影响作出合理的评判却不是一件容易的事情，因为这要求我们对整个学术史和学界不同的观点有清晰的了解和把握。

其三，国外学界在研究中往往存在一些理论范式，有时理论范式与经验事实之间并不相符，有时不同理论范式之间存在一定差异。如果我们能够进一步思考哪些因素造成了上述两个方面的差异，就有可能在解释这种差异的基础上修正理论范式或对理论范式的优劣作出评判。比如，布鲁斯·坎贝尔和理查德·布瑞内尔等人有关中世纪商业化的部分观点就基于冯·杜能的经济圈境理论，但是将该理论运用于解释中世纪的经济实际就存在时代错位的问题，因为中世纪的经济实际在很多方面并不符合冯·杜能经济圈境理论所隐含的一些前提条件。这样我们就能对上述学者的商业化理论形成我们的评判。再比如，学界通常认为劳役地租向货币地租的转化会给佃农带来更大的人身自由，并进而带来经济收益。然而，通过对中世纪英格兰劳役地租折算的详细考察，我们发现地租形态的上述变化对农民的影响颇为复杂，它取决于劳役折算的方法、折价的高低、农民的家庭经济状况以及整体的经济环境等因素。由劳役地租向货币地租的转化未必在经济上对农民有利。总之，利用不同理论范式之间的分歧或理论范式与经验数据之间的脱节寻找学理的创新，是一条非常有益的思路。

其四，不少西方学者在研究欧洲的经济史时，旨在证明现代西方经济学的合理性和解释力，追溯近代西方世界兴起的原动力，这使他们在研究中存在先入为主的定势。如果我们能够充分利用源自中国古代经济史的本土知识，通过中西比较的方法辨析和检视西方学者的研究结论，或许可以提出一些新的问题和观点。比如，北京大学的马克垚教授在其一系列的研究中就始终坚持对国外研究先质疑后采信或摈弃的原则，非常注意结合中国的历史经验提出自己的独特看法。这种原则和方法有助于我们国内学者在研究西方历史中保持独立立场，避免被西方学者牵着鼻子走，进而力争取得自己的学术创见。当然，要真正坚持这种原则，就需要我们对中国史，特别是中国史中与自己研究领域较为相关的问题有准确、全面的把握。这对于像我这样未接受过严格中国史训练的青年学者，是一个很高的要求。我们在中国史方面“本土知识”的不足，需要在今后的学习中努力加以弥补。

具体到中世纪英格兰经济史的研究，特别是庄园制度和乡村社会史的研究，我们还必须面对另外一种挑战。国外学界的研究越来越微观化、地方化和计量化。比如，近十年来发表于《经济史评论》（*The Economic History Review*）、《经济史杂志》（*The Journal of Economic History*）等期刊或论文集中有关中世纪英格兰庄园和乡村的论文，多半是对某一地区、某一领主、某一庄园的专门研究，研究取向主要是强调所研究的微观对象与其他已经被研究的对象不同，以此证明历史实际的复杂性和多样性。这一点，笔者在学习中已经有所感受，但是真正对我产生触动、引起我反思的，还是2009年底在英国剑桥大学历史系访学期间的一次经历。当时马克·拜雷（Mark Bailey）教授在约翰·哈切尔教授（前者攻读博士学位时的导师）主持的一场讨论会上作了学术报告。报告结束后，我私下与马克·拜雷教授交谈。他问我研习什么问题，我回答说学习中世纪英格兰领主的地产管理和庄园制度。他紧接着问我：“你目前在学习哪个庄园？”幸亏我此前学习过温彻斯特主教在威尔特郡的陶顿庄园于1324—1325年的账簿，就赶紧说出了这个庄园的名字，回答了这个在他看来再自然不过的问题。他接着热情地向我介绍了研究过该庄园的几位学者的名字。这一次交流对我的触动在于，拜雷教授的询问表明，在英国学界任何一位学习中世纪英格兰庄园和乡村史的学者必须选择某一庄园或村庄、领主或领地作为自己的研究对象，这已经成了该领域的一条研究规则。那么，我们作为中国学者，如果打算在该领域的研究中赢得英国学者的平等尊重，或者甚至梦想着在《经济史评论》等杂志上发表文章，就必须按照他们的规则作出同样精细的研究成果。显然，目前我们距离这一目标还非常遥远。

当然，另外一个值得反思的问题是，如果我们选择中世纪英格兰的某一庄园作为研究对象，对其多年的账簿和其他史料进行艰深的统计研究，有朝一日取得与西方学者类似的精细而微观的个案研究成果，那么这种研究的学术意义和理论价值体现在哪里？如何从多种多样、无穷无尽、万花简般、马赛克般的个案研究中提升出一般性、规律性的历史认识，即如何走出学者们常说的碎片化的研究困境？如果我们不作微观个案考察，我们的研究就永远不扎实、不深入、不达标。如果我们沉迷于微观个案考察，无法提炼出中观或宏观的见解，无法得出一般性、规律性的认识，我们的研究就意义不大，就难以摆脱好古癖和博学派的弊端。如何实现宏观和微观两种研究取向的结合，找到一条中国学者从事外国经济史研究的合适途径，这种方法论的探索就具有非常重要的意义。然而遗憾的是，笔者目前对此还没有任何眉目和进展，只能期待学界同仁共同思考。

幸而，学界目前已经注意到了这些问题。比如侯建新等学者意识到了传统的经济史“过分依赖计量和技术层面，使经济史数理化”，提倡进行经济—社会史的研究，即“从个人特别是普通人的实际生活过程出发，从经济与社会的互动中叙述和诠释社会的发展与不发展”，“从短时段到长时段，从经济研究到社会研究”。① 这种主张无疑有助于拓宽研究的视域，推动跨学科、跨领域的研究。不过，我们要想提高研究的水平和质量，赢得西方学者的尊重，与西方学者进行平等对话，还得考虑在具体领域和问题中按照国外学界成熟的方法和规则进行研究。或许，这也是我们实现国内社会科学研究“走出去”战略所必须跨越的障碍。

---

① 龙秀清：《经济—社会史学术研讨会纪要》，载侯建新主编：《经济—社会史——历史研究的新方向》，北京：商务印书馆2002年版，第517、520页。

参考文献

一、英文

（一）出版史料

Adams, G. B. and H. M. Stephens eds. , *Select Documents of English Constitutional History*, London: Macmillan, 1926.

Baildon, W. P. ed. , *Court Rolls of the Manor of Wakefield, Vol. I, 1274 – 1297*, Leeds: The Yorkshire Archaeological Society, 1901.

Bailey, Mark, *The English Manor, c. 1200 – c. 1500*, Manchester: Manchester University Press, 2002.

Bracton, *On the Laws and Customs of England Vol. II*, translated by Samuel E. Thorne, Cambridge: The Belknap Press of Harvard University Press, 1977.

Douglas, D. C. ed. , *English Historical Document, Vol. III, 1189 – 1327*, London: Eyre and Spottiswoode, 1975.

———, and G. W. Greenaway eds. , *English Historical Documents, Vol. II, 1042 – 1189*, the second edition, New York: Oxford University Press, 1981.

Downer, L. J. ed. , *Leges Henrici Primi*, Oxford: Clarendon Press, 1972.

Farrer, William ed. , *Some Court Rolls of the Lordships, Wapentakes, and Demesne Manors of Thomas, Earl of Lancaster, in the County of Lancaster, for the 17th and 18th years of Edward II*, The Record Society, 1901.

Glanville, *A Treatise on the Laws and Customs of the Kingdom of England*, translated by John Beames, Washington, D. C. : Fred B. Rothman & Co. , 1980.

Hone, N. J. , *The Manor and Manorial Records*, the third edition, London: Methuen & Company Limited, 1925.

Jocelin of Brakelond, *Monk of St. Bury Edmunds*, translated and edited by L. C. Jane, London: Chatto & Windus, 1907.

Maitland, F. W. ed., *Select Pleas in Manorial and Other Seignorial Courts, Vol. I, Reigns of Henry III and Edward I*, London: Selden Society, 1889.

———, and William Paley Baildon eds., *The Court Baron, Being Precedents for Use in Seignorial and Other Local Courts, together with Select Pleas from the Bishop of Elys Court of Littleport*, London: Selden Society, 1891.

Page, William ed., Boldon Book, in Idem, *Victoria County History of Durham, Vol. I*, London, James Street: Archirald Constable and Company Limited, 1905.

Whitelock, Dorothy, *English Historical Documents, Vol. I, c.* 500 - 1042, the second edition, New York: Oxford University Press, 1979.

Woolgar, C. M. ed., *Household Accounts from Medieval England, Part One*, Oxford: Oxford University Press, 1992.

（二）学术论著

Abel, Wilhelm, *Agricultural Fluctuations in Europe: From the Thirteenth to the Twentieth Centuries*, translated by Olive Ordish, London: Methuen Co. Ltd., 1980.

Alfonso, Isabel, Cistercians and Feudalism, *Past and Present*, No. 133, 1991, pp. 3 - 30.

Allen, M., The Volume of the English Currency, 1158 - 1470, *The Economic History Review*, Vol. 54, No. 4, 2001, pp. 595 - 611.

Aston, T. H., The Origins of the Manor in England, *Transactions of the Royal Historical Society*, the fifth series, Vol. 8, 1958, pp. 59 - 83.

———, P. R. Coss, C. Dyer and J. Thirsk eds., *Social Relation and Ideas: Essays in Honor of R. H. Hilton*, Cambridge: Cambridge University Press, 1983.

———, The External Administration and Resources of Merton College to Circa 1348, in J. I. Catto ed., *The History of University of Oxford, Vol. I, The Early Oxford Schools*, Oxford: Clarendon Press, 1984.

———, and C. H. E. Philpin eds., *The Brenner Debate: Agrarian Class Struc-*

ture and Economic Development in Pre-Industrial Europe, Cambridge: Cambridge University Press, 1985.

Ault, W. O., Open-Field Husbandry and the Village Community: A Study of Agrarian By-Laws in Medieval England, *Transactions of the American Philosophical Society*, New Series, Vol. 55, Part 7, Philadelphia: by the Society, 1965.

———, Village By-Laws by Common Consent, *Speculum*, Vol. 29, No. 2, Part 2, Medieval Representation in Theory and Practice, 1954.

Bailey, Mark, *A Marginal Economy? East Anglian Breckland in the Later Middle Ages*, Cambridge: Cambridge University Press, 1989.

———, Demographic Decline in Late Medieval England: Some Thoughts on Recent Research, *The Economic History Review*, New Series, Vol. 49, No. 1, 1996, pp. 1 – 19.

———, Peasant Welfare in England, 1290 – 1348, *The Economic History Review*, Vol. 51, No. 2, 1998, pp. 223 – 251.

———, *Medieval Suffolk: An Economic and Social History, 1200 – 1500*, London: Boydell Press, 2010.

Bardhan, P. K., Wages and Unemployment in a Poor Agrarian Economy: A Theoretical and Empirical Analysis, *Journal of Political Economy*, Vol. 87, No. 3, 1979, pp. 479 – 500.

———, Labor-Tying in a Poor Agrarian Economy: A Theoretical and Empirical Analysis, *The Quarterly Journal of Economics*, Vol. 98, No. 3, 1983, pp. 501 – 514.

Bannister, A. T., Manorial Customs on the Hereford Bishopric Estates, *The English Historical Review*, Vol. 43, No. 170, 1928, pp. 218 – 230.

Barratt, Nick, The Revenue of King John, *The English Historical Review*, Vol. 111, No. 443, 1996, pp. 835 – 855.

———, The English Revenue of Richard Ⅰ, *The English Historical Review*, Vol. 116, No. 467, 2001, pp. 635 – 656.

Bauer, Arnold J., Chilean Rural Labor in the Nineteenth Century, *The American Historical Review*, Vol. 76, No. 4, 1971, pp. 1059 – 1083.

Becherman, John S. , Procedural Innovation and Institutional Change in Medieval English Manorial Courts, *Law and History Review*, Vol. 10, No. 2, 1992, pp. 197 - 252.

———, Toward a Theory of Medieval Manorial Adjudication: The Nature of Communal Judgments in a System of Customary Law, *Law and History Review*, Vol. 13, No. 1, 1995, pp. 1 - 22.

Bennett, H. S. , The Reeve and the Manor in the Fourteenth Century, *The English Historical Review*, Vol. 41, No. 163, 1926, pp. 358 - 369.

———, *Life on the English Manor: A Study of Peasant Conditions, 1150 - 1400*, Cambridge: Cambridge University Press, 1956.

Beveridge, William, Wages in the Winchester Manors, *The Economic History Review*, Vol. 7, No. 1, 1936, pp. 22 - 43.

———, Westminster Wages in the Manorial Era, *The Economic History Review*, Vol. 8, No. 1, 1955, pp. 18 - 35.

Biddick, Kathleen, Medieval English Peasants and Market Involvement, *The Journal of Economic History*, Vol. 45, No. 4, 1985, pp. 823 - 831.

———, *The Other Economy: Pastoral Husbandry on a Medieval Estate*, London: University of California Press, 1989.

———, People and Things: Power in Early English Development, *Comparative Studies in Society and History*, Vol. 32, No. 1, 1990, pp. 3 - 23.

———, Agrarian Productivity on the Estates of the Bishopric of Winchester in the Early Thirteenth Century: A Managerial Perspective, in B. M. S. Campbell and M. Overton eds. , *Land, Labour and Livestock: Historical Studies in European Agricultural Productivity*, Manchester and New York: Manchester University Press, 1991.

Birrell, J. R. , Common Rights in the Medieval Forest: Disputes and Conflicts in the Thirteenth Century, *Past and Present*, No. 117, 1987, pp. 22 - 49.

Bishop, T. A. M. , The Distribution of Manorial Demesne in the Vale of Yorkshire, *The English Historical Review*, Vol. 49, No. 195, 1934, pp. 386 - 406.

———, Monastic Granges in Yorkshire, *The English Historical Review*, Vol. 51, No. 202, 1936, pp. 193 - 214.

Blum, Jerome, The Rise of Serfdom in Eastern Europe, *The American Historical Review*, *Vol.* 62, No. 4, 1957, pp. 807 – 836.

Bolton, J. L., *The Medieval English Economy*, *1150 – 1500*, London: J. M. Dent, 1980.

———, The English Economy in the Early Thirteenth Century, in S. D. Church ed., *King John*: *New Interpretations*, London: Boydell Press, 1999.

Bonfield, L., The Nature of Customary Law in the Manor Courts of Medieval England, *Comparative Studies in Society and History*, Vol. 31, No. 3, 1989, pp. 514 – 534.

———, What Did English Villagers Mean by "Customary Law"? in Zvi Razi and Richard Smith eds., *Medieval Society and the Manor Court*, Oxford: Clarendon Press, 1996.

Booth, P. H. W., *The Financial Administration of Lordship and County of Chester*, *1272 – 1377*, Manchester: Manchester University Press, 1981.

Boserup, E., *The Conditions of Agricultural Growth*: *The Economics of Agrarian Change under Population Pressure*, London: Allen & Unwin, 1965.

Bracton, *On the Laws and Customs of England*, *Vol. III*, translated by Samuel E. Thorne, Cambridge: The Belknap Press of Harvard University Press, 1977.

Brenner, Robert, Agrarian Class Structure and Economic Development in Pre-Industrial Europe, in T. H. Aston and C. H. E. Philpin eds., *The Brenner Debate*: *Agrarian Class Structure and Economic Development in Pre-Industrial Europe*, Cambridge: Cambridge University Press, 1985.

Bridbury, A. R., *Economic Growth*: *England in the Later Middle Ages*, London: Allen & Unwin, 1962.

———, The Black Death, *The Economic History Review*, New Series, Vol. 26, No. 4, 1973, pp. 577 – 592.

———, Before the Black Death, *The Economic History Review*, New Series, Vol. 30, No. 3, 1977, pp. 393 – 410.

———, The Farming out of Manors, *The Economic History Review*, Vol. 31, No. 4, 1978, pp. 503 – 520.

Briggs, C., Creditors and Debtors and their Relationships at Oakington, Cottenham and Dry Drayton (Cambridgeshire), 1291 - 1350, in P. R. Schofield and N. J. Mayhew eds., *Credit and Debt in Medieval England c.* 1180 - *c.* 1350, Oxford: Oxford University Press, 2002.

Britnell, R. H., Production for the Market on a Small Fourteenth-Century Estate, *The Economic History Review*, New Series, Vol. 19, No. 2, 1966, pp. 380 - 387.

———, Minor Landlords in England and Medieval Agrarian Capitalism, *Past and Present*, No. 89, 1980, pp. 3 - 22.

———, The Proliferation of Markets in England, 1200 - 1349, *The Economic History Review*, New Series, Vol. 34, No. 2, 1981, pp. 209 - 221.

———, Feudal Reaction after the Black Death in the Palatinate of Durham, *Past and Present*, No. 128, 1990, pp. 28 - 47.

———, Commerce and Capitalism in Late Medieval England: Problems of Description and Theory, *Journal of Historical Sociology*, Vol. 6, No. 4, 1993, pp. 359 - 376.

———, and Campbell, B. M. S. eds., *A Commercialising Economy*, *England 1086 to c. 1300*, Manchester: Manchester University Press, 1995.

———, *The Commercialisation of English Society*, *1000 - 1500*, the second edition, London: Manchester University Press, 1996.

———, and John Hatchler eds., *Progress and Problem in Medieval England*: *Essays in Honour of Edward Miller*, Cambridge: Cambridge University Press, 1996.

Burton, J., *Monastic and Religious Orders in Britain*, *1000 - 1300*, Cambridge: Cambridge University Press, 1994.

Cam, H. M., *Hundred and the Hundred Roll*: *An Outline of Local Government in Medieval England*, London: Methuen & Ltd., 1930.

———, Manerium cum Hundredo: The Hundred and the Hundredal Manor, *The English Historical Review*, Vol. 47, No. 187, 1932, pp. 353 - 376.

Campbell, B. M. S., Agricultural Progress in Medieval England: Some Evidence from Eastern Norfolk, *Economic History Review*, the second series, Vol. 36, No. 1, 1983, pp. 26 - 46.

———, and M. Overton eds., *Land, Labour and Livestock: Historical Studies in European Agricultural Productivity*, Manchester: Manchester University Press, 1991.

———, and M. Overton, A New Perspective on Medieval and Early Modern Agriculture: Six Centuries of Norfolk Farming c. 1250 – c. 1850, *Past and Present*, No. 141, 1994, pp. 38 – 105.

———, Measuring the Commercialisation of Seigneutial Agriculture, 1300, in R. H. Britnell and B. M. S. Campbell eds., *A Commercialising Economy: England 1086 to c. 1300*, Manchester: Manchester University Press, 1995.

———, Matching Supply to Demand: Crop Production and Disposal by English Demesnes in the Century of the Black Death, *Journal of Economic History*, Vol. 57, No. 4, 1997, pp. 827 – 858.

———, *English Seigniorial Agriculture, 1250 – 1450*, Cambridge: Cambridge University Press, 2000.

———, The Agrarian Problem of the Early Fourteenth Century, *Past and Present*, No. 188, 2005, pp. 3 – 70.

Cheyney, E. P., The Medieval Manor, *Annals of the American Academy of Political and Social Science*, Vol . 4, 1893, pp. 75 – 91.

———, The Disappearance of English Serfdom, *English Historical Review*, Vol. 15, No. 57, 1900, pp. 20 – 37.

Church, S. D., The Rewards of Royal Service in the Household of King John: A Dissenting Opinion, *The English Historical Review*, Vol. 110, No. 436, 1995, pp. 277 – 302.

———, *King John: New Interpretations*, Woodbridge: Boydell & Brewer, 1999.

Clanchy, M. T., *From Memory to Written Record: England, 1066 – 1307*, the second edition, Oxford and Cambridge: Wiley-Blackwell Publishers, 1993.

Clark, Andrew, Tithing Lists from Essex, 1329 – 1343, *The English Historical Review*, Vol. 19, No. 76, 1904, pp. 715 – 719.

Clark, E., Charitable Bequests, Deathbed Land Sales, and the Manor Court in Later Medieval England, in Zvi Razi and Richard Smith eds., *Medieval Society and the Manor Court*, Oxford: Clarendon Press, 1996.

———, Medieval Labor Law and English Local Courts, *American Journal of Legal History*, Vol. 27, No. 4, 1983, pp. 330 – 353.

Clark, G. , Productivity Growth without Technical Change in European Agriculture before 1850, *The Journal of Economic History*, Vol. 47, No. 2, 1987, pp. 419 – 432.

Collins, Jane L. and Greta R. Krippner, Permanent Labor Contracts in Agriculture: Flexibility and Subordination in a New Export Crop, *Comparative Studies in Society and History*, Vol. 41, No. 3, 1999, pp. 510 – 534.

Coss, P. S. , Bastard Feudalism Revised, *Past and Present*, No. 125, 1989, pp. 27 – 64.

———, *Lordship, Knighthood and Locality: A Study in English Society c. 1180 – 1280*, Cambridge: Cambridge University Press, 1991.

Darby, H. C. , *Domesday England*, Cambridge: Cambridge University Press, 1977.

Davenport, F. G. , The Decay of Villeinage in East Anglia, *Transactions of the Royal Historical Society*, New Series, Vol. 14, 1900, pp. 123 – 141.

———, *The Economic Development of a Norfolk Manor, 1086 – 1565*, Cambridge: Cambridge University Press, 1906.

Day, J. , *The Medieval Market Economy*, Oxford: Basil Blackwell, 1987.

Denholm-Young, N. , *Seignorial Administration in England*, London: Oxford University Press, 1937.

Dennison, T. K. , Did Serfdom Matter? Russian Rural Society, 1750 – 1860, *Historical Research*, Vol. 79, No. 203, 2006, pp. 74 – 89.

DeWindt, E. B. , *Land and People in Holywell-cum-Needingworth: Structures of Tenure and Patterns of Social Organization in an East Midlands Village, 1252 – 1457*, Toronto: Pontifical Institute of Medieval Studies, 1972.

Dobson, R. B. , *The Peasants Revolt of 1381*, London: Macmillan, 1970.

Domar, E. D. , The Causes of Slavery and Serfdom: A Hypothesis, *The Journal of Economic History*, Vol. 30, No. 1, 1970, pp. 18 – 32.

Donkin, R. A. , Cattle on the Estates of Medieval Cistercian Monasteries in England and Wales, *The Economic History Review*, Vol. 15, No. 1, 1962, pp. 31 – 53.

———, The Cistercian Order and the Settlement of Northern England, *Geographical Review*, Vol. 59, No. 3, 1969, pp. 403 –416.

Drew, J. S. , Manorial Accounts of St. Swithun's Priory, Winchester, *The English Historical Review*, Vol. 62, No. 1, 1947, pp. 20 –41.

Duby, Georges, *Rural Economy and Country Life in the Medieval West*, translated by Cynthia Postan, Columbia: University of South Carolina Press, 1968.

Du Boulay, F. R. H. , A Rentier Economy in the Later Middle Ages: The Archbishopric of Canterbury, *The Economic History Review*, Vol. 16, No. 3, 1964, pp. 427 –438.

———, Who Were Farming the English Demesnes at the End of the Middle Ages? *The Economic History Review*, Vol. 17, No. 3, 1965, pp. 443 –455.

Dyer, Christopher, *Lords and Peasants in a Changing Society*, Cambridge: Cambridge University Press, 1980.

———, English Diet in the Later Middle Ages, in T. H. Aston, P. R. Coss, C. Dyer and J. Thirsk eds. , *Social Relation and Ideas*: *Essays in Honor of R. H. Hilton*, Cambridge: Cambridge University Press, 1983.

———, The Consumer and the Market in the Later Middle Ages, *The Economic History Review*, Vol. 42, No. 3, 1989, pp. 305 –327.

———, *Standards of Living in the Later Middle Ages*, Cambridge: Cambridge University Press, 1989.

———, The English Medieval Village Community and its Decline, *Journal of British Studies*, Vol. 33, No. 4, 1994, pp. 407 –429.

———, Market Towns and the Countryside in Late Medieval England, *Canadian Journal of History*, Vol. 31, No. 2, 1996, pp. 17 –35.

———, Small Places with Large Consequences: The Importance of Small Towns in England, 1000 – 1540, *Historical Research*, Vol. 75, No. 187, 2002, pp. 1 –24.

Earle, J. The Villa and the Manor, *The Economic Journal*, Vol. 2, No. 8, 1892, pp. 744 –747.

English, Barbara, *The Lords of Holderness*, *1086 –1260*: *A Study in Feudal So-*

ciety, Oxford: Oxford University Press, 1979.

Eswaran, M. and A. Kotwal, A Theory of Two-tied Labor Markets in Agrarian Economics, *American Economic Review*, Vol. 75, No. 1, 1985, pp. 162 – 177.

Evans, Ralph, Merton College's Control of its Tenants at Thorncroft, in Zvi Razi and Richard Smith eds., *Medieval Society and the Manor Court*, Oxford: Clarendon Press, 1996.

Faith, Rosamond, On the Manors of St. Paul Cathedral, 1066 – 1222, *The Economic History Review*, Vol. 47, No. 4, 1994, pp. 657 – 678.

———, *The English Peasantry and the Growth of Lordship*, London and Washington: Leicester University Press, 1997.

Farmer, D. L., Some Price Fluctuations in the Angevin England, *The Economic History Review*, Vol. 9, No. 1, 1956, pp. 34 – 43.

———, Some Grain Price Movements in Thirteenth-Century England, *The Economic History Review*, Vol. 10, No. 2, 1957, pp. 207 – 219.

———, Grain Yields on the Winchester Manors in the Later Middle Ages, *The Economic History Review*, Vol. 30, No. 4, 1977, pp. 555 – 566.

———, Prices and Wages, in H. E. Hallam ed., *The Agrarian History of England and Wales, Vol. Ⅱ, 1042 – 1350*, Cambridge: Cambridge University Press, 1988, pp. 715 – 817.

———, Marketing the Produce of the Countryside, and Prices and Wages, 1350 – 1500, in Edward Miller ed., *The Agrarian History of England and Wales, Vol. Ⅲ, 1348 – 1500*, Cambridge: Cambridge University Press, 1991.

———, Woodland and Pasture Sales on the Winchester Manors in the Thirteenth Century, Disposing of a Surplus, or Producing for the Market? in R. H. Britnell and B. M. S. Campbell eds., *A Commercialising Economy: England 1086 to c. 1300*, Manchester: Manchester University Press, 1995.

Faulkner, K., The Transformation of Knighthood in Early Thirteenth-Century England, *English Historical Review*, Vol. 111, No. 441, 1996, pp. 1 – 23.

Fenoaltea, Stefano, Slavery and Supervision in Comparative Perspective: A Model, *The Journal of Economic History*, Vol. 44, No. 3, 1984, pp. 635 – 668.

———, Authority, Efficiency, and Agricultural Organization in Medieval England

and Beyond: A Hypothesis, *The Journal of Economic History*, Vol. 35, No. 4, 1975, pp. 693 – 717.

Fox, H. S. A., The Chronology of Enclosure and Economic Development in Medieval Devon, *The Economic History Review*, Vol. 28, No. 2, 1975, pp. 181 – 202.

———, The Alleged Transformation from Two-Field to Three-Field Systems in Medieval England, *The Economic History Review*, Vol. 39, No. 4, 1986, pp. 526 – 548.

———, Exploitation of the Landless by Lords and Tenants in Early Medieval England, in Zvi Razi and Richard Smith eds., *Medieval Society and the Manor Court*, Oxford: Clarendon Press, 1996.

Francis, and Joseph Gies, *Life in A Medieval Village*, New York: Harper Perennial, 1991.

Franklin, Peter, Politics in Manorial Court Rolls: The Tactics, Social Composition, and Aims of a Pre-1381 Peasant Movement, in Zvi Razi and Richard Smith eds., *Medieval Society and the Manor Court*, Oxford: Clarendon Press, 1996.

Fryde, E. B., Peasant Rebellion and Peasant Discontents, in Edward Miller ed., *The Agrarian History of England and Wales, Vol. Ⅲ, 1348 – 1500*, Cambridge: Cambridge University Press, 1991, pp. 744 – 819.

Galloway, James A., D. Keene and Margaret Murphy, Fuelling the City: Production and Distribution of Firewood and Fuel in London's Region, 1290 – 1400, *The Economic History Review*, Vol. 49, No. 3, 1996, pp. 447 – 472.

Glennie, P., In Search of Agrarian Capitalism: Manorial Land Markets and the Acquisition of Land in the Lea Valley c. 1450 – c. 1560, *Continuity and Change*, Vol. 3, No. 1, 1988, pp. 11 – 44.

Ganshof, F. L., Manorial Organization in the Low Countries in the Seventh, Eighth and Ninth Centuries, *Transactions of the Royal Historical Society*, the fouth series, Vol. 31, 1949, pp. 29 – 59.

Genicot, Garance, Bonded Labor and Serfdom: A Paradox of Voluntary Choice, *Journal of Development Economics*, Vol. 67, 2002, pp. 101 – 127.

Gies, Francis and Joseph, *Life in a Medieval Village*, New York: Harper Perennial, 1991.

Gras, N. S. B., *The Evolution of the English Corn Market from the Twelfth to the Eighteenth Century*, Cambridge, Mass.: Harvard University Press, 1926.

Gray, H. L., The Commutation of Villein Services in England before the Black Death, *English Historical Review*, Vol. 29, No. 166, 1914, pp. 625 –656.

Hadley, Dawn M., Multiple Estates and the Origins of the Manorial Structure of the Northern Danelaw, *Journal of Historical Geography*, Vol. 22, No. 1, 1996, pp. 3 –15.

Hagen, William W., How Mighty the Junkers? Peasant Rents and Seigneurial Profits in Sixteenth-Century Brandenburg, *Past and Present*, No. 108, 1985, p. 83.

Halcrow, E. M., The Decline of Demesne Farming on the Estates of Durham Cathedreal Priory, *The Economic History Review*, Vol. 7, No. 3, 1955, pp. 345 –356.

Hallam, H. E., Some Thirteenth-Century Censuses, *The Economic History Review*, Vol. 10, No. 3, 1958, pp. 340 –361.

———, *The Agrarian History of England and Wales, Vol. II, 1042 – 1350*, Cambridge: Cambridge University Press, 1988.

Harding, A., Political Liberty in the Middle Ages, *Speculum*, Vol. 55, No. 3, 1980, pp. 423 –443.

Hare, J. N., The Demesne Lessees of Fifteenth-Century Wiltshire, *The Agricultural History Review*, Vol. 29, 1981, pp. 1 –15.

Hargreaves, P., Seignorial Reaction and Peasant Responses: Worcester Priory and its Peasants after the Black Death, *Midland History*, Vol. 24, 1999, pp. 53 –78.

Harley, J. B., Population Trends and Agricultural Developments from the Warwichshire Hundred Rolls of 1279, *The Economic History Review*, Vol. 11, No. 1, 1958, pp. 8 –18.

Harvey, Barbara, The Leasing of the Abbot of Westminster's Demesnes in the Later Middle Ages, *The Economic History Review*, Vol. 22, No. 1, 1969, pp. 17 –27.

———, *Westminster Abbey and its Estates in the Middle Ages*, Oxford: Clarendon Press, 1977.

Harvey, P. D. A. , *A Medieval Oxfordshire Village: Cuxham, 1240 to 1400*, Oxford: Oxford University Press, 1965.

———, The Pipe Roll and the Adoption of Demesne Farming in England, *The Economic History Review*, Vol. 27, No. 3, 1974, pp. 345 – 359.

——— ed. , *Manorial Records of Cuxham, Oxfordshire, Circa 1200 – 1359*, London: Her Majesty's Stationery Office, 1976.

———, The English Inflation of 1180 – 1220, in R. H. Hilton ed. , *Peasants, Knights, and Heretics: Studies in Medieval English Social History*, Cambridge: Cambridge University Press, 1976, pp. 57 – 84.

——— ed. , *The Peasant Land Market in Medieval England*, Oxford: Clarendon Press, 1984.

Harvey, S. P. J. , The Extent and Productivity of the Demesne Agriculture in England in the Later Eleventh Century, in T. H. Aston, P. R. Coss, C. Dyer, and J. Thirsk eds. , *Social Relation and Ideas: Essays in Honor of R. H. Hilton*, Cambridge: Cambridge University Press, 1983.

Hatcher, J. , A Diversified Economy: Later Medieval Cornwall, *The Economic History Review*, Vol. 22, No. 2, 1969, pp. 208 – 227.

———, *Plague, Population and the English Economy, 1348 – 1530*, London: Macmillan, 1977.

———, English Serfdom and Villeinage: Towards a Reassessment, *Past and Present*, No. 90, 1981, pp. 3 – 39.

———, England in the Aftermath of the Black Death, *Past and Present*, No. 144, 1994, pp. 3 – 33.

———, and M. Bailey, *Modelling the Middle Ages: The History and Theory of England's Economic Development*, Oxford: Oxford University Press, 2001.

———, Non-Manorialism in Medieval Cornwall, *The Agricultural History Review*, Vol. 18, Part 1, pp. 1 – 16.

———, *Rural Economy and Society in the Duchy of Cornwall 1300 – 1500*, Cambridge: Cambridge University Press, 1970.

Hilton, R. H. , Peasant Movements in England before 1381, *The Economic History Review*, Vol. 2, No. 2, 1949, pp. 117 – 136.

———, Freedom and Villeinage in England, *Past and Present*, No. 31, 1965, pp. 3 – 19.

———, *Bond Man Made Free: Medieval Peasant Movements and the English Rising of 1381*, London: Temple Smith, 1973.

———, *The English Peasantry in the Later Middle Ages*, Oxford: Clarendon Press, 1975.

———, *A Medieval Society: The West Midlands at the End of the Thirteenth Century*, the second edition, London: Cambridge University Press, 1983.

———, *The Decline of Serfdom in Medieval England*, the second edition, London: Macmillan, 1983.

———, Medieval Market Towns and Simple Commodity Production, *Past and Present*, No. 109, 1985, pp. 3 – 23.

———, *Class Conflict and the Crisis of Feudalism*, London and Ronceverte: W. Va. Hambledon Press, 1985.

———, *English and French Towns in Feudal Society: A Comparative Study*, Cambridge: Cambridge University Press, 1992.

Holmes, G. A. , *The Estates of the Higher Nobility in Fourteenth-Century England*, Cambridge: Cambridge University Press, 1957.

Holt, J. C. , *Magna Carta*, the second edtion, Cambrige: Cambrige University Press, 1992.

Holt, Richard, Whose Were the Profits of Corn Milling? An Aspect of the Changing Relationship between the Abbots of Glastonbury and their Tenants 1086 – 1350, *Past and Present*, No. 116, 1987, pp. 3 – 23.

Homans, G. C. , *English Villagers of the Thirteenth Century*, Cambridge, Mass. : Harvard University Press, 1941.

———, The Rural Sociology of Medieval England, *Past and Present*, No. 4, 1953, pp. 32 – 43.

Hone, N. J. , *The Manor and Manorial Records*, the third edition, London: Methuen & Company Limited, 1925.

Hoyt, R. S. , *The Royal Demesne in English Constitutional History*, Ithaca: Cornell University Press, 1950.

———, Farm of the Manor and Community of the Vill in Domesday Book, *Speculum*, Vol. 30, No. 2, 1955, pp. 147 – 169.

Hudson, John, *Land, Law, and Lordship in Anglo-Norman England*, Oxford: Clarendon Press, 1994.

Hudson, W. , Traces of Primitive Agricultural Organisation as Suggested by a Survey of the Manor of Martham, Norfolk (1101 – 1292), *Transactions of the Royal Historical Society*, the fouth series, Vol. 1, 1918, pp. 28 – 58.

Hyams, Paul R. , *Kings, Lords and Peasants in Medieval England: The Common Law of Villeinage in the Twelfth and Thirteenth Centuries*, Oxford: Clarendon Press, 1980.

———, What Did Edwardian Villagers Understand by Law? in Zvi Razi and Richard Smith eds. , *Medieval Society and the Manor Court*, Oxford: Clarendon Press, 1996, pp. 69 – 102.

Jones, Andrew, Harvest Customs and Labourers, Perquisites in Southern England, 1150 – 1350: The Hay Harvest, *The Agricultural History Review*, No. 2, 1977, pp. 98 – 107.

Jones, E. L. , *The European Miracle: Environments, Economies, and Geopolitics in the History of Europe and Asia*, New York: Cambridge University Press, 1981.

Jones, G. R. J. , Early Territorial Organization in England and Wales, *Geografiskar Annaler*, No. 43, 1961, pp. 174 – 181.

———, Multiple Estates and Early Settlement, in P. H. Sawyer ed. , *English Medieval Settlement*, London: Edward Arnold, 1979, pp. 11 – 40.

Jones, Wiliam J. , A Note on the Demise of Manorial Jurisdiction: The Impact of Chancery, *The American Journal of Legal History*, Vol. 10, No. 4, 1966, pp. 297 – 318.

Jordan, W. C. , *The Great Famine: North Europe in the Early fourteenth Century*, Princeton: Princeton University Press, 1996.

Kahan, Arcadius, Notes on Serfdom in Western and Eastern Europe, *The Jour-*

nal of Economic History, Vol. 33, No. 1, 1973, pp. 86 –99.

Kanzaka, Junichi, Villein Rents in Thirteenth-Century England: An Analysis of the Hundred Rolls of 1279 – 1280, The Economic History Review, Vol. 55, No. 4, 2002, pp. 593 –618.

Kapelle, William E., *The Norman Conquest of the North, The Region and its Transformation, 1000 –1135*, Chapel Hill: The University of North Carolina Press, 1979.

Kershaw, Ian, The Great Famine and Agrarian Crisis in England 1315 –1322, in R. H. Hilton ed., *Peasants, Knights, and Heretics: Studies in Medieval English Social History*, Cambridge: Cambridge University Press, 1976.

King, Edmund, Economic Development in the Early Twelfth Century, in R. Britnell and J. Hatcher eds., *Progress and Problem in Medieval England, Essays in Honour of Edward Miller*, Cambridge: Cambridge University Press, 1996.

Kitsikopoulos, Harry, Standards of living and Capital Formation in Pre-Prague England: A Peasant Budget Model, *The Economic History Review*, Vol. 53, No. 2, 2000, pp. 237 –261.

Knowles, D. D., *The Monastic Order in England, A History of its Development from the Times of St. Dunstan to the Fourth Lateran Council*, Cambridge: Cambridge University Press, 1950.

Komlos, J. and Landes, R., Anachronistic Economics: Grain Storage in Medieval England, *The Economic History Review*, Vol. 44, No. 1, 1991, pp. 36 –45.

Kosminsky, E. A., Services and Money Rents in the Thirteenth Century, *The Economic History Review*, Vol. 5, No. 2, 1935, pp. 24 –45.

———, *Studies in the Agrarian History of England in the Thirteenth Century*, edited by R. H. Hilton, translated from the Russian by Ruth Kisch, Oxford: Basil Blackwell, 1956.

Kowaleski, M., *Local Markets and Regional Trade in Medieval Exeter*, Cambridge: Cambridge University Press, 1995.

Krause, J., The Medieval Household: Large or Small? *The Economic History*

Review, Vol. 9, No. 3, 1957, pp. 420 – 432.

Kula, W., *An Economic Theory of the Feudal System: Towards a Model of the Polish Economy 1500 – 1800*, London: NLB, 1976.

Lachaud, F., Liveries of Robes in England: c. 1200 – c. 1300, *The English Historical Review*, Vol. 111, No. 441, 1996, pp. 279 – 299.

Langdon, J., *Horses, Oxen and Technological Innovation: The Use of Draught Animals in English Farming from 1066 to 1500*, Cambridge: Cambridge University Press, 1986.

———, Water-mills and Windmills in the West Midlands, 1086 – 1500, *The Economic History Review*, New Series, Vol. 44, No. 3, 1991, pp. 424 – 444.

———, Lordshipand Peasant Consumerism in the Milling Industry of Early Fourteenth-Century England, *Past and Present*, No. 145, 1994, pp. 3 – 45.

———, *Mills in the Medieval Economy: England 1300 – 1540*, Oxford: Oxford University Press, 2004.

Lawrence, C. H., The English Parish and its Clergy in the Thirteenth Century, in Peter Linehan and J. L. Nelson eds., *The Medieval World*, New York: Routledge, 2001, pp. 648 – 670.

Layton, Robert, Functional and Historical Explanations for Village Social Organization in Northern Europe, *The Journal of the Royal Anthropological Institute*, Vol. 1, No. 4, 1995, pp. 703 – 723.

Latimer, Paul, Early Thirteenth-Century Prices, in S. D. Church ed., *King John: New Interpretations*, Woodbridge: Boydell & Brewer, 1999, pp. 41 – 73.

———, The English Inflation of 1180 – 1220, Reconsidered, *Past and Present*, No. 171, 2001, pp. 3 – 29.

Lennard, Reginald, What Is a Manorial Extent? *The English Historical Review*, Vol. 44, No. 174, 1929, pp. 256 – 263.

———, The Demesnes of Glastonbury Abbey in the Eleventh and Twelfth Centuries, *The Economic History Review*, Vol. 8, No. 3, 1956, pp. 355 – 363.

———, *Rural England, 1086 – 1135: A Study of Social and Agrarian Conditions*, Oxford: Clarendon Press, 1959.

Levett, A. E., The Financial Organization of the Manor, *The Economic History*

Review, Vol. 1, No. 1, 1927, pp. 65 – 86.

———, *Studies in Manorial History*, New York: Oxford University Press, first published in 1938, reprinted in 1963.

Lewis, Carenza, Patrick Mitchell-Fox and Christopher Dyer, *Village, Hamlet and Field, Changing Medieval Settlement in Central England*, the second edition, Bollington: Windgather Press, 2001.

Linehan, Peter and J. L. Nelson eds., *The Medieval World*, New York: Routledge, 2001.

Lomas, R. A., The Priory of Durham and its Demesnes in the Fourteenth and Fifteenth Centuries, *The Economic History Review*, Vol. 31, No. 3, 1978, pp. 339 – 353.

———, The Development of the Manorial Extent, *Journal of the Society of Archivists*, Vol. 6, 1980, pp. 260 – 273.

MacFarlane, A., *The Origins of English Individualism*, Oxford: Basil Blackwell, 1978.

Makkai, Laszlo, Neo-Serfdom: Its Origin and Nature in East Central Europe, *Slavic Review*, Vol. 34, No. 2, 1975, p. 237.

Masschaele, James, Market Rights in Thirteenth-Century England, *The English Historical Review*, Vol. 107, No. 429, 1992, pp. 78 – 89.

———, Transport Costs in Medieval England, *The Economic History Review*, Vol. 46, No. 2, 1993, pp. 266 – 279.

———, The Multiplicity of Medieval Markets Reconsidered, *Journal of Historical Geography*, Vol. 20, No. 3, 1994, pp. 255 – 271.

———, *Peasants, Merchants, and Markets: Inland Trade in Medieval England, 1150 – 1350*, New York: St. Martin's Press, 1997.

Mate, M., The Indebtedness of Canterbury Cathedral Priory 1215 – 1295, *The Economic History Review*, Vol. 26, No. 2, 1973, pp. 183 – 197.

———, High Prices in Early Fourteenth-Century England: Causes and Consequences, *The Economic History Review*, Vol. 28, No. 1, 1975, pp. 1 – 16.

———, Profit and Productivity on the Estates of Isabella de Forz (1260 – 92), *The Economic History Review*, Vol. 33, No. 3, 1980, pp. 326 – 334.

———, The Impact of War on the Economy of Cathedral Priory, 1294 - 1340, *Speculum*, Vol. 57, No. 4, 1982, pp. 761 - 778.

———, Property Investment by Canterbury Cathedral Priory 1250 - 1400, *Journal of British Studies*, Vol. 23, No. 2, 1984, pp. 1 - 21.

———, Agrarian Economy after the Black Death: The Manors of Canterbury Cathedral Priory, 1348 - 91, *The Economy History Review*, Vol. 37, No. 3, 1984, pp. 341 - 354.

———, The East Sussex Land Market and Agrarian Class Structure in the Late Middle Ages, *Past and Present*, No. 139, 1993, pp. 46 - 65.

Mayhew, N. J., Money and Prices in England from Henry Ⅱ to Edward Ⅲ, *Agricultural History Review*, Vol. 35, No. 2, 1987, pp. 121 - 132.

———, Population, Money Supply, and the Velocity of Circulation in England, 1300 - 1700, *The Economic History Review*, Vol. 48, No. 2, 1995, pp. 238 - 257.

———, Modelling Medieval Monetisation, in R. Britnell and B. M. C. Campbell eds., *A Commercialising Economy: England 1086 to c. 1300*, Manchester: Manchester University Press, 1995.

McCloskey, Donald N. and John Nash, Corn at Interest: The Extent and Cost of Grain Storage in Medieval England, *The American Economic Review*, Vol. 74, No. 1, 1984, pp. 174 - 187.

McDonald, J., and G. D. Snooks, *Domesday Economy: A New Approach to Anglo-Norman History*, Oxford: Clarendon Press, 1986.

McIntosh, M. K., Land, Tenure, and Population in the Royal Manor of Havering, Essex, 1251 - 1352/3, *The Economic History Review*, Vol. 33, No. 1, 1980, pp. 17 - 31.

———, *Autonomy and Community: The Royal Manor of Havering, 1200 - 1500*, Cambridge: Cambridge University Press, 1986.

McSheffrey, Shannon, Jurors, Respectable Masculinity, and Christian Morality: A Comment on Marjorie McIntosh's Controlling Misbehavior, *The Journal of British Studies*, Vol. 37, No. 3, 1998, pp. 269 - 278.

Melton, Edgar, Enlightened Seigniorialism and its Dilemmas in Serf Russia,

1750 – 1830, *The Journal of Modern History*, Vol. 62, 1990, pp. 675 – 780.

Miller, Edward, England in the Twelfth and Thirteenth Centuries: An Economic Contrast? *The Economic History Review*, Vol. 24, No. 1, 1971, pp. 1 – 14.

———, Farming of Manors and Direct Management: Rejoinder, *The Economic History Review*, Vol. 26, No. 1, 1973, pp. 138 – 140.

———, and John Hatcher, *Medieval England Rural Society and Economic Change, 1086 – 1348*, London: Addison-Wesley Longman Limited, 1978.

——— ed., *The Agrarian History of England and Wales, Vol. Ⅲ, 1348 – 1500*, Cambridge: Cambridge University Press, 1991.

Millward, Robert, An Economic Analysis of the Organization of Serfdom in Eastern Europe, *The Journal of Economic History*, Vol. 42, No. 3, 1982, pp. 513 – 548.

Morris, Christopher, The Articulation of Two Worlds: The Master-Slave Relationship, *The Journal of American History*, Vol. 85, No. 3, 1998, p. 987.

Morris, W. A., *The Frankpledge System*, New York: Longmans, Green, and Co., 1910.

Mortimer, R., *Angevin England, 1154 – 1258*, Oxford: Wiley-Blackwell, 1994.

Mulholland, Maureen, The Jury in English Manorial Courts, in John W. Cairns and Grant McLeod eds., *The Dearest Birth Right of the People of England: The Jury in the History of the Common Law*, Oxford and Portland, Ore.: Hart Publishing, 2002, pp. 81 – 101.

Muller, M., The Function and Evasion of Marriage Fines on a Fourteenth Century English Manor, *Continuity and Change*, Vol. 14, No. 2, 1999, pp. 169 – 190.

Neilson, N., Boon-Services on the Estates of Ramsey Abbey, *The American Historical Review*, Vol. 2, No. 2, 1897, pp. 213 – 224.

———, Custom and the Common Law in Kent, *Harvard Law Review*, Vol. 38, No. 4, 1924, pp. 482 – 498.

———, English Manorial Forms, *The American Historical Review*, Vol. 34, No. 4, 1929, pp. 725 – 739.

Nichols, John F., An Early Fourteenth Century Petition from the Tenants of Bocking to their Manorial Lord, *The Economic History Review*, Vol. 2, No. 2, 1930.

North, Douglass C., and Robert Paul Thomas, The Rise and Fall of the Manorial System: A Theoretical Model, *The Journal of Economic History*, Vol. 31, No. 4, 1971, pp. 777 – 803.

O'Brien, Bruce R., *Gods Peace and Kings Peace: The Laws of Edward the Confessor*, Philadelphia: University of Pennsylvania Press, 1999.

Oexle, O. G., The Middle Ages through Modern Eyes: A Historical Problem, *Transactions of the Royal Historical Society*, the sixth series, Vol. 9, 1999, pp. 121 – 142.

Olson, Sherri, Jurors of the Village Court: Local Leadership before and after the Plague in Ellington, Huntingdonshire, *Journal of British Studies*, Vol. 30, No. 3, 1991, pp. 237 – 256.

Olsson, Mats, Manorial Economy and Corvee Labour in Southern Sweden 1650 – 1850, *The Economic History Review*, Vol. 59, No. 3, 2006, pp. 1 – 17.

Oschinsky, D., *Walter of Henley and Other Treatises on Estate Management and Accounting*, Oxford: Clarendon Press, 1971.

———, Medieval Treatises on Estate Accounting, *The Economic History Review*, Vol. 17, No. 1, 1974, pp. 52 – 61.

Overton, M., *Agricultural Revolution in England: The Transformation of the Agrarian Economy, 1500 – 1850*, Cambridge: Cambridge University Press, 1996.

Page, F. M., *Estates of Crowland Abbey: A Study in Manorial Organization*, Cambridge: Cambridge University Press, 1934.

Page, William, *The Victoria History of the County of Gloucester, Vol. II*, London: Archirald Constable and Company Limited, 1907.

Painter, S., *Studies in the History of the English Feudal Barony*, New York: The John Hopkins Press, 1943.

Palliser, D. M. ed., *The Cambridge Urban History of Britain, Vol. I, 600 – 1540*, Cambridge: Cambridge University Press, 2000.

Patterson, Orlando, Slavery, *Annual Review of Sociology*, Vol. 3, 1977, pp. 413 –414.

Penn, Simon A. C. and Christopher Dyer, Wages and Earnings in Late Medieval England: Evidence from the Enforcement of the Labour Laws, *The Economic History Review*, Vol. 43, No. 3, 1990, pp. 356 –376.

Pimsler, Martin, Solidarity in the Medieval Village? The Evidence of Personal Pledging at Elton, Huntingdonshire, *Journal of British Studies*, Vol. 17, No. 1, 1977, pp. 1 –11.

Polanyi, K., *The Great Transformation*, Boston: Beacon Press, 1957.

———, Conrad M. Arensberg and Harry W. Pearson eds., *Trade and Market in the Early Empires: Economies in History and Theory*, Clencoe: Free Press, 1957.

Pollard, A. J., Estate Management in the Later Middle Ages: The Talbots and Whitchurch, 1385 –1525, *The Economic History Review*, Vol. 25, No. 4, 1972, pp. 553 –566.

Pollock, Frederick and Maitland, Frederic William, *The History of English Law, before the Time of Edward I*, Cambridge: Cambridge University Press, 1968.

Pomeranz, K., *The Great Divergence: Europe, China and the Making of the Modern World Economy*, Princeton: Princeton University Press, 2000.

Poole, A. L., *From Domesday Book to Magna Carta*, Oxford: Clarendon Press, 1955.

Poole, R. L., *The Exchequer in the Twelfth Century*, Oxford: Clarendon Press, 1912.

Poos, L. R., *A Rural Society after the Black Death, Essex, 1350 –1525*, Cambridge: Cambridge University Press, 1991.

Postan, M. M., Revisions in Economic History: The Eleventh to the Fifteenth Centuries, *The Economic History Review*, Vol. 9, No. 2, 1939, pp. 160 –167.

———, The Famulus: The Estate Labourer in the Twelfth and Thirteenth Centuries, *The Economic History Review*, Supplements 2, Vol. 69, No. 273, 1954.

———, Some Economic Evidence of Declining Population in the Later Middle Ages, *The Economic History Review*, Vol. 2, No. 3, 1950, pp. 221 –246.

———, Glastonbury Estates in the Twelfth Centuries: A Reply, *The Economic*

History Review, Vol. 9, No. 1, 1956, pp. 106 - 118.

———, Investment in Medieval Agriculture, *The Journal of Economic History*, Vol. 27, No. 4, 1967, pp. 576 - 587.

———, *The Cambridge Economic History of Europe*, *Vol. I*, *The Agrarian Life of the Middle Ages*, the second edition, Cambridge: Cambridge University Press, 1971.

———, *The Medieval Economy and Society*, Harmon & Sworth: Penguin Books, 1972.

———, *Essays on Medieval Agriculture and General Problems of the Medieval Economy*, Cambridge: Cambridge University Press, 1973.

———, *Medieval Trade and Finance*, Cambridge: Cambridge University Press, 1973.

———, Village Livestock in the Thirteenth Century, *The Economic History Review*, Vol. 15, No. 2, 1962, pp. 219 - 249.

Pounds, N. J. G., *A History of the English Parish*, Cambridge: Cambridge University Press, 2000.

Powell, W. R. ed., *The Victoria History of the County of Essex*, *Vol. IV*, London: Oxford University Press, 1956.

Raftis, J. A., *The Estates of Ramsey Abbey: A Study in Economic Growth and Organization*, Toronto: Pontifical Institute of Medieval Studies, 1957.

———, Western Monasticism and Economic Organization, *Comparative Studies in Society and History*, Vol. 3, No. 4, 1961, pp. 452 - 469.

———, *Tenure and Mobility: Studies in the Social History of the Mediaeval English Village*, Toronto: Pontifical Institute of Medieval Studies, 1964.

———, Social Structures in Five East Midland Villages: A Study of Possibilities in the Use of Court Roll Data, *The Economic History Review*, Vol. 18, No. 1, 1965, pp. 83 - 100.

———, *Peasant Economic Development within the English Manorial System*, Montreal: McGill-Queen's University Press, 1996.

Razi, Zvi, *Life, Marriage and Death in a Medieval Parish*, Cambridge: Cambridge University Press, 1980.

——The Toronto School's Reconstitution of Medieval Peasant Society: A Critical View, *Past and Present*, No. 85, 1979, pp. 141 –157.

——, The Struggles between the Abbots of Halesowen and their Tenants in the Thirteenth and Fourteenth Centuries, in T. H. Aston, P. R. Coss, C. Dyer and J. Thirsk eds., *Social Relation and Ideas: Essays in Honor of R. H. Hilton*, Cambridge: Cambridge University Press, 1983.

——, The Myth of the Immutable English Family, *Past and Present*, No. 140, 1993, pp. 3 –44.

——, and Richard Smith eds., *Medieval Society and the Manor Court*, Oxford: Clarendon Press, 1996.

Reed C. G. and T. L. Anderson, An Economic Explanation of English Agricultural Organization in the Twelfth and Thirteenth Centuries, *The Economic History Review*, Vol. 26, No. 1, 1973, pp. 134 –137.

Richards, Alan, The Political Economy of Gutswirtschaft: A Comparative Analysis of East Elbian Germany, Egypt, and Chile, *Comparative Studies of Society and History*, Vol. 21, No. 4, 1979, pp. 483 –518.

Richardson, H. G., Business Training in Medieval Oxford, *The American Historical Review*, Vol. 44, 1941, pp. 259 –280.

Roehl, Richard, Plan and Reality in a Medieval Monastic Economy: The Cistercians, *The Journal of Economic History*, Vol. 29, No. 1, 1969, pp. 180 –182.

Rosenberg, Hans, The Rise of Junkers in Brandenburg-Prussia, 1440 –1653: Part 1, *The American Historical Review*, Vol. 49, No. 1, 1943, pp. 5 –6.

Round, J. H., The Domesday "Manor", *The English Historical Review*, Vol. 15, No. 58, 1900, pp. 293 –302.

Russell, J. C., Demographic Limitations of the Spalding Serf Lists, *The Economic History Review*, Vol. 15, No. 1, 1962, pp. 138 –144.

——, The Pre-plague Population of England, *The Journal of British Studies*, Vol. 5, No. 2, 1966, pp. 1 –21.

Schofield, Phillipp. R., Peasants and the Manor Court, Gossip and Litigation in a Suffolk Village at the Close of the Thirteenth Century, *Past and Present*, No. 159, 1998, pp. 3 –42.

Searle, Eleanor, *Lordship and Community: Battle Abbey and its Banlieu, 1066 – 1538*, Toronto: Pontifical Institute of Mediaeval Studies, 1974.

Seebohm, Frederic, *The English Village Community: Examined in its Relations to the Manorial and Tribal Systems and to the Common or Open Field System of Husbandry*, the fourth edition, London: Longmans, Green, and Co., 1890.

Smith, R. A. L., The Central Financial System of Christ Church, Canterbury, 1186 – 1512, *The English Historical Review*, Vol. 60, No. 119, 1940, pp. 353 – 369.

Smith, Richard M. ed., *Land, Kinship and Life-Cycle*, Cambridge: Cambridge University Press, 1984.

Stacy, N. E., Henry of Blois and the Lordship of Glastonbury, *The English Historical Review*, Vol. 114, No. 455, 1999, pp. 1 – 33.

Stacey, Robert C., Agricultural Investment and the Management of the Royal Demesne Manors, 1236 – 1240, *The Journal of Economic History*, Vol. 46, No. 4, 1986, pp. 919 – 934.

Stafford, P. A., The "Farm of One Night" and the Organization of King Edward's Estates in Domesday, *The Economic History Review*, Vol. 33, No. 4, 1980, pp. 491 – 502.

Stern, D. V., *A Hertfordshire Demesne of Westminster Abbey: Profits, Productivity and Weather*, Hertfordshire: University of Hertfordshire Press, 1999.

Stone, David, The Productivity of Hired and Customary Labour: Evidence from Wisbech Barton in the Fourteenth Century, *The Economic History Review*, Vol. 50, No. 4, 1997, pp. 640 – 656.

———, Medieval Farm Management and Technological Mentalities: Hinderclay before the Black Death, *The Economic History Review*, Vol. 54, No. 4, 2001, pp. 612 – 638.

Stone, Edmund, Profit-and-Loss Accountancy at Norwich Cathedral Priory, *The Transactions of the Royal Historical Society*, the fifth series, Vol. 12, 1962, pp. 25 – 48.

Stubbs, W., *The Constitutional History of England, Vol. I*, the sixth edition,

New York: Barnes & Noble Inc. , 1967.

Swanson, R. N. , *The Twelfth-Century Renaissance*, Manchester: Manchester University Press, 1999.

Thirsk, J. , The Common Fields, in R. H. Hilton ed. , *Peasants, Knights and Heretics: Studies in Medieval Social History*, New York and London: Cambridge University Press, 1976.

Thornton, Christopher, The Determinants of Land Productivity on the Bishop of Winchester's Demesne of Rimpton, 1208 – 1403, in B. M. S. Campbell and M. Overton eds. , *Land, Labour and Livestock: Historical Studies in European Agricultural Productivity*, Manchester and New York: Manchester University Press, 1991, pp. 183 – 210.

Titow, J. Z. , Evidence of Weather in the Account Rolls of the Bishopric of Winchester 1209 – 1350, *The Economic History Review*, Vol. 12, No. 3, 1960, pp. 360 – 407.

———, Some Evidence of the Thirteenth Century Population Increase, *The Economic History Review*, Vol. 14, No. 2, 1961, pp. 218 – 224.

———, *English Rural Society, 1200 – 1350*, London: Allen & Unwin Ltd. , 1969.

———, *Winchester Yields: A Study in Medieval Agricultural Productivity*, Cambridge: Cambridge University Press, 1972.

———, Some Differences between Manors and their Effects on the Condition of the Peasant in the Thirteenth Century, *The Agricultural History Review*, Vol. 10, Part 1, 1962, pp. 1 – 13.

Toumanoff, Peter, The Development of the Peasant Commune in Russia, *The Journal of Economic History*, Vol. 41, No. 1, 1981, pp. 197 – 184.

Turner, Ralph V. , *English Judiciary in the Age of Glanvill and Bracton, c. 1176 – 1239*, Cambridge: Cambridge University Press, 1985.

———, Changing Perceptions of the New Administrative Class in Anglo-Norman and Angevin England: The Curiales and their Conservative Critics, *Journal of British Studies*, Vol. 29, No. 2, 1990, pp. 93 – 117.

Verdery, Katherine and David Prodan, The Origins of Serfdom in Transylvania,

Slavic Review, Vol. 49, No. 1, 1990, p. 18.

Vincent, Nicholas, The Origins of the Winchester Pipe Rolls, *Achieves*, Vol. 21, 1994, pp. 25 – 42.

Vinogradoff, P. , *Villainage in England*: *Essays in English Medieval History*, Oxford: Oxford University Press, 1892.

Wake, Joan, Communitas Villae, *The English Historical Review*, Vol. 37, No. 147, 1922, pp. 406 – 413.

Waugh, Scott L. , Reluctant Knights and Jurors: Respites, Exemptions, and Public Obligations in the Reign of Henry Ⅲ, *Speculum*, Vol. 58, No. 4, 1983, pp. 937 – 986.

———, Tenure to Contract: Lordship and Clientage in Thirteenth-Century England, *The English Historical Review*, Vol. 101, No. 401, 1986, pp. 811 – 839.

Whittle, Jane. , *The Development of Agrarian Capitalism*: *Land and Labour in Norfolk 1440 – 1580*, Oxford: Clarendon Press, 2000.

Williamson, Tom, Explaining Regional Landscapes: East Anglia and the Midlands in the Middle Ages, in Christopher Harper-Bill ed. , *Medieval East Anglia*, Woodbridge: Boydell Press, 2005.

Wirtschafter, Elise Kimerling, Legal Identity and the Possesion of Serfs in Imperial Russia, *The Journal of Modern History*, Vol. 70, No. 3, 1998, pp. 561 – 587.

Woolgar, C. M. ed. , *Household Accounts from Medieval England*, Oxford: Oxford University Press, 1992.

———, *The Great Household in Late Medieval England*, New Haven and London: Yale University Press, 1999.

Wretts-Smith, M. , Organization of Farming at Croyland Abbey, 1257 – 1321, *The Journal of Economic and Business History*, Vol. 4, 1931, pp. 169 – 192.

Wright, William E. , Neo-Serfdom in Bohemia, *Slavic Review*, Vol. 34, No. 2, 1975, pp. 243 – 244.

二、中文

（一）中文译著

[英] 阿什利，威廉·詹姆斯著，郑学稼译：《英国经济史及学说》，台北：幼狮文化事业公司 1963 年版。

[英] 亨利·斯坦利·贝内特著，龙秀清、孙立田、赵文君译：《英国庄园生活：1150—1400 年农民生活状况研究》，上海：上海人民出版社 2005 年版。

[美] 哈罗德·J. 伯尔曼著，贺卫方、高鸿钧等译：《法律与革命：西方法律传统的形成》，北京：中国大百科全书出版社 1993 年版。

[英] 波斯坦主编，郎立华、黄云涛、常茂华等译：《剑桥欧洲经济史》第一卷《中世纪的农业生活》，北京：经济科学出版社 2002 年版。

[德] 约翰·冯·杜能著，吴衡康译：《孤立国同农业和国民经济的关系》，北京：商务印书馆 1986 年版。

[美] 杜赞奇著，王福明译：《文化、权力与国家——1900—1942 年的华北农村》，南京：江苏人民出版社 1996 年版。

[美] 凡勃伦著，蔡受百译：《有闲阶级论——关于制度的经济研究》，北京：商务印书馆 1964 年版。

[英] 约翰·克拉潘著，范定九、王祖廉译：《简明不列颠经济史：从最早时期到一七五〇年》，上海：上海译文出版社 1980 年版。

科斯敏斯基：《十一至十五世纪英国封建地租形态的演变》，《史学译丛》1956 年第 1 期。

[美] 西蒙·库兹涅茨著，常勋等译：《各国的经济增长：总产值和生产结构》，北京：商务印书馆 1985 年版。

[英] 伊·拉蒙德、W. 坎宁安编，高小斯译：《亨莱的田庄管理》，北京：商务印书馆 1995 年版。

“历史研究”编辑部编译：《苏联关于封建主义基本经济规律的讨论》，北京：生活·读书·新知三联书店 1956 年版。

[美] 罗斯托夫采夫著，马雍、厉以宁译：《罗马帝国社会经济史》（上、下册），北京：商务印书馆 1985 年版。

［英］S. F. C. 密尔松著，李显冬等译：《普通法的历史基础》，北京：中国大百科全书出版社 1999 年版。

［美］道格拉斯·C. 诺思著，厉以平译：《经济史上的结构和变革》，北京：商务印书馆 1992 年版。

［美］道格拉斯·诺思、罗伯斯·托马斯著，厉以平、蔡磊译：《西方世界的兴起》（第二版），北京：华夏出版社 1999 年版。

［美］彭慕兰著，史建云译：《大分流：欧洲、中国及现代世界经济的发展》，南京：江苏人民出版社 2003 年版。

［美］斯蒂格利茨著，梁小民等译：《经济学》，北京：中国人民大学出版社 1997 年版。

［美］西奥多·W. 舒尔茨著，梁小民译：《改造传统农业》，北京：商务印书馆 1987 年版。

［美］沃勒斯坦著，尤来寅等译：《现代世界体系》（第一卷），北京：高等教育出版社 1998 年版。

［英］约翰·希克斯著，厉以平译：《经济史理论》，北京：商务印书馆 1999 年版。

［法］马克·布洛赫著，张绪山译：《封建社会》（上卷），北京：商务印书馆 2004 年版。

（二）国内论著

曹维安：《俄国史新论：影响俄国历史发展的基本问题》，北京：中国社会科学出版社 2002 年版。

陈　娟：《近代早期英国的公地与土地的公共权利》，《武汉大学学报》2006 年第 2 期。

陈日华：《英国法律传统与中世纪地方自治》，《天津师范大学学报》2003 年第 1 期。

陈志坚：《试论中世纪英格兰贵族妇女的不动产继承权》，《首都师范大学学报》2005 年第 5 期。

———：《英国中世纪及近代早期的家产分配方案》，《世界历史》2007 年第 5 期。

———：《论“家产析分契约”的性质和作用——兼评英国家庭史研究中的“变革与延续之争”》，《世界历史》2008 年第 4 期。
———：《对中世纪英国财产继承制度的考察》，《首都师范大学学报》2009 年第 3 期。
———：《“为他人的利益而占有财产”——中世纪英国的地产托管、封土保有与家产继承》，《历史研究》2009 年第 3 期。
———：《中世纪英国地产托管制起源研究述评》，《世界历史》2010 年第 5 期。
程汉大主编：《英国法制史》，济南：齐鲁书社 2001 年版。
方　行：《中国封建经济论稿》，北京：商务印书馆 2004 年版。
冯天瑜：《“封建”考论》，武汉：武汉大学出版社 2006 年版。
顾銮斋：《西欧中世纪依附劳动者的法律概念与经济实况》，《史学理论研究》2004 年第 4 期。
谷延方：《中古英国农村劳动力转移和城市化特点——兼与工业革命时期比较》，《世界历史》2008 年第 4 期。
———：《英国农村劳动力转移与城市化——中世纪盛期及近代早期》，北京：中央编译出版社 2011 年版。
———：《中世纪英国农村劳动力转移和城市化——基于农牧混合经济结构视角的一种考察》，《学习与探索》2012 年第 6 期。
何龄修、刘重日等：《封建贵族大地主的典型——孔府研究》，北京：中国社会科学出版社 1981 年版。
侯建新：《现代化第一基石：农民个人力量增长与中世纪晚期社会变迁》，天津：天津社会科学院出版社 1991 年版。
———：《西欧法律传统与资本主义的兴起》，《历史研究》1999 年第 2 期。
———：《社会转型时期的西欧与中国》，济南：济南出版社 2001 年版。
———主编：《经济——社会史——历史研究的新方向》，北京：商务印书馆 2002 年版。
———：《工业革命前英国农业生产与消费再评析》，《世界历史》2006 年第 4 期。
———：《抵抗权：欧洲封建主义的历史遗产》，《世界历史》2013 年第

2 期。
———：《中世纪英格兰农民的土地产权》，《历史研究》2013 年第 4 期。
胡如雷：《中国封建社会形态研究》，北京：生活·读书·新知三联书店 1979 年版。
胡如雷：《隋唐五代社会经济史论稿》，北京：中国社会科学出版社 1996 年版。
黄春高：《14—16 世纪英国租地农场的历史考察》，《历史研究》1998 年第 3 期。
———：《1350—1640 年英国农民经济的分化》，《首都师范大学学报》2004 年第 1 期。
黄宗智：《发展还是内卷？十八世纪英国与中国——评彭慕兰〈大分岔：欧洲，中国及现代世界经济的发展〉》，《历史研究》2002 年第 4 期。
姜伯勤：《唐五代敦煌寺户制度》，北京：中华书局 1987 年版。
李红海：《早期普通法中的权利诉讼》，《中外法学》1999 年第 3 期。
李文治、江太新：《中国地主制经济论——封建土地关系发展与变化》，北京：中国社会科学出版社 2005 年版。
蔺志强：《亨利三世时代的英国王权研究》，北京大学博士学位论文，2001 年。
———：《一二五八年至一二六七年英国贵族改革运动》，《历史研究》2004 年第 6 期。
———：《中古英国政府对地方特权的政策初探》，《中山大学学报》2010 年第 3 期。
刘光临：《从会计制度看封建地产的经营》，马克垚主编：《中西封建社会比较研究》，上海：学林出版社 1997 年版。
刘景华：《近代欧洲早期农业革命考察》，《史学集刊》2006 年第 2 期。
———、崔洪健：《东盎格利亚道路：英国传统农业区的曲折转型》，《历史研究》2012 年第 3 期。
罗崙、景甦：《清代山东经营地主经济研究》，济南：齐鲁书社 1985 年版。
马克垚：《从小农经济说到封建社会发展的规律》，中国史研究编辑部编：《中国封建社会经济结构研究》，北京：中国社会科学出版社 1985 年版。

———主编:《中西封建社会比较研究》，上海：学林出版社 1997 年版。
———:《西欧封建经济形态研究》（第二版），北京：人民出版社 2001 年版。
———:《英国封建社会研究》（第二版），北京：北京大学出版社 2005 年版。
———:《论地主经济》,《世界历史》2002 年第 1 期。
———:《封建经济政治概论》，北京：人民出版社 2010 年版。
孟广林:《前期英国封建王权对地方郡政的整饬》,《世界历史》2000 年第 1 期。
———:《英国封建王权论稿——从诺曼征服到大宪章》，北京：人民出版社 2002 年版。
彭小瑜:《格兰西之〈教会法汇要〉对奴隶和农奴法律地位的解释》,《世界历史》1999 年第 3 期。
沈　汉:《英国土地制度史》，上海：学林出版社 2005 年版。
沈　琦:《三圃制与中古英国的运输革命》,《中国农史》2006 年第 3 期。
———:《中世纪晚期英国市场结构的转型》,《史学集刊》2009 年第 5 期。
———:《论中世纪英格兰庄园的运输役》,《史学集刊》2011 年第 3 期。
———:《建构一种转型的“新中世纪观”——评戴尔的〈转型的时代：中世纪晚期英国的经济和社会〉》,《史学理论研究》2011 年第 3 期。
———:《中世纪英格兰道路网的形成和维护》,《华中师范大学学报》2012 年第 5 期。
舒建军:《近代早期的发展模式：英国的公田与公共权利》，赵汀阳主编：《年度学术 2006：农村与城市》，北京：中国人民大学出版社 2006 年版。
孙立田:《中世纪英国维兰土地权利考察》,《世界历史》2006 年第 5 期。
王超华:《西方学界关于中世纪英国工资史的研究》,《史学月刊》2010 年第 8 期。
———:《中世纪英国乡村妇女的劳动和工资》,《史林》2012 年第 2 期。
———:《13—15 世纪英格兰农业工人工资与领主自营地》,《世界历史》2012 年第 3 期。

———：《中世纪英国庄仆探微》，《史学理论研究》2012 年第 3 期。
王乃耀：《论英国封建地租的演变》，《首都师范大学学报》1996 年第 6 期。
王玉亮：《英国中世纪晚期乡村共同体研究》，北京：人民出版社 2011 年版。
文礼朋：《13—17 世纪英国粮食生产与经济周期模式的再考察——兼与侯建新先生商榷》，《社会科学论坛》2004 年第 5A 期。
———：《人口变动与农奴制兴衰关系的再探讨——中古西欧农奴制兴衰的政治经济学》，《史学理论研究》2006 年第 3 期。
———：《中世纪和近代早期英格兰敞田经营制度再认识》，《史学月刊》2006 年第 9 期。
———：《英国对近代农业革命和农业资本主义的研究》，《世界历史》2007 年第 2 期。
向　荣：《敞田制与英国的传统农业》，《中国社会科学》2014 年第 1 期。
谢丰斋：《英国封建社会市场研究——12—14 世纪的扩张时期》，北京大学博士学位论文，2002 年。
———：《从“长途贸易”论到“内部根源”论——西方学者对英国中世纪市场的研究》，《史学理论研究》2002 年第 2 期。
———：《12—14 世纪英国小城镇兴起初探》，《世界历史》2002 年第 4 期。
———：《论中世纪盛期英国“村市”的超常发展》，《史学月刊》2010 年第 9 期。
徐　浩：《中世纪英国农村的行政、司法及教区体制与农民的关系》，《历史研究》1986 年第 1 期。
———：《中英封建社会农村的行政、司法和教化体制的比较》，《世界历史》1988 年第 3 期。
———：《论中世纪晚期英国农村生产要素市场》，《历史研究》1994 年第 3 期。
———：《中世纪英国乡村体制构架补论》，《贵州师范大学学报》2001 年第 4 期。
———：《农民经济的历史变迁——中英乡村社会区域发展比较》，北京：

社会科学文献出版社 2002 年版。
———:《前工业社会中的城市市场结构与市场导向的商业化》,《史学月刊》2005 年第 2 期。
———:《中世纪英国城市化水平研究》,《史学理论研究》2006 年第 4 期。
许涤新、吴承明主编:《中国资本主义发展史》第一卷《中国资本主义的萌芽》,北京:人民出版社 1985 年版。
张云鹤:《英国 1290 年买地法令的某些问题》,《历史研究》1985 年第 3 期。
赵文洪:《私人财产权利体系的发展——西方市场经济和资本主义的起源问题研究》,北京:中国社会科学出版社 1998 年版。
———:《庄园法庭、村规民约与中世纪欧洲“公地共同体”》,《历史研究》2007 年第 4 期。
———:《中世纪欧洲村庄的自治》,《世界历史》2007 年第 3 期。
———:《欧洲公地共同体管理中的法治因素》,《史学理论研究》2008 年第 3 期。
朱　寰 主编:《亚欧封建经济形态比较研究》(第二版),长春:东北师范大学出版社 2002 年版。
左学德、吴玲等:《日本社会历史转型期的土地问题研究》,哈尔滨:黑龙江人民出版社 2004 年版。

后　记

这本书是在我2003年北京大学博士学位论文《13世纪英格兰领主经济研究》的基础上，在国家社科基金的资助下，经过多年的修改补充而形成的。它的形成见证了我求学和工作的历程。

作为一个山里娃，我初中毕业后没有读高中而是选择了县城的中等师范学校。在中师的三年中，数学老师刘绪昌以他一丝不苟循循善诱的教育风范、出色而严密的数学思维以及独特的个人经历影响了我的一生。他曾于20世纪60年代在北京大学数学系读书四年，但因身体和家庭原因最终未能毕业，在以民办教师身份从事中学数学教育多年后才应聘到山西省沁县师范任教，成为一名“体制内”的教师。正是他的鼓励和引导激发了我的大学梦。幸运的是，我在中师毕业前经过选拔，作为保送生进入山西师范大学历史系学习。大学四年的班主任王瑾老师像父亲一样关心和鼓励我。他的师恩，我难以忘却。

从山西师范大学毕业后，我考入南开大学历史学系跟随王敦书先生学习古希腊罗马史。在南开的三年中，王先生以饱含激情和引人入胜的讲授激发了我对古希腊罗马史的兴趣，同时也以宽阔的胸怀支持和推荐我报考其他院校或其他专业的博士研究生。这三年中，导师组中的陈志强教授、哈全安教授也在学术理路方面给予了我许多教导。

我生长于山村，对农村、农民和农业有种特殊的情感，所以硕士时就选择了罗马农业中的奴隶制作为毕业论文的论题。为了探究古典奴隶制在后世的延续和发展，我决定进一步学习中世纪的农奴制，而北京大学的马克垚先生无疑是该领域最理想的博士生导师。于是，我在1999年的一天怀着惴惴不安的心敲开了前来南开大学参加学术会议的马先生的房间门。在我自报家门后，马先生轻轻地拍了拍我的肩膀，鼓励我报考，让我这个略显紧张的毛头小伙顿时放松下来。那个瞬间我至今记忆犹新，因为我心中仰慕已久的大学者以他的敦厚随和让我这位略感自卑的青年受到了莫名的鼓励。就是在这种鼓励之下我于2000年顺利地进入北京大学攻读博士学位，幸运地赶上了马先生培养博士生的末班车。

读博的三年，马先生的家就是教室，学习则是自主式的“小灶”，即我根据自己的研习兴趣，结合先生推荐的书目，自主读书，每隔两周左右到先生家里一对一汇报交谈。由于学术史的素养不足，我每每读到一些“新”观点就兴奋不已地打电话给先生，急于展示自己的读书收益。先生总是先耐心听完我的汇报，然后给我过热的头脑降降温，因为那些“新”观点绝大多数属于老观点或老观点的翻新，少数有新意的观点也往往剑走偏锋，难以服人。马先生以深厚学术功底给我泼的一盆盆冷水，是我不断加强自己学术史修养、逐渐提高自己学术鉴别力的营养剂。除了传授治学的方法外，马先生还以他宽厚的胸怀、平和的性格、高远的境界给了我示范，让我终生受益。而师母耿引曾教授则把我当作自己的孩子一样关心和爱护，无论是毕业前还是毕业后都是如此。读博的三年，彭小瑜老师、黄春高老师、李隆国老师、蔺志强师兄也给了我许多直接的教导。彭老师严厉地警告我不学拉丁语就不可能在将来成为一名合格的中世纪史学者，这促使我在毕业后下决心学习拉丁语、法语和德语。黄老师擅长理论思维，他在我博士论文开题、中期考核和预答辩等环节提出的一个个理论问题，促使我认识到了自己宏观理论方面的短板并想方设法弥补。李老师以他长期的史料爬梳和积累为我指明了夯实自己学术根基的道路。蔺师兄则是我在遇到疑难问题时可以随时询问的学兄，是我来到广州后最亲密的朋友。他们已经取得的成就是我这个小师弟过去、现在和将来努力的方向。

我在学术成长中还得到了其他许多人的帮助。国内中世纪史研究领域的刘新成教授、侯建新教授、向荣教授、陈文海教授、顾銮斋教授等都给我提供过直接的建议和帮助。撰写、修改和发表学术论文的过程也是我不断学习和提高的过程。《首都师范大学学报》编辑部的王勤榕老师，《历史研究》编辑部的舒建军、焦兵，《世界历史》编辑部的国洪更，《暨南学报》编辑部的王桃等都见证了我的成长，为我的成长提供了诸多宝贵的建议。在我收集图书文献的过程中，北京大学图书馆的李晓东、暨南大学图书馆的王瑞玲等在文献传递和图书采编方面给了我很大的支持。在我出国访学的过程中，剑桥大学历史系的 John Hatcher 教授、慕尼黑大学历史系的 Romedio Schmitz-Esser 博士、《德意志历史文献集成》研究所的 Wilfried Hartmann 教授和 Martina Hartmann 教授夫妇都为我提供了热心的帮助。来到暨南大学工作后，同事们融洽的氛围让我能身心愉悦地从事学术探索。赵善德、张廷茂、陈奕平、纪宗安、冀满红、刘增合等年长的同事给了我很多鼓励和帮助。王列耀、邱向欢、程国赋等院领导给予了我很多支持和关照。我们教研室的郑利群老师在我访学英国的一年里十分辛苦但毫无怨言地承担了原本应由我承担的本科教学工作。我在此向给过我引导和帮助的所有师长和学友们表示感谢。

其实，我最该感谢的是我的爸爸、妈妈和姐姐。他们合三人之力，共同以农村微薄的收入支撑我读了20多年书。特别是我的妈妈，她不只是养育了我，还把自强不屈、与命运抗争的勇气和力量赋予我。她为我和姐姐的成长所付出的、所承受的，远远超过了一般的母亲。最后，我必须感谢我的妻子侯丽庆，是她在我攻读博士学位的三年中独自承担了扶养儿子的重担，使我能顺利完成学业；是她对家庭的照顾和奉献，使我能把主要精力投入到学术研究中；是她作为专业的校对员大大减少了我一篇篇论文中的文字错漏；也是她亲自担任了本书的责任编辑。

由于我在参加工作后才开始下决心突破拉丁语、德语和法语等语言障碍，由于我在经济史、法制史和政治史不同学术理路方面的徘徊和摸索，由于我近来学习的重点从中世纪盛期英格兰历史向中世纪早期法兰克历史的缓慢转变，这本书的出版被一再推迟。如今，它的最终出版可以算作我对自己前一阶段学习的一个总结。其中的缺陷和不足在所难免，诚望学界同仁能批评指正，以便我在今后的学习中修改、弥补。

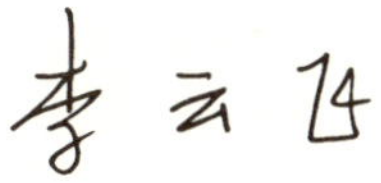

2014年5月